수트라

여시아독

수트라

1판 1쇄 발행 2014. 7. 18.
1판 5쇄 발행 2017. 8. 21.
개정판 1쇄 발행 2018. 9. 15.
개정판 3쇄 발행 2022. 3. 26.

지은이 비구 범일

발행인 고세규
편집 김철호 | 디자인 유상현

발행처 김영사
등록 1979년 5월 17일(제406-2003-036호)
주소 경기도 파주시 문발로 197(문발동) 우편번호 413-120
전화 마케팅부 031)955-3100, 편집부 031)955-3200
팩스 031)955-3111

값은 뒤표지에 있습니다.
ISBN 978-89-349-8305-7 03220

홈페이지 www.gimmyoung.com   블로그 blog.naver.com/gybook
인스타그램 instagram.com/gimmyoung   이메일 bestbook@gimmyoung.com

좋은 독자가 좋은 책을 만듭니다.
김영사는 독자 여러분의 의견에 항상 귀 기울이고 있습니다.

이 도서의 국립중앙도서관 출판예정도서목록(CIP)은 서지정보유통지원시스템 홈페이지(http://seoji.nl.go.kr)와
국가자료공동목록시스템(http://www.nl.go.kr/kolisnet)에서 이용하실 수 있습니다.(CIP제어번호 : CIP2018027065)

如是我讀
여 시 아 독

수트라

개정판

비구 범일

김영사

오직

진리를 위해

진리를 추구하는

삼세의 모든 구법자에게

오직 진리를 위해 진리를 추구하는 구법자求法者는 마치 광부가 땅속에서 금맥을 찾듯 우주와 성주괴공成住壞空하는 우주의 현상, 물질과 이합집산離合集散하는 물질의 현상, 그리고 생명과 생로병사하는 생명의 현상에서 진리를 찾는다. 우주, 물질, 생명은 진리의 대상이며 이러한 대상을 분석적 관점에서 해석하여 그 구조를 파악한다. 우주의 성주괴공, 물질의 이합집산, 생명의 생로병사는 진리의 대상의 현상이며 이러한 현상을 현상적 관점에서 해석하여 그 전말을 이해한다. 대상의 구조를 파악하면 그 대상의 현상을 이해할 수 있고, 대상의 새로운 구조를 파악하면 새로운 현상을 예측할 수 있다. 대상의 현상을 이해하면 그 대상의 구조를 파악할 수 있고, 새로운 현상을 발견하면 대상의 새로운 구조를 파악할 수 있다. 이와 같이 대상과 현상에 대한 이해를 통해 발견한 진리는 절대성, 필연성, 보편성을 내포한다. 인류는 이러한 진리를 응용하여 문명을 발전시켜왔고, 그렇게 발전시킨 문명을 활용하여 진리를 탐구해왔다.

진리, 진리의 대상, 대상의 현상, 이 세 가지를 통칭하여 불법佛法에서는 '법法'이라 하며, 대상과 현상을 포함한 진리라는 의미에서 법을 '진리眞理'라고도 한다. 이를테면 17세기 뉴턴I. Newton이 발견한 만유인력의 법칙은 다음과 같다. '질량이 m_1, m_2이고 거리가 서로 r만큼 떨어진 두 물체는 서로 끌어당기는 힘을 가지되 그 크기는 $F = Gm_1m_2/r^2$이며, G는 중력상수이다.' 진리로서의 만유인력의 법칙, 그 진리의 대상인 질량 m_1, m_2의 두 물체, 그리고 두 물체가 서로 끌어당기는 현상, 이 세 가지는 서로 불가분의 관계에 있다.

진리에 대한 이러한 이해를 바탕으로 몇 가지 의문을 제기한다. 만유인력의 법칙은 영원불멸한가? 우주의 영원불멸성을 전제로 한 정상우주 모형에서 예측할 수 있는 현상과 반대로, 과학자들은 우주가 빅뱅Big Bang에 의하여 팽창하고 있음을 관측하였다. 따라서 우주는 영원불멸하지 않으며, 우주 안의 물질도 우주의 성주괴공에 따라 영원불멸하지 않다. 그러므로 만유인력의 법칙도 영원불멸하지 않다. 법칙의 대상인 만유가 영원불멸하지 않고 따라서 그 대상의 현상인 인력 또한 영원불멸하지 않기 때문이다. 만유인력의 법칙뿐만 아니라 불실적인 대상과 연관되어 있는 모든 진리는 영원불멸성을 내포하지 않는다. 따라서 우주, 물질, 생명을 대상으로 하는 진리는 모두 영원불멸성을 내포하지 않는 진리로서, 현재 인류의 과학문명은 이러한 물질과학적 진리를 기반으로 삼고 있다.

그렇다면 만유인력의 법칙의 본질은 무엇인가? 만유도 인력도 아닌 그 본질은 문자나 기호 혹은 언어인가 아니면 수학인가? 만유를 창조한 신의 의지 혹은 뜻인가? 만유와 인력에서 만유인력의 법칙을 발견하고, 그 법칙의 본질을 밝히고자 진리를 추구하는 그 의식 자체가 본질인가? 진리를 탐구하는 구법자가 이러한 의문을 제기할 때, 그는 우주, 물질,

생명과 같은 물질적 대상과 그 현상에서 발견된 진리는 영원불멸하지 않다는 것을 인식하고, 영원불멸하지 않은 진리는 그 대상과 더불어 생멸하는 것임을 자각하게 된다. 이로써 구법자는 진리 탐구의 대상을 물질적인 것에서 비물질적인 것으로 전환한다.

이러한 자각과 인식의 전환이 제1장 〈중도〉에 해당한다. 비물질적인 대상인 의식을 분석적 관점에서 해석하여 의식의 구조를 파악한 것이 제2장 〈일체법〉이며, 의식의 현상을 현상적 관점에서 해석하여 의식현상의 전말을 이해한 것이 제3장 〈연기법〉이다. 의식과 의식의 현상에서 발견된 진리를 통하여 영원불멸성이 드러난 것이 열반이며, 열반에 이르는 우주론적 과정은 제4장 〈우주론〉에서 설명된다. 진리의 대상인 의식과 그 의식의 현상에서 발견된 진리는 절대성, 필연성, 보편성을 넘어 영원불멸성을 내포하므로 '위없는 진리'라는 의미에서 무상법無上法이라고 하며, 석가모니 부처님께서 발견하여 시설한 무상법을 불법佛法이라고 한다. 누구든지 와서 보고 즉각 알 수 있도록 불법을 드러낸 것이 제1부 〈시전示轉〉의 가르침이다.

불사不死로 대변되는 열반은 모든 구법자의 영원한 안식처요, 모든 구법자가 돌아가야 하는 진리의 고향이자 집이다. 생멸하는 세속의 집과 고향을 떠나 불생불멸하는 진리의 집과 고향으로 나아가는 바른 길인 팔정도는 제2부 〈권전勸轉〉의 가르침에서 상세히 펼쳐진다. 팔정도의 시작은 정견正見으로, 이것은 제1부 〈시전〉의 가르침을 바르게 이해할 때 갖추어진다. 구도자가 정견을 갖추지 않은 채 열반으로 나아가려 하는 것은, 만유인력의 법칙을 알지 못하는 사람이 지구중력을 벗어나 우주로 나아가는 발사체를 만들려 하는 것과 같다.

구법자가 정견을 갖추어 팔정도로 차례차례 나아갈 때에는 생멸의 세계에 속하되 열반에 속하지 않아서 열반으로 함께 가지고 갈 수 없는 것들을 차례대로 버려야 하며, 열반에 속하는 것으로서 열반으로 이입할 때 갖추어야 하는 것들을 차례대로 갖추어야 한다. 버려야 할 것들을 차례대로 버릴 때, 갖추어야 하는 것들이 차례대로 저절로 드러난다. 구법자는 열반에 속하지 않아서 열반으로 함께 가지고 갈 수 없는 것들은 무엇이든지 간에 나의 것이 아님을 알아야 하며, 나의 자아가 아님을 알아야 한다. 이러한 가르침은 제3부 〈증전證轉〉에서 펼쳐지며, 증전의 가르침에 따라 구법자는 마침내 열반에 이르러 머물면서 할 일을 모두 다 해 마치게 된다.

이와 같이 나는 읽었다. 이와 같이 나는 석가모니 부처님의 가르침을 사부四部 니까야와 사아함경을 비교하면서 읽고 이해하였다. 이와 같이 행行과 행간行間을 읽고 이해한 대로 본서를 집필하였다. 석가모니 부처님께서 초전법륜 때부터 법륜을 굴리신 방식을 그대로 복원하였기에, 본서는 '시전' '권전' '증전'의 삼전三轉으로 구성되어 있다. 석가모니 부처님께서 시설하신 법을 삼전으로 펼치면서 처음과 끝이 분명하게 있고 처음과 중간과 끝이 일목요연하게, 그리고 현대인들이 이해할 수 있도록 체계적이고 논리적이고 과학적으로 설명하였다. 석가모니 부처님께서 시설하신 방식대로 석가모니 부처님께서 시설하신 법을 한 권의 책으로 담아내면서 체계적이고 논리적이고 과학적으로 그 가르침의 완전성을 확보하였다. 필요한 법을 빠뜨려 완전성에 흠결이 생기는 일이 없도록 하였으며, 불필요한 법을 추가하여 완전성에 군더더기가 생기는 일이 없도록 하였다. 모든 구법자가 마땅히 그러해야 하듯이, 오직 불법의 완전성 또는 완전한 불법을 추구하였다.

먼저 필자는 불법을 구전으로, 그리고 구전된 불법을 문자로 전승하신 모든 전법자傳法者께 깊이 감사드린다. 특히 디가 니까야와 상윳따 니까야를, 그리고 앙굿따라 니까야와 맛지마 니까야를 우리말로 각각 번역하여 소개한 각묵 스님과 대림 스님께 깊이 감사드린다. 또한 사부 니까야 전체를 우리말로 번역하여 소개한 전재성 박사께 깊이 감사드린다. 사부 니까야에 해당하는 사아함경 전체를 우리말로 번역한 동국역경원의 월운 스님께도 깊이 감사드린다. 고故 고익진 교수의 동국대학교 석사학위논문과 이중표 교수의 박사학위논문에서 많은 영감을 얻었음을 밝히며, 두 분께도 깊이 감사드린다.

여러 해 동안 지리산 인근 토굴에서 본서의 원고를 준비하고 완성하는 과정에서 필자를 후원해주신 많은 분들께 깊이 감사드리며, 특히 고교 졸업 후 30년 만에 찾아와 토굴 매입에 선뜻 큰 후원을 주신 김호중 거사께 깊이 감사드린다.

본서는 김영사의 도움 없이는 세상에 나올 수 없었다. 김영사 대표와 직원 분들께 깊이 감사드린다. 본서의 초고를 교재로 삼아 1년 8개월 동안 진행했던 토론강의에 참여해 주신 분들께도 깊이 감사드린다. 이 분들의 진지한 동참과 애정 어린 편달 덕분에 초고를 한층 더 세밀하게 교정할 수 있었다. 전체 원고의 교정과 윤문에 힘써주신 김현아 불자께, 그리고 산스크리트어와 팔리어에 도움을 주신 이남경 박사께 깊이 감사드린다.

　독자 제현의 사향사과四向四果의 과위果位를 기원하며, 각지 혜안의 기
탄없는 질책을 기다린다.

오직

위없는 진리를 위해

위없는 진리를 발견하여 성취하시고

구법자를 연민하시어

위없는 진리를 시설하신

위없는 스승이신

세존께

분향 구배九拜 올리나이다.

2014년 6월

비구 범일 삼가 씀

개정판에서 교정한 주된 내용은 세 가지로, 첫째는 세세한 잘못을 바로 잡았으며, 둘째는 몇몇 술어를 개선하였으며, 셋째는 사념처의 내용에서 모순을 제거하였다.

석가모니 부처님의 십명호十名號는 '응공應供' '정변지正遍知' '명행족明行足' '선서善逝' '세간해世間解' '무상사無上士' '조어장부調御丈夫' '천인사天人師' '불佛' '세존世尊'이다. 이것은 어떠한 이가 상황에 맞게 석가모니 부처님을 제이인칭으로 호칭하거나 제삼인칭으로 지칭할 수 있는 열 가지 이름으로, 석가모니 부처님께서 자신을 가리켜 사용할 수는 없다. 석가모니 부처님께서 스스로 제일인칭으로 자칭할 수 있는 이름이 바로 여래如來이다. 따라서 석가모니 부처님을 제외한 어떠한 이도 자신을 여래라는 이름으로 자칭할 수 없을 뿐만 아니라 석가모니 부처님을 호칭하거나 지칭할 수 없다. 이러한 호칭의 예법은 임금이 자신을 가리킬 때 사용하는 제일인칭 대명사인 '짐朕'에서도 볼 수 있다. 임금을 제외한 어떠한 이도 자신을 '짐朕'으로 자칭할 수 없을 뿐만 아니라 임금을 '짐朕'으로 호칭하거나 지칭할 수 없다. 만약 어떤 이가 자신을 '짐朕'으로 부르거나 임금을 '짐朕'으로 부른다면 그는 임금을 능멸한 죄를 피할 수 없을 것이다. '여래'와 십명호는 석가모니 부처님께서 제정하신 것으로,

우리는 이러한 이름들을 호칭의 예법에 맞게 사용하여야 한다. 심지어 일부 사부 니까야 경전에서조차 '여래'라는 이름이 예법에 맞지 않게 사용된 경우가 있다. 이러한 잘못을 본 개정판에서 바로잡았다.

아귀餓鬼, peta란 목구멍은 바늘구멍처럼 작은데 배는 너무 커서 쉬지 않고 먹고 마시더라도 배고픔과 목마름의 고통을 면할 수 없는 중생을 말한다. 이렇게 보면 아귀는 축생보다 더 괴로운 고통을 겪으므로 지옥과 축생 사이에(대부분의 후대 대승 경전에 나타나듯이) 위치한다. 그러나 아귀를 제사음식을 갈구하는 '굶주린 귀신'인 조상신AN4:61, AN5:39으로 보면 아귀는 축생과 인간 사이에(대부분의 니까야 경전에 나타나듯이) 위치하게 된다. 이렇게 상이한 두 가지 해석이 가능한 아귀는 MN12와 MN97 경전에는 나타나지만 MN129 경전에는 나타나지 않는다. 필자는 MN129 경전에 의거하여 아귀는 후대에 삽입된 잘못이라고 본다. 만약 아귀를 굶주린 귀신인 조상신으로 해석한다면, 지옥, 축생, 인간, 육욕천의 중생 모두 생로병사를 겪는데 유독 인간의 죽은 조상만 별도의 '취趣'로 취급하는 것은 이치에 맞지 않으며, 만약 아귀를 '목구멍은 바늘구멍처럼 작은데 배는 너무 커서 쉬지 않고 먹고 마시더라도 배고픔과 목마름의 고통을 면할 수 없는 중생'으로 해석한다면 이러한 중생을 축생과 분리하여 별도의 '취'로 취급해야 하는 당위성이 없다. 이러한 잘못을 본 개정판에서 바로잡았다.

오온이 욕구에 탐착되어 오취온이 되고, 오취온은 욕구를 충족시키고자 끊임없이 사식四食을 섭취한다. 사식을 섭취한 오취온을 자기동일시하여 자아를 형성하고, 이렇게 형성된 자아는 지속적으로 사식을 섭취하면서 자기를 유지하거나 발전시킨다. 이와 같이 중생을 유지하고 성장시키는 사식은 단식段食, 촉식觸食, 의사식意思食, 식식識食으로 번역되어 정착되었지만, 오온의 입장에서 사식을 색식色食, 수식受食, 상사식想思食, 식식識食으로 분류하는 것이 이름과 내용이 일치하여 이론의 정밀성과 엄밀성이 개선된다. 이것은 사식이 오온에 섭취되어 축척되기 때문이다. 따라서 본 개정판에서는 사식을 색식, 수식, 상사식, 식식으로 분류하였다.

세 가지 물질적 인식대상으로 생로병사生老病死하는 일체의 유정有情, 생주이멸生住異滅하는 일체의 사물, 성주괴공成住壞空하는 우주와 나란하게 생유멸무生有滅無하는 일체의 인식을 설명하는 것이 연기법이다. 생유멸무하는 일체의 인식현상을 생生과 유有로 전개하는 것은 유전문流轉門, anuloma으로, 멸滅과 무無로 전개하는 것은 환멸문還滅門, paṭiloma으로 번역되어 정착되었지만, 이름과 내용이 일치하지 않아 내용을 이해하는 데 장애가 된다. '유전流轉'과 '환멸還滅'이라는 말의 의미가 '유전문'과 '환멸문'의 내용과 일치하지 않기 때문이다. 따라서 본 개정판에서는 유전문과 환멸문을 각각 생유문生有門과 멸무문滅無門으로 명명하였다.

마지막으로 본 개정판에서는 《출입식념경》MN118에 전승된 신身, 수受, 심心, 법法을 대상으로 출입식을 통한 사띠의 확립에 모순을 발견하고, 그러한 모순이 없는 《염처경》MN10의 전승을 따랐다. 《염처경》MN10에는 출입식을 통한 사띠의 확립은 신을 대상으로 할 때에는 나타나지만 수, 심, 법을 대상으로 할 때에는 나타나지 않기 때문이다. 후자와 상반되는 전자의 전승이 모순이 되는 근본적인 이유는 다음의 질문으로 대치하고 자 한다. '출입식은 신, 수, 심, 법 어디에서 일어나거나 사라지거나 일어나기도 하고 사라지기도 하는 현상인가?' 다른 이유는 '깊이 공부하기'의 문제로 남겼다.

초판의 6쇄까지 교정에 도움을 주신 독자 제현께 깊이 감사드린다. 본 개정판의 교정과 윤문에 특출한 문재를 아낌없이 베풀어주신 김철호 주간님께 마땅히 드려야 할 감사함에 필자의 필력이 미치지 못하여 안타까울 따름이다.

2018년 8월
비구 범일 삼가 씀

| 표와 그림 목록 |

| 일러두기 |

• 이 책은 비구 법일이 부처님 금구설인 사부 니까야와 사아함경을 읽고 부처님께서
법륜을 굴리신 방식대로 부처님께서 시설하신 법을 한 권으로 일목요연하게 결집
한 것입니다.

• 이 책의 외래어표기법은 국립국어원 표기법을 기준으로 하되 팔리어 발음을 참고
하여 확정하였습니다.

'알아야 할 것을 알았고
닦아야 할 것을 닦았고
버려야 할 것을 버렸다' **MN91, MN92**
그리하여
부처라고 하노니
지금 여기
시전에서
알아야 할 것을 알아야 하나니

제1부
———◆———
시전

제1장
중도 中道

이와 같이 나는 읽었다. 석가모니 부처님께서 성도 직후 녹야원에서 다섯 비구에게 펼치신 최초의 법륜, 초전법륜初轉法輪은 다음과 같이 시작한다.

비구들이여, 출가자가 가까이하지 말아야 할 두 가지 극단이 있다. 그것은 저열하고 비속하고 통속적이며 성스럽지 못하여 이익이 되지 않는 감각적 욕망인 쾌락에 탐닉하는 것과, 괴롭고 성스럽지 못하며 득이 되지 않는 자기학대의 고행에 몰두하는 것이다. 비구들이여, 이러한 두 가지 극단을 따르지 않고 여래는 중도中道를 완전하게 깨달았나니, 이 중도는 안목을 만들고 지혜를 만들어 고요함과 최상의 지혜와 바른 깨달음과 열반으로 인도한다.SN56:11

이와 같이 초전법륜에서 부처님께서 제일 먼저 설하신 가르침이 중도다. 중도를 알지 못하면 안목을 만들지 못하고 지혜를 만들지 못하여 고요함과 최상의 지혜와 바른 깨달음과 열반으로 인도하지 못한다. 따라서 고요함과 최상의 지혜와 바른 깨달음과 열반으로 인도하는 불교의 시작은 중도이다.

'감각적 욕망에 대한 쾌락의 탐닉'은 소위 쾌락주의快樂主義라고 하는 사견邪見이며, '자기학대의 고행에 몰두하는 것'은 고행주의苦行主義라고 부르는 사견이다. 태자 고타마 싯다르타Gautama Siddhārtha는 안락한 궁정 생활을 버리고 출가하여 홀로 지극한 고행을 하던 중 중도를 자각하였고, 중도를 자각하면서 고행을 중단하고 수자타Sujātā가 올린 유미죽을 드셨다. 출가수행자인 싯다르타는 중도를 자각하면서 쾌락주의와 고행주의의 양 극단을 여의었고, 양 극단을 여읜 것이 수자타의 유미죽 공양을 통해 외형적으로 드러났다. 따라서 중도의 자각은 사견을 여의는 것이며, 사견을 여의기 위해서는 여의어야 할 사견을 바르게 이해하는 일이 선행되어야 한다.

1 사견의 이해

석가모니 부처님 재세 시 인도의 종교사상계에는 크게 두 부류가 있었다. 하나는 아리아인의 전통종교인 브라만교의 종교사상가인 브라만들이고, 또 하나는 이에 대응하는 토착 원주민 종교사상가로서 슈라만

Śramaṇa, 沙門이라 불리는 출가수행자들이다. 슈라만들의 대표적인 여섯 단체를 불교의 관점에서 '육사외도六師外道'라고 부르며, 당시 종교수행자들이 추구한 종교적이고 본질적인 문제에 대한 이들의 다양한 견해를 불경에서는 62견으로 기록해 전한다. 브라만교, 육사외도, 62견을 모두 사견邪見이라고 하는데, 이는 불교의 관점에서 본 바른 견해 즉 정견正見을 벗어나 치우친 견해라는 의미이다.

1.1 역사적 배경

인더스 문명 인류 4대 문명의 발상지 가운데 하나인 고대 인도는 기원전 3천 년 이전부터 드라비다족을 포함한 토착 원주민들이 문명을 일군 곳이다. 이들이 이룬 문명은 20세기에 이르러 신드 지방의 모헨조다로와 펀자브 지방의 하라파 등지에서 발굴되어, 이 지역의 강 이름을 따서 '인더스 문명'이라고 명명되었다. 발굴된 유적에 의하면 인더스 문명은 도로와 상하수도 시설을 갖춘 격자 모양의 계획도시 안에 공중목욕탕, 곡물창고, 벽돌주택 등이 들어선 거대한 도시문명을 형성하고 있었다. 이들이 사용한 상형문자는 아직까지 해독되지 않고 있다.

이 시대의 유물 가운데 앉아서 명상하는 수행자를 돌에 새긴 인장印章과 요가의 창시자 혹은 수호자로 여겨지는 시바 신의 원형을 새긴 인장, 그리고 시바 신이 타고 다니는 백우白牛의 원형으로 보이는 황소를 새긴 인장 등은 당시의 종교를 이해하는 데 중요한 단서를 제공한다. 모계사회로 여신을 숭배하고 청동기를 이용한 농경문화를 형성했던 인더스 문명은 멸망하기 전까지 2천 년 이상 계속되었다.

아리아인의 침입 한편 기원전 13세기경 아리아족이 인도의 서북부 지역으로 진출해 오기 시작했다. 부계사회로 철기를 사용하며 유목생활을 하던 이들은 중앙아시아에 거주하다 새 목초지를 찾아 서서히 동남쪽으로 이동하면서 아프가니스탄을 넘어 인도의 펀자브 지방으로 들어온 것으로 보인다. 넓게는 인도-유럽어족에, 좁게는 인도-이란어에 속한 초기 산스크리트어Sanskrit[梵語]를 사용한 이들은 오늘날의 이란인은 물론 그리스, 로마, 게르만 등의 유럽인과 언어적·민족적으로 관련이 깊어서, 인도-유럽어족 내의 다양한 언어를 파생시킨 조어祖語를 사용하던 모체에서 갈라져 나온 지류로 보기도 한다. 산스크리트어로 '존귀尊貴' 또는 '귀인貴人'이라는 의미인 '아리아'인은 토착 원주민들과 치열한 전쟁을 치르면서 인더스 강 유역에서 점차 동진, 기원전 11세기 초에는 갠지스 강의 서쪽 지역을 점령하여 쿠루Kuru 왕국을 세웠고, 이후 갠지스 강의 상류 지역을 지나 중류 지역에 이르러 코살라Kosala, 카시Kāsi, 비데하Videhā 등의 고대국가들을 차례로 세웠다. 이 과정에서 토착 원주민들을 살해하거나 노예화하거나 축출함으로써 비옥한 경작지를 차지했다.

원래 유목생활을 하던 아리아인들은 경작지를 차지하게 되면서 반농반목半農半牧의 정착생활을 시작했고, 철기 사용과 더불어 전쟁노예들의 노동력 증가로 잉여생산물이 늘어났다. 이는 곧 인구의 급격한 증가와 함께 상업의 발달과 부의 축적으로 이어졌고, 인구의 증가는 자연스럽

기원전 6세기경의 인도

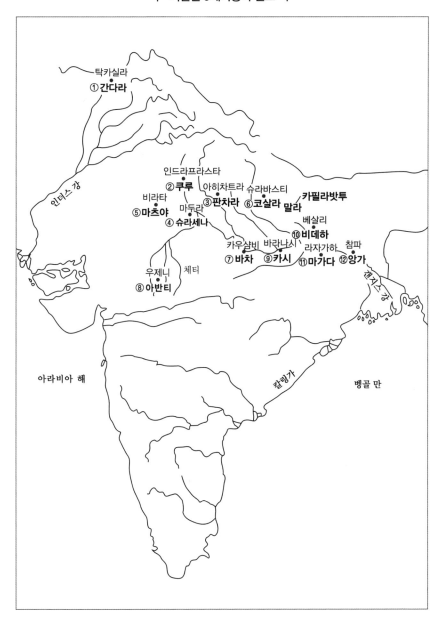

탁카실라
①간다라

인더스 강

인드라프라스타
②쿠루 아히차트라 슈라바스티
비라타 ③판차라 ⑥코살라 카필라밧투
⑤마츠야 마두라 말라
④슈라세나 베살리
⑩비데하
카우샴비 바라나시 참파
우제니 체티 ⑦바차 ⑨카시 라자가하 ⑪마가다 ⑫앙가
⑧아반티

아라비아 해

칼링가

벵골 만

게 새 경작지와 노동력을 탈취하기 위한 전쟁을 야기했다. 이들은 토착 원주민과의 전쟁뿐 아니라 아리아계 내부의 격렬한 주도권 쟁탈전도 겪었다. 내부 전쟁에서 패망한 아리아인들 역시 전쟁노예가 되면서 인종 간의 다양하고 복잡한 혼혈과 융합이 일어나기도 했고, 아리아계 국가와 비아리아계 국가가 혼인을 통해 동맹을 맺기도 했다.

아리아인들은 모체로부터 분리되어 이주하기 시작한 기원전 15세기 경부터 약 1천년의 세월을 거치면서 씨족국가에서 부족국가로, 이어 크고 작은 군주국가로 발전하면서 기원전 6세기경에는 동쪽으로 벵골 Bengal 국경까지, 남쪽으로는 척박한 고원지역의 데칸Deccan까지 영역을 확장했다. 이들 지역에 16대국大國이 군웅할거群雄割據하고 있던 기원전 6세기경이 바로 석가모니 부처님께서 역사 속에 등장한 시기이다.

토착 원주민의 활약 주목할 점은, 이들 16대국 중에 비아리아계 종족들이 세운 국가들이 있었다는 것이다. 말라Malla 국과 밧지Vajjī 국이 대표적인 경우로, 이 가운데 리차비Licchavī 족을 중심으로 한 8부족 연방 공화국이었던 밧지 국은 갠지스 강 중류 지역 동쪽 깊숙이 정착한 아리아계 국가였던 비데하 국을 멸망시키고 그 지역을 차지했다. 이 밖에 16대국에는 속하지 않지만 말라 국과 밧지 국 사이에 자리잡은 샤카Sakya[釋迦] 족의 카필라밧투Kapilavatthu 국과 마우리아Maurya 족의 핍팔리바나 Pipphalivana 국을 비롯한 군소 공화국들이 여럿 형성되었다.

히말라야 산맥 남쪽과 갠지스 강 북쪽 사이에 위치한 이들 비아리아계 공화국에서 국사國事는 장로회 또는 민중집회에서 처리되었다. 이러한 국가 형태를 승가僧伽, saṅgha라고 하는데, 이 말은 후대에 불교 교단을 지칭하는 말로 귀착되었다. 아리아인들이 전제군주 정치를 유지했던 데 비해, 비아리아인 즉 토착 원주민들은 연방공화 정치를 지향했다. 발굴된 유적에 따르면 인더스 강 유역의 도시문명은 아리아인들이 침입해오기 전에 대홍수와 같은 자연재해로 붕괴된 것으로 보인다. 그러나 만일 자연재해를 입지 않은 다른 도시나 농촌지역의 촌락이 있었다면, 이 지역에 살던 토착 원주민들이 인더스 강 유역에 침입한 아리아인들과 전쟁을 치른 당사자가 된다. 이들 중 일부는 전쟁에 패하여 밀려나거나 미리 전쟁을 피해 아리아인보다 먼저 갠지스 강 유역으로 이주하여 기존

| 토착 원주민의 주요 공화제 국가 |

국가	주요 도시 / 부족
말라Malla	*쿠시나라Kusinārā / 말라 족 *파바Pāvā / 말라 족
밧지Vajjī	*베살리Vesāli / 리차비Licchavī족
*카필라밧투Kapilavatthu	샤카Sakya족
**핍팔리바나Pipphalivana	마우리아Maurya족
*라마가마Rāmagama	크라우댜Krauḍya족
숭수마라Sumsumāra	바르가Bharga족
*칼라칼파Calakalpā	불라카Bulaka족

*부처님의 사리를 받아 사리 스투파를 세운 국가
**부처님의 다비에 늦게 도착하여 사리 대신 재를 받아 재 스투파를 세운 국가

의 토착 원주민과 합류하기도 하고 새 거주지를 개척하여 정착하기도 했을 것이다. 토착 원주민들이 세운 공화국들의 존재는 이들이 고유한 정치와 문화, 종교와 사상을 유지하고 발전시켜왔음을 보여준다. 따라서 인더스 문명을 도시문명이 발굴된 인더스 강 유역으로 한정하지 않고 고대 인도 전역에 펼쳐진 보편적 문명으로 본다면, 적어도 기원전 6세기경까지 고대 인도의 토착 원주민들은 비록 예전처럼 번성하지는 못했지만 외부의 지속적이고 거센 침입에도 불구하고 자신들의 고유한 문명을 간직하고 발전시켰던 것으로 볼 수 있다.

16대국 기원전 6세기경에 난립하였던 16대국의 주요 국가들을 아리아인의 이동경로에 따라 살펴보면 다음과 같다. 먼저 기원전 13세기경 아리아인들이 진출하기 시작한 인더스 강 상류 지역에 수도 탁카실라Takṣaśilā를 중심으로 간다라Gandhāra 국이 성립했고, 기원전 11세기 초에는 간다라 국의 동남쪽, 갠지스 강의 서쪽 지류인 야무나Yamunā 강의 서쪽 지역에 지금의 델리인 인드라프라스타Indraprastha와 하스티나푸라Hastināpura를 중심으로 쿠루 국이 형성되었으며, 그 동쪽인 갠지스 강 상류 지역에 아히차트라Ahicchatrā를 중심으로 판차라Pañcāla 국이, 야무나 강을 따라 쿠루 국의 남동쪽에 마두라Madhurā를 중심으로 슈라세나Śūrasena 국이, 그리고 쿠루 국의 남서쪽에 비라타Virāṭa를 중심으로 마츠야Matsya 국이 각각 수립되었다. 동남쪽으로는 갠지스 강과 야무나 강의 합류 지역에 카우샴비Kauśāmbī를 중심으로 바차Vatsa 국이, 그 북쪽이자 판차라 국의 동쪽 지역에 슈라바스티Śravastī를 중심으로 코살라 국이 성립했다. 한편 주 이동경로를 벗어난 변방인 야무나 강 남서쪽, 마츠야 국의 남쪽에 해당하는 지역에는 우제니Ujjeni와 마히사티Māhissati를 중심으로 아반티Avanti 국이 들어섰다.

다시 주 이동경로인 갠지스 강을 따라 동쪽으로 전진하여 중류 지역

| 아리아계의 주요 전제군주 국가 |

	국가	주요 도시
1	간다라Gandhāra	탁카실라Takṣaśilā
2	쿠루Kuru	인드라프라스타Indraprastha 하스티나푸라Hastināpura
3	판차라Pañcāla	아히차트라Ahicchatrā
4	슈라세나Śūrasena	마두라Madhurā
5	마츠야Matsya	비라타Virāṭa
6	코살라Kosala	슈라바스티Śravastī
7	바차Vatsa	카우샴비Kauśāmbī
8	아반티Avanti	우제니Ujjeni 마히사티Māhissati
9	카시Kāsi	바라나시Bāraṇasī
10	비데하Videhā	미틸라Mithilā
11	*마가다Magadha	라자가하Rājagaha 파탈리풋타Pāṭaliputta
12	앙가Aṅga	참파Campā

*부처님의 사리를 받아 사리 스투파를 세운 국가

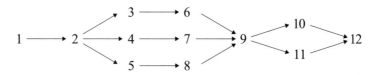

에 바라나시Bāraṇasī를 중심으로 카시Kāsi 국이 들어섰다. 그리고 더 동진하여 갠지스 강 중류 중심지역에 들어섰던 비데하 국을 멸망시키면서 성립한 밧지 국이 있었다. 밧지 국은 베살리Vesāli를 주요 거점으로 삼아 갠지스 강을 주 이동경로로 삼고 있던 아리아인의 동진을 막으면서 갠지스 강 북쪽을 차지하고 있었다. 카시 국의 북쪽 지역이자 코살라의 동쪽에 위치한 쿠시나라Kusināra의 말라 국 또한 코살라의 동진을 막고 있었다.

밧지 국의 남쪽 지역인 갠지스 강 이남에 수도 라자가하Rājagaha를 거점으로 성립한 마가다Magadha 국은 아리아계의 중심문화권에서 어느 정도 벗어나 있었다. 이 지역은 아리아인의 주 침입경로인 갠지스 강을 따라 동쪽으로 피난한 토착 원주민들이 모여 살던 곳으로, 상황에 따라 다시 남쪽으로 그 피난경로를 바꾸어야 하는 일종의 중간 정착지 역할을 하였다. 한편 마가다 국의 동쪽인 갠지스 강 하류 지역에는 참파Campā를 중심으로 앙가Aṅga 국이 자리잡고 있었다.

이 16대국 중에 가장 두드러진 아리아계 국가였던 아반티, 바차, 코살라, 마가다 국을 4대국이라고 한다. 그러나 아반티 국은 변방에 위치해 있었고, 코살라가 경쟁국인 카시 국을 전쟁을 통해 병합하면서 바차 국은 갠지스 강의 중류 중심지역에서 더욱 멀어지게 되었다. 따라서 갠지스 강 중류 중심지역의 패권을 다투던 16대국 중에서 가장 유력했던 3대 국가는 코살라, 밧지, 마가다 국이라고 할 수 있다.

마가다 국의 제패와 통일 전제군주 정치를 지향하였던 아리아계의 대국들은 혼인을 통한 동맹을 맺기도 하고 경쟁을 하기도 했다. 이러한 과정에서 주변의 소공화국과 약소국가들을 병합하기도 하고 경쟁국들과 잦은 전쟁을 치르기도 하면서 이 지역의 마지막 패권 국가로 가는 길을 걷고 있었다. 그 결과 샤카족의 카필라밧투 국은 코살라에 의해 멸망하고 다시 코살라와 밧지는 마가다 국에 의해 패망하여, 마지막 패권은 마가다 국의 차지가 되었다. 이리하여 기원전 6세기 중엽에 빔비사라Bimbisāra 왕이 세운 마가다 국은 거대 제국이 되었으나, 이후 끊임없는 왕권쟁탈전에 시달리게 된다.

패권전쟁 과정에서 아리아계 대국들은 혼인동맹을 맺고 있던 국가들을 멸망시킬 때 자신의 친인척이기도 한 상대 국가의 왕족들을 살육하는 일이 빈번했다. 심지어 최종 패권을 차지한 마가다 국에서는 왕위 세습이 보장되어 있었음에도 자식에게 살해를 당하지 않은 부왕父王이 없었다. 부왕을 살해하고 왕권을 차지한 자식이 또다시 자신의 자식에게 똑같은 일을 당하는 비극적인 전통은 빔비사라 왕을 시작으로 하리양카 Haryanka 왕조가 멸망할 때까지 6대에 걸쳐 계속되었다. 이 패륜적인 왕조는 토착 원주민의 봉기로 리차비 족 출신의 샤이슈나가Śaiśunāga 왕에게 멸망했고, 샤이슈나가 왕조는 하층민 출신의 9난다Nanda 왕조에 의해, 그리고 9난다 왕조는 토착 원주민인 마우리아 족 출신의 찬드라굽타Chandragupta에게 왕권을 찬탈당했으니, 이때가 기원전 4세기 초였다. 찬드라굽타가 개창한 마우리아 왕조의 137년에 걸친 통치 기간 동안 인도 제국은 통일을 이룩하는 등 전성기를 맞이했고, 특히 찬드라굽타의 손자 아소카Aśoka 왕의 치세 때에는 불교가 인도 전역과 스리랑카에 전파되었다.

한편, 불교의 전파로 종교적 불만이 누적된 브라만들은 마우리아 왕조를 무너뜨린 뒤 브라만교의 전통을 복원하고자 했던 숭가Sunga 왕조와 그 뒤를 이은 칸바Kanva 왕조를 도와 불교를 탄압했다.

이상에서 살펴본 바와 같이, 아리아인의 침입으로 시작된 아리아인과 토착 원주민 사이의 영토전쟁은 아리아계 전제군주 국가들과 토착 원주민의 연방공화 국가들 사이의 정치군사적 패권전쟁으로 발전했고, 아리아계의 마가다 국이 패권을 차지한 뒤로는 제국 내의 왕권쟁탈전으로 변질하였으며, 종교사상적 갈등은 아리아인의 브라만교와 토착 원주민의 종교, 특히 불교와의 대립으로 비화했다. 이렇듯 오랜 전쟁과 갈등을 거쳐 마침내 역사의 주인공으로 부상한 아리아족은 오늘날 인도를 대표하는 민족이 되었으니, 이들을 '인도-아리아인'이라 부른다.

1.2 브라만교

베다와 베다교 아리아인들은 모체에서 분리되어 나오기 전부터 고유한 언어와 지식체계를 지니고 있었다. 그들의 언어인 초기 산스크리트어 즉 베다 산스크리트어는 신성하고 고귀한 것으로 여겨졌다. 넓은 의미의 '베다Veda'는 이 언어로 담아낸 모든 지식을 가리키고, 좁은 의미로는 그 가운데 종교제식에 관한 지식만을 뜻하는데, 이는 '베다'에 '지식' 또는 '종교적인 지식'이라는 두 가지 의미가 있었다는 사실을 반영한다. 이들의 지식은 크게 '신의 계시[śruti]'를 통해 얻은 지식과 '인간의 기억[smṛti]'에 의하여 전승된 지식으로 나뉜다. 이 가운데 전자를 계시성전啓示聖典 혹은 천계문학天啓文學이라고 하는데, 이것은《만트라Mantra》《브라흐마나Brāhmaṇa》《아란야카Āraṇyaka》《우파니샤드Upaniṣad》네 종류로 이루어져 있다. 이 중에서《만트라》는 제식에서 제관들의 역할에 따라《리그베다Ṛgveda》《사마베다Sāmaveda》《야주르베다Yajurveda》《아타르바베다Atharvaveda》등 4베다로 구분된다.

《리그베다》는 다양한 신들을 찬양하고 제장祭場으로 불러 모시는 권청勸請의 노래, 즉 찬가讚歌를 모은 것이다. 베다의 신들로는 최고신 인드라Indra를 비롯하여 천신天神, 태양신太陽神, 뇌신雷神, 폭풍우신, 새벽신 등 자연현상을 신격화한 경우, 무한신, 공간신 등 추상적 관념을 신격화한 경우, 주신酒神, 화신火神, 언어신言語神 등 제사의 주요 부분을 신격화한 경우가 있었고, 이들을 숭배하는 다양한 제사의식이 있었다.《사마베다》는 권청하여 제장으로 모신 신들을 칭송하는 노래, 즉 가영歌詠을 모은 것이고,《야주르베다》는 권청하여 모셔서 가영을 바친 신들에게 제사의 용건을 아뢰고 제물을 올리는 축문祝文 등의 제사祭詞를 엮은 것이다.《아타르바베다》는 후대에 추가되어 정전正典이 된 것으로, 제장을 떠나는 신들에게 액땜과 강복을 기원하는 주문呪文을 모은 것이다. '진언眞言'으로 한역된 '만트라'는 제사에 사용되는 4베다의 찬가讚歌, 가사歌詞, 제사祭詞, 주사呪詞를 통칭하는 말이며, 만트라를 구성하는 4베다를 일반적으로 '성전聖典으로서의 베다' 즉 '베다성전'이라 통칭한다.

이러한 의미에서 4베다를 베다의 본집本集 즉 상히타Saṃhitā라고 하며, 《만트라》를 제외한 나머지 계시성전 3종 즉 《브라흐마나》《아란야카》《우파니샤드》는 상히타의 해설서에 해당한다. 《브라흐마나》는 제식의 진행과 《만트라》에 대한 해설서로서 '범서梵書' 혹은 '제의서祭儀書'로 한역되었으며, 《아란야카》는 《브라흐마나》의 부록으로 '삼림서森林書'로 한역되었다. 그리고 가장 후대에 성립된 《우파니샤드》는 종교적인 주제들을 다분히 사변적이고 철학적인 관점에서 다룬 문헌으로, '오의서奧義書'라 한역되었다.

이와 같은 계시성전 혹은 천계문학과 차등 분별하여 그것을 보충하는 지식으로서 인간의 기억에 의하여 전승된 것을 전승문학傳承文學이라고 하며, 크게 세 종류로 분류한다. 먼저 천계문학에 필요한 보조학문 즉 베당가Vedāṅga로서 음운학音韻學, 제식학祭式學, 문법학文法學, 어원학語源學, 운율학韻律學, 천문학天文學 등 여섯 가지가 그 첫째 부류이고, 둘째는 고대 서사시인 마하바라타Mahābhārata와 라마야나Rāmāyaṇa, 그리고 셋째는 마누Manu 법전法典으로 대표되는 법전들이다. 이러한 전승문학은 천계문학을 보조할 뿐 아니라 통치체제 확립을 보조하는 역할까지 했다.

그들은 베다성전을 중심으로 한 이러한 지식을 바탕으로 인간의 운명과 길흉화복이 신들의 뜻에 따라 결정된다고 생각하여 동물 희생과 공물을 바쳐 각종 제사를 지냈는데, 이러한 제사에는 신월제新月祭, 만월제滿月祭, 계절제季節祭, 공수제供獸祭, 소마제蘇摩祭, 조상제祖上祭 같은 제사뿐 아니라 출생식, 성인식, 결혼식, 장례식 등 민간의 인사백반人事百般에 걸친 제사, 그리고 국가의 대소사를 결정하는 제사 등이 있었다.

제식에 관한 지식과 언어를 독점한 제관祭官의 지위는 세습되었으며, 이렇게 독점된 지식은 독점된 언어를 통하여 구전으로 전승되었다. 지식 독점과 신분 세습을 공고히 하기 위해, 지식을 문자로 기록하여 전승하는 일은 권장되지 않았다. 일반적인 고대국가의 경우와 마찬가지로, 제관들은 최고의 권위와 특별한 지위를 누리면서 신의 대리자 또는 신과 동격인 존재로 대우받기도 했다. 이와 같은 종교를 '베다교Vedaism'라고 한다.

브라만교 베다교는 아리아인의 이주 역사와 함께 변화와 발전을 겪었다. 기원전 15세기경부터 구전으로 전승된 《리그베다》를 중심으로 한 4베다의 형성 시기는 기원전 8~7세기경까지 내려오며, 그 해설서인 《브라흐마나》와 《아란야카》는 4베다 형성 이후부터 기원전 5세기경 사이에 성립했다. 《우파니샤드》 가운데 기원전 6세기부터 기원전 3세기, 혹은 늦어도 기원 전후에 걸쳐 성립된 10여 종의 《우파니샤드》를 《고古우파니샤드》라 하고, 《고우파니샤드》 성립 이후 기원후 10세기 초에 이르는 기간에 걸쳐 형성된 200여 종의 《우파니샤드》를 《신新우파니샤드》라고 한다.

이러한 베다교 문헌들에는 두 가지 특징이 있다. 오랜 전승 과정에서 가문이나 학파에 따라 자연스럽게 생겨난 내용의 차이를 교정하고 통일하는 일이 어려웠기에 유사한 내용을 바탕으로 한 다양한 이본異本들이 공존하게 되었다는 점이 첫째이고, 구본舊本과 신본新本이 차별 없이 한 체계 안에서 공존하고 있다는 점이 둘째 특징이다.

기원전 8세기경, 특수 지배계층의 전유물이었던 철기가 인도 전역에 전파되면서 인구가 급증했다. 또한 이 시기에 갠지스 강 상류 지역에서 중류 지역의 일부까지 내려와 정착하게 된 아리아인들은 16대국의 일부를 형성했다. 이러한 시대적 변화는 자연히 베다교에 영향을 미쳐 그 주체인 제관들에게 변화를 일으키게 되었으니, 잉여 제관 발생이 그 첫째 현상이었다. 전반적인 인구 증가 추세에 따라 세습제인 제관들의 수는 증가한 반면, 씨족국가에서 부족국가로, 부족국가에서 군주국가로 발전하면서 공동체의 대소사와 관련한 제사의 횟수는 절대적으로 감소하였다. 이를테면 열 개의 부족국가가 한 군주국가로 통합될 경우 연례 공수제의 규모는 커지지만 횟수는 10분의 1로 줄게 되었던 것이다. 제사의 횟수가 줄면 제사를 관장하는 제관의 수도 줄 수밖에 없고, 자연히 제관이 남아돌게 된다. 이러한 잉여 제관의 수는 인구의 증가와 국가 형태의 발전에 따라 계속 증가했고, 이 무렵부터 이들에게 제사에 필요한 제식 관련 지식을 전수하는 해설서의 필요성도 생겨났다.

이들은 제사를 관장하지 않으면서 자신들의 신분을 유지해야 하는 과제와, 토착 원주민들을 종교적으로 포용하는 방법을 찾아내야 하는 과제를 안고 있었다. 후자는 인더스 강 유역에 침입하여 토착 원주민을 군사력으로 강제 수용할 때부터 제기되었던 문제로, 잉여 제관들뿐만 아니라 모든 제관들의 오랜 과제였다. 잉여 제관의 수가 증가한다는 것은 이러한 문제들의 해결에 관심을 가지는 제관들이 점점 많아진다는 것을 의미했다. 정치군사적으로 토착 원주민들을 제압하고 통합하는 데에는 성공했지만, 종교사상적으로 그들을 포용하고 동화시키는 과제는 제관들의 몫이었다.

베다교의 종교적 우위를 유지하면서 토착 원주민들을 종교적으로 포섭하는 것은 쉬운 일이 아니었다. 베다교를 폐기할 수도, 개종을 거부하는 토착 원주민들을 모두 추방하거나 살해할 수도 없었고, 그러한 방식으로 근본적인 해결이 가능한 문제도 아니었다.

근본적으로 그것은 신들과 관련된 문제였다. 베다교의 다양한 신들과, 토착 원주민들이 열렬히 숭배하던 시바 신을 비롯한 다양한 신들과의 관계 설정이 그 과제의 본질이었다.

그들은 이 과제를 베다교의 범주 내에서 성실히, 그리고 훌륭하게 해결했다. 그들은 원래 베다성전을 지칭하는 '신성하며 깨끗하고 맑아 흠결이 없는 것'이라는 의미의 브라흐만Brāhman 혹은 브라흠Brāhm, 梵을 추상화하기 시작했다. 베다 성전을 지칭하던 브라흐만은 베다 성전에 포함된 종교적 지식을 의미하다가 그 지식에서 파생되는 종교적인 힘을 의미하게 되었다. 나아가 신과 우주를 움직일 수 있는 주술적인 힘을, 더 나아가 만유를 생성하고 우주를 지배하는 베다 성전의 최고원리를 의미하게 되었다. 최고원리로 추상화된 브라흐만은 다시 의인화 과정을 거쳐 신격화로까지 나아갔다.

베다교에서 추상적인 개념의 신격화는 그리 어려운 일이 아니어서,

브라흐만은 곧 우주를 창조하고 지배하는 최고신을 의미하게 되었다. 따라서 브라흐만이 자신의 일부를 투사하여 창조한 베다교의 모든 신들과 토착 원주민들의 모든 신들은 본질적으로 브라흐만과 동일시됨과 동시에 브라흐만에 포섭되었고, 브라흐만의 뜻에 의해 신들의 서열이 결정된다는 설명을 통해 토착 원주민들의 토속신앙을 베다교의 영역 안으로 끌어들일 수 있었다.

이들은 브라흐만이 창조한 인간들도 브라흐만의 뜻에 따라 서열을 나누었다. 종교와 학문을 독점하는 최상위 계급인 브라흐마, 군사와 정치를 담당하는 무사 계층과 왕족으로 이루어진 크샤트리아Kṣatriya, 농업과 목축과 상공업에 종사하는 서민들인 바이샤Vaiśya, 그리고 이들을 섬기는 노예 계급인 수드라Śūdra의 네 계급으로 형성된 카스트 제도를 통해 제관들은 자신의 신분을 공고히 하는 근간을 마련했다.

모든 계급은 세습되었다. 다른 계급과는 혼인을 할 수 없고 같은 계급이 아니면 서로 같은 식탁에 앉지 못한다는 등의 사회적 규범이 만들어졌다. 이로써 베다교의 제관들은 제사를 통하지 않고도 자신들의 신분을 유지하는 동시에 토착 원주민들을 종교적으로 수용할 수 있게 되었다.

베다교의 제관들은 자신들이 만든 계급사회의 최상위 계층을 차지하고 그 계층의 이름을 '브라흐마나'라고 명명했다. 그리고 자신들을 이 계층의 이름으로 불렀다. '브라흐마나'라는 계층의 이름이 범서로 한역된 베다성전의 해설서 이름과 같은 것은, 이 계층에 속한 사람들만이 《브라흐마나》 해설서를 익히고 습득하고 암송하여 전승하는 권한과 의무를 지닌다는 의미를 함축한다. 따라서 《브라흐마나》 해설서의 필요성이 생겨난 둘째 이유는 브라흐마나 계급에 대한 정당성 부여였다.

계급으로서의 브라흐마나는 통상 '바라문婆羅門'으로 음역하지만 본서에서는 좀더 정확한 음역인 '브라만'을 따르면서 그 의역인 '범지梵志'를 병용하기로 한다. 베다교의 제관들이 브라만이라는 새로운 개념의 사회계층으로 다시 태어나면서, 이들 브라만에 의하여 인도되고 규정된 종교를 '브라만교'라고 한다. '브라흐마나'를 '브라만'으로 음역한 것은 'Brahmanism'의 번역인 '브라만교'에서 '브라만'을 원용한 것이다. 이때 창조신으로서의 브라흐만Brāhman은 브라만과 구별하여 '브라흐만'으로 표기하며, 한역하여 '범천梵天' 혹은 '대범천大梵天'이라고도 한다.

브라만교의 주요한 특징 가운데 베다성전을 신성시하는 베다 천계주의天啓主義, 베다성전을 담아낸 범어를 신성시하고 고급화하는 범어 제일주의, 범어를 사용하면서 베다성전을 암송하고 구전으로 전승하는 브라만을 최상으로 여기는 브라만 지상주의, 브라만이 실행하는 제식을 통하여 신과 합일하거나 교류함으로써 만유가 영향을 받고 만사가 결정된다고 믿는 제식 만능주의 등의 네 가지 특징은 베다교의 전통이 그대로 전승된 것들이다. 다만, 브라흐만이 신과 인간과 우주와 만물을 창조하고 관장한다는 일종의 창조론은 베다교에는 없는 브라만교의 특징이다. 이들은 브라흐만의 일부가 전변되어 만유가 창조된다고 설명하는데, 이를 전변설轉變說이라고 한다. 석가모니 부처님께서 세상에 출현하실 당시 아리아인들은 이러한 특징들을 지닌 브라만교를 믿고 있었다.

1. 《초전법륜경》SN56:11에 해당되는 한역 《아함경》에는 중도의 내용이 나타나지 않는다. 그 이유를 《아함경》을 한역하던 당시의 중국인 입장에서 설명해보라. 그리고 당시의 중국인 입장을 현대인의 입장에서 평가해보라.

---

2. 여의어야 할 모든 사견의 구조와 폐해를 이해하여 모든 사견을 버린 상태와, 여의어야 할 어떠한 사견도 보고 듣고 안 적이 없어 버릴 사견이 없는 상태는 서로 같은 것인가, 아니면 다른 것인가? 만약 같다면 그 이유를 설명하고, 다르다면 그 내용을 설명해보라.

---

3. 아리아인들이 지향한 전제군주 정치와 토착 원주민들이 지향한 연방공화 정치가 각각 그들의 문명과 어떤 연관성을 지니고 있는지 설명해보라.

---

4. 연방공화 정치 제도와 불교 교단의 운영방식을 《대반열반경》DN16을 참조하여 비교 설명해보라.

---

5. 간다라의 수도 탁카실라 인근 인더스 강 상류 지역에서 마가다 국의 수도 라자가하 인근 갠지스 강 중류 지역까지의 직선거리는 대략 몇 킬로미터인가? 아리아인들이 이 직선거리를 이동하는 데 약 8백 년이 걸렸다고 보면, 1년 평균 이동거리는 몇 킬로미터인가? 이것으로 그 이동의 성격을 가늠해보라.

---

6. 베다교의 제사는 4베다의 찬가讚歌, 가사歌詞, 제사祭詞, 주사呪詞의 차례로 구성되어 있다. 이것을 불교의 각종 제사 구성과 비교해보라.

1.3 육사외도

슈라만의 정체 아리아인의 이동과 함께 발전한 베다교는 4베다가 형성되는 기원전 8세기경부터 점차 브라만교로 변화·발전해 갔다. 브라만교의 형성은 브라만 계층의 형성과 밀접한 관련이 있으며, 브라만 계층의 형성은 《브라흐마나》 해설서의 형성으로 대변된다. 《브라흐마나》 해설서와 그 부록인 《아란야카》가 형성되는 기원전 8세기경부터 기원전 6~5세기경까지는 브라만교가 융성한 기간이다. 이 시기에 아리아인들은 갠지스 강 중류 지역에 자리를 잡아갔고, 기원전 6세기 중엽에는 마가다국이 등장하면서 16대국 시대로 진입하게 된다. 이 시기에 이르러 토착 원주민들도 철기를 사용하기 시작하면서 군사적·경제적으로 아리아계 대국들과 다소간 격차를 좁히게 된다. 이들은 아리아계 대국들과 전쟁을 치르기도 했지만 혼인동맹을 맺거나 하는 방식으로 제휴하기도 했고, 상업이 발달하면서 교역을 통하여 아리아인들과 교류하기도 했다. 이러한 시대적 흐름 속에서 브라만교의 주체이자 아리아계 대국들의 최상위 지배계급인 브라만들은 새로운 경험을 하게 된다.

이전까지 브라만들의 주된 교류 대상은 크샤트리아 계급에게 군사력으로 제압당한 토착 원주민들이어서, 전쟁노예인 이 토착 원주민들을 브라만들이 구축한 종교와 사회제도 안으로 끌어들이는 데에 큰 어려움이 없었다. 그러나 이 시기에 이르러 브라만들은 동맹국가나 이웃국가의 주민 자격으로 자국을 방문한 토착 원주민들과 교류하게 된다. 이 토착 원주민들이 브라만들이 구축한 종교와 사회제도를 비판하더라도 브라만들은 그들을 제재할 방법이 없었다. 그 가운데 특히 토착 원주민 종교인들과의 교류 경험은 브라만들에게 종교적 충격을 안겨주었다. 브라만교의 체계와 특징들이 토착 원주민 종교인들에게 존중받지 못했기 때문이다. 그들은 베다의 천계주의를 신랄하게 비판했고, 서민들이 쓰는 일반어를 사용하여 범어 제일주의를 무시했다. 브라만 지상주의와 반대로, 그들은 종교적 신분을 세습하지 않고 누구든지 출신계급에 상관없이, 심지어 남녀의 구별조차 없이 오직 자신의 의사결정에 따라 종교인의 신분을 얻을 수 있었다. 또한 브라만교의 제사와 같은 행사를 치르지 않는 것은 물론 오히려 그와 같은 제사의 폐지를 주장했다. 브라만들이 공들여 확립해 놓은 전변설에 대해서도 이름과 주장만 있을 뿐 실제적인 내용이 없을 뿐 아니라 진리에 합당하지 않다고 비판하였다. 이들의 브라만교 비판에 대해 브라만들은 무시하거나 반박할 수 없었다. 그들은 자신들의 전통적인 지식과 학문에 능통했고, 자신들의 종교적 원칙과 그에 따른 행위에 대해 분명한 견해를 가지고 있었으며, 종교적으로 진지하고 일관되어 보였기 때문이다. 게다가 그들의 비판이 브라만교에 대한 이해를 바탕으로 하고 있었던 데 반해, 종교적인 우월감에 빠져 있던 브라만들은 매우 이질적인 그들의 종교전통을 아직 제대로 이해하지 못하고 있었다. 브라만의 관점에서 보면 매우 자유로운 사상을 지닌, 그러면서도 매우 엄격하고 진지한 종교생활을 영위하는 이들 토착 원주민 종교인들을 '슈라만'이라고 하며, '사문沙門' 또는 '사문나沙門那'라고 한역한다.

슈라만의 전통 슈라만들이 고수했던 종교전통의 주요한 특징들을 살펴보기로 한다. 첫째, 슈라만의 가장 큰 특징은 출가제도이다. 슈라만이 되려면 출가를 해야 했다. 출가에 제한이나 조건은 없었다. 출가생활을 할 수 있는 육체조건과 의지만 있으면 누구나 자신의 자유의지로 결정하면 되었다. 출가 자체는 자유로웠지만 출가의 의미는 매우 엄격한 것이었다. 그것은 출가 이전의 모든 소유물, 재산, 권한, 그리고 모든 인간관계와 사회관계를 버리는 것을 의미했다. 심지어 국가와 관련된 모든 권한과 의무도 벗어나게 된다. 이들의 출가는 말 그대로 세상을 버리는 것이었다. 출가하면서 버린 것은 결코 다시 소유하지 않았다.

둘째, 슈라만들은 마을에서 벗어나 숲에서 생활했는데, 한 곳에 오래 머물지 않고 유행流行을 했다.

셋째, 식사를 하되 탁발托鉢에 의존했다. 탁발이란 인근 마을에서 걸식하는 것을 말한다. 신분이나 출신에 상관없이 사람들은 슈라만들에게 음식을 베풂으로써 현생과 사후에 복을 받는다고 생각하여 자신의 살림형편에 따라 자의로 음식을 제공했고, 슈라만은 그들에게 별도의 대가 없이 가르침을 제공했다. 사람들은 자신이 선호하는 가르침을 주는 특정 슈라만에게 우선하여 음식을 제공하기도 했고, 모든 슈라만에게 음식을 공평하게 제공하기도 했다. 슈라만들은 음식 제공을 원하는 사람들을 우선하여 음식을 제공받기도 했고, 음식이나 사람에 대한 차별 없이 모든 사람들로부터 평등하게 음식을 제공받기도 했다.

넷째, 슈라만들은 인간 안팎의 상대적인 조건들을 벗어나는 해탈解脫, vimokkha을 이루고자 했다. 이들은 해탈한 뒤 모든 조건에서 벗어나 어떠한 조건에도 의지하지 않는 절대적인 상태에 이르고자 했는데, 이를 열반涅槃, nibbāna이라고 한다. 해탈하여 열반에 이르면 고락苦樂과 생사生死의 조건들에서 벗어나는 불사不死를 성취하게 된다. 출가는 현생을 둘러싼 조건들 중에 버릴 수 있는 것은 다 버리는 것이므로 해탈로 향하는 첫걸음이었다. 슈라만은 이러한 종교적 목표를 성취하기 위해, 조건화된 상대적인 상태에 대해, 그리고 어떠한 조건화도 없는 절대적인 상태 즉 우주의 절대적인 실체에 대해 바르게 아는 지식을 탐구했다. 이러한 지식을 더 많이 아는 자는 스승이 되고 그렇지 않은 자는 제자가 되었다. 큰 스승은 큰 무리의 제자들을 가르치고, 작은 스승은 작은 무리의 제자들을 가르쳤다. 제자는 배움을 얻기 위해 스승을 찾아 유행하고, 스승은 가르치기 위해 제자를 찾아 유행했다. 슈라만들이 유행생활을 하는 이유가 바로 이것이었다. 배우고 가르치는 데에는 어떠한 조건도 없었다. 종교의 차별, 계급이나 출신의 차별, 슈라만과 비슈라만의 차별, 남녀의 차별 등은 없었다. 스승과 제자가 비밀스럽게 주고받는 것을 지양하고, 가르침을 공개적으로 펼치고 익히게 했다.

다섯째, 슈라만들은 자신들이 배워 알고 있는 지식을 직접 증득하기 위해 그 지식에 가장 적합한 방법을 택해 자신들의 지식을 실현하고자 했는데, 그 실천방법으로 요가와 고행이 주류를 이루었다. 이런 방법들은 절제된 생활을 요구했다. 인더스 문명의 유적에 기대자면, 요가수행은 인더스 강과 갠지스 강 유역에 걸쳐 고대부터 전해진 토착 원주민들의 전통적인 수행방법으로 보인다. 고행 또한 일정한 수준의 요가수행이 뒷받침되어야 하므로 이들의 전통적인 수행방법으로 볼 수 있다.

슈라만들은 집이 있는 안락한 생활을 벗어나 집이 없는 청빈한 생활 속에서 수행하는 출가 수행자들이었다. 살아 있는 출가정신을 지닌 수행자로서 슈라만은 상대적인 세계를 벗어나 절대적인 세계로 이입하고자 끊임없이 노력하였다. '슈라만'의 의미는 '노력하는 사람'이다.

슈라만들의 이러한 종교적 특징들은 브라만들에게는 매우 이질적인 것이었다. 신분이 세습되는 계급사회에서, 또한 가장의 부재가 곧 가계의 해체나 몰락을 의미하는 부계사회에서, 출가는 브라만들에게 친숙한 제도가 아니었다. 탁발 또한 유목민족 출신인 브라만들에게 낯선 것이었다. 목초지를 따라 이동하는 사람들을 따라 다니면서 음식을 얻는다는 것은 상상하기 어렵기 때문이다. 따라서 출가와 탁발은 정착생활을 하는 모계사회에서 유래한 것으로 볼 수 있다.

슈라만의 활약 브라만교가 형성되기 시작한 기원전 8세기경, 아리아인에 비해 늦기는 했지만 토착 원주민 사회도 철기를 사용하게 되면서 농업생산력 증대에 따라 인구가 증가했고, 자연히 슈라만들의 수도 증가했다. 슈라만들은 16대국의 패권전쟁과 관계없이 숲에서 숲으로 유행하면서 자신들의 전통을 이어갔다. 이들은 탁발할 수 있는 곳이면 어디든 가서 배우고 가르쳤다. 카스트 제도가 확립된 아리아계 국가에서 슈라만의 활동은 모든 계층의 사람들에게 신선한 충격을 주었다.

먼저, 노예계급인 수드라는 제사를 지낼 수 있는 권한이 없었기 때문에 브라만교의 신에게 축복을 받을 수 없었다. 이런 사람들에게도 평등하게 탁발을 받고 종교적 축복을 주는 슈라만들은 노예계층의 환대를 받을 수밖에 없었다. 특히 전쟁노예로 전락한 토착 원주민들에게는 탁발하는 슈라만을 만나는 것 자체가 큰 종교적 위안이 되었다.

다음으로, 서민계층인 바이샤는 제사에 대한 경제적 부담 없이 종교적 위안과 축복을 받을 수 있는 탁발 슈라만에게 점차 호감을 품게 되었고, 무역업으로 많은 재산을 축적한 일부 거상들은 제사는 지낼 수 있으되 종교적 지식을 배울 수 있는 기회가 없었던 카스트 제도를 벗어나 종교적 지식을 배울 수 있는 유일한 방법인 슈라만과의 교류에 적극적이었다.

한편, 정세를 관망하며 16대국 사이의 패권을 꿈꾸고 있던 크샤트리아의 왕족들은 국가를 부흥시키는 데, 특히 종교와 학문을 일으키는 데 여러 나라를 유행하는 슈라만들이 일조할 수 있다고 생각하여, 자신의 왕국 내를 유행하는 슈라만들에게 편의를 제공하기도 했다. 이들은 왕족 위에 군림하는 브라만들보다는 집을 버리고 숲속에서 청빈한 생활을 하며 자신들의 종교적 지식과 축복을 아낌없이 베풀어주는 슈라만을 신뢰하고 존경하여, 가르침을 청하기 위해 숲을 방문하기도 하고 왕궁으로 슈라만들을 초청하기도 했다. 이들은 한층 강화된 왕권을 바탕으로 슈라만들을 초청하여 공개적인 종교토론회를 자주 개최했는데, 각 참가자의 신념에 바탕을 둔 자유토론이어서, 슈라만들이 어떤 의견을 개진하더라도, 심지어 베다성전을 비판하더라도 처벌 받는 일은 없었다.

반면에 일부 브라만들은 자신들의 사회적·종교적 권한 바깥의 존재이면서도 자신들이 지배하는 사회와 종교의 영역에 들어와 자신들의 종교를 비판하고 사회 전반에 영향을 끼치는 슈라만들의 활동에 거부감을 품었고, 탁발을 거절함으로써 반감을 표현하기도 했다. 한편 종교적 우월감을 가지고 종교토론회에 참여하거나 개인적으로 슈라만들을 교화하려 하는 브라만들도 있었고, 제사의 실행보다 해설서를 중심으로 베다성전을 학습한 일부 브라만들은 종교적 지식에 대한 호기심으로 슈라만들과의 교류에 관심을 갖기도 했다. 슈라만들과의 교류가 잦아지면서 브라만들은 그들의 세계를 이해하기 시작했고, 브라만교와의 차이에 대해서도 알게 되었다. 브라만들은 그들 자신의 관점에서 슈라만을 이해했다. 제식을 통해 신과의 일시적인 교류 내지 합일을 이루면서 복을 받는 브라만교의 행법에 비해, 슈라만은 우주의 절대적 실체에 대한 지식을 바탕으로 요가나 고행 등의 수행을 통해 우주의 절대적 실체와 영구적인 합일을 추구했다. 인간이 신이 되고 신이 인간으로 현현顯現한다는 이러한 사상은 브라만들에게는 신선한 충격이 아닐 수 없었다.

계층을 막론하고 신흥 도시의 거주민들 사이에서는 숲속에서 청빈한 생활을 영위하는 슈라만과의 오랜 접촉을 통해 슈라만을 신뢰하고 존경하는 풍조가 나타나기 시작했다. 이러한 분위기 속에서 종교적으로 동화되어 출가해 슈라만이 되는 사람들도 있었다. 그 중에는 브라만들도 있었고, 크샤트리아와 바이샤는 물론 노예 계층에 속한 수드라들도 있었다. 누구든지 출가를 하면 슈라만의 전통에 따라 그 출신계급은 단지 인간에게 지워진 버려야 할 조건의 하나일 뿐이었다. 시간이 흐를수록 출가하는 아리아인들의 수가 점점 증가한 이유 가운데 하나는, 누구도 세습 외의 방법으로는 브라만교에 동화되어 브라만이 되는 것이 불가능했던 데 반해 누구든지 슈라만에 동화되어 슈라만이 되는 것은 가능했기 때문이다.

후대로 가면서 브라만 출신의 일부 슈라만들이 슈라만의 전통인 요가와 고행 등의 수행법과 브라만교의 전통인 제사의 행법을 모두 수용하여 병행하는 교단을 형성하게 된다. 이들은 슈라만의 전통에 따라 숲에서 생활하기는 했지만, 제식을 실행하고 공물을 수용하는 데 편리하도록 유행하지 않고 숲에서 정착생활을 했다.

기원전 6세기에 접어들어 슈라만들의 활약이 더욱 활발해지면서 마침내 자이나교와 불교를 형성하기에 이른다. 특히 불교는 꾸준히 성장하다가 기원전 3세기 아소카 왕의 인도 통일을 계기로 인도 전역으로 확산되었다. 정치군사적으로는 아리아인이 인도 전역을 통일하고 제패했지만, 종교사상적으로는 토착 원주민의 종교인 불교가 인도 전역을 동화시켰던 것이다.

슈라만의 사상 슈라만들은 출가하여 유행하면서 종교지식을 배우고 숲에서 요가와 고행 등의 수행에 전념했다. 그들의 노력은 처음부터 끝까지 어떤 것에서 벗어나는 데에 집중되었다. 그들은 고락이 있는 생사의 삶에서, 간단히 말하면 생사에서 벗어나고자 했다. 생사를 벗어난다는 것은 곧 죽음으로 생사가 끝나지 않는다는 것을 의미한다. 슈라만들은 죽음 뒤에도 생사가 지속되는 것으로 믿었고, 현재의 생生 이전에도 생사가 있었고 현생의 죽음 뒤에도 생사가 반복된다고 생각했다. 이것을 윤회輪廻, Saṃsāra 사상이라고 한다.

슈라만들은 생에서 시작하여 사에서 끝나는 인간 삶 속의 모든 행위행동을 업業, kamma이라 했고, 반복되는 생사의 향방이 업에 의해 결정된다고 생각했다. 인간보다 나은 세계, 인간의 세계, 인간보다 못한 세계 가운데 어디에 태어나느냐를 결정하는 것이 업이었다. 따라서 이로부터 도덕, 윤리, 사회적 규범, 종교행위 등의 가치기준이 결정되고 인간 삶의 기준 자체가 결정되었다. 나아가 윤회의 테두리 안에 존재하는 모든 세계를 벗어나는 일, 즉 윤회 자체를 벗어나는 일 또한 업에 의한 것이며, 윤회를 벗어나는 업의 행위행동이 요가나 고행 등의 수행이었다.

생사에 속박된 윤회하는 세계를 벗어나고자 하는 강한 의지가 생겼을 때, 윤회에 속박되는 행위행동에서 윤회를 벗어나는 행위행동으로 바뀌게 된다. 그 시작이 출가이고, 출가를 통해 생사에 속박된 인간세상에서 버려야 할 것은 버리고 벗어나야 할 것은 벗어나게 된다. 이렇게 출가하여 윤회하는 인간세상을 포함한 모든 세상의 모든 조건들을 벗어나는 것이 해탈이며, 그 모든 조건들을 완전히 벗어난 해탈 상태에 도달하여 머무는 것이 열반이다. 따라서 열반에서는 생사를 벗어나 불사를 이루게 된다. 불로초不老草로 이루는 불사가 아닌, 불생不生으로써 이루는 불사인 것이다. 출가하려는 사람이나 갓 출가한 슈라만이 유행을 했던 것도 불사에 이르기 위해, 또는 불사에 이르는 가르침을 구하기 위해서였다.

윤회와 업에 대한 철저한 이해는 슈라만이 되기 위한 필수 조건이었다. 슈라만의 전통을 지키면서 생활한다는 것은 세속적인 기준에서 보면 홀로 사는 걸인이나 노예의 비천하고 고달픈 삶보다도 못한 생활이었기 때문이다. 이렇게 윤회와 업, 불사에 대한 이해는 모든 슈라만들이 공유한 사상적 배경이었다.

슈라만의 사상적 배경 가운데 핵심을 이루는 윤회와 업은 몇 가지 중요한 종교적 문제와 연관되어 있었다. 먼저 육체와 영혼의 문제이다. 반복되는 생사의 흐름 속에서 생과 사 사이에는 육체가 있으나 사와 생 사이에는 육체가 없기 때문에, 이는 곧 육체와 영혼의 관계라는 문제로 연결된다. 또한 윤회의 전 과정에서 업이 기록되고 저장되는 문제는 의식에 대한 이해와 관련이 있다. 그리고 윤회와 업을 통해 인간의 세계, 인간보다 나은 세계, 인간보다 못한 세계 사이를 유전할 때 그 무대가 되는 곳, 즉 우주에 대한 이해와 연관되어 있다. 마지막으로 인간보다 나은 세계로 향상하는 행위행동과, 인간보다 못한 세계로 하락하는 행위행동의 원리와 이치는 곧 수행법과 직결되어 있다. 따라서 윤회와 업에 대한 이해 정도는 그와 연관된 중요한 종교적 문제들에 대한 이해 정도와 직결되어 있었다.

윤회와 업이라는 개념은 베다교는 물론 브라만교의 사상과도 상충한다. 생사를 포함한 인간의 운명과 길흉화복이 신에게 바치는 제사를 통하여 결정된다고 생각한 베다교의 교리나, 브라만교의 특징인 카스트 제도와 창조신 브라흐만에 의하여 인간과 만유가 생성된다는 전변설 또한 윤회 사상과 양립할 수 없기 때문이다.

윤회의 관점에서 신과 인간의 관계는 차원만 다르지 평등하다. 인간이 신의 세계로 올라갈 수 있고, 신도 인간의 세계로 내려올 수 있다. 인간이 윤회를 따르듯이 신도 윤회를 따른다. 신이 윤회를 좌지우지하거나 그 위에 군림하는 것이 아니다. 토착 원주민의 시바 신이 인간으로 현현하고 인간이 수행하여 신이 되는 것도 모두 윤회에 기반한다.

더구나 베다교와 브라만교에는 인간이 스스로 노력함으로써 더 나은 상태로 발전할 수 있다는 식의 이론이나 개념 자체가 없다. 즉 수행이라는 개념이 들어설 여지가 없는 것이다. 이를테면 바이샤나 수드라가 무력으로 왕권을 찬탈하여 크샤트리아가 될 수는 있지만, 종교적인 방법으로 크샤트리아가 되는 길은 없었다. 따라서 윤회와 업은 베다교나 브라만교에서 도출된 사상이 아니라 요가수행 관련 유적이 발견된 인더스 문명과 갠지스 강 유역에서 고대 인도문명을 이루어온 토착 원주민들에게서 전래한 사상이라고 보는 것이 합리적이다. 이와 같은 종교적 전통과 사상을 지닌 슈라만들에 의해 전승되어온 형태의 종교를 본서에서는 '슈라만교[沙門敎]'라 명명하고자 하며, 이에 따라 '슈라마나 Śramaṇa'를 '슈라만'이라고 음역한다.

브라만의 대응 기원전 8세기경 브라만교로 변화·발전하게 된 베다교의 내적 계기를 앞서 살펴보았는데, 이러한 변화와 발전에는 오랜 세월 동안 이어진 슈라만들과 접촉이라는 외적 요인도 중요한 역할을 했다. 천년 세월 동안 초원을 찾아 이동하며 유목생활을 해온 아리아인들은 주변 환경의 변화에 대한 적응력과 수용력이 탁월했다. 그들은 슈라만들의 활약으로 변화한 종교적 환경을 오히려 자신들의 종교를 발전시키는 발판으로 활용했다.

인도 사회의 최상위 지배계층이면서 모든 지식을 거의 독점하였던 브라만들은 종교 역사의 기록에서도 주도적이고 독점적인 지위를 유지했다. 자이나교와 불교의 문헌에서도 단편적인 정보들을 찾을 수 있기는 하지만, 브라만들이 기술한 천계문학을 면밀하게 살펴보면 그들이 슈라만들과의 오랜 접촉을 통해 수용하고 습득한 지식들을 활용하여 새로운 종교적 환경변화에 대응한 면모를 밝혀낼 수 있다.

첫째, 브라만교로 변화하기 직전인 기원전 8세기경, 베다교에는 4베다의 상히타만 형성되어 있었다. 상히타가 완성된 후《브라흐마나》를 선두로 해설서가 나타나기 시작했다. 따라서《브라흐마나》해설서의 형성 시기는 아무리 이르게 잡아도 기원전 8세기보다 앞설 수는 없다.《브라흐마나》해설서의 형성은 곧 베다교의 변화를 의미한다. 베다교에 일어난 변화의 핵심은 전변론이라 불리는 브라흐만의 창조론으로, 이에 관한 내용을《브라흐마나》해설서 내에 포괄하기 위해 그들은 관련 내용을 먼저《리그베다》에 삽입했다. 브라흐만이 일체를 창조하는 과정을 대장장이가 온갖 물건을 만들어내는 일에, 산모가 여러 아이를 낳는 일에, 목수가 다양한 물건을 만드는 일에 비유하거나 혹은 브라흐만의 신체 각 부분에서 일체가 유래한 것으로 설명하다가, 마침내 브라흐만의 자기생식自己生殖 즉 자신의 일부를 투사하여 우주가 창조된다는 전변설로 귀착했다. 이러한 전변설은 범아일여梵我一如 사상으로 전개되어 아리아인의 종교사상의 근간이 되는 일원론一元論의 바탕이 되었다. 이것은 브라흐만이 신과 인간 그리고 우주와 만물을 창조했고, 이렇게 창조된 일체를 운영하는 유일한 근본 원리가 곧 브라흐만이라는 사상이다.

브라흐만이 전변하여 인간이 된다는 개념은 베다교의 전통에서 보면 매우 이질적이다. 베다교에서는 신들이 제사를 통하여 인간의 운명과 길흉화복에 관여하는 존재이므로 신과 인간의 관계가 이원론二元論적이기 때문이다. 따라서 전변설은 토착 원주민들이 숭배하고 있던 시바를 비롯한 신들이 인간으로 현현하여 인간세상에 개입한다는 전설을 원용한 것으로 볼 수 있다.

둘째, 전변설을 도입하면서 베다교는 브라만교로 변화했다. 내적 변화를 성공적으로 완수한 브라만들은 브라만교의 외형을 조직하기 시작했다. 베다교의 전통인 제사 외에는 종교적 행법이 없었던 브라만과 달리, 슈라만은 요가와 고행 등의 행법과 종교지식의 학습·전수를 위한 끊임없는 노력이라는 외형적 특징이 두드러졌다. 브라만들이 슈라만교의 이러한 외형적 특징을 수용하기 위해서는 먼저 자신들의 종교지식을 배우고 가르치는 데 용이한 교재가 필요했다. 이것이 《브라흐마나》 해설서가 등장하게 된 셋째 동기가 된다.

또한 기본적인 생활 면에서 다른 계층의 사람들과 근본적인 차이가 없었던 브라만들과 달리 출가하여 숲속에서 독신생활을 영위하는 슈라만들의 외형적 특징을 수용하는 데 근거가 되는 교재가 필요했는데, 이것이 《아란야카》 해설서이다. 《브라흐마나》의 부록 역할을 하는 《아란야카》의 사전적 의미는 '숲에서 살며 수행하는 사람'이라는 뜻이니, 이는 브라만들이 슈라만과 마찬가지로 숲에서 살면서 수행하는 사람으로 자처할 수 있는 근거가 되었다.

셋째, 기원전 8세기경부터 기원전 6~5세기에 걸친 기간에 《브라흐마나》와 《아란야카》 해설서가 형성되면서 브라만교의 변화는 완성단계에 이르렀다. 기원전 6세기는 슈라만들의 활동이 정점에 이른 시기로, 다양한 사상을 바탕으로 수많은 슈라만 교단이 형성되었다. 기원전 6세기 초에는 자이나교와 불교가 등장하여, 자이나교의 창시자인 마하비라 Mahāvira와 불교의 창시자인 석가모니 부처님이 기원전 5세기 말까지 직접 가르침을 펼쳤다. 특히 불교는 기원전 3세기에 인도 전역으로 확산되었다. 이 시대의 슈라만들은 브라만교의 전변설과 제식 만능주의를 신랄하게 비판했다. 이와 같은 종교적 상황 변화를 감당하기에 역부족이었던 브라만들은 기원전 6~3세기 사이에 브라만교의 급격한 쇠락을 지켜보아야만 했다. 이 과정에서 등장한 또 하나의, 그러나 마지막이 된 해설서가 바로 《우파니샤드》다. 《우파니샤드》의 형성 과정은 기원전 6세기부터 시작하여 가장 왕성했던 기원전 3세기를 지나 기원 전후까지 이어졌다. 스승과 제자가 서로 가까이 앉아서 전수하는 비밀 교의敎義라는 뜻의 《우파니샤드》는 범아일여의 일원론을 중심으로 전변론을 보완·발전시켰고, 슈라만교의 전통적 사상인 윤회와 업을 수용하였으며, 해탈과 그에 이르는 실천방법으로 요가를 수용했다. 《우파니샤드》의 형성으로 브라만교는 교리적으로 베다교와는 전혀 다른 새로운 종교로 변모했다.

기원전 6~3세기 사이에 브라만교의 쇠락과 불교의 융성을 지켜볼 수밖에 없었던 브라만들에게 재기의 기회가 찾아왔다. 기원전 3세기 인도제국의 통일에 따른 종교적 영광은 불교에 돌아갔지만, 인도제국의 통일은 브라만들에게 재기의 발판을 제공했다. 그때까지 비교적 동등한 위치에 있었던 브라만과 슈라만의 위상관계가 인도제국의 통일을 기점으로 재편되기 시작했기 때문이다. 브라만들은 비록 종교적으로는 퇴락한 상황이었지만 사회적으로는 여전히 통일 인도사회의 최상위 지배계층으로서 사회규범을 제정하는 권한과 학문과 지식을 독점하는 기득권을 유지하고 있었다. 브라만들은 통일된 인도사회로 편입된 슈라만들과 그 교단을 자신들의 기득권 아래 두고 활동에 제재를 가하기 시작했다. 불교에 우호적이었던 마우리야 왕조를 단절시키고 브라만 출신의 숭가 왕조를 탄생시킨 기원전 2세기의 일이었다.

초기에는 일부 브라만들만이 슈라만의 전통에 따라 출가했으나, 점차 브라만 출신 슈라만들이 늘면서 독자적인 교단을 형성하기 시작했다. 이들은 출가는 했지만 유행생활이 아닌 정착생활을 했고, 탁발보다 제사의 공물을 선호했다. 브라만들은 일생을 네 단계로 구분하여 스승에게 베다성전을 배우는 범행기梵行期, 결혼하여 자식을 기르고 교육시키는 가주기家住期, 집을 떠나 숲에서 정착생활을 하는 임서기林棲期, 숲에서 숲으로 유행하는 기간인 유행기遊行期로 나누었다. 브라만교의 관점에서 슈라만의 전통을 수용한 이러한 출가제도는 통일 인도제국에서 구속력 있는 규범으로 작용하여 불교의 출가제도를 제한하는 결과를 낳았다. 초기의 독신출가 전통에서 벗어난 브라만들은 독신출가 교단인 불교를 폄하하기도 했다. 이처럼 브라만들은 한편으로는 불교를 수용하고 다른 한편으로는 불교에 제재를 가하면서 불교를 동화·흡수해 갔다. 기원전 2세기부터 시작된 브라만교의 부흥은 《우파니샤드》를 기반으로 베다교의 다신多神과 브라만교의 유일신唯一神을 절충하는 방식으로 진행되었다. 브라만들이 불교에 대항하여 정리한 삼신三神은 브라만교의 최고신인 브라흐만, 고대 베다교의 신인 비슈누Viṣṇu, 그리고 토착 원주민의 숭배 대상인 시바였다. 이러한 형태의 브라만교를 '힌두교

Hinduism'라고 부른다. 이들은 삼신을 모신 숲속의 사원에서 정착생활을 하면서 제사를 지내며 공물로 탁발을 대신했고, 해탈을 신과의 합일로 보고 그 방법으로 요가를 채택하여 수행했다.

육사외도　슈라만들이 다양한 사상을 바탕으로 가장 활발하게 활동하던 시기인 기원전 6세기에는 슈라만과 브라만의 교류도 활발하게 일어나면서 다양한 교단들이 등장했다. 슈라만들은 유행생활을 하다가 뛰어난 슈라만을 스승으로 삼아 무리를 이루기도 했다. 이렇게 다양한 사상을 바탕으로 형성된 여러 교단 중에 대표적인 여섯 교단이 불교 문헌DN2에 전승되어 오는 육사외도六師外道, ṣaḍ samānā이다. 석가모니 부처님께서 출가하여 슈라만이 되었을 당시의 대표적인 슈라만 스승인 이들의 가르침을 살펴보기로 한다.

1. **푸라나 카사파**Pūraṇa Kassap　노예 출신으로 알려진 푸라나 카사파는 선악善惡이란 인간이 인위적으로 정한 사회적 관습에 의한 것이며, 이렇게 정의된 선악은 절대적인 것이 아니기 때문에 무효이고, 없는 것이며, 그에 따른 과보도 없다고 주장했다. 이를테면 스스로나 남을 시켜 살생, 도둑질, 사음邪淫, 거짓말 등을 하더라도 그것은 악을 짓는 것이 아니고 악도 아니므로 그로 인한 죄보罪報나 악과惡果도 없다는 것이다. 또한 큰 보시로 많은 사람들에게 골고루 이익을 베풀어도 그것은 선을 짓는 것이 아니고 선도 아니므로 복보福報나 선과善果도 없다고 주장했다. 따라서 위와 같은 선악의 기준에 따른 길흉화복과 같은 현상들은 인

과나 운명에 의해서가 아니라 단지 우연에 의해 결정된다고 가르쳤다. 이런 주장과 가르침으로 흔히 그를 도덕부정론자道德否定論者 혹은 인과를 부정하는 우연론자偶然論者로 분류한다.

주목해야 할 것은, 그의 주장에 당시 브라만들이 사회적 규범으로 내세우고 있던 선악의 기준에 대한 신랄한 비판이 담겨 있었다는 사실이다. 브라만들이 지배하는 아리아인들의 사회가 토착 원주민들의 사회를 침략할 때 살생, 약탈, 겁탈을 자행하고 있던 현실에서, 아리아인들의 사회 내에서만 그러한 행위를 죄악시하는 것은 이중적이고 기만적이어서 절대적인 선악이 될 수 없다는 것이다. 그의 주장에는 제식 만능주의에 대한 간접적 비판도 담겨 있다. 결국 그는 이중적 선악의 개념, 인위적인 카스트 제도, 제식 만능주의를 포함하여 브라만 사회의 현실을 근본적인 도덕의 관점에서 비판했던 것이다. 이러한 비판적 판단을 근거로, 그는 인위적인 선악으로 이루어진 인간세상을 벗어나 출가, 수행하여 절대선의 세계로 나아가라고 가르쳤다.

2. **산자야 벨라티푸타**Sañjaya Belaṭṭhiputta 브라만들이 가장 타당한 인식방법으로 여기고 있던 '성언량聖言量, śābda', 즉 믿을 만한 타인의 증언, 특히 신의 계시에 의한 증언을 철저히 부정하고 그에 따라 브라만들이 주장하는 계시문학도 근본적인 인식방법의 관점에서 부정한 슈라만이다. 타당한 인식방법으로 오직 감각적 지각知覺, 즉 '현량現量, pratyakṣa'만을 인정한 그는 현실적이고 감각적인 경험을 통해 인식할 수 있는 것 외의 것은 논의 자체가 무의미하며, 그러한 것들을 모든 사람들

이 인식할 수 있는 방법으로 알 수도 없다고 주장했다.

현실적이고 감각적인 경험을 통해 인식할 수 없는 것들에 대해 질문을 받았을 때 그가 답변하는 방식은 이러했다. 이를테면 누군가가 그에게 저 세상이 있느냐고 물었을 때, 만일 그가 저 세상이 있다고 생각한다면 저 세상이 있다고 대답해야 할 것이다. 하지만 그는 저 세상이 있다고도 하지 않고, 저 세상이 없다고도 하지 않고, 저 세상이 있는 것과 다르다고도 하지 않고, 저 세상이 있는 것이 아니라고도 하지 않고, 저 세상이 있는 것이 아니지 않다고도 하지 않았다. 반대로 누군가가 저 세상이 없느냐고 물었을 때, 만일 그가 저 세상이 없다고 생각한다면 저 세상이 없다고 대답해야 할 것이다. 하지만 그는 저 세상이 없다고도 하지 않고, 저 세상이 있다고도 하지 않고, 저 세상이 없는 것과 다르다고도 하지 않고, 저 세상이 없는 것이 아니라고도 하지 않고, 저 세상이 없는 것이 아니지 않다고도 하지 않았다. 만일 누군가가 그에게 저 세상이 있기도 하고 없기도 하느냐고 묻거나 저 세상이 있는 것도 아니고 없는 것도 아니냐고 물으면 그는 앞의 대답과 같은 방법으로 답했다. 이러한 답변 방식은 그를 불가지론자不可知論者로, 또는 불가지론을 따르는 회의론자懷疑論者로 분류하는 근거가 된다.

그러나 그의 '불가지론' 또는 '회의론'에는 감각적 지각의 범위를 벗어난 논제에 대해 유보적으로 사변할 것을 강조함으로써 그 논제에 대한 단정적 생각이 여러 가지 가능한 생각 중의 하나일 뿐이라는 자각을 일으킨다는 측면이 있었다. '현량'에 의해 인식할 수 없는 대상에 대하여 이렇다고도 하지 않고 저렇다고도 하지 않고 다르다고도 하지 않고 아니라고도 하지 않고 아니지 않다고도 하지 않는 그의 답변은, 여러 가지 가능한 생각 중의 하나를 선택하여 그 생각이 진실이라고 주장하는 것이 다른 생각을 선택한 다른 사람이 그 생각을 진실이라고 주장하는 것과 근본적으로 차이가 없음을 자각하라는 가르침이었다. 브라만들이 진실이라고 주장하는 계시문학을 긍정도 부정도 하지 않은 그는 브라만들의 오류를 직접 비판하지 않으면서 그들 스스로 자신들의 '성언량'에 의한 인식방법을 자각하고 돌이키도록 촉구한 셈이었다.

그는 누구나 인정할 수 있는 현실적이고 감각적인 체험을 바탕으로 인식할 수 있는 것 외의 것들은 무의미하고 허망한 것이라고 주장하면서, 그렇게 무의미하고 허망한 생각들로 가득한 인간세상을 벗어나 출가하여 현실적이고 감각적인 체험을 바탕으로 수행을 함으로써 최상의 지혜를 체득하라고 가르쳤다.

3. 아지타 케사캄발리Ajita Kesakambalī 푸라나 카사파는 도덕적 관점에서, 산자야 벨라티푸타는 인식방법론의 측면에서 브라만 사회를 비판했다. 아지타 케사캄발리 역시 '현량'에 의한 인식방법만 인정하면서 인간과 만물의 실재에 대한 이론을 전개했다. 브라만들이 '성언량'을 최고의 인식방법으로 여겨 유일신 브라흐만이 인간과 만물을 창조했다고 생각한 데 반해, '현량'을 인식방법으로 채택한 그는 인간과 만물이 지수화풍地水火風의 사대四大로 이루어져 있다고 주장했다. 그는 우주의 구성요소인 사대만이 독립 상주하는 참된 실재라고 하면서, 인간과 우주만물은 사대가 이합집산離合集散하는 것이라고 주장했다. 그에 따르면 인

간의 생生은 사대가 일시적으로 화합한 것이며, 삶은 사대를 섭취하고 배출하는 것이며, 사死는 사대가 각기 제자리로 흩어지는 것이다. 그는 사대의 일시적 화합으로 태어난 인간은 목숨이 다하면 지대地大는 땅으로 돌아가고 수대水大는 물로 돌아가고 화대火大는 불로 돌아가며 풍대風大는 바람으로 돌아간다고 주장했다. 사람의 몸은 모두 무너지고 부서지며 그 시신을 화장장에서 불로 태우면 재가 되는데, 이것은 어리석은 사람이나 지혜로운 사람이나 모두 마찬가지라고 했다. 이러한 주장에 근거하여 흔히 그를 유물론자唯物論者 혹은 단멸론자斷滅論者로 분류한다.

그는 푸라나 카사파의 도덕적 관점과 산자야 벨라티푸타의 현량에 의한 인식방법에서 진일보하여 이른바 '4요소설'을 추가 제시함으로써 현량에 의한 인식방법만으로도 우주의 실재를 설명할 수 있음을 보였다. 우주의 실재를 몇 가지 구성요소로 보고 우주만물을 이러한 구성요소의 집합으로 보는 견해를 '적취설積聚說'이라 하는데, 그의 4요소설은 적취설의 시초라 할 수 있다.

4. **파쿠다 카자야나**Pakudha Kaccāyana 아지타 케사캄발리의 4요소설을 확장하여 7요소설로 발전시킨 슈라만이다. 그는 4요소설에서 말하는 물질적인 사대가 인간이 경험하는 고락苦樂의 감정을 느끼지 못하므로 사대의 합인 인간도 고락의 감정을 느끼지 못하여야 하는데 인간은 엄연히 고락의 감정을 경험하고 있다는 점에서 고통과 즐거움도 요소로 보았다. 나아가 인간의 생명현상도 고락의 감정과 같은 요소로 보고 지수화풍의 4요소에 고苦, 낙樂, 명아命我, jīva가 더해진 7요소설을 주장하였

다. 물질적인 것들은 4요소들의 이합집산이지만, 인간과 같은 생명체는 참된 실재로서 독립 상주하는 7요소들의 이합집산으로 보아야 한다는 것이 그의 주장이었다. 그는 인간의 생명현상을 관장하는 '명아' 즉 영혼을 요소로 봄으로써 인간의 영혼이 불생불멸한다는 주장을 펼쳤다.

5. 막칼리 고살라Makkahali Gosāla   파쿠다 카자야나의 7요소설을 12요소설로 확장·발전시켰다. 그는 먼저 7요소가 이합집산할 수 있는 '허공'을 요소로 추가했다. 물질적인 것들의 구성요소인 사대가 이합집산하는 원인을 자연의 법칙으로 본 그는 이러한 자연의 법칙이 인간의 행위나 의지와 상관없이 이미 필연적으로 결정되어 있다고 주장했다. 그는 자연의 법칙에 따라 사대가 모이는 법칙인 '득得'과 흩어지는 법칙인 '실失'을 요소로 추가했다. 또한 그는 인간을 포함한 생명체를 이루는 '고' '낙' '명아'의 3요소가 이합집산하는 원인을 숙명적인 생명의 법칙으로 보았다. 그에 따르면 이 생명의 법칙은 인간의 행위나 의지와 상관없이 이미 숙명적으로 결정되어 있는 것이다. 그는 이러한 법칙에 의하여 3요소가 이합집산한다고 보고, 3요소가 모이는 법칙인 '생生'과 흩어지는 법칙인 '사死'를 요소로 추가했다. '득'과 '실'이라는 요소와 별개로 '생'과 '사'라는 요소를 도입했다는 것은 그가 자연의 법칙과 생명의 법칙을 서로 다른 것으로 보았음을 의미한다. 이렇게 7요소에 '허공' '득' '실' '생' '사'가 더해져 12요소설이 탄생하게 된다.

그가 12요소설로 확장하면서 새로 도입한 요소와 법칙들은 '현량'에 의하여 인식될 수 없는 것들이다. 따라서 그는 '현량'에만 의존하지 않고 이성적 사유와 논리적 추론에 따른 '비량比量, anumāna'을 타당한 인식 방법으로 여겼다. 우주에 내재하는 법칙을 자각했다는 점에서, 나아가 그 법칙들을 이성적 사유를 통해 인식할 수 있는 가능성을 열어놓았다는 점에서, 그의 사상은 슈라만들의 인식방법과 사유체계에 새 지평을 연 획기적인 사건이었다.

인간은 어떠한 노력이나 고행이나 범행梵行으로도 대체하거나 변화시킬 수 없는 필연적인 법칙과 숙명적인 법칙에 따라 윤회한다는 것이 그의 관점이었고, 인간의 고락은 이러한 법칙에 따라 윤회를 마치고 나서야 끝나게 된다는 것이 그의 주장이었다. 이러한 관점과 주장으로 그는 숙명론자宿命論者 혹은 운명론자運命論者로 분류된다.

그는 자이나교와 불교에 이어 후대까지 큰 영향을 끼친 '아지바카 Ājīvaka, 邪命外道'교단의 창시자이다. '아지바카'는 '생활법에 관한 규정을 엄밀히 준수하는 자'라는 뜻으로, 필연적이고 숙명적인 법칙에 합당한 생활규범을 제정하고 이를 엄격히 지키는 일종의 고행주의를 의미한다. 이 교단은 자이나교나 불교와 달리 사원생활을 거부하고 숲이나 동굴에서 고행하는 전통적인 방식을 고수했다.

6. 니간타 나타푸타Nigaṇṭha Nātaputta 12요소설을 재분류하고 새로운 해석을 첨가하여 '5실재신설五實在身說'을 주장했다. 그는 먼저 12요소를 정신적 실재와 물질적 실재로 대분하여 이원론二元論적 우주관을 제시하였다. 정신적 실재를 '명아'로, 물질적인 실재를 '비명아非命我, ajva'로 부르면서 비명아를 다시 물질物質, pudgalāstikāya, 허공虛空, ākāśa, 법法, dharma,

비법非法, adharma의 네 가지로 구분했다. 그리하여 우주만물이 명아와 4 비명아의 5실재신實在身, astikāya으로 구성되었다고 보았다. 이것은 12요 소의 '고' '낙' '명아'를 '명아'로, '지' '수' '화' '풍'을 '물질'로, 그리고 '득' '실'과 '생' '사'를 법으로 보고, '비법'을 새로 추가한 것이다.

'명아'는 본래 지知, jñāna, 견見, darśana, 력力, vīrya, 안락安樂, sukha의 성질 을 내포하고 있으며, 동물과 식물을 포함한 모든 생명체뿐만 아니라 지 수화풍의 모든 물질에 편재하는 동질의 생명력이라는 것이 그의 관점이 다. 명아가 물질에 내재할 때에는 그 크기가 물질의 크기와 똑같으며, 생명체에 내재할 때에는 그 생명체의 모든 정신적 작용의 주체가 된다. 동질의 명아가 모든 생명체에 내재하지만 갖가지 생명체들이 서로 다른 차원의 정신작용을 일으키는 것은 각 생명체의 서로 다른 업業이 명아를 가리고 오염시키기 때문이다. 업을 미세한 물질로 본 그는 생명체가 행 위행동을 일으킬 때마다 이 업이 명아에 침투하여 명아와 비명아가 결 합하는데, 이러한 결합이 명아를 가리고 오염시키는 원인이 된다고 말 한다. 명아를 가리고 오염시키는 또 다른 원인은 물질로 이루어진 육신 의 감각기관으로, 그는 이 기관들이 명아의 완전하고 절대적인 인식을 방해하여 불완전하고 제한적인 인식을 일으킨다고 보았다.

비명아가 명아와 결합하여 윤회의 상태가 되는데, 이것은 육신의 사 후에도 명아와 결합한 업의 잔여물들이 명아가 완전하고 절대적인 본래 의 모습으로 환원되는 것을 방해하기 때문이라는 것이 그의 설명이다. 따라서 윤회를 벗어나는 해탈이란 명아가 비명아에서 분리되어 독존獨 存함으로써 명아의 본래 상태를 회복하는 것이다. 이러한 독존 상태에서 명아가 인지하는 능력을 독존지獨存知, kevala-jñāna라고 한다. 따라서 해탈하여 독존지를 얻는 것이 인생의 궁극적인 목적이며 수행의 최종목표이다. 이 목표를 이루기 위해서는 새로운 업의 침투를 막고, 침투한 업을 명아에서 분리하여 배출해야 한다. 새로운 업의 침투를 막기 위해 계율을 철저하게 지키는 생활을 해야 하며, 침투한 업을 배출하기 위해 고행을 해야 한다. 현세의 업에 의하여 내세의 고苦를 받게 되는데, 현세의 고행을 통해 내세의 고를 미리 받음으로써 현세의 업을 씻어 배출할 수 있다는 것이 그의 설명이다.

이 교단의 수행자들은 불살생不殺生, 불투도不偸盗, 불음행不淫行, 불망어不妄語, 무소유無所有의 다섯 가지 계율을 철저하게 지켰는데, 이 중에서 불살생계가 가장 엄격했다. 이들은 무소유계를 지키기 위해 몸에 옷을 전혀 걸치지 않고 고행했기 때문에 '나형裸形외도'라 불리기도 했다. 재가 상태에서는 무소유와 고행을 실행하기가 불가능했기 때문에 이 교단에서는 출가수행을 장려했다.

12요소설에서 '물질' '허공' '법' '비법'으로 구분된 '비명아' 가운데 '물질'은 더 나눌 수 없고 파괴될 수 없는 원자原子, paramāṇu로 이루어져 있다. 이러한 원자의 특징은 물질의 형태와 맛, 향을 가지고 있으나 매우 작아서 현실적으로 지각되지 않는다. 그러나 원자들이 결합하여 축적되면 현실적으로 지각되고 가촉可觸할 수 있는 물질이 된다. '득' '실' '생' '사'를 '법'으로 본 것은, 물질을 이루고 있는 원자들의 이합집산과 명아의 이합집산을 어떤 불변의 법칙에 따른 것으로 보았기 때문이다. 즉, 물질과 생명체들의 생멸과 변화에 적용된 불변의 법칙을 '법'이라 한 것이다. 물질과 생명체들이 그 모습과 상태를 유지하고 지속하는 데 적용된 불변의 법칙은 '비법'이다.

이러한 교설의 특징을 정리하면 첫째, 그는 12요소를 정신과 물질로 대분하는 이원론을 제시했다. 이러한 이원론은 동서고금을 아울러 후대의 우주관과 철학적 논의의 근간이 된다. 둘째, 이러한 이원론을 바탕으로 12요소설을 5실재신설로 재분류하여 수용함으로써 12요소설이 함축하는 모든 이론적 특징들을 수용했다. 물론 여기에는 적취설도 포함된다. 셋째, 슈라만의 사상적 특징을 모두 수용하면서 브라만의 사상적 특징도 일부 수용했다. 즉, 명아의 해석을 통해 아트만Ātman, 我 사상을 수용한 것이다. 그는 아트만 사상을 수용하면서도 명아를 실재로 취급함으로써 브라흐만Brāhman, 梵 사상은 수용하지 않았다. 그러나 명아의 이합집산을 설명하는 불변의 법칙이 실재로 상정되었고, 이 법칙을 어떻게 해석하느냐에 따라서 브라흐만의 배제 여부가 최종적으로 결정된다. 넷째, 슈라만들의 사상적 배경이 되는 윤회와 업을 5실재신설로 해석했다. 그는 업을 미세한 물질로 보고, 업에 의해 오염된 명아가 윤회한다고 설명했다. 따라서 명아가 업에 의해 더 이상 오염되지 않으면 윤회에서 벗어나게 된다. 다섯째, 윤회와 업에 대한 구체적인 해석을 바탕으로 수행의 방법론인 고행이 자연스럽게 도출되어 정당화되었으며, 따라서 이렇게 정당화된 수행방법을 통해 도달하게 되는 해탈과 열반이 해석되었다. 그는 슈라만의 사상인 12요소설을 수용함과 동시에 수용 가능한 브라만의 아트만 사상을 수용하여 5실재신설을 확립했고, 5실재신설을 통해 윤회와 업, 수행방법론, 해탈과 열반을 체계적으로 해석하는 데 성공했다. 그러나 5실재신설의 중요한 부분인 법칙성에 대한 해석이 미완이라는 점에서, 그의 가르침을 이론의 완전성을 갖춘 것으로 볼 수는 없다.

니간타 나타푸타는 밧지 국의 베살리에서 왕자로 태어나 30세에 출가하여 12년에 걸친 고행 끝에 '독존지'를 성취한 뒤 30년간 교화하다 72세에 입적했다. 그는 석가모니 부처님과 거의 동시대 인물로, 부처님과 매우 비슷한 인생행로를 걸었다. 그는 자이나교의 교조였는데, '니간타 나타푸타'는 불교도들이 그를 가리킬 때 사용한 호칭이었다. '묶임에서 풀려난 자'라는 의미의 '니간타'는 자이나교 이전에 존재했던 교단의 이름이고, '나타푸타'는 '나타Nāta 족 출신'이라는 뜻이다. 그를 가리키는 또 다른 이름 '지나Jina, 勝者'는 '승리한 사람'이라는 뜻으로, '자이나교Jainism'는 '지나의 가르침'에서 온 말이다. 그는 '위대한 영웅'이라는 뜻의 '마하비라Māhaīra, 大雄'라고도 불렸다. 니간타 교단에는 지나 이전에 스물세 명의 조사祖師가 있었다고 하는데, 지나 직전의 23조는 파르슈바Pārśva였다. 따라서 지나는 니간타를 개혁하고 부흥시킨 니간타의 24조이자 자이나교의 초조初祖가 된다. 결국 슈라만들은 적어도 기원전 10세기 이전부터 자신들의 종교적 전통을 계승해온 셈이다.

7. 인도의 토착 원주민 종교인들 중에는 깊은 산속에서 생활하는 경우도 있었다. 역사 속에서 이러한 예들을 찾아 일반적인 슈라만들의 생활과 비교해보라.

8. 브라만교의 카스트와 전변설이 서로 모순되는 점을 설명해보라.

9. 브라만교의 카스트가 윤회와 상충함을, 그리고 전변설이 업과 상충함을 상세히 설명해보라.

10. 우주를 정신과 물질로 나누는 이원론二元論은 인류의 우주관과 현대철학의 세계관에 큰 영향을 끼친 근간 이론이다. 만약 니간타 나타푸타의 이원론이 후대에 삽입된 것이 아니라면, 그를 정신과 물질의 이원론을 주창한 최초의 인물로 볼 수 있는가? 전거典據를 바탕으로 밝혀보라.

11. 원자론原子論은 후대의 불교물질관과 현대물리학의 물질관에서 근간이 되는 이론이다. 니간타 나타푸타의 물질관은 기본적으로 이러한 원자론과 동일하다. 만약 그의 원자론이 후대에 삽입된 것이 아니라면, 그는 원자론을 주창한 최초의 인물이 된다. 그가 원자론을 최초로 주창한 것인지, 아니면 그의 원자론이 후대에 삽입된 것인지 밝혀보라.

12. 아지타 케사캄발리의 4요소설에 의한 적취설을 원자론의 원시적 형태로 볼 수 있는가? 만약 그렇다면 적취설에서 불교의 원자론으로, 불교의 원자론에서 고대 그리스의 원자론으로, 고대 그리스의 원자론에서 근대과학의 원자설로, 근대과학의 원자설에서 현대물리학의 입자론으로 이어지는 과정에서 사상적 연관성 유무를 밝혀보라.

13. 석가모니 부처님인 여래如來의 10명호名號는 '응공應供, 정변지正遍知, 명행족明行足, 선서善逝, 세간해世間解, 무상사無上士, 조어장부調御丈夫, 천인사天人師, 불佛, 세존世尊'이다. 이 가운데 자이나교와 공유하는 명호는 무엇인가? 그리고 '대웅大雄'은 석가모니 부처님의 10명호에 들어 있지도 않을 뿐 아니라 석가모니 부처님께서 평생 타파하고자 진력한 육사외도 가운데 하나인 자이나교의 교주 지나를 가리킨다. 이러한 호칭을 한국불교에서는 석가모니 부처님을 모시는 전각, 즉 '대웅전大雄殿'의 이름에 사용하고 있다. 이렇게 된 연유와 과정을 밝혀보라.

---

14. 석가모니 부처님께서 브라만교의 전변설과 육사외도의 적취설을 타파하고 그 대안으로 내세우신 가르침은 무엇인가?

1.4 62견

대표적인 슈라만 교단을 이끌면서 자신의 종교적 사상을 전개 발전시키는 데 주도적인 역할을 한 육사외도뿐만 아니라 모든 슈라만과 브라만들은 그 시대까지 전승되어온 근본적인 종교적 의문들에 나름대로 견해를 가지고 있었는데, 이를 36견과 62견이라고 한다. 불교 문헌에 전승되는 이러한 견해들을 현대적인 용어로 정리해보기로 한다.

36견 먼저 당시 사유방식의 하나로서, 어떤 견해의 진위眞僞와 관련하여 논리적으로 연관된 네 가지 견해를 함께 제기하는 방식을 이해해야 한다. 이를테면 어떤 대표적인 견해를 A라고 하고 그와 반대되는 견해를 B라고 할 때 A, B, A∩B, A̅∩B̅의 형식으로 네 가지 견해를 함께 제기하는 방식이다. 이런 방식은 견해 A의 논리적 완전성을 확보해 준다.

서른여섯 가지 견해인 36견은 아홉 종류의 대표적인 견해들과 연관된 네 가지 견해로 이루어져 있는데, 《청정경淸淨經》DA2:13에 그 전부가 나타나 있고 《불설전유경佛說箭喩經》MN63에는 그 중 열 가지만 전승된다. 북전의 《청정경》DA2:13과 이에 상응하는 남전의 《청정경》DN29 사이에는 36견의 내용에 차이가 있다. 남전과 북전을 비교하여 그 내용을 정리하기로 한다.

1. 우주의 시간은 ① 영원하다 ② 영원하지 않다 ③ 영원하기도 하고 영원하지 않기도 하다 ④ 영원한 것도 아니고 영원하지 않은 것도 아니다.

2. 우주의 공간은 ① 유한하다 ② 무한하다 ③ 유한하기도 하고 무한하기도 하다 ④ 유한한 것도 아니고 무한한 것도 아니다.

3. 자아는 육체와 ① 같다 ② 다르다 ③ 같기도 하고 다르기도 하다 ④ 같은 것도 아니고 다른 것도 아니다.

4. 자아는 사후에 ① 존재한다 ② 존재하지 않는다 ③ 존재하기도 하고 존재하지 않기도 한다 ④ 존재하는 것도 아니고 존재하지 않는 것도 아니다.

5. 우주는 ① 우주가 스스로 만든 것이다 ② 타자가 만든 것이다 ③ 스스로 만든 것이기도 하고 타자가 만든 것이기도 하다 ④ 스스로 만든 것도 아니고 타자가 만든 것도 아니다. 우연히 생성된 것이다.

6. 자아의 실재는 ① 물질이다 ② 정신이다 ③ 물질이기도 하고 정신이기도 하다 ④ 물질도 아니고 정신두 아니다

7. 자아의 공간적 한계는 ① 있다 ② 없다 ③ 있기도 하고 없기도 하다 ④ 있는 것도 아니고 없는 것도 아니다.

8. 자아의 실재에 고락이 ① 있다 ② 없다 ③ 있기도 하고 없기도 하다 ④ 있는 것도 아니고 없는 것도 아니다.

9. 자아의 실재에 생각[想]이 ① 있다 ② 없다 ③ 있기도 하고 없기도 하다 ④ 있는 것도 아니고 없는 것도 아니다.

이상의 36견을 주제별로 보면 우주에 관한 것이 세 가지, 자아에 관한 것이 여섯 가지이다. 먼저 우주에 관한 견해들을 살펴보면, 우주의 존속 여부는 곧 인간의 존속 여부와 관련이 있고, 또한 윤회와 관련이 있다.

만약 우주가 영원하지 않다면 인간의 존속 또한 영원하지 않은 것이 된다. 그렇다면 인간의 존속이 중단될 때 인간은 윤회를 벗어나는가? 이렇게 윤회에서 벗어나는 것을 해탈이라고 할 수 있는가? 또한 우주를 타자가 만들었다면 그 타자는 누구이며 그 타자는 어떻게 생성된 것인가? 이와 같이 우주에 관한 견해는 종교적으로 중요한 윤회와 해탈 혹은 창조신에 대한 문제와 연관되어 있다. 따라서 타당한 우주론에서 이 문제들을 해결해야 한다.

다음으로 자아에 관한 견해를 살펴보면, 먼저 자아와 육체의 관계가 있다. 자아를 육체로 보면 단멸론斷滅論으로 귀착하고, 자아를 육체와 별개로 보면 유상론有常論으로 귀결된다. 자아의 실재에 관한 6번 견해가 3번 및 4번 견해와 연관이 있음에도 불구하고 별개의 견해로 추가된 것은, 자아의 실재에 관한 슈라만의 적취설과 브라만의 아트만론의 진위여부와 관련이 있기 때문이다. 적취설에도 자아의 실재를 물질로만 보는 견해와 물질과 정신적 요소의 결합으로 보는 견해의 진위여부라는 문제가 개입해 있다. 그리고 만약 자아의 실재가 정신이라면 그 정신의 공간적 범위에 대한 견해가 7번이다. 이것은 자이나교의 5실재신설에서 육체와 명아의 관계에 대한 견해이기도 하다. 8번의 고락에 관한 견해는 7요소설과 12요소설의 고락에 대한 견해와 관련이 있고, 나아가 고락으로 표현되는 감성感性을 자아의 실재로 포함할 것인지 여부에 대한 견해이기도 하다. 생각에 관한 9번 견해는 슈라만들이 점차 타당한 인식방법으로 인정해가고 있던 비량에 대한 견해와 관련이 있다. 이것은 비량에 의한 생각을 자아의 실재에 포함할 것인지 여부에 관한 견해이면서, 나아가 이성理性을 자아의 실재에 포함할 것인지 여부에 관한 견해이기도 하다. 만약 생각을 자아의 실재로 본다면 ① 하나뿐이다 ② 몇 개뿐이다 ③ 유한한 개수이다 ④ 무한한 개수이다 하는 부차적인 견해들까지 내포한다.

1~4번으로 분류되어 있는 16견해를 본생본견本生本見이라고 하는데, 이것은 과거부터 제기되어 전래된 근본적인 종교적 의문에 대한 견해를 의미한다. 5~9번으로 분류되어 있는 20견해를 말생말견末生末見이라고 하는데, 이것은 본생본견이 형성된 이후에 추가로 제기된 새로운 종교적인 의문에 대한 견해를 의미한다.

62견 《범망경梵網經》DN1에 나타난 62견은 석가모니 부처님께서 여러 가지 견해에 대해 각 견해가 왜 사견邪見인지 그 근거를 모두 예순두 가지로 밝히신 것이다. 사견의 근거는 정의삼매定意三昧와 첩질상지捷疾相智이다. 정의삼매는 마음이 삼매에 이입되어 과거를 기억하는 삼매로, 이렇게 기억해낸 과거의 경험으로 어떤 견해를 주장하는 것이다. 추론推論, takka의 한역인 첩질상지는 논리적인 사유로 어떤 견해를 주장하는 것이다. 《범망경》에 해당되는 북전의 경전은 《범동경梵動經》DA3:2으로 한역되었는데, 두 경전 사이에 62견의 세부 내용에서 차이가 있는 것을 비교하여 정리하면 다음과 같다.

1. 우주는 시간적으로 영원히 존재한다. 유상론有常論이라고 하는 이 견해의 근거는 네 가지다.

① 어떤 슈라만이나 브라만이 갖가지 방편으로 정의삼매에 들어 수많은 전생의 갖가지 삶들을 그 모습이나 특색들과 함께 상세히 기억하되 그 전생이 수십만 생까지 이르게 되어, 우주는 영원히 존재한다고 주장하면서 이것은 진실하고 다른 것은 거짓이라고 말한다. 이것은 그가 갖가지 방편으로 정의삼매에 들어 수십만 전생의 갖가지 삶들을 그 모습이나 특색들과 함께 상세히 기억하기 때문이다. 그가 기억하는 수십만 전생의 기간 동안 중생들은 윤회하여 이곳에서 죽고 저곳에서 태어나지만 중생은 늘지도 줄지도 않았으며 항상 똑같이 모여서 흩어지거나 사라지지 않았다. 이것으로 그는 우주가 영원히 존재한다고 헤아린다.

② 위와 같되, 기억하는 전생의 기간이 수십만 생에서 열 번의 줄고 느는 겁劫으로 늘어난다.

③ 위와 같되, 기억하는 전생의 기간이 열 번의 줄고 느는 겁에서 마흔 번의 줄고 느는 겁으로 늘어난다.

④ 어떤 슈라만이나 브라만이 갖가지 방편으로 추론하고 분석하고 스스로 규명하여, 우주는 영원히 존재하며 이것은 진실하고 다른 것은 거짓이라고 주장한다. 이것은 중생들이 윤회하여 이곳에서 죽고 저곳에서 태어나지만 중생이 늘지도 줄지도 않았으며 항상 똑같이 모여서 흩어지거나 사라지지 않기 때문이다. 이것으로 그는 우주가 영원히 존재한다고 헤아린다.

2. 우주의 일부는 시간적으로 영원히 존재하고 다른 일부는 그렇지 못하다. 반유상반무상론半有常半無常論 혹은 유상무상론有常無常論이라고 하

는 이 견해의 근거는 네 가지다.

① 우주의 성겁成劫 기간에 차례로 제2선천까지 형성되었고 이어서 초선천이 처음으로 형성될 때 제2선천의 어떤 중생이 수명이 다하고 공덕이 다하여 제2선천인 광음천에서 떨어져 초선천인 범천에 태어났다. 그가 범천에 태어났을 때 범천은 텅 비어 어떠한 중생도 없었다. 그는 그곳에서 오랜 세월 홀로 살았기 때문에 싫증과 초조함이 생겨 다른 중생들도 함께 범천에 태어나기를 갈망하였다. 그러자 다른 중생들도 수명과 공덕이 다하여 광음천에서 떨어져 범천에 태어났다. 그는 곧 생각하기를, 나는 범천梵天이고 대범천大梵天이요, 지배하는 자이고 지배받지 않는 자요, 전지자이고 전능자요, 조물주이고 창조자요, 최고자이고 최승자요, 자재하는 자요, 모든 존재하는 것과 존재할 것들의 아버지이다. 이것은 그가 저절로 있게 되었고 그를 만든 자가 아무도 없었기 때문이다. 그가 다른 중생들도 함께 범천에 태어나기를 갈망하였고, 이러한 그의 마음의 갈망으로 인하여 다른 중생들이 뒤에 태어났으니, 그 중생들은 모두 그로 말미암아 화생化生으로 태어난 것이기 때문이다.

뒤에 태어난 중생들도 생각하기를, 이 분은 범천이고 대범천이요, 지배하는 자이고 지배받지 않는 자요, 전지자이고 전능자요, 조물주이고 창조자요, 최고자이고 최승자요, 자재하는 자요, 모든 존재하는 것과 존재할 것들의 아버지이다. 이것은 우리가 태어날 때 오직 이 분만 여기에 먼저 계신 것을 보았고 우리는 이 분이 계신 뒤에 태어났으니, 중생들은 모두 다 이 분으로 말미암아 화생으로 태어난 것이기 때문이다. 먼저 태어난 그는 수명이 더 길고 더 아름답고 더 힘이 세었으며, 뒤에 태어난 중생들은 수명이 더 짧고 추하고 약하였다. 그런데 뒤에 태어난 중생들 중에 수명이 다하여 욕계의 인간세상에 태어난 이가 있었다. 그는 태어나 점차 장성하여 수염과 머리를 깎고 출가하여 도를 닦았다. 그는 정의삼매에 들어 직전 전생까지만 기억해낸 뒤 주장하기를, 저 분은 범천이고 대범천이요, 지배하는 자이고 지배받지 않는 자요, 전지자이고 전능자요, 조물주이고 창조자요, 최고자이고 최승자요, 자재하는 자요, 모든 존재하는 것과 존재할 것들의 아버지이다. 저 분은 스스로 생겨난 자이며 저 분을 만든 자는 아무도 없으며, 저 분은 항상 존재하여 변하지 않았다. 그러나 우리는 저 분 범천으로 말미암아 태어났고 또한 수명이 짧아 이곳에 태어났으므로 우리는 무상하고 변하고 바뀌어 오래 머무르지 못한다. 이와 같이 생각하여 그는 우주의 일부는 영원히 존재하고 다른 일부는 그렇지 못하다고 헤아린다.

② 범천의 어떤 중생들은 오랜 세월 동안 웃고 즐기면서 유희로 타락하였기 때문에 정념正念을 놓아버렸고, 그로 인하여 천신들의 무리에서 떨어져 죽게 되었다. 그 가운데 욕계의 인간세상에 태어나는 중생이 있었다. 그는 태어나 점차 장성하여 수염과 머리를 깎고 출가하여 도를 닦았다. 그는 정의삼매에 들어 직전 전생까지만 기억해낸 뒤 주장하기를, 유희로 타락하지 않은 천신들은 오랜 세월 동안 정념을 놓아버리지 않았기 때문에 죽지 않았고 항상 존재하며 변하지 않았다. 그러나 우리는 오랜 세월 동안 유희로 타락하였고 그 때문에 정념을 놓아버렸다. 그로 인하여 천신들의 무리에서 떨어져 이곳에 태어났으므로 우리는 무상하고 변하고 바뀌어 오래 머무르지 못한다. 이와 같이 생각하여 그는 우주

의 일부는 영원히 존재하고 다른 일부는 그렇지 못하다고 헤아린다.

③ 범천의 어떤 중생들은 오랜 세월 동안 분노를 품고 서로를 바라보며 마음이 타락하였다. 마음이 타락하였기 때문에 몸도 마음도 피곤하여 천신들의 무리에서 떨어져 죽게 되었다. 그 가운데 욕계의 인간세상에 태어나는 중생이 있었다. 그는 태어나 점차 장성하여 수염과 머리를 깎고 출가하여 도를 닦았다. 그는 정의삼매에 들어 직전 전생까지만 기억해낸 뒤 주장하기를, 마음이 타락하지 않은 천신들은 오랜 세월 동안 몸도 마음도 피곤하지 않았기 때문에 죽지 않았고 항상 존재하며 변하지 않았다. 그러나 우리는 오랜 세월 동안 분노를 품고 서로를 바라보며 마음이 타락하였다. 마음이 타락하였기 때문에 몸도 마음도 피곤하여 천신들의 무리에서 떨어져서 이곳에 태어났으므로 우리는 무상하고 변하고 바뀌어 오래 머무르지 못한다. 이와 같이 생각하여 그는 우주의 일부는 영원히 존재하고 다른 일부는 그렇지 못하다고 헤아린다.

④ 어떤 슈라만이나 브라만이 갖가지 방편으로 추론하고 분석하고 스스로 규명하여, 눈·귀·코·혀·몸을 형성하고 있는 물질적 자아는 수명이 짧고 무상하고 변하고 바뀌어 오래 머무르지 못한다고 주장한다. 그러나 마음[心, citta], 의意, mano, 식識, viññāṇa이라고 부르는 정신적 자아는 죽지 않고 항상 존재하며 변하지 않는다. 이와 같이 생각하여 그는 우주의 일부는 영원히 존재하고 다른 일부는 그렇지 못하다고 헤아린다.

3. 우주는 공간적으로 유한하다, 무한하다, 유한하기도 하고 무한하기도 하다, 혹은 유한한 것도 아니고 무한한 것도 아니다. 이 네 가지 견해

를 각각 유변론有邊論, 무변론無邊論, 유변무변론有邊無邊論, 비유변비무변론非有邊非無邊論이라고 하는데, 각 견해의 근거는 다음과 같다.

① 어떤 슈라만이나 브라만이 갖가지 방편으로 정의삼매에 들어 우주가 유한하다는 인식을 가지고 머물면서 주장하기를, 우주는 유한하다. 그것은 무슨 까닭인가? 그는 갖가지 방편으로 정의삼매에 들어 우주가 유한하다는 인식을 가졌기 때문이다. 이것으로 그는 우주가 유한하다고 헤아린다.

② 어떤 슈라만이나 브라만이 갖가지 방편으로 정의삼매에 들어 우주가 무한하다는 인식을 가지고 머물면서 주장하기를, 우주는 무한하다. 우주가 유한하다고 말하는 것은 거짓이다. 그것은 무슨 까닭인가? 그는 갖가지 방편으로 정의삼매에 들어 우주가 무한하다는 인식을 가졌기 때문이다. 이것으로 그는 우주가 무한하다고 헤아린다.

③ 어떤 슈라만이나 브라만이 갖가지 방편으로 정의삼매에 들어 우주가 상하방上下方은 유한하고 사방四方은 무한하다는 인식을 가지고 머물면서 주장하기를, 우주는 유한하기도 하고 무한하기도 하다. 우주가 유한하다고만 말하는 것은 거짓이다. 우주가 무한하다고만 말하는 것도 거짓이다. 그것은 무슨 까닭인가? 그는 갖가지 방편으로 정의삼매에 들어 우주가 상하방은 유한하고 사방은 무한하다는 인식을 가졌기 때문이다. 이것으로 그는 우주가 유한하기도 하고 무한하기도 하다고 헤아린다.

④ 어떤 슈라만이나 브라만이 갖가지 방편으로 추론하고 분석하여 스스로 규명하여 주장하기를, 우주는 유한한 것도 아니고 무한한 것도 아니다. 우주가 유한하다고 말하는 것은 거짓이다. 우주가 무한하다고 말

하는 것도 거짓이다. 우주가 유한하기도 하고 무한하기도 하다고 말하는 것 또한 거짓이다. 이와 같이 생각하여 그는 우주는 유한한 것도 아니고 무한한 것도 아니라고 헤아린다.

4. 자아는 사후에 단멸하여 아무것도 남지 않으므로 존재하지 않는다. 이러한 견해를 단멸론이라고 한다. 이 견해의 근거는 일곱 가지다.

① 어떤 슈라만이나 브라만이 갖가지 방편으로 추론하고 분석하여 스스로 규명하여 자신의 견해를 가지고 주장하기를, 사대로 이루어진 나의 육신은 부모로부터 생겨났기 때문에 이 육신이 죽고 나면 사대는 흩어지고 단멸하여 남는 것이 없어 더는 존재하지 않는다. 이것으로 그는 자아는 사후에 단멸하여 존재하지 않는다고 헤아린다.

② 위와 같은 견해에 대하여 어떤 슈라만이나 브라만이 갖가지 방편으로 추론하고 분석하여 스스로 규명하여 다른 견해를 가지고 주장하기를, 그대가 말한 자아는 실로 그렇게 철저히 단멸되지 않는다. 그 이유는 비록 육신은 흩어지고 단멸하지만 참으로 다른 자아가 욕천에 존재하기 때문이다. 그대는 그것을 보지도 알지도 못하지만, 나는 그것을 보고 안다. 욕천에 있는 자아가 죽고 나서야 비로소 철저히 단멸되어 더는 존재하지 않는다. 이것으로 그는 자아가 사후에 단멸하여 존재하지 않는다고 헤아린다.

③~⑦ 앞의 경우와 동일하되, 단지 차원이 욕천에서 ③ 색계천色界天으로, 색계천에서 무색계천無色界天의 ④ 공무변처천으로, 공무변처천에서 ⑤ 식무변처천識無邊處天으로, 식무변처천에서 ⑥ 무소유처천無所有處

天으로, 무소유처천에서 ⑦ 비상비비상처천으로 단계를 높여가면서 각 단계에서 태어난 자아가 그 세상에서 죽으면 철저하게 단멸하여 더는 존재하지 않는다는 견해를 고수하는 것이다.

5. 우주는 우연히 발생한다. 이러한 견해를 무인론無因論이라고 한다. 이 견해의 근거는 다음 두 가지가 있다.

① 제4선천 중에서 불환과不還果들이 태어나는 정거천淨居天 밑에 무상천無想天이 있다. 무상천의 중생들은 인식이 없는데, 만약 인식이 생겨나면 그들은 죽게 된다. 그 중 어떤 중생이 욕계의 인간세상에 태어난다. 그가 점차 장성하여 수염과 머리를 깎고 출가하여 도를 닦는다. 그리고 갖가지 방편으로 정의삼매에 들어 직전 생에서 인식이 생겨난 것까지만 기억해내고는 주장하기를, 우주는 우연히 발생한다. 이것은 무슨 까닭인가? 자신과 우주는 이전에는 존재하지 않았지만 지금은 존재하기 때문이다. 이로써 그는 우주는 우연히 발생한다고 헤아린다.

② 어떤 슈라만이나 브라만이 갖가지 방편으로 추론하고 분석하여 스스로 규명하여 주장하기를, 우주는 우연히 발생한다. 이로써 그는 우주가 우연히 발생한다고 헤아린다.

6. 자아의 실재에 생각이 있다. 이러한 견해를 유상론有想論이라고 한다. 이 견해의 근거는 여덟 가지다.

① 어떤 슈라만이나 브라만이 갖가지 방편으로 추론하고 분석하여 스스로 규명하여 자신의 견해를 가지고 주장하기를, 나는 보고 듣고 냄새

맡고 맛보고 몸으로 느끼는 대로 생각할 뿐만 아니라 스스로도 생각한다. 이러한 욕계의 나는 죽고 나면 생각을 가진 채 존재하면서 초선정으로 나아간다. 이로써 그는 자아의 실재에 생각이 있어 사후에 생각을 가진 채 존재한다고 헤아린다.

② 또한 어떤 슈라만이나 브라만이 갖가지 방편으로 추론하고 분석하고 스스로 규명하여 자신의 견해를 가지고 주장하기를, 나는 생각한다. 내가 생각한다는 것은 엄연한 사실이다. 이러한 초선정의 나는 죽고 나면 생각을 가진 채 존재하면서 제2선정으로 나아간다. 이로써 그는 자아의 실재에 생각이 있어 사후에 생각을 가진 채 존재한다고 헤아린다.

③~⑧ 앞의 경우와 동일하되, 단지 선정의 차원이 제2선정에서 ③ 제3선정으로, 제3선정에서 ④ 제4선정으로, 제4선정에서 ⑤ 무색계천의 공무변처천으로, 공무변처천에서 ⑥ 식무변처천으로, 식무변처천에서 ⑦ 무소유처천으로, 무소유처천에서 ⑧ 비상비비상처천으로 단계를 높여가면서 각 단계에서 태어난 자아의 실재에 생각이 있어 사후에 생각을 가진 채 존재한다고 헤아린다.

7. 자아의 실재에 생각이 없다. 이러한 견해를 무상론無想論이라고 한다. 이 견해의 근거는 유상론의 경우와 마찬가지로 여덟 가지다. 단지, 자아의 실재에 생각이 없어 사후에 생각을 가지지 않은 채 존재한다고 헤아린다.

8. 자아의 실재에 생각이 있기도 하고 없기도 하다. 이러한 견해를 유

상무상론有想無想論이라고 한다. 이 견해의 근거는 유상론의 경우와 마찬가지로 여덟 가지다. 단지, 자아의 실재에 생각이 있기도 하고 없기도 하여 사후에 생각을 가지기도 하고 가지지 않기도 하면서 존재한다고 헤아린다.

9. 자아의 실재에 생각이 있는 것도 아니고 없는 것도 아니다. 이러한 견해를 비유상비무상론非有想非無想論이라고 한다. 이 견해의 근거는 유상론의 경우와 마찬가지로 여덟 가지다. 단지 자아의 실재에 생각이 있는 것도 아니고 없는 것도 아니어서, 사후에 생각을 가지는 것도 아니고 가지지 않는 것도 아니면서 존재한다고 헤아린다.

10. 그러나 이와 같은 종류의 질문에 대하여 이문이답異問異答으로 얼버무리거나 애매모호한 답변을 제시하는 견해가 있다. 이러한 견해를 궤변론詭辯論이라고 한다. 이 견해의 근거는 네 가지다.

① 어떤 슈라만이나 브라만이 어떤 것이 바른 진리에 유익한지 또는 해로운지 있는 그대로 보고 알지 못하면서 생각하기를, 나는 어떤 것이 바른 진리에 유익한지 또는 해로운지 있는 그대로 보고 알지 못한다. 따라서 나는 바른 진리에 관련된 이런저런 질문에 대하여 정확한 답을 알지 못하면서도 만일 내가 이렇게 저렇게 답변한다면 나는 거짓말을 하게 되는 것이다. 거짓말을 하는 것은 나에게 곤혹스러우며 장애가 된다. 그러나 만일 내가 이런저런 질문에 아무런 답변을 못하거나 모른다고 한다면 그것은 나에게 부끄러운 일이며 자존심이 상하는 일이다. 이와

같이 생각하여 그는 이런저런 질문에 이렇다 저렇다 설명하지 않고 동문서답으로 얼버무리거나 애매모호하게 이렇다고도 하지 않고 저렇다고도 하지 않으며, 다르다고도 하지 않고, 아니라고도 하지 않고 아니지 않다고도 하지 않는다.

② 어떤 슈라만이나 브라만이 어떤 것이 바른 진리에 유익한지 또는 해로운지 있는 그대로 보고 알지 못하면서 생각하기를, 나는 어떤 것이 바른 진리에 유익한지 또는 해로운지 있는 그대로 보고 알지 못한다. 내가 바른 진리에 관련된 이런저런 질문에 대하여 정확한 답을 알지 못하면서도 이렇게 저렇게 답변하였다고 해보자. 그런데 후일에 만일 어떤 현자에 의해 나의 답변이 옳다고 밝혀지면 나는 허황되게 우쭐하는 열의와 욕망이 일어날 것이요, 나의 답변이 틀리다고 밝혀지면 나는 화를 내거나 적개심을 일으킬 것이다. 이러한 욕망이나 저개심은 나에게 곤혹스러우며 장애가 된다. 그러나 만일 내가 이런저런 질문에 아무런 답변을 못하거나 모른다고 한다면 그것은 나에게 부끄러운 일이며 자존심이 상하는 일이다. 이와 같이 생각하여 그는 이런저런 질문에 이렇다 저렇다 설명하지 않고 동문서답으로 질문을 얼버무리거나 애매모호하게 이렇다고도 하지 않고 저렇다고도 하지 않으며, 다르다고도 하지 않고, 아니라고도 하지 않고 아니지 않다고도 하지 않는다.

③ 어떤 슈라만이나 브라만이 어떤 것이 바른 진리에 유익한지 또는 해로운지 있는 그대로 보고 알지 못하면서 생각하기를, 나는 어떤 것이 바른 진리에 유익한지 또는 해로운지 있는 그대로 보고 알지 못한다. 내가 바른 진리에 관련된 이런저런 질문에 대하여 정확한 답을 알지 못하

면서도 이렇게 저렇게 답변하였다고 해보자. 그런데 후일에 만일 어떤 현자가 나에게 와서 나의 답변에 대해 집요하게 물으면서 관련된 질문들을 계속 던져 마침내 나로 하여금 아무런 대꾸도 하지 못하도록 논파한다면 그것은 나에게 곤혹스러우며 장애가 될 것이다. 그렇다고 지금 내가 이런저런 질문에 아무런 답변을 못하거나 모른다고 한다면 이 또한 부끄러운 일이며 자존심이 상하는 일이다. 이와 같이 생각하여 그는 이런저런 질문에 이렇다 저렇다 설명하지 않고 동문서답으로 얼버무리거나 애매모호하게 이렇다고도 하지 않고 저렇다고도 하지 않으며, 다르다고도 하지 않고, 아니라고도 하지 않고 아니지 않다고도 하지 않는다.

④ 어떤 슈라만이나 브라만은 매우 어리석어 어떤 것이 바른 진리에 유익한지 또는 해로운지 있는 그대로 보고 알지 못할 뿐만 아니라 자신이 그것을 보고 알지 못한다는 사실도 모르면서 단지 사람들의 이런저런 질문에 대하여 다른 이들의 답변을 흉내 내어 이렇다 저렇다 설명하지 않고 동문서답으로 얼버무리거나 애매모호하게 이렇다고도 하지 않고 저렇다고도 하지 않으며, 다르다고도 하지 않고, 아니라고도 하지 않고 아니지 않다고도 하지 않는다.

11. '지금 여기'에서 구경의 열반을 실현한다. 이러한 견해를 현재열반론現在涅槃論이라고 한다. '지금 여기'가 곧 열반임을 바르게 이해하고 실천하면 '지금 여기'에서 구경의 열반을 실현한다는 견해이다. 이 견해의 근거는 다섯 가지다.

① 어떤 슈라만이나 브라만이 갖가지 방편으로 추론하고 분석하고 스

스로 규명하여 자신의 견해를 가지고 주장하기를, 나는 눈, 귀, 코, 혀, 몸의 감각적 욕망을 마음껏 충분히 즐긴다. 이런 까닭에 나는 '지금 여기'에서 구경의 열반을 실현하는 것이다. 이로써 그는 '지금 여기'에서 구경의 열반을 실현한다고 헤아린다.

② 위와 같은 견해에 대하여 어떤 슈라만이나 브라만이 갖가지 방편으로 추론하고 분석하고 스스로 규명하여 다른 견해를 가지고 주장하기를, 그대가 말한 나라는 것은 실로 존재하며 나는 그것을 부정하지는 않지만, 그것으로 '지금 여기'에서 구경의 열반을 실현하는 것은 아니다. 감각적 욕망은 무상하고 괴롭고 변하는 것이어서 슬픔, 비탄, 고통, 고뇌, 절망이 생기기 때문이다. 따라서 감각적 욕망과 해로운 법[不善法]을 떨쳐버리고 희락喜樂이 있는 초선정에 머무는 내가 바로 '지금 여기'에서 구경의 열반을 실현하는 것이다. 이로써 그는 '지금 여기'에서 구경의 열반을 실현한다고 헤아린다.

③~⑤ 앞의 경우와 동일하되, 단지 선정의 차원이 초선정에서 ③ 제2선정으로, 제2선정에서 ④ 제3선정으로, 제3선정에서 ⑤ 제4선정으로 단계를 높여가면서 각 단계에 머무는 내가 바로 '지금 여기'에서 구경의 열반을 실현하는 것이라고 헤아린다.

15. 36견에 대하여 브라만교와 육사외도의 각 관점에서 옳은 견해를 선택하고, 그 이유를 역시 브라만교와 육사외도의 관점에서 설명해보라. 그리고 36견에 대하여 현대 과학의 관점에서, 당신이 관심 있는 특정 종교의 관점에서, 그리고 당신 자신의 관점에서 옳은 견해를 선택하고 그 이유를 설명해보라.

16. 석가모니 부처님의 가르침에 따르면 36견은 모두 여의어야 하는 사견에 불과하다. 그 이유를 석가모니 부처님의 가르침에 의거하여 설명해보라.

17. 36견 가운데 4번 견해, 즉 '자아의 사후'에 대하여 경전에는 '여래의 사후'로 전승되어 있다. 여기서 '여래'를 열반에 이르지 못한 중생으로서의 '자아'로 해석해야(주석서의 견해처럼) 하는 이유를 설명해보라.

18. 62견의 1번 견해에서 수십만 생의 과거를 기억한다는 것은 적어도 인간이 유인원에서 갈라져 진화하기 시작한 수백만 년 전까지 기억한다는 것을 의미한다. 약 35억년에 이르는 지구상 생명의 진화과정에서 인간이 유인원과 분리되어 진화하기 시작한 과거 수백만 년이 인간으로서 가장 의미 있는 기간이라고 한다면, 수십만 생의 과거를 기억한다는 것은 최대한 확대 해석해서 현겁現劫 즉 1겁까지 기억하는 것으로 볼 수 있다. 그리고 줄고 느는 겁을 불교우주론에서 인간의 나이가 줄고 느는 겁으로 감증減增의 겁 혹은 증감增減의 겁으로 본다면, 이것은 1겁에 해당되므로 열 번 혹은 마흔 번의 줄고 느는 겁을 기억한다는 것은 모두 10겁 혹은 40겁을 기억하는 셈이다. 성겁成劫, 주겁住劫, 괴겁壞劫, 공겁空劫으로 이루어진 우주에 인간이 존재하는 기간은 약 40겁이 된다. 따라서 40겁을 기억한다는 것은 인간의 입장에서 현 우주를 기억한다는 의미가된다. 그러나 '줄고 느는 겁'을 '괴겁과 성겁'으로 본다면(주석서의 견해처럼) 열 번 혹은 마흔 번의 줄고 느는 겁을 기억한다는 것은 400겁 혹은 1,600겁을 기억하는 것이다. 이것은 성주괴공하는 우주 자체를 다섯 번 혹은 스무 번 기억하는 것이 된다. 두 해석

을 비교분석하여 어떤 해석이 더 타당한지 설명해보라.

19. 62견에서 4번의 ③~⑦견해들을 4번의 ②견해처럼 완성해보라. 4번과 같은 방법으로 6, 7, 8, 9, 11번도 완성해보라.

20. 62견에서 36견의 아홉 가지 문제 중에서 서로 연관된 네 가지 견해가 모두 다루어지고 있는 것은 36견의 2번과 9번뿐이다. 이 두 문제를 제외하고 36견의 다른 모든 문제들은 부분적으로만 다루어지거나 아예 다루어지지 않고 있다. 62견의 3번처럼 36견의 모든 견해를 포함하여 62견을 완성하되, 각 견해에 대하여 적절한 근거를 바탕으로 하라.

21. 62견은 1~3, 5, 10번의 18견해로 이루어진 본겁본견本劫本見과 4, 6~9, 11번까지의 44견해로 이루어진 말겁말견未劫末見으로 구분된다. 경전에 전승된 본겁본견과 말겁말견의 의미는 각각 다음과 같다. 과거의 경험에서 유추된 견해들인 본겁본견은 과거의 경험을 모색하거나 과거의 경험에 대한 견해를 가지거나 과거의 경험에 대하여 여러 가지 이론들을 단언하는 것이다. 본겁본견의 18견해가 모두 예외 없이 이 범주에 포함되는가? 만약 그렇지 않은 견해가 있다면, 그것은 어떤 견해이며 그 이유는 무엇인지 설명해보라. 마찬가지로, 미래에 발생할 사건에 대하여 추론된 견해들인 말겁말견은 미래에 발생할 사건을 모색하거나 미래에 발생할 사건에 대한 견해를 가지거나 미래에 발생할 사건에 대하여 여러 가지 이론들을 단언하는 것이다. 말겁말견의 44견해가 모두 예외 없이 이 범주에 포함되는가? 만약 그렇지 않은 견해가 있다면, 그것은 어떤 견해이며 그 이유는 무엇인지 설명해보라. 그리고 그 설명으로부터 본겁본견과 말겁말견의 의미를 해석하고, 그 의미를 36견의 본생본견과 말생말견의 의미와 비교해보라.

22. 62견이 사견인 이유를 설명해보라.

---

23. 62견에는 36견에 직접적으로 나타나지 않는 궤변론과 현재열반론이 등장한다. 궤변론에는 네 가지 견해가, 현재열반론에는 다섯 가지 견해가 그 근거를 바탕으로 소개되어 있는데, 62견에서 이 아홉 가지 견해를 제외하면 53종의 견해가 36견과 관련되어 있다. 36견, 궤변론, 현재열반론은 범행자들이 함몰되기 쉬운 사견들로, 그 가운데 석가모니 부처님께서 범행자들에게 경계하고자 한 요소는 무엇인지 분석해보라.

---

24. 62견의 4번에서, 비상비비상처천에서 멸진정減盡定으로 단계를 높여갈 때 자아의 실재에 생각이 있어 사후에 생각을 가진 채 존재한다고 헤아리지 않는 이유는 무엇인가?

---

25. 62견의 11번에서, 제4선정에서 무색계천의 공무변처천으로, 공무변처천에서 식무변처천으로, 식무변처천에서 무소유처천으로, 무소유처천에서 비상비비상처천으로 단계를 높여가면서 각 단계에 머무는 내가 바로 '지금 여기'에서 구경의 열반을 실현하는 것이라는 견해를 지니지 않는 이유는 무엇인가? 이것으로 갖가지 방편과 이론으로 '지금 여기'에서 구경의 열반을 실현할 수 있다고 주장한 인물들은 최대한 제4선정의 단계를 넘지 않는다고 볼 수 있는가? 역사적으로 현재열반론을 주장했던 인물들을 열거하고, 그들이 내세운 방편과 이론을 정리해보라.

2 사견 비판

2.1 브라만교 비판

석가모니 부처님께서 직접 브라만교를 비판하신 내용은 브라만들이 석가모니 부처님을 찾아와 이루어진 대화 속에서 발견된다. 어떤 브라만은 석가모니 부처님을 비방하고 폄하하려는 의도로 찾아왔고, 어떤 브라만은 석가모니 부처님에 관한 소문을 직접 확인하려는 의도로 찾아왔으며, 어떤 브라만은 석가모니 부처님으로부터 가르침을 받고자 찾아왔다. 스승의 분부를 받고 석가모니 부처님을 찾아온 '아마주'라는 젊은 브라만은 석가모니 부처님의 출신성분을 따져서 석가모니 부처님께서 앉으면 서고 석가모니 부처님께서 서면 앉아서 대화를 하려고 하였고《아마주경》DA20, '앵무마납'이라는 외도는 부처님과 대화 중에 논파를 당하자 부처님께 화를 내고 증오하면서 비방하고 손가락질하며 부처님을 꾸짖기까지 하였으며《앵무경》MA2:152 & MN99, '와셋타'와 '바라드와자' 두 브라만은 서로 자기 스승의 가르침이 더 수승하다고 시비하던 끝에 부처님을 찾아뵙고 판결을 받고자 하였다《삼명경》DA26 & DN13. 이렇게 다양하게 이루어진 대화 속에서 브라만교의 전변설에 대한 비판은 《도경》MA1:13 & AN3:61, 《아누이경》DA15 & DN24, 《포타바루경》DA28 & DN9 등에서, 카스트 제도에 대한 비판은 《아섭화경》MA2:151 & MN93, 《울수가라경》MA2:150 & MN96 등에서, 재가수행이 출가수행보다 수승하다는 주장에 대한 비판은 《앵무경》에서, 그리고 베다경전을 단지 외워서 범천이 되고자 하는 주장에 대한 비판은《아마주경》《앵무경》《삼명경》 등에서 발견되는데, 그 내용을 주제별로 정리하면 다음과 같다.

전변설 어떤 브라만이 우주의 만유가 브라흐만에 의해 창조되고 관장되는 것이며 따라서 인간의 모든 행위행동 또한 브라흐만에 의해 관장된다고 주장한다면, 석가모니 부처님께서는 그에게 그가 진실로 그렇게 보고 그렇게 말하는가를 물으신다.

만약 브라만이 그렇다고 대답한다면, 석가모니 부처님께서는 그에게 이렇게 말씀하신다. 만약 그렇다면, 그대는 살아 있는 생명을 죽이는 자가 될 것이다. 그대가 살아 있는 생명을 죽이더라도 그것은 브라흐만의 뜻에 의한 것이며 그대에 의하여 죽임을 당한 생명 또한 브라흐만의 뜻에 의한 것이므로 그대는 살아 있는 생명을 죽이는 자가 될 것이다. 똑같은 이유로 그대는 남이 주지 않는 것을 가지는 자가 될 것이며, 사음을 하는 자가 될 것이며, 거짓말을 하는 자가 될 것이며, 나아가 삿된 견해를 가지는 자가 될 것이다. 또한 그대는 자신의 내면에서 해야 할 일과 하지 않아야 할 일에 대하여 어떠한 열의도 일으킬 수 없고 어떠한 노력도 할 수 없을 것이다. 만약 이와 같이 열의와 노력으로 해야 할 일과 하지 않아야 할 일에 대하여 바르게 알지 못하면 바른 생각을 가질 수 없고 바른 지혜도 없을 것이니 바르게 가르칠 수도 없을 것이다.

만약 그가 대답하지 못하고 도리어 석가모니 부처님께 자기 주장의 진위를 되묻는다면, 석가모니 부처님께서는 그에게 그 주장의 근원에 대하여 이렇게 답하신다. 우주의 성겁 기간에 차례로 제2선천까지 형성 되었고 이어서 초선천이 처음으로 형성될 때 제2선천의 어떤 중생이 수 명이 다하고 공덕이 다하여 제2선천인 광음천에서 떨어져 초선천인 범 천에 태어났다. ― 중략(62견의 2번의 ①과 같음) ― 그는 갖가지 방편 으로 정의삼매에 들어 바로 전생까지만 기억해내고는 스스로 주장하기 를 저 분은 범천이고 대범천이요, 지배하는 자이고 지배받지 않는 자요, 전지자이고 전능자요, 조물주이고 창조자요, 최고자이고 최승자요, 자 재하는 자요, 모든 존재하는 것과 존재할 것들의 아버지이다. 저 분은 스스로 생겨난 자이며 저 분을 만든 자는 아무도 없었으며, 저 분은 항 상 존재하여 변하지 않았다. 그러나 우리는 저 분 범천으로 말미암아 태 어났었고 또한 수명이 짧아 이곳에 태어났으므로 우리는 무상하고 변하 고 바뀌어 오래 머무르지 못한다. 이것으로 어떤 브라만은 저 범천이 우 주를 만들었다고 헤아린다.

또한 만약 그 브라만이 주장하기를 '사람에게서 생각[想]이 생겨나고 없어지는 것은 모두 범천에 의한 것이다. 범천은 큰 위력을 지녀 사람에 게서 생각이 생겨나게 하고 없어지게 한다. 범천이 생각을 앗으면 사람 에게서 생각이 없어지고, 범천이 생각을 주면 사람에게서 생각이 생겨 난다'고 한다면, 석가모니 부처님께서는 그의 주장에 잘못이 있다고 말 씀하신다. 이것은 무슨 까닭인가? 인因과 연緣에 의하여 생각이 생겨나 고 인과 연에 의하여 생각이 없어지기 때문이다(3장 연기법 참고). 다시 말해 어떤 생각이 생하는 인과 연에 의하여 그 생각이 생하며, 어떤 생 각이 멸하는 인과 연에 의하여 그 생각이 멸하기 때문이다. 욕계에서 욕상欲想을 멸하고 초선정의 생각이 생하면 초선정에 들게 되고, 초선정에서 제2선정으로 들어갈 때 초선정의 생각이 멸하고 제2선정의 생각이 생하게 된다. 이와 같이 차례로 인과 연에 따라 생각을 멸하고 멸진정에 들어(제5장 구차제정 참조) 무상정등정각無上正等正覺을 성취하여 부처가 되는 것도 이 때문이다.

카스트 '아섭화'라는 브라만은 주장하기를, 종교와 학문을 담당하는 브라만 계층, 군사와 정치를 담당하는 크샤트리아 계층, 생산을 담당하는 바이샤 계층, 그리고 이들을 섬기는 노예계층 수드라로 이루어진 사성四姓 제도에서 최상위 지배계층인 브라만 혈통은 훌륭하고 순수하고 피부가 백색이지만 다른 세 계층의 혈통은 훌륭하지 못하고 순수하지 못하고 피부가 검으며, 브라만은 범천의 아들로서 범천의 입에서 태어나 범천의 화현이지만 나머지 삼성三姓은 그렇지 못하다고 하였다.

이에 대하여 석가모니 부처님께서는 그 브라만에게 캄보자Kamboja 국과 요나Yona 국은 지배계층과 피지배계층의 두 계층으로 형성되었는데 전쟁으로 인해 지배계층이 피지배계층으로, 피지배계층이 지배계층으로 바뀐 역사적 사실을 상기시키면서 이렇게 말씀하셨다. 브라만이 바르게 나아가서 잘 이해하여 스스로 법답게 알 수 있듯이 크샤트리아, 바이샤, 수드라도 바르게 나아가서 잘 이해하여 스스로 법답게 알 수 있다. 이것은 무슨 까닭인가? 어떤 브라만이 허공에 붙잡히지도 않고 묶이지도 않고 부딪히지도 않고 걸리지도 않는 것처럼 크샤트리아, 바이샤, 수드라 또한 그렇게 걸리지 않기 때문이다. 어떤 브라만과 크샤트리아가 비누를 가지고 목욕을 하면 몸이 깨끗해질 수 있듯이 바이샤와 수드라도 그러하기 때문이다. 만약 백 종류의 사람들이 제각기 여러 종류의 나무로써 불을 지핀다면 그 각각의 불은 비록 나무의 종류에 따라 이름은 다를지언정 모두 불꽃, 불빛, 열기, 연기가 있어 불의 구실을 같이 하기 때문이며 그 각각의 불에 있는 불꽃, 불빛, 열기, 연기에는 차별이 없기 때문이다. 또한 브라만은 아버지도 브라만이어야 하고 어머니도 브라만이어야 하며 위로 7대에 이르기까지 그러하여야 한다고 하는데, 그 각각의 부모와 그 브라만 또한 삼사三事가 화합하여 태어나게 된다. 아버지의 정자와 어머니의 난자 그리고 중유中有의 삼사가 화합하여 수태가 될 때 그 각각의 부모와 그 브라만은 자신이 남자로 태어날지 여자로 태어날지도 모르고 또한 자신이 브라만에서 왔는지 혹은 크샤트리아, 바이샤, 수드라에서 왔는지, 동서남북 어느 방향에서 왔는지 보지도 못하고 알지도 못한다. 그런데 어찌 부모의 정혈만으로 브라만이 훌륭하고 순수하다고 주장할 수 있겠느냐.

또한 '울수가라'라는 브라만은 주장하기를, 브라만이 브라만을 받들어 섬기라고 말할 때 브라만은 물론 나머지 삼성三姓도 브라만을 받들어 섬겨야 하며, 브라만이 크샤트리아를 받들어 섬기라고 말할 때 크샤트리아는 물론 나머지 이성二姓도 크샤트리아를 받들어 섬겨야 하며, 브라만이 바이샤를 받들어 섬기라고 말할 때 바이샤는 물론 수드라도 바이샤를 받들어 섬겨야 하며, 브라만이 수드라를 받들어 섬기라고 말할 때 수드라는 수드라를 받들어 섬겨야 한다면서 브라만은 사성을 위하여 사봉사四奉事를 말한다고 하였다.

이에 석가모니 부처님께서 그에게 말씀하셨다. 모든 브라만이 사봉사를 말할 때 진실로 사성을 위함인지 아닌지 스스로 알지도 못한 채 단지 구전으로 전승되었기 때문에 그에 의지하여 사성을 위해 사봉사를 말한다면, 그것은 마치 어떤 사람이 남에게 억지로 음식을 주면서 '그대는 이것을 먹어야 한다. 그리고 내가 정한 값을 나에게 지불해야 한다. 이것은 그대의 부모가 나의 부모에게 한 것처럼 그대도 나에게 이렇게 해야 하기 때문이다.'라고 말하는 것과 같다. 무엇을 봉사라고 하는가? 만약 어떤 사람이 어떤 것을 받들어 섬길 때 그 받들어 섬김으로 인하여 그 사람이 답보상태에 머물러 있게 되고 발전이 없다면 그것은 받들어 섬김이라고 할 수 없으며, 그 받들어 섬김으로 인하여 그 사람이 답보상태에서 벗어나 발전하게 된다면 그것은 받들어 섬김이라고 할 수 있다. 또한 어떤 사람이 어떤 것을 받들어 섬길 때 그 받들어 섬김으로 인하여 믿음[信], 계율[戒], 널리 들음[博聞], 소원[庶幾], 지혜가 감소하거나 사라지게 된다면 그것은 받들어 섬김이라고 할 수 없으며, 믿음, 계율, 널리 들음, 소원, 지혜가 증장하거나 생기게 된다면 그것은 받들어 섬김이라고 할 수 있다. 받들어 섬김이 이러할 때 받들어 섬기는 사람을 위하는 받들어 섬김이라고 할 수 있기 때문이다.

그 브라만은 또 말하기를, 브라만은 브라만을 위하여 제사의 헌공을 자기 몫의 재물로 말하며, 브라만은 크샤트리아를 위하여 활과 화살을 자기 몫의 재물로 말하며, 브라만은 바이샤를 위하여 밭작물을 자기 몫의 재물로 말하며, 브라만은 수드라를 위하여 삼[麻]을 자신의 몫의 재물로 말한다면서 브라만은 사성을 위하여 네 가지 자기 몫의 재물을 말한다고 하였다.

이에 석가모니 부처님께서 그에게 말씀하셨다. 모든 브라만이 네 가지 자기 몫의 재물을 말할 때 진실로 사성을 위함인지 아닌지 스스로 알지도 못한 채 단지 구전으로 전승되었기 때문에 그에 의지하여 사성을 위해 네 가지 자기 몫의 재물을 말한다면, 그것은 마치 어떤 사람이 남에게 억지로 음식을 주면서 '그대는 이것을 먹어야 한다. 그리고 내가 정한 값을 나에게 지불해야 한다. 이것은 그대 부모가 나의 부모에게 한 것처럼 그대도 나에게 이렇게 해야 하기 때문이다.'라고 말하는 것과 같다. 나는 스스로 잘 이해하고 모든 법을 잘 알아 남을 위하여 그치고 쉬는 법, 멸하여 마치는 법, 깨달음에 이르는 법, 좋은 세계로 나아가는 법을 모든 브라만과 크샤트리아, 바이샤, 수드라에게 각자 자기 몫의 재물이라고 말한다. 이것은 무슨 까닭인가? 어떤 브라만이 허공에 붙잡히지도 않고 묶이지도 않고 부딪히지도 않고 걸리지도 않는 것처럼 크샤트리아, 바이샤, 수드라 또한 그렇게 걸리지 않기 때문이다. 어떤 브라만과 크샤트리아가 비누를 가지고 목욕을 하면 몸이 깨끗해질 수 있듯이 바이샤와 수드라도 그러하기 때문이다. 만약 백 종류의 사람이 제각기 여러 종류의 나무로써 불을 지핀다면 그 각각의 불은 비록 나무의 종류에 따라 이름은 다를지언정 모두 불꽃, 불빛, 열기, 연기가 있어 불의 구실을 할 것이며, 그 각각의 불에 있는 불꽃, 불빛, 열기, 연기는 차별이 없기 때문이다.

또한 '생문'이라는 브라만이 찾아와 브라만과 크샤트리아, 바이샤는 무엇을 하고자 하며, 무엇을 행하며, 무엇으로 서며, 무엇을 의지하며,

무엇으로 마치며, 슈라만은 또한 어떠하냐는 질문을 하였다. 이에 석가모니 부처님께서 말씀하셨다. 브라만은 재물을 얻고자 하며, 지혜를 행하며, 경서經書로 서며, 재계齋戒를 의지하며, 범천으로 마침을 삼는다. 크샤트리아는 재물을 얻고자 하며, 지혜를 행하며, 칼로써 서고, 백성을 의지하며, 자재自在로써 마침을 삼는다. 바이샤는 재물을 얻고자 하며, 지혜를 행하며, 기술로써 서며, 일을 의지하며, 일을 마치는 것으로 마침을 삼는다. 슈라만은 진제眞諦를 얻고자 하며, 지혜를 행하며, 계戒로써 서고, 일없는 곳을 의지하며, 열반으로 마침을 삼는다. MA2:149 & AN6:52

재가와 출가 '앵무마납'이라는 브라만이 주장하기를, 재가로써 수행하면 잘 이해하고 법답게 알아서 큰 과보가 되고 큰 공덕이 있지만, 출가로써 수행하면 그렇지 않다고 하였다.

이에 석가모니 부처님께서 그에게 말씀하셨다. 재가로써 수행하거나 출가로써 수행하는 사람이 만약 삿된 행을 한다면, 이 사람은 제대로 이해하지 못하고 법답게 알지 못하기 때문에 삿된 행을 하는 것이므로 과보와 공덕이 없다. 따라서 여래는 이러한 사람을 칭찬하지 않는다. 그러나 재가로써 수행하거나 출가로써 수행하는 사람이 만약 바른 행을 한다면, 이 사람은 반드시 잘 이해하고 법답게 알아서 바른 행을 하는 것이므로 과보와 공덕이 크다. 따라서 여래는 이러한 사람을 칭찬한다. 더욱 상세히 분별하여 설명하면, 만일 재가로써 수행하는 사람이 큰 재환이나 큰 싸움, 큰 원망, 큰 미움이 있어 그로 인하여 삿된 행을 한다면 큰 과보와 큰 공덕이 없으나, 비록 큰 재환이나 큰 싸움, 큰 원망, 큰 미움이 있더라도 바른 행을 한다면 큰 과보와 큰 공덕이 있다. 마찬가지로 만일 출가로써 수행하는 사람이 사소한 재환이나 사소한 싸움, 사소한 원망, 사소한 미움이 있어 그로 인하여 삿된 행을 한다면 큰 과보와 큰 공덕이 없으나, 비록 사소한 재환이나 사소한 싸움, 사소한 원망, 사소한 미움이 있더라도 바른 행을 한다면 큰 과보와 큰 공덕이 있다. 큰 과보와 큰 공덕이 있으며 복을 짓고 선善을 얻는 법은 마음에서 일어난다. 이것은 무슨 까닭인가? 마음에 묶임[結]도 없고 다툼도 원망도 성냄도 없을 때 그러한 법을 닦을 수 있기 때문이다. 만약 마음에 묶임도 없고 다툼도 원망도 성냄도 없을 때 수행하는 사람이 참된 진리를 수지한다면 그로 인하여 기쁨과 즐거움을 얻을 것이며, 참된 진리를 따라 범행을 행한다면 그로 인하여 기쁨과 즐거움이 더욱 가득할 것이며, 이러한 기쁨과 즐거움은 마음에서 일어나는 것이기 때문이다. 어떤 사람은 집에서 할 일이 많아 마음이 바쁘고 마음에 묶임이 많으며 다툼, 원망, 미움이 많아 참된 진리를 수지하고 범행하기가 어려우나 이런 사람이 출가하여 일없는 곳에 의지하면 할 일이 적어서 마음이 쉬고 마음에 묶임이 적으며 다툼, 원망, 미움이 적어서 참된 진리를 수지하고 범행하기가 용이하다.

제사와 축원, 큰 제사를 준비하고 있던 장신長身 브라만이 석가모니 부처님을 찾아와 여쭙기를, "제사를 지내고자 황소 5백 마리, 수송아지 5백 마리, 암송아지 5백 마리, 염소 5백 마리, 숫양 5백 마리, 그리고 온갖 작은 짐승들을 줄지어 제사기둥에 묶어놓고 여러 가지 음식을 마련하였습니다. 만약 이 제사를 성대하게 치른다면 큰 과보를 얻고 여러 나라에서 온 참여자들 사이에 명성이 널리 퍼지게 되어 하늘과 인간의 공경을 받게 될 것인데, 이렇게 치르기 위하여 제사의 법과 제물의 차림에 부족함이 없게 하려면 어떻게 해야 합니까?" 하였다. SA1:93&AN7:44

이에 석가모니 부처님께서 말씀하셨다. 제사를 통하여 여러 가지 보시와 공양을 베풀어 복을 짓고 큰 과보를 얻는다고 생각하지만 실은 온갖 괴로움의 과보를 불러들이는 죄를 짓게 되는 것이다. 어떤 죄를 짓게 되는가? 제사를 지내기 위해 준비한 황소, 수송아지, 암송아지, 염소, 숫양, 그리고 온갖 작은 짐승들을 죽이리라 생각하는 것은 뜻[意]의 칼이며, 제사를 지내기 위해 준비한 황소, 수송아지, 암송아지, 염소, 숫양, 그리고 온갖 작은 짐승들을 죽이라고 시키는 것은 입[口]의 칼이며, 제사를 지내기 위해 황소, 수송아지, 암송아지, 염소, 숫양, 그리고 온갖 작은 짐승들을 몸소 죽이는 것은 몸[身]의 칼이니, 이러한 신구의身口意 칼로써 죄를 짓는 것이다. 따라서 제사를 성취하고 제사의 법과 제물의 차림에 부족함이 없게 하려면 제사를 지낼 때 말이나 소, 양, 염소, 그 밖의 모든 짐승들을 죽이지 말아야 한다. 그리하여 제사를 주관하는 브라만들이나 제물을 시주하는 사람들이나 제사를 준비하는 모든 일꾼들과 하인들과 전령들, 그리고 제사에 참여하는 사람들이 모두 제사를 준비할 때도 기쁘고, 제사하는 중간에도 기쁘고, 제사가 끝난 뒤에도 기쁜 것이 제사를 제대로 치르는 법이다.

또한 큰 제사를 준비하고 있던 '구라단두'라는 브라만이 찾아와 여쭙기를, "이와 같이 제사의 법과 제물의 차림에 부족함이 없게 하여 제사를 성취하면 큰 과보를 얻을 수 있는데, 이와 같은 제사를 통하여 보시와 공양을 베풀어 복을 짓고 큰 과보를 얻는 것보다 더 수승한 것이 있

습니까?” 하였다. DA23 & DN5

이에 석가모니 부처님께서 말씀하셨다. 그와 같은 제사보다 더 수승한 것은 탐욕과 성냄과 어리석음을 능히 다스리는 모든 슈라만과 브라만을 받들어 섬기고 공양하는 것이며, 그보다 더 수승한 것은 탐욕과 성냄과 어리석음을 능히 다스리는 모든 슈라만과 브라만을 위하여 승방이나 강당을 세우는 것이며, 그보다 더 수승한 것은 기뻐하는 마음으로 ‘나는 바른 법에 귀의합니다’ 하고 바른 법에 귀의하는 것이며, 그보다 더 수승한 것은 기뻐하는 마음으로 목숨이 다할 때까지 선법계善法戒를 수지하여 지키는 것으로서 살생하는 행위를 버리고, 도둑질하는 행위를 버리고, 순결하지 않은 행위를 버리고, 거짓말하는 행위를 버리고, 이간하는 행위를 버리고, 나쁜 말 하는 행위를 버리고, 잡담하는 행위를 버리는 것이며, 그보다 더 수승한 것은 한적한 곳으로 나아가 게으르지 않게 마음을 다해 노력하여 능히 탐욕과 성냄과 어리석음을 다스리고 마침내 모든 어리석음을 멸하고 무명을 멸하여 지혜의 밝음을 구족하는 것이다. 이것이 가장 수승한 것이다.

또한 ‘가미니’라는 사람이 찾아와 청하기를, 중생으로 하여금 목숨을 마치거든 좋은 곳에 가게 하거나 천상에 태어나도록 축원해달라고 하였다. MA1:17 & SN42:6

이에 석가모니 부처님께서 말씀하셨다. 만약 어떤 사람이 게을러서 정진하지 않고 오히려 불선법不善法을 행하여 선법계를 지키지 못하였다면 그 사람의 목숨이 남아 있거나 다했거나 간에 많은 사람들이 모여 그 사람을 향해 음식을 차려놓고 합장하고 찬탄하고 축원한다 해도 그 사

람은 좋은 곳으로 가게 되거나 천상에 태어나지 못한다. 이것은 마치 어떤 사람이 이 마을에서 멀지 않은 곳에 있는 깊은 연못에 무거운 돌을 던져 넣고 아무리 많은 사람들이 모여서 '돌아, 돌아, 제발 물위로 떠올라다오.' 하고 음식을 차려놓고 합장하고 찬탄하고 축원한다 해도 그 무거운 돌이 물위로 떠오르지 않는 것과 같다.

또한 만약 어떤 사람이 부지런히 바른 법을 정진하면서 불선법을 행하지 않고 선법계를 지키고 행하였다면 그 사람의 목숨이 남아 있거나 다했거나 간에 많은 사람들이 모여서 '이 사람은 목숨이 끝나면 반드시 나쁜 곳으로 가게 되거나 지옥에 태어나리라.' 하고 음식을 차려놓고 합장하고 찬탄하고 축원한다 해도 그 사람은 나쁜 곳으로 가게 되거나 지옥에 태어나지 않는다. 이것은 마치 이 마을에서 멀지 않은 곳에 있는 깊은 연못에 어떤 사람이 기름병을 던져 깨진 병조각은 물밑에 가라앉고 기름은 물위로 떠올랐을 때 아무리 많은 사람들이 모여서 '기름아, 기름아, 제발 물밑으로 가라앉아다오.' 하고 음식을 차려놓고 합장하고 찬탄하고 축원한다 해도 그 기름이 물밑으로 가라앉지 않는 것과 같다.

사람의 심의식心意識은 항상 믿음에 훈습되고 보시에 훈습되고 견해에 훈습되고 정진에 훈습되고 지혜에 훈습되므로, 목숨이 다해 몸이 부서지고 사라질 때 그는 이렇게 스스로 훈습된 심의식을 인과 연으로 하여 기름처럼 가벼우면 저절로 위로 올라가 좋은 곳으로 가게 되거나 천상에 태어나게 되며, 혹은 돌처럼 무거우면 저절로 아래로 내려가 나쁜 곳으로 가게 되거나 지옥에 태어나게 되는 것이다.

브라만의 오법 '앵무마납'이라는 브라만이 말하기를, "모든 브라만은 오법五法을 시설施設하여 큰 과보가 있고 큰 공덕이 있으며 복을 짓고 선을 얻는다. 무엇이 오법인가? 첫째로 진제眞諦를 시설하고, 둘째는 송습誦習이요, 셋째는 열행熱行이요, 넷째는 고행苦行이요, 다섯째는 범행梵行이다." 하였다.

이에 석가모니 부처님께서 그에게 물으셨다. 만약 현재 어떤 브라만이 오법을 시설하여 큰 과보가 있고 큰 공덕이 있으며 복을 짓고 선을 얻는다면, 그러한 브라만 가운데 '이 오법을 현세에 스스로 알고 스스로 깨닫고 스스로 증득한 후 그 과보를 시설한다'와 같은 의미의 말을 한 자가 한 사람이라도 있었느냐? 그 브라만은 없었다고 대답하였다. 그렇다면 과거의 스승들 가운데 '이 오법을 스스로 알고 스스로 깨닫고 스스로 증득한 후 그 과보를 시설한다'와 같은 의미의 말을 한 자가 한 사람이라도 있었느냐? 그 브라만은 없다고 대답하였다. 옛날에 수명이 다할 때까지 경서를 외워 지녔고 경서를 널리 유포했으며 경서를 외워 익힌 브라만의 시조인 선인仙人들은 앗타카, 와마카, 와마데와, 웨사미타, 야마탁기, 앙기라사, 바라드와자, 와셋타, 캇사파, 바구인데, 이 가운데 '이 오법을 스스로 알고 스스로 깨닫고 스스로 증득한 후 그 과보를 시설한다'와 같은 의미의 말을 한 자가 한 사람이라도 있었느냐? 그 브라만은 없었다고 대답하며 모든 브라만들은 단지 믿음으로써 받아 지닌다고 말하였다.

부처님께서 다시 그에게 물으셨다. 현재의 모든 브라만 가운데 단 한 사람도 '이 오법을 현세에 스스로 알고 스스로 깨닫고 스스로 증득한 후 그 과보를 시설한다'와 같은 의미의 말을 하지 않았고, 또한 과거의 스승들 가운데 어떤 브라만도 '이 오법을 스스로 알고 스스로 깨닫고 스스로 증득한 후 그 과보를 시설한다'와 같은 의미의 말을 하지 않았고, 또한 브라만의 시조인 선인들 가운데 아무도 '이 오법을 스스로 알고 스스로 깨닫고 스스로 증득한 후 그 과보를 시설한다'와 같은 의미의 말을 하지 않았다면, 모든 브라만들이 단지 믿음으로써 받아 지니는 것에는 근본이 없는 것이 아니겠느냐? 그 브라만은 사실 근본이 없다고 대답하면서 모든 브라만들은 단지 구전되는 말들을 들음으로써 받아 지닌다고 말하였다.

이에 부처님께서 그에게 이르셨다. 여러 장님이 서로 손을 잡고 의지하여 무리지어 가고 있을 때, 앞에 가는 자는 중간을 보지 못하고 뒤도 보지 못한 채 가고, 가운데 가는 자는 앞을 보지 못하고 뒤도 보지 못한 채 가고, 뒤에 가는 자는 가운데를 보지 못하고 앞도 보지 못한 채 간다. 그대가 말하는 모든 브라만의 무리들도 이와 같다. 그대는 처음에는 믿음으로써 받아 지닌다고 하더니 이제는 들음으로써 받아 지닌다고 말을 바꾸어 둘러대고 있다.

부처님께서 다시 그에게 물으셨다. 어떤 브라만이 제사를 통하여 보시를 베푸는데 동쪽에서 온 크샤트리아 동자가 가장 좋은 자리에서 가장 좋은 음식을 얻으리라 생각하였지만 가장 좋은 자리도 가장 좋은 음식도 얻지 못하면 원망하며 미운 마음을 품을 것이고, 남쪽에서 온 브라만 동자가 가장 깨끗하고 맛있는 음식을 얻으리라 생각하였지만 가장 깨끗하고 맛있는 음식을 얻지 못하면 원망하며 미운 마음을 품을 것이고, 서쪽에서 온 바이샤 동자가 음식을 배불리 얻으리라 생각하였지만 음식을 배불리 얻지 못하면 원망하며 미운 마음을 품을 것이고, 북쪽에서 온 수드라 동자가 풍족한 음식을 얻으리라 생각하였지만 풍족한 음식을 얻지 못하면 원망하며 미운 마음을 품을 것이다. 브라만들은 이와 같은 보시에 어떠한 과보가 있다고 시설하느냐? 이에 그 브라만이 대답하기를, "제사를 통하여 보시를 베푸는 브라만은 보시를 베풀면서 남에게 원망과 미운 마음을 일으키려는 의도가 없었으며 단지 저들이 스스로 욕심을 내어 원망하고 미운 마음을 일으킨 것이다. 제사를 통하여 보시를 베푸는 브라만은 그들을 가엾게 여기는 선한 마음으로 보시를 베풀었으므로 그 보시에 큰 과보가 있고 큰 공덕이 있으며 복을 짓고 선을 얻는다." 하였다. 이에 부처님께서 다시 그에게 물으셨다. 그렇다면 브라만이여, 그대의 말처럼 보시에 큰 과보가 있고 큰 공덕이 있으며 복을 짓고 선을 얻는다면 브라만들은 오법 외에 큰 과보가 있고 큰 공덕이 있으며 복을 짓고 선을 얻는 여섯째 법으로써 보시를 시설하는 것이 마땅하지 않겠느냐? 그 브라만은 그렇다고 수긍하였다.

이와 같이 부처님께서 브라만의 오법에 근본이 없으며 제대로 갖추어 시설된 법이 아님을 지적하시자 그 브라만은 화가 나서 세존과 세존의 깨달음을 비방하고자 말하기를, "성품이 곧고 매우 청정하신 '불가사사라' 대 브라만께서 가르치시길, 만약 어떤 브라만이나 슈라만이 사람보다 위[上]되는 법을 얻고서 스스로 보고 스스로 알고 깨달아 증득하였다고 주장한다면 불가사사라는 그 말을 듣고 가소로워 크게 웃으며 그 말은 옳지 않다고 생각하실 것이다. 그 말은 허망하여 진실이 아니요, 또한 법답지 않기 때문이다. 어떻게 사람이 사람 가운데 태어나서 사람보다 위되는 법을 얻었다고 할 수 있단 말인가? 만약 사람이 사람보다 위되는 법을 얻어 스스로 보고 스스로 알고 깨달아 증득하여 자신이 사람보다 위되는 사람이라고 말하면 그것은 옳지 않다고 하셨다." 하였다.

이에 부처님께서 그에게 물으셨다. 성품이 곧고 청정한 불가사사라 브라만은 모든 슈라만들과 브라만들이 마음으로 생각하는 바를 다 알고 난 후에 그러한 말을 하였는가? 그 브라만이 대답하기를, "성품이 곧고 매우 청정한 불가사사라 대 브라만께서 데리고 계셨던 '불니'라는 여종이 마음으로 생각하는 바도 알지 못하셨거늘, 어찌 모든 슈라만들과 브라만들이 마음으로 생각하는 바를 다 알 수 있었겠는가? 알려고 하셨다 하더라도 끝내 그렇게 하실 수 없었을 것이다." 하였다.

이에 부처님께서 다시 그에게 물으셨다. 불가사사라 브라만은 비록 성품이 곧고 청정하나 모든 슈라만들과 브라만들이 마음으로 생각하는 바를 다 보고 알지 못하는 상태에서 혼자만의 생각으로 모든 슈라만들과 브라만들을 재단하여 말하였다. 이것은 마치 태어나면서부터 장님인 사람이 '검고 흰 빛도 없고 검고 흰 빛을 보는 자도 없으며, 좋고 나쁜 빛도 없고 좋고 나쁜 빛을 보는 자도 없으며, 길고 짧은 빛도 없고 길고 짧은 빛을 보는 자도 없으며, 멀고 가까운 빛도 없고 멀고 가까운 빛을 보는 자도 없으며, 굵고 가는 빛도 없고 굵고 가는 빛을 보는 자도 없다'고 말하는 것과 같다. 불가사사라의 말은, 태어나면서부터 그러한 빛들을 보지도 못했고 알지도 못하는 사람이 그러한 빛은 없다고 말하는 것과 같지 않은가? 그 브라만은 마침내 조복하여 그것은 마치 장님과 같다고 대답하였다.

부처님께서 다시 물으셨다. 브라만이여, 만약 옛날에 수명이 다할 때까지 경서를 외워 지녔고 경서를 널리 유포했으며 경서를 외워 익힌 브라만이 있었다면 그들은 상가 브라만, 생문 브라만, 불가사사라 브라만, 그리고 그대의 아버지 도제 브라만이다. 그들의 말은 옳기도 하고 옳지 않기도 하며, 참되기도 하고 참되지 않기도 하며, 높기도 하고 낮기도 하다고 생각하느냐? 이에 그 브라만이 대답하기를 "나는 그들의 말이 옳아서 옳지 않음이 없고, 참되어 참되지 않음이 없고, 높아서 낮음이 없다고 생각한다." 하였다. 그렇다면 브라만이여, 그대는 이미 불가사사라는 성품이 곧고 청정하지만 그의 말은 눈 없는 장님의 말과 같아서 옳지 않고 옳음이 없고, 참되지 않아서 참됨이 없다고 조복하여 인정하였다. 또한 불가사사라는 사람보다 위되는 법과 사람보다 위되는 사람을 스스로 부정하였으므로 그의 말이 높다고 주장하는 것은 그의 말과 모순이 된다. 따라서 그의 말은 스스로 낮아 높음이 없다고 해야 한다. 이것은 그의 말이 높아서 낮음이 없다고 한 그대의 주장과 상반되지 않느냐? 이에 그 브라만은 마침내 조복하여 사실 그렇다고 대답하였다.

부처님께서는 그에게 이르셨다. 사람을 눈먼 장님으로 만드는 다섯 가지 덮개[五蓋]가 있으니, 감각적 오욕, 악의, 의심, 유신견有身見, 계금취戒禁取가 그것이다. 이 다섯 가지는 덮개가 되고 장애가 되어 사람을 눈먼 장님으로 만들고 지혜를 없애고 제 스스로 피로하게 할 뿐 열반으로 이끌지 못한다. 사람이 이 다섯 가지 덮개에 덮이고 가려진 채로 자신을 관찰하여 이치를 알고 남을 관찰하여 이치를 알고 자신과 남을 관찰하여 두 가지 이치를 함께 알고 나아가 모든 슈라만들과 브라만들이 마음으로 생각하는 바를 다 알고자 하더라도 끝내 그렇게 할 수 없다. 불가사사라 브라만은 비록 성품이 곧고 청정하나 그는 탐욕에 물들었고 탐욕에 더럽혀졌으며 탐욕과 접촉하였고 탐욕에 의지하였으며 탐욕에 집착하였다. 그는 탐욕 속에 들어가 그 폐해를 보지 못하고 탐욕에서 벗어나는 방법을 알지 못하여 탐욕에 덮이고 가려져 탐욕을 행하였다. 그는 이 다섯 가지 덮개에 덮이고 가려졌으니 자신을 관찰하여 이치를 알고 남을 관찰하여 이치를 알고 자신과 남을 관찰하여 두 가지 이치를 함께 알고 나아가 모든 슈라만들과 브라만들이 마음으로 생각하는 바를 다 알고자 하더라도 끝내 그렇게 할 수 없다. 그러나 이 다섯 가지 덮개에서 벗어나고 떠나 모든 선법善法을 따르면 누구나 희락喜樂을 얻고 고요함에 이르러 안락을 이룰 수 있다.

범천의 도 석가모니 부처님께서 '아마주'라는 젊은 브라만에게 이르셨다. 만약 현재의 어떤 브라만이 옛날의 큰 선인들과 브라만들이 본래 외우고 익혔던 경서들을 찬탄하고 경탄하면서 수명이 다할 때까지 외우고 익혀서 다른 사람들을 가르치고 널리 유포하여 전하는 것으로써 범천에 태어나기를 바란다 해도 그렇게 될 수 없다. 이는 마치 도성 밖에 사는 어떤 사람이 도성에서 왕과 대신들이 국사에 대하여 의논한 것을 전해 듣고 왕과 대신이 이러저러한 말들을 했다고 하면서 수명이 다할 때까지 그 말들을 찬탄하고 경탄하고 외우고 익혀서 다른 사람들에게 해설하고 널리 유포하여 전한다고 해서, 그 사람이 왕이나 대신들과 만나

국사를 의논한 것도 아니고 왕의 노릇을 할 수 있는 것도 아니며 대신의 노릇을 할 수 있는 것도 아닌 것과 같다.

와셋타Vāseṭṭha와 바라드와자Bhāradvāja 두 브라만이 부처님을 찾아와 범천으로 향하는 길 혹은 범천에 이르는 길을 여쭈면서 와셋타 브라만이 말하기를, "모든 삼베다에 능통한 삼명三明 브라만들은 범천으로 향하는 도를 말한다. 비록 각 브라만들은 서로 다른 갖가지 도를 말하지만 모두 범천으로 나아가는 것이다. 이는 시골의 모든 길이 도성都城으로 향하는 것과 같다." 하였다.

이에 부처님께서 그 브라만에게 물으셨다. 저 모든 도는 다 범천으로 나아가는 것인가? 그는 다 범천으로 나아간다고 대답하였다. 다시 부처님께서 그 브라만에게 물으셨다. 현재의 삼명 브라만들 가운데 단 한 사람이라도 범천을 본 자가 있는가? 그는 없다고 대답하였다. 이에 부처님께서 그 브라만에게 물으셨다. 과거의 삼명 브라만 선사先師들 가운데 단 한 사람이라도 범천을 본 자가 있는가? 그는 없다고 대답하였다. 부처님께서 그 브라만에게 물으셨다. 옛날에 수명이 다할 때까지 경서를 외워 지녔고 경서를 널리 유포했으며 경서를 외워 익힌 삼명 브라만의 시조인 선인仙人들은 앗타카, 와마카, 와마데와, 웨사미타, 야마탁기, 앙기라사, 바라드와자, 와셋타, 캇사파, 바구인데 이 가운데 단 한 사람이라도 범천을 본 자가 있는가? 그는 없다고 대답하였다. 부처님께서 말씀하셨다. 현재의 삼명 브라만들 가운데 단 한 사람도 범천을 본 자가 없고, 과거의 삼명 브라만 선사들 가운데 단 한 사람도 범천을 보지 못하였고, 또한 과거의 큰 삼명 선인들 가운데 단 한 사람도 범천을 보지 못하였다면, 결국 삼명 브라만들은 자신들이 알지도 못하고 보지도 못한 곳에 이르는 길을 가르친다고 말하는 것이 된다.

이어 부처님께서 비유를 들어 말씀하셨다. 어떤 사람이 자신이 이 나라에서 제일가는 미녀와 사귄다고 친구에게 자랑하였다. 그러자 그 친구가 그에게 그 여인이 어디에 사는지 아느냐고 물었고, 그는 모른다고 대답하였다. 친구가 그녀가 사는 방향이 동쪽인지, 서쪽인지, 남쪽인지, 북쪽인지 물었고, 그는 모른다고 대답하였다. 친구가 그 여인의 이름이 무엇인지, 그 여인이 브라만 여인인지 혹은 크샤트리아, 바이샤, 수드라 여인인지 물었고, 그는 모른다고 대답하였다. 그 여인이 키가 큰지 작은지, 몸이 가냘픈지 통통한지, 피부가 흰지 검은지, 얼굴이 둥근지 갸름한지 물었고, 그는 모른다고 대답하였다. 이 사람은 보지도 못하고 알지도 못한 여인을 자랑한 것으로, 그의 자랑은 진실이 아니다.

이어 부처님께서 그 브라만에게 이르셨다. 너희 삼명 브라만들은 삼베다에서 가르치는 범천을 향하는 도가 올바르고 참되어 마땅히 세간을 벗어나는 법을 얻어 범천 또는 해와 달이 있는 곳까지 갈 수 있다고 생각하면서, 해와 달을 바라보거나 해와 달이 지고 뜨는 곳을 바라보면서 음식을 차려놓거나 합장하고 공경하는 것이 어찌 허망한 일이 아니겠는가? 브라만은 그것은 실로 허망하다고 대답하였다.

이어 부처님께서 비유를 들어 말씀하셨다. 이는 마치 어떤 사람이 허공에 사다리를 세우려고 하는 것과 같다. 그의 친구가 사다리로 무엇을 하려느냐고 묻자, 그는 지붕에 올라가려 한다고 대답하였다. 집은 어디에 있느냐고 묻자 그는 모른다고 대답하였다. 집이 동서남북 어느 쪽에 있느냐고 묻자 그는 모른다고 대답하였다. 이 사람은 보지도 못하고 알지도 못하는 집의 지붕에 올라가려고 사다리를 허공에 세우고 있는 것으로, 어찌 허망한 일이 아니겠느냐?

너희 삼명 브라만들은 물과 불을 공경하고 섬기면서 음식을 차려놓거나 합장하면서 범천에 태어나게 해달라고 간절히 소원하고 간절히 기도하고 외치거나 해와 달을 공경하고 섬기면서 음식을 차려놓거나 합장하면서 범천에 태어나게 해달라고 간절히 소원하고 간절히 기도하고 외치지만 그것은 그렇게 될 수 없는 일이다. 이는 마치 어떤 사람이 물이 가득 차 흐르는 큰 강의 이쪽 언덕에 몸이 묶여 있으면서 저쪽 언덕을 향해 나를 그곳으로 건네달라고 간절히 소원하고 간절히 기도하고 빌고 원하는 것과 같다. 어찌 저쪽 언덕이 이리로 와서 그를 건너가게 할 수 있겠는가? 이 사람이 이쪽 언덕에 몸이 묶여 있는 것처럼 너희 삼명 브라만들은 세간에 감각적 오욕으로 묶여 있다. 저 브라만들은 감각적 오욕에 물들고 감각적 오욕을 집착하여 그 폐해를 보지 못하고 그로부터 벗어나는 방법을 모른다. 무엇을 감각적 오욕이라 하는가? 눈으로 보는 형색은 매우 사랑스럽고 즐길 만하며, 귀로 듣는 소리, 코로 맡는 향기, 혀로 느끼는 맛, 몸으로 느끼는 촉감은 매우 사랑스럽고 즐길 만하다. 그러나 감각적 오욕은 사람을 묶는 결박이며 족쇄이며 쇠사슬이며 갈고리와 같다.

또한 그것은 어떤 사람이 물이 가득 차 흐르는 큰 강의 이쪽 언덕에 있으면서 자신의 손발이나 몸을 써 배나 뗏목에 의지하지 않은 채, 저쪽 언덕을 향해 나를 그곳으로 건네달라고 간절히 소원하고 간절히 기도하고 빌고 원하는 것과 같다. 어찌 저쪽 언덕이 이리로 와서 이 사람을 건네줄 수 있겠는가? 이 사람이 자신의 손발이나 몸을 쓰지 않아 배나 뗏목을 의지할 수 없는 것처럼, 너희 삼명 브라만들은 세간에서 감각적 오욕의 폐해를 보지 못하여 오욕에서 벗어나는 방법을 알지 못하므로 선법을 의지하여 청정한 범행을 닦을 줄 모르는 것이다.

그러나 어떤 사람이 물이 가득 차 흐르는 큰 강의 이쪽 언덕에서 배도 뗏목도 다리도 없음을 보고 적절한 재료와 연장을 구하여 단단한 뗏목과 노를 만들어 스스로의 힘으로 저쪽 언덕으로 건너가야 하리라 생각하고 곧 뗏목을 만들면, 자신의 힘으로 당당하고 편안하게 강을 건너갈 수 있다. 이 사람이 이쪽 언덕에서 자신의 힘으로 뗏목을 만들어 저쪽 언덕으로 건너가는 것처럼, 너희 삼명 브라만들이 감각적 오욕에서 벗어나 스스로 선법을 배워 익히고 의지하여 청정한 범행을 닦아 범천에 태어나고자 한다면 그것은 그렇게 될 수 있다.

또한 범천에 태어나고자 하면 범천과 함께하여야 한다. 누구든지 범천과 함께하면 범천에 태어난다. 어떻게 하는 것이 범천과 함께하는 것인가? 범천은 성내는 마음이 없으며, 미워하는 마음이 없으며, 원한이 없으며, 가족과 생업이 없으며, 자재自在하지 못함이 없다. 이와 같이 성내는 마음이 없고 미워하는 마음이 없고 원한이 없고 가족과 생업이 없고 자재하지 못함이 없이 범천과 함께하면 몸이 무너지고 목숨이 끝날 때 누구든지 범천의 일원이 될 수 있다.

26. 범천에 성내는 마음, 미워하는 마음, 원한의 마음, 가족과 생업, 자재하지 못함이 없는 이유를, 근거를 들어 설명해보라. (제4장 우주론 참조)

---

27. 가족과 가족을 부양하는 생업을 가진 사람이 범천에 태어난 사례를 경전에서 찾아보라. 만약 그러한 사례가 있다면, 가족과 생업이 없어야 범천과 함께할 수 있고 범천과 함께해야 범천에 태어날 수 있다는 말씀을 어떻게 해석해야 하는가?

---

28. 가족과 생업을 버리고 다시 가지지 않는 출가제도의 당위성을 설명해보라.

2.2 육사외도 비판

푸라나 카사파의 우연론 어떤 슈라만이 '자아와 우주는 우연히 발생한다. 따라서 사람이 하는 일은 모두 인도 없고 연도 없이 우연에 의한 것이다.' 하고 주장한다면, 석가모니 부처님께서는 그에게 그가 진실로 그렇게 보고 그렇게 말하는가 물으신다. 만약 그가 그렇다고 대답한다면 부처님께서 그에게 말씀하신다. 그대는 살아 있는 생명을 죽이는 자가 될 것이다. 그대가 살아 있는 생명을 죽이더라도 그것은 인도 없고 연도 없이 우연에 의한 것이며, 그대에 의하여 죽임을 당한 생명 또한 인도 없고 연도 없이 우연에 의한 것이므로 그대는 살아 있는 생명을 죽이는 자가 될 것이다. 똑같은 이유로 — 중략(앞의 전변설과 같음) — 바른 생각을 가질 수 없으며 바른 지혜도 없을 것이니 따라서 바르게 가르칠 수도 없을 것이다.

만약 그가 대답하지 못하고 도리어 부처님께 그러한 주장의 진위를 되묻는다면 부처님께서 그에게 그러한 주장의 근원에 대하여 말씀하신다. 제4선천 중에서 불환과들이 태어나는 정거천 밑의 무상천의 중생들은 인식이 없는데, 만약 인식이 생겨나면 그들은 죽게 된다. — 중략(62견의 5번의 ①과 같음) — 그는 정의삼매에 들어 바로 전생에서 인식이 생겨난 것까지만 기억해내고는 이렇게 말하였다. '나와 우주는 우연히 발생한다. 이것은 무슨 까닭인가? 나와 우주는 이전에는 존재하지 않았지만 지금은 존재하기 때문이다. 이것으로부터 나와 우주는 우연히 발생한다고 안다.' 이것으로 그는 자아와 우주의 생성은 인도 없고 연도 없이 우연히 발생하며, 따라서 사람이 하는 일은 모두 인도 없고 연도 없이 우연에 의한 것이라고 헤아린다.

푸라나 카사파는 사람이 하는 일은 모두 인도 없고 연도 없이 우연에 의한다고 주장하였다. 따라서 중생들이 청정해지는 것 또한 인도 없고 연도 없이 우연에 의한 것이며, 중생들에게 때[垢]가 생기는 것도 인도 없고 연도 없이 우연에 의한 것이라고 하였다.

이러한 주장에 대하여 석가모니 부처님께서 말씀하셨다. 그의 주장은 말장난[戲論]밖에 되지 않아 의논할 만한 것이 없다. 그가 주장하는 바에 따르면 그의 주장은 인도 없고 연도 없이 우연에 의하여 우연히 주장된 것이기 때문이다. 그는 어리석어 인도 연도 분별하지 못하여 그와 같이 주장하였다. 인이 있고 연이 있어서 중생들이 청정해지고 인이 있고 연이 있어서 중생들에게 때가 생기기 때문이다.

어떤 중생에게는 색色이 한결같이 즐거운 것이 아니다. 그것은 괴로운 것이며, 괴로움이 따르는 것이며, 괴로움이 자라는 것이며, 괴로움이 떠나지 않는 것이다. 수受, 상想, 행行, 식識 또한 마찬가지라고 생각한다면, 그 중생은 색 때문에 애착하는 마음을 내지 않을 것이다. 애착하는 마음이 일어나지 않으므로 색에서 멀어지고, 멀어져서 색을 싫어하게 되고, 싫어하여 색을 떠나게 되고, 떠나서 색을 더 이상 즐거워하지 않게 되고, 더 이상 즐거워하지 않게 되어 색에서 해탈하게 된다. 수, 상, 행, 식 또한 마찬가지이다. 이러한 연유로 인이 있고 연이 있어서 중생들이 청정해지는 것이다.

또한 어떤 중생에게 색은 한결같이 괴로운 것은 아니다. 그것은 즐거운 것이며, 즐거움이 따르는 것이며, 즐거움이 자라는 것이며, 즐거움이 떠나지 않는 것이다. 그리고 수, 상, 행, 식 또한 마찬가지라고 생각한다면, 그 중생은 색 때문에 애착하는 마음이 일어날 것이다. 애착하는 마음이 일어나므로 색에 가까워지고, 가까워져서 색을 좋아하게 되고, 좋아하여 색에 집착하게 되고, 집착하여 색에 얽매이게 되고, 얽매이게 되어 색으로 말미암아 번뇌하게 된다. 그리고 수, 상, 행, 식 또한 마찬가지이다. 이러한 연유로 인이 있고 연이 있어서 중생들에게 때가 생기게 되는 것이다.

또한 만약 어떤 슈라만이 '중생들에게 상想이 생기는 것은 인도 없고 연도 없이 우연에 의한 것이며, 중생들에게 상이 멸하는 것 또한 인도 없고 연도 없이 우연에 의한 것이다. 상에는 오고 감이 있어서 그것이 인도 없고 연도 없이 우연히 오면 상이 생기고 인도 없고 연도 없이 우연히 가면 곧 상이 멸한다.' 하고 주장한다면, 부처님께서는 이러한 주장에 잘못이 있다고 말씀하신다. 이것은 무슨 까닭인가? 인과 연에 의하여 생각이 생겨나고 인과 연에 의하여 생각이 없어지기 때문이다. ― 중략(앞의 전변설과 같음) ― 이와 같이 차례로 인과 연에 따라 생각을 멸하여 멸진정에 들어서 무상정등정각을 성취하여 여래가 되는 것도 이 때문이다.

막칼리 고살라의 숙명론 어떤 슈라만이 사람이 하는 일은 모두 태어나면서 결정된 숙명宿命에 의한 것이라고 주장한다면, 석가모니 부처님께서는 그에게 그가 진실로 그렇게 보고 그렇게 말하는지 물으신다. 만약 그가 그렇다고 대답한다면 부처님께서 그에게 말씀하신다. 그대는 살아 있는 생명을 죽이는 자가 될 것이다. 그대가 살아 있는 생명을 죽이더라도 그것은 태어나면서 결정된 숙명에 의한 것이며, 그대에 의하여 죽임을 당한 생명 또한 태어나면서 결정된 숙명에 의한 것이므로 그대는 살아 있는 생명을 죽이는 자가 될 것이다. 똑같은 이유로 — 중략(앞의 전변설과 같음) — 바른 생각을 가질 수 없으며 바른 지혜도 없을 것이니 따라서 바르게 가르칠 수도 없을 것이다.

또한 만약 어떤 슈라만이 '중생들에게 상想이 생기는 것은 태어나면서 결정된 숙명에 의한 것이며, 중생들에게 상이 멸하는 것도 태어나면서 결정된 숙명에 의한 것이다. 상에는 오고 감이 있어서 그것이 숙명에 의하여 오면 상이 생기고 숙명에 의하여 가면 곧 상이 멸한다.' 하고 주장한다면, 부처님께서는 그의 주장에 잘못이 있다고 말씀하신다. 이것은 무슨 까닭인가? 그의 주장은 말장난[戱論]밖에 되지 않아 의논할 만한 것이 없다. 왜냐하면 그가 주장하는 바에 따르면, 그의 주장은 인도 없고 연도 없이 숙명에 의하여 주장된 것이기 때문이다. 그는 어리석어 인도 연도 분별하지 못하여 그와 같이 주장하였다. 왜냐하면 인과 연에 의하여 생각이 생겨나고 인과 연에 의하여 생각이 없어지기 때문이다. — 중략(앞의 전변설과 같음) — 이와 같이 차례로 인과 연에 따라 생각을 멸하여 멸진정에 들어서 무상정등정각을 성취하여 여래가 되는 것도 이 때문이다.

니간타 나타푸타의 자이나교 어떤 니간타 슈라만이 주장하였다. "사람이 현세에서 고락의 과보를 받는 것은 모두 과거에 지은 인因이 있기 때문이다. 이것을 업이라고 한다. 현세와 내세의 모든 괴로움의 과보를 받지 않으려면 먼저 과거에 지어 현재까지 누적된 모든 업을 배출해야 한다. 이것은 고행을 통하여 가능하다. 내세의 괴로움의 과보를 현세에서 고행으로 미리 받음으로써 과거에 지어 현세까지 누적된 모든 업이 씻기어 배출되기 때문이다. 이렇게 과거의 모든 업이 고행으로 소멸되고 현재에 새로운 업이 침투하는 것을 막아 짓지 않으면 모든 업이 없어지게 된다. 모든 업이 다 없어지면 그 업의 과보인 모든 괴로움이 다하게 되고, 모든 괴로움이 다하면 곧 괴로움이 끝나게 된다". MA1:19 & MN101

이에 대하여 석가모니 부처님께서 그에게 그가 진실로 그렇게 보고 그렇게 말하는가 물으셨고, 그는 그렇다고 대답하였다. 부처님께서 다시 그에게 물으셨다. 그대들은 스스로 깨끗한 지혜가 있어 그와 같이 주장하는가? 그는 아니라고 대답하였다. 이에 부처님께서 말씀하셨다. 만약 본래 내가 있다고 하거나 혹은 없다고 하는 것을, 업을 짓는다고 하거나 혹은 짓지 않는다고 하는 것을, 업을 변환한다고 하거나 혹은 변환하지 않는다고 하는 것을, 업을 소멸한다고 하거나 혹은 소멸하지 않는다고 하는 것을, 괴로움의 끝이 있다고 하거나 혹은 없다고 하는 것을 밝게 분별하여 보고 아는 깨끗한 지혜가 있어 그대 니간타들이 스스로 현세에서 모든 불선법을 끊고 모든 선법을 닦아 익혀서 그러한 깨끗한 지혜를 증득하였다면 그대들은 그와 같이 주장할 수 있다.

이것은 무슨 까닭인가? 이것은 마치 어떤 사람이 몸에 독화살을 맞고 그것을 제거하는 수술을 받는 것과 같다. 이 사람은 깨끗한 지혜가 있어 생각하기를 '나는 전날 몸에 맞은 독화살로 심한 고통을 받았지만, 화살촉을 잘 뽑는 의사를 급히 불렀고, 그 의사가 나를 위해 잘 드는 칼로 살을 베었다. 살을 벨 때 큰 고통을 느꼈고, 살을 벤 뒤 살을 이리저리 뒤져 화살촉을 찾을 때 더 큰 고통을 느꼈고, 화살촉을 찾은 뒤 화살촉을 뺄 때 더욱더 큰 고통을 느꼈다. 그러나 화살촉을 제거한 뒤 상처를 싸매고 난 뒤에는 극심한 고통이 없어졌으며, 점차 상처가 회복되면서 다시 힘을 얻어 이전과 같이 되었을 땐 모든 고통이 끝나게 되었다.' 이 사람은 깨끗한 지혜가 있어 고통의 바탕을 보고 알아서 더 큰 고통들을 감내하고 마침내 고통의 바탕을 제거하여 고통이 끝나게 되었으므로 그대들이 주장하는 바와 같기 때문이다.

그러나 만약 깨끗한 지혜가 없는 경우는 어떻게 되겠는가? 그대들은 주장한다. 최상의 고행을 하면 최상의 고통이 생기고, 중간의 고행을 하면 중간의 고통이 생기고, 최하의 고행을 하면 최하의 고통이 생긴다. 이렇게 생기는 고통들을 감내하고 나면, 최상의 고행으로 최상의 업이 소멸되고, 중간의 고행으로 중간의 업이 소멸되고, 최하의 고행으로 최하의 업이 소멸된다. 그러나 만약 이러한 상중하의 고행으로 생기는 상중하의 고통들을 감내하여도 상중하의 업이 소멸되지 않고 상중하의 업이 소멸되지 않아서 끝나고 없어야 할 상중하의 고통들이 없어지지 않는다면, 그대들은 단지 어리석음에 덮이고 묶여 현세에서 상중하의 고행으로 생긴 상중하의 고통들을 부질없이 받고 겪는다.

이것은 마치 어떤 사람이 몸의 병을 독화살로 착각하여 독화살을 제거하는 수술을 받는 것과 같다. 이 사람은 어리석어 생각하기를, '나는 전날 몸에 심한 고통을 느꼈는데 이것은 예전에 독화살로 인한 고통과 같았으므로 분명 독화살이 몸속에 있는 것이다. 그래서 화살촉을 잘 뽑는 의사를 급히 불렀고, 그 의사가 나를 위해 잘 드는 칼로 살을 베었다. 살을 벨 때 큰 고통을 느꼈고, 살을 벤 뒤 살을 이리저리 뒤져 화살촉을 찾을 때 더 큰 고통을 느꼈고, 화살촉을 찾지 못하여 살 속 깊이 이리저리 뒤질 때 더 큰 고통을 느꼈다. 화살촉을 찾지 못한 채 상처를 싸매고 난 뒤 점차 상처는 회복되었지만 여전히 몸에 심한 고통은 끝나지 않고 지속되었다.' 이 사람은 어리석어 고통의 바탕을 보지 못하고 알지 못하여 더 큰 고통들을 감내하였으나 본래의 고통은 사라지지 않고 지속되었으므로 현세에서 부질없이 고통들을 겪는 것이다.

혹은 만약 이러한 상중하의 고행으로 생기는 상중하의 고통들을 겪지 않아도 상중하의 업이 소멸되고 상중하의 업이 소멸되어 상중하의 고통들이 끝난다면, 그대들은 단지 어리석음에 덮이고 묶여 현세에서 상중하의 고행으로 생기는 상중하의 고통들을 부질없이 겪는 것이다. 이것은 마치 어떤 사람이 화살이 스쳐간 상처의 고통을 느끼면서 몸속에 독화살이 있다고 착각하여 독화살을 제거하는 수술을 받는 것과 같다. 이 사람은 어리석어 고통의 바탕을 보지 못하고 알지 못하여 고통이 곧 스스로 다하여 끝남에도 현세에서 부질없이 불필요한 고통들을 겪기 때문이다. 이와 같이, 깨끗한 지혜가 없는 사람은 그러한 주장을 할 수 없다.

즐거움의 과보를 받을 업이 있다면 그 업을 끊거나 혹은 고행으로 괴로움의 과보를 받을 업으로 전환시킬 수 없으며, 괴로움의 과보를 받을 업이 있다면 그 업을 끊거나 혹은 고행으로 즐거움의 과보를 받을 업으로 전환시킬 수 없다. 현세에서 과보를 받을 업이 있다면 그 업을 끊거나 혹은 고행으로 후세에서 과보를 받을 업으로 전환시킬 수 없으며, 후세에서 과보를 받을 업이 있다면 그 업을 끊거나 혹은 고행으로 현세에서 과보를 받을 업으로 전환시킬 수 없다. 과보를 받을 만큼 성숙되지 않은 업이 있다면 그 업을 끊거나 혹은 고행으로 과보를 받을 만큼 성숙된 업으로 전환시킬 수 없으며, 과보를 받을 만큼 성숙된 업이 있다면 그 업을 끊거나 혹은 고행으로 과보를 받지 않을 만큼 성숙되지 않은 업으로 전환시킬 수 없다. 그러므로 그대들은 어리석어 허망한 방편으로 부질없이 업을 끊거나 전환시키고자 하지만 고행으로 생기는 고통만 받고 겪을 뿐 실로 얻는 것이 없다.

만약 그대들이 스스로 깨끗한 지혜를 가지지 못하였으면서 자신의 어리석음을 인정하지도 않아 지속적으로 고행을 하고 그로 인한 고통들을 감내한다면, 그대들은 다섯 가지 꾸짖음과 싫어함을 받아야 한다. 이것은 무슨 까닭인가? 그대들이 주장하는 바에 따르면 그대들이 갖가지 고행으로 인한 갖가지 고통의 과보를 받는 것은 과거에 지었던 인들이 있었던 까닭이다. 그 첫째는 악업이다. 그대들은 과거에 악업을 지었기 때문에 지금 저렇게 혹독한 고통을 받고 있는 것이며, 이것은 마땅히 꾸짖음과 싫어함을 받을 만한 것이다. 둘째는 그대들의 모임이 과거에 나쁘게 모였던 모임이었기 때문이며, 셋째는 그대들이 과거에 자신의 생명을 스스로 나쁘게 위했기 때문이며, 넷째는 그대들이 과거에 나쁜 견해를 가졌기 때문이며, 다섯째는 그대들이 과거에 나쁜 스승을 가졌기 때문에 지금 저렇게 혹독한 고통을 받고 있는 것이므로, 이것은 마땅히 꾸짖음과 싫어함을 받을 만한 것이다.

2.3 사견의 폐해

사견의 그물   과거의 경험이나 미래에 발생할 사건을 모색하거나, 과거의 경험이나 미래에 발생할 사건에 대한 견해를 가지거나, 과거의 경험이나 미래에 발생할 사건에 대하여 여러 가지 이론들을 단언하는 사람들은 모두 사견의 그물에 걸린 것이다. 마치 그물에 걸린 물고기들이 수면 위로 오르고자 할 때 그물에 걸린 채 오르게 되듯이, 그들 또한 위로 오르고자 하나 그물에 걸린 채 오르게 된다. 그들은 참으로 그물에 완전히 갇혀서 오를 뿐, 그물을 벗어나서 오르지는 못하는 것이다. 따라서 사견의 그물[見網]의 폐해를 자각하여 사견의 그물을 제거하는 것, 벗어나는 것, 뛰어넘는 것이 해탈하여 열반에 이르고자 하는 이들의 첫걸음이 되는 것이다.

사견의 폐해   사견의 그물에 걸린 채 청정한 해탈을 이루기는 어려운 일이다. 견해가 다르면 인내하는 것이 다르고 습관이 다르고 행이 다르고 의지하는 법이 다르기 때문이다. 따라서 바르지 못한 견해를 가진 채 바른 해탈을 이루는 것은 매우 어려운 일이다. 게다가 그릇된 견해들은 말장난밖에 되지 않으며, 말과 주장만 있을 뿐 의논할 만한 내용이 없다. 이와 같은 사견들을 주장하는 것은 진리를 알지 못하고 보지 못한 채 갈애에 빠져 있는 상태에서 느낀 것을 말로써 표출하고 주장한 것일 뿐 의논할 만한 내용이 없다. 따라서 이러한 사견을 좇아서 실천하여 이익을 얻고자 아무리 노력해도 결국에는 아무런 이익을 얻을 수 없다. 사견을 주장하는 모든 사람들은 아무리 자신의 견해를 주장하고 실천하더라도 그들은 모두 태어남이 있고, 늙음이 있고, 죽음이 있고, 슬픔, 비탄, 고통, 고뇌, 절망이 있다. 이러한 것들을 모두 벗어나는 청정한 삶은 사견을 바탕으로 삼고서는 영위할 수 없다. 따라서 이러한 사견의 폐해를 이해하여 사견을 벗어나면 태어남, 늙음, 죽음, 슬픔, 비탄, 고통, 고뇌, 절망을 지금 여기에서 벗어나서 청정한 삶을 영위하고 청정한 삶을 바탕으로 청정한 해탈을 이루는 것이 가능하다.

무기와 시설 석가모니 부처님께서는 설명하지 않아야 할 것은 한결같이 침묵하여 무기無記하셨으며, 설명해야 할 것은 한결같이 설명하여 시설施設하셨다. 만약 어떤 사람이 부처님께 모든 사견의 진위를 들은 연후에 비로소 청정한 삶을 영위하고자 한다면, 그 사람은 부처님께 그 설명을 듣기 전에 먼저 죽을 것이다. 그것은 부처님께서 무기하시기 때문이다. 무기의 까닭은 무엇인가? 무기해야 할 것을 설명하는 것은 참으로 이익이 되지 못하고, 법에 바탕한 것이 아니며, 청정범행의 시작에도 미치지 못하고, 욕망의 역겨워함으로 인도하지 못하고, 욕망의 퇴색으로 인도하지 못하고, 소멸로 인도하지 못하고, 고요함으로 인도하지 못하고, 최상의 지혜로 인도하지 못하고, 바른 깨달음으로 인도하지 못하고, 열반으로 인도하지 못한다. 이와 같은 이유로 무기해야 할 것을 설명하지 않는다.

그렇다면 시설의 까닭은 무엇인가? 설명해야 할 것을 시설하는 것은 참으로 이익이 되고, 법에 바탕하며, 청정범행의 시작이고, 전적으로 욕망의 역겨워함으로 인도하고, 욕망의 퇴색으로 인도하고, 소멸로 인도하고, 고요함으로 인도하고, 최상의 지혜로 인도하고, 바른 깨달음으로 인도하고, 열반으로 인도한다. 이와 같은 이유로 설명해야 할 것을 한결같이 시설한다.

또한 만일 어떤 견해에 관련된 과거가 사실이 아니고 옳지 않고 이익을 줄 수 없다면 그것을 설명하지 않는다. 만일 과거가 사실이고 옳더라도 이익을 줄 수 없다고 여겨지면 그것을 설명하지 않는다. 만일 과거가 사실이고 옳으며 이익을 줄 수 있다고 여겨지더라도 그것을 설명해줄 바른 시기를 알아 그때 설명한다. 마찬가지로 만일 어떤 견해에 관련된 미래 혹은 현재가 사실이 아니고 옳지 않고 이익을 줄 수 없다면 그것을 설명하지 않는다. 만일 미래 혹은 현재가 사실이고 옳더라도 이익을 줄 수 없다고 여겨지면 그것을 설명하지 않는다. 만일 미래 혹은 현재가 사실이고 옳으며 이익을 줄 수 있다고 여겨지더라도 그것을 설명해줄 바른 시기를 알아 그때 설명한다. 이처럼 과거와 미래와 현재의 법들에 대하여 시기에 맞는 말을 하고, 사실을 말하고, 옳은 것을 말하고, 유익한 것을 말하고, 법을 말하고, 율을 말하며, 말한 그대로 행하고 행하는 그대로 말한다. 그리고 시기에 맞지 않는 말, 사실이 아닌 말, 옳지 않은 말, 유익하지 않은 말, 법이 아닌 말, 율이 아닌 말은 하지 않으며, 말하지 않은 것은 행하지 않고 행하지 않은 것은 말하지 않는다.**DN29**

견해의 소멸 어떤 비구가 석가모니 부처님께, 세존께서 무기하는 견해들에 대해 다문비구多聞比丘들이 의심을 일으키지 않는 것은 무슨 인과 연 때문인지 여쭈었다. 이에 부처님께서 답하셨다. 다문비구들이 여래가 무기한 견해들에 대하여 궁금증이나 의심을 일으키지 않는 것은 견해가 소멸하였기 때문이다. 여래가 무기한 견해들 중에 이를테면 36견은 단지 견해일 뿐이고, 갈애에 빠진 상태에서 나온 것이며, 갈애와 마찬가지로 인식에, 생각에, 사량 분별에, 취착에 빠진 상태에서 나온 것이다. 여래가 무기한 견해들을 취하는 것은 나중에 후회할 일이다. 배우지 못한 범부들은 이런 견해에 대하여 있는 그대로 보고 알지 못할 뿐만 아니라, 견해가 일어나는 바탕을, 견해가 일어나는 바탕의 소멸을, 견해가 일어나는 바탕의 소멸로 인도하는 길을 있는 그대로 보고 알지 못한다. 그들에게 이러한 견해는 점차 강해진다. 또한 배우지 못한 범부들은 이러한 후회할 일에 대하여 있는 그대로 보고 알지 못할 뿐만 아니라, 후회할 일이 일어나는 바탕을, 후회할 일이 일어나는 바탕의 소멸을, 후회할 일이 일어나는 바탕의 소멸로 인도하는 길을 있는 그대로 보고 알지 못한다. 그들에게 이러한 후회할 일은 점차 증가한다. 그들은 태어남, 늙음, 죽음에서 벗어나지 못하고 슬픔, 비탄, 고통, 고뇌, 절망에서 벗어나지 못한다. 따라서 그들은 고에서 벗어나지 못한다.

그러나 다문비구들은 이러한 견해에 대하여 있는 그대로 보고 알 뿐만 아니라, 견해가 일어나는 바탕을, 견해가 일어나는 바탕의 소멸을, 견해가 일어나는 바탕의 소멸로 인도하는 길을 있는 그대로 보고 안다. 그들에게 이러한 견해는 소멸한다. 또한 다문비구들은 이런 후회할 일에 대하여 있는 그대로 보고 알 뿐만 아니라, 후회할 일이 일어나는 바탕을, 후회할 일이 일어나는 바탕의 소멸을, 후회할 일이 일어나는 바탕의 소멸로 인도하는 길을 있는 그대로 보고 안다. 그들에게 이러한 후회할 일은 소멸한다. 그들은 태어남, 늙음, 죽음에서 벗어나고 슬픔, 비탄, 고통, 고뇌, 절망에서 벗어난다. 따라서 그들은 고에서 벗어난다.

이와 같이 다문비구들은 여래가 무기한 견해들에 대하여 여래와 마찬가지로 설명하지 않으며, 여래가 무기한 견해들로 인하여 흔들리지 않고, 동요하지 않고, 떨지 않고, 전율에 빠지지 않는다. 이러한 인과 연때문에 여래가 무기한 견해들에 대하여 다문비구들은 의심을 일으키지 않는다. AN7:51

3 중도의 발견

사견과 정견 '사邪'로 한역된 'micchā'는 '상반된' 혹은 '전도顚倒된'이라는 뜻으로, 진리와 상반되고 진리가 전도된 상태를 의미한다. 그리고 '사'의 반대인 '정正'으로 한역된 'sammā'는 '일치하는, 합일된, 결합된'이라는 뜻으로, 진리와 일치하여 함께 가는, 진리와 합일된, 진리와 결합된 상태를 의미한다. 따라서 정견正見이란 진리와 일치되고 합일되어 진리와 서로 어긋나거나 전도되지 않는 견해이다. 누구든지 정견을 가지고, 진리와 일치되고 합일되어 진리로 나아가는 수행법인 정도正道를 닦으면, 진리와 일치되고 합일된 깨달음인 정각正覺을 이룰 수 있다.

이에 반해 사견은 진리를 깨닫지 못하여 진리를 알지 못하고 보지 못한 상태에서 과거와 현재의 경험을 바탕으로 지각한 것이나 추론한 것이 그 지각이나 추론에 함몰되고 오염되어 말로 표현되고 주장된 것이다. 또한 사견은 진리를 깨닫지 못하여 진리를 알지 못하고 보지 못한 상태에서 미래에 발생할 사건을 사유한 것이나 추론한 것이 그 사유나 추론에 함몰되고 오염되어 말로 표현되고 주장된 것이다. 사견은 진리를 깨닫지 못하여 진리를 알지 못하고 보지 못한 상태에서 개인적인 믿음, 취향, 전승, 추론, 혹은 감각적 지각에 함몰되고 오염되어 말로 표현되고 주장된 것이다.

진리를 깨닫지 못하여 진리를 알지 못하고 보지 못하면 과거를 다 알지 못하고 다 보지 못하며, 미래와 현재를 다 알지 못하고 다 보지 못하며, 또한 인과 연을 다 알지 못하고 다 보지 못하며, 인과 연에 의한 과를 다 알지 못하고 다 보지 못한다. 이렇게 다 알지 못하고 다 보지 못한 상태에서 주장하는 견해는 마치 장님이 코끼리를 만지는 것과 다르지 않다. 만약 어떤 사람이 이렇게 진리를 다 알지 못하고 다 보지 못한 상태에서 개인의 믿음, 취향, 전승, 추론, 혹은 감각적 지각에 함몰되고 오염된 견해를 더욱 공고히 하고자 그 견해의 시비是非와 가부可否를 확인하려고 할 때, 그 견해에 대하여 시是와 가可로 밝혀 대답하거나 혹은 비非와 부否로 밝혀 대답한다면, 타인을 비방하고 타인의 견해를 배척하여 자신의 견해에 더욱 함몰되고 오염되거나 자신의 견해를 덧칠하여 더욱 공고히 할 뿐, 그 사람에게 아무런 이익이 되지 못한다.

그러나 만약 이 사람이 함몰되고 오염된 견해의 폐해를 이해하고 그 견해를 벗어나고자 하나 그 방법을 몰라 그 견해의 시비와 가부를 확인하고자 한다면, 그 견해에 대하여 시비와 가부와 폐해를 밝혀 설명하고 나아가 그 견해를 벗어나는 방법을 설명하는 것은 그 사람을 함몰되고 오염된 견해에서 벗어나게 하므로 그에게 커다란 이익이 된다. 이러한 연유로 사견에 대하여 무기할 때와 시설할 때의 바른 시기가 있는 것이다.

오중도와 중도 사견에 대한 세존의 가르침은 무기로 표출되고 중도中道로 천명된다. 중도로 번역된 'majjhimā paṭipadā'에서 'majjhimā'는 중간이라는 의미이고, 'paṭipadā'는 '길을paṭi 걸어간다pada'는 의미이다. 여기서 중간이란 양극단을 따르지 않고 의지하지 않고 집착하지 않고 제거하여 벗어나는, 즉 양극단을 여읜다는 뜻이며, 'paṭipadā'는 길을 걸어가고 있는 진행의 뜻이다. 즉 중도란 양극단을 여의는 길을 걷고 있다는 뜻이다. 따르지 않고 여의어야 하는 양극단에는 무엇이 있는가? 다음의 구체적인 오중도五中道에서 중도를 발견한다.

첫째, 고락苦樂 중도이다. 저열하고 비속하고 통속적이고 성스럽지 못하여 이익을 주지 못하는 감각적 욕망에 대한 쾌락의 탐닉에 몰두하는 것은 고통을 수반하고 상처를 수반하고 불안을 수반하고 고뇌를 수반하는 것으로 잘못된 길이다. 이러한 감각적 욕망에 대한 쾌락의 탐닉에서 벗어나는 것은 고통을 수반하지 않고 상처를 수반하지 않고 불안을 수반하지 않고 고뇌를 수반하지 않는 것으로 올바른 길이다. 또한 괴롭고 성스럽지 못하여 이익이 되지 못하는 자기학대의 고행에 몰두하는 것도 고통을 수반하고 상처를 수반하고 불안을 수반하고 고뇌를 수반하는 것으로 잘못된 길이다. 이러한 자기학대의 고행에서 벗어나는 것은 고통을 수반하지 않고 상처를 수반하지 않고 불안을 수반하지 않고 고뇌를 수반하지 않는 것으로 올바른 길이다. 그러므로 세존께서는 이러한 두 가지 극단을 따르지 않고 벗어나 고락중도를 완전하게 깨달았으며, 이 중도는 안목을 만들고 지혜를 만들어 고요함과 최상의 지혜와 바른 깨달음과 열반으로 인도한다. 따라서 중도는 고통을 수반하지 않고 상처를 수반하지 않고 불안을 수반하지 않고 고뇌를 수반하지 않는 것으로 올바른 길이다.MN139

둘째, 일이一異중도이다. 태어남으로 인해 늙고 죽음이 있다고 할 때 누가 늙고 죽으며 늙고 죽는 것은 누구에게 속하는 것인가 묻는다면, 어떤 사람들은 내가 늙고 죽으며 늙고 죽는 것은 나에게 속한 것이며 늙고 죽는 것은 바로 내가 그렇게 되는 것이라고 답한다. 이런 사람들은 태어나고 늙고 죽는 생명현상의 주체로서의 나[命]는 곧 몸[身]이라고 알고 말하거나 혹은 태어나고 늙고 죽는 생명현상의 주체로서의 나는 몸이 아니고 몸과 다르다고 알고 말한다. 이는 양극단으로 서로 대립되게 알고 말하는 것 같지만 범행이 성립되지 않는다는 점에서 한가지이다. 만약 명命이 곧 몸이라고 한다면 몸이 죽어 사라질 때 명도 함께 죽어 사라지므로 생로병사의 고에서 해탈하는 범행은 무의미하며, 만약 명이 곧 몸이 아니고 몸과 다르다고 한다면 명은 육신으로 짓는 생로병사와 무관할 뿐만 아니라 육신으로 짓는 범행과도 무관하므로 범행은 아무런 의미가 없다. 따라서 이러한 사람들은 범행자라고 할 수 없다. 무릇 범행자는 이러한 양극단에 마음이 따라가지 않고 벗어나 사실을 있는 그대로 바르게 보는 중도로 향해야 한다.SA297

셋째, 단상斷常중도이다. 어떤 사람들은 태어나고 늙고 죽는 생명현상의 주체로서 자기동일성을 지니고 시간적으로 존속하는 자아가 사후에도 영원히 존속한다[有常論]고 알고 말하거나 혹은 사후에는 더 존속하지 못한다[斷滅論]고 알고 말한다. 이는 양극단으로 서로 대립되게 알고 말하는 것 같지만 범행이 성립되지 않는다는 점에서 한가지이다. 따라서 범행자는 이러한 양극단에서 벗어나 중도로 향해야 한다. SN44:10

넷째, 자작타작自作他作중도이다. 어떤 사람들은 생로병사를 포함하여 모든 고苦는 자기 스스로 짓고 그 과보를 자기 스스로 받는다고 알고 말하거나 혹은 남이 짓고 남이 그 과보를 받는다고 알고 말한다. 만약 고와 고의 과보를 스스로 짓고 받는다면, 이것은 생로병사의 모든 행위와 그 행위의 과보를 받는 주체로서의 자아가 존재한다는 것을 전제로 하기 때문에 유상론에 떨어진다. 만약 고와 고의 과보를 남이 짓고 받는다면, 이것은 생로병사의 모든 행위와 그 행위의 과보를 받는 주체로서의 자아가 존재하지 않는다는 것을 전제로 하기 때문에 숙명론이나 단멸론에 떨어진다. 또한 만일 어떤 사람들이 이러한 고와 고의 과보를 스스로 짓기도 하고 남이 짓기도 하며 스스로 받기도 하고 남이 받기도 한다고 알고 말한다면, 이것은 유상론과 단멸론 혹은 유상론과 숙명론을 융합한 것으로 이를테면 자이나교의 5실재신이 여기에 속한다.

또한 이러한 고가 스스로 짓는 것도 아니고 남이 짓는 것도 아니고 우연히 생기는 것이며 그 과보를 스스로 받는 것도 아니고 남이 받는 것도 아니고 우연히 받는 것이라고 한다면 무인론이나 우연론에 떨어진다. 이러한 견해들은 고의 작자作者를 규정하여 고를 이해하고 벗어나고자 하지만 그러한 일은 결코 일어나지 않는다. 왜냐하면 고는 인과 연에 의하여 생성하며 인과 연에 의하여 소멸하기 때문이다. 따라서 이러한 사견들을 벗어나 중도를 향해야 고를 바르게 이해하여 벗어날 수 있다.SN12:17 & SN12:46

다섯째, 유무有無중도이다. 세상 사람들은 어떤 것에 대하여 있다고 말하거나 혹은 없다고 말한다. 있다는 견해나 없다는 견해에 집착하고 묶여서 자아가 있다거나 혹은 없다는 견해, 자아가 영원히 있다거나 혹은 없다는 견해, 자아의 실재에 생각이 있다거나 혹은 없다는 견해를 일으킨다. 그러나 세상의 모든 것들이 인과 연으로 말미암아 생성하는 것을 여실히 본다면 없다는 견해는 생기지 않으며, 세상의 모든 것들이 인과 연으로 말미암아 소멸하는 것을 여실히 본다면 있다는 견해는 생기지 않는다. 인과 연에 따라 오취온이 일어날 뿐이고, 인과 연에 따라 오취온이 소멸할 뿐이다. 인과 연을 여실히 본다면 오취온의 생성소멸에 대하여 의심이나 의문을 품지 않으며 다른 사람들의 지혜를 의지하지 않고서도 오취온의 생성소멸을 스스로 경험하여 알 수 있다. 따라서 생성소멸하는 오취온을 자아의 유무라는 견해로 집착하지 않으며 그러한 유무의 견해를 일으키지도 않는다. 그리하여 유무의 견해를 여의어 중도를 향하고 바른 견해를 갖는다.SN12:15 & SN22:90

이 다섯 가지 중도의 실례에 나오는 양극단의 사견을 포함한 모든 양극단의 사견을 따르지 않고 벗어나는 것이 곧 중도이다. 따르지 않고 벗어나는 사견을 '중도' 앞에 덧붙여 수식하지 않고 그냥 '중도'라고 하는 것이다. 따라서 중도란 모든 사견을 따르지 않고 벗어난 상태요, 모든 사견을 여읜 상태요, 어떠한 사견에도 입각해 있지 않은 상태요, 어떠한 사견에도 의존하지 않는 상태다. 중도란 사견의 끝이요, 사견의 끝남이요, 사견의 소멸이다. 중도란 사견의 소멸로 시작하여 그 소멸의 완성으로 끝나는 전 과정이다. 즉 중도의 시작은 사견의 소멸의 시작이고 중도의 끝은 사견의 소멸의 완성이다. 사견과 그 폐해를 이해하고 사견을 벗어나기 시작하여 진리를 깨달아 정각을 이루는 전 과정이, 곧 중도로 시작하여 중도를 완성하는 일련의 과정이다.

　중도를 완전히 깨달았다는 것은 곧 모든 사견의 소멸을 완성하였다는 것이다. 사견을 완전히 소멸하는 것은 사견이 일어나는 바탕을 알아 그 바탕을 소멸하는 것이다. 사견이 일어나는 바탕을 알기 위하여 연기법(제3장 참고)을 알아야 하며, 연기법을 알면 사견이 일어나는 바탕을 알 수 있다. 사견이 일어나는 바탕은 갈애에 빠져 있는 상태에서 단지 느낀 것[受]에 지나지 않으며, 이러한 느낌은 촉觸을 조건으로 한다. 촉 없이 그러한 느낌을 경험하는 것은 불가능하다. 육입六入을 통해 계속해서 일어나는 촉으로 느낌을 경험하고 받아들인다. 그러한 느낌으로 인해 애愛가 생기고, 애로부터 취取가 생기고, 취는 유有를 생기게 하고, 유는 생生을, 생은 노사老死와 슬픔, 비탄, 고통, 고뇌, 절망을 생기게 한다. 따라서 촉의 달콤함과 위험, 촉이 일어나는 바탕, 촉이 일어나는 바탕의 사라짐, 촉이 일어나는 바탕의 사라짐으로 인도하는 길을 있는 그대로 보고 알아야 한다. 이것이 모든 사견이 일어나는 바탕임을 알아, 사견의 바탕을 소멸하는 것이라고 보고 알아야 한다. 《법망경》 또한 사견이 일어나는 바탕을 제거하고 뛰어넘기 위해 사념처四念處에서 신념처身念處를 내신관內身觀, 외신관外身觀, 내외신관內外身觀 세 가지로 수행하되 수受, 심心, 법法에 대한 수행도 이와 같이 하여야 한다(제5장 참고). 사념처의 삼종수행으로 사견이 일어나는 바탕을 소멸할 수 있다.DN29 따라서 사견의 소멸은 중도이고, 중도의 성취는 연기법과 수행법에 직결되어 있다.

사邪의 소멸 자체가 곧 정正의 드러남이라면 사의 소멸인 중도가 곧 정이다. 사의 소멸의 시작이 곧 정의 드러남의 시작이며, 사의 소멸의 완성이 곧 정의 드러남의 완성이다. 따라서 중도의 시작이 곧 정의 시작이며, 중도의 완성이 곧 정의 완성이다. 그러므로 중도는 곧 정이다. 따라서 중도에서 보는 것이 곧 정견正見이다. 즉, 중도는 정견이라는 안목을 만드는 것이다. 정견은 진리와 합일하여 진리와 어떠한 괴리나 모순이 없는 진리의 관점에서 있는 그대로 보는 것으로, 편견이나 고정관념 같은 사견 없이 보는 것이다. 중도에서 사유하는 것이 곧 정사유이고, 중도에서 말하는 것이 곧 정어이며, 중도에서 행동하는 것이 곧 정업이다. 진리로 이끄는 바른 수행법인 팔정도八正道는 중도로 시작하며, 중도로 시작하였을 때 팔정도로 바르게 나아갈 수 있다. 따라서 석가모니 부처님의 모든 가르침에 대한 바른 이해와 실천의 시작은 사견을 여읜 중도이므로 불교의 시작은 곧 중도이다.

29. 석가모니 부처님께서 고락중도를 깨닫기 직전까지 함몰되어 있던 사견들은 무엇인지 전거를 바탕으로 설명해보라.

30. 석가모니 부처님께서 다섯 가지 중도 중에서 고락중도를 가장 먼저 깨달으신 이유를 설명해보라.

31. 고락중도에서의 양극단과 관련되어 있는 모든 사건들을 36견에서 찾아 열거하고 그 폐해를 설명해보라. 그러한 폐해로 말미암아 범행을 성립시키지 못함을 설명해보라. 나머지 오중도에 대해서도 같은 방법으로 반복하라.

32. 36견을 다섯 가지 중도와 관련된 사건들과 그렇지 않은 사건들로 나누어보라.

33. 구차제정(제5장 참고)의 몇 번째 선정에서 고락중도가 완성되는가? 그 이유를 설명해보라. 나머지 중도에 대해서도 같은 방법으로 반복하라.

34. 만약 어떤 사람이 태어나고 늙고 죽는 생명현상의 주체로서 자기동일성을 지니고 시간적으로 존속하는 자아가 사후에는 더 이상 존속하지 못한다고 하거나 혹은 사후에도 영원히 존속한다고 주장한다면 단상의 사견에 빠져 있는 상태가 된다. 만약 사후가 아니라 태어남과 죽음 사이에서 이러한 자아가 지속적으로 존속한다거나 혹은 존속하지 않는다고 주장한다면 어떻게 되겠는가?

35. 만약 어떤 사람이 태어나고 늙고 죽는 생명현상의 주체로서 자기동일성을 지니고 시간적으로 존속하는 자아가 현생에 지속적으로 존속한다고 하면서 그러한 자아의 참모습이나 본래 모습 혹은 참성품 등을 찾기 위해 어떤 노력이나 수행을 해야 한다고 주장한다면, 이 사람은 어떤 사견에 함몰되어 있는가?

36. 어떤 견해 혹은 명제를 A라고 하고 A와 극단적으로 대립하는 대표적인 견해를 B라고 하자. 이때 A도 부정하고 동시에 B도 부정하는 견해, 즉 A와 B의 양극단을 모두 동시에 부정하는 견해($\bar{A} \cap \bar{B}$)가 A와 B의 견해에 대한 중도인가, 아닌가? 그 이유를 설명해보라.

---

37. 중도를 체득하였는가? 체득하였다면 자신의 체득을 설명해보라. 체득하지 못하였다면 그 이유를 설명해보라.

4 결론

사견의 이해를 통하여 그 폐해와 모순을 있는 그대로 보고 알아 사견을
벗어나는 중도에 이르게 되었다. 중도에 바르게 들어가는 것은 불교를
바르게 시작하는 것이며 바른 깨달음과 열반에 이르게 하지만 그렇지
못한 경우에는 시작부터 잘못되는 것이며 시작부터 잘못되면 아무리 노
력하고 고행하여도 마침내 아무런 이익이 없다. 따라서 다음의 논의를
통하여 중도를 주목하고자 한다.

　석가모니 부처님께서 깨달음을 얻기 전 출가하여 찾아간 스승 알라라
칼라마Āḷāra Kālama로부터 무소유처정無所有處定을 배워 체득하였고 또한
웃다카 라마푸타Uddaka Rāmaputta로부터 비상비비상처정非想非非想處定을
익혀 체득하였으나, 이들 스승에게 배운 선정에 만족하지 못하였다. 그
까닭은 선정에서 나오면 다시 일상의 상태로 환원되어 바른 깨달음과
열반으로 나아갈 수 없었기 때문이다. 그리하여 석가모니 부처님께서는
이들 스승을 떠나 어떠한 스승도 없이 홀로 극심한 고행으로 일관하다
중도를 깨닫고 수자타가 올린 유미죽을 드셨다. 따라서 중도를 깨닫기
전까지 슈라만 고타마 싯다르타는 한낱 외도수행을 하는 외도에 지나지
않았다. 그는 중도를 깨달으면서 사견을 벗어난 것이며, 사견을 벗어나
면서 중도를 깨달은 것이다.

　따르지 않고 벗어나야 할 것이 어찌 사견뿐이겠는가? 이러한 사견에
도 미치지 못하는 개인적인 신념, 논리, 주의주장, 고정관념, 훈습된 사
유, 바람, 갈애, 탐욕 등에 의하여 개인적으로 판단되고 주장되는 모든

사견私見들도 벗어나야 하는 견해에 포함되는 것이다.

중도는 견해가 아니요, 이론이 아니요, 배워서 기억해야 하는 가르침이 아니다. 중도의 가르침은 모든 사견을 여의라는 것이요, 어떤 사견에도 의존하지 말라는 것이다. 즉, 중도는 어떠한 사견에도 의존하지 않은 상태이며, 어떠한 사견도 남아 있지 않은 상태이다. 진리를 깨닫지 못하여 진리를 알지 못하고 보지 못한 상태에서 사견이 아닌 것은 무엇인가? 이러한 상태에서는 어떠한 자아의 견해도 사견이며, 자아가 보고 듣고 느끼고 생각하는 모든 것이 사견 아님이 없는 것이다. 이것은 마치 몸이 음식에 의존하듯이 자아가 자신의 견해와 자신이 보고 듣고 느끼고 생각하는 모든 것에 의존하기 때문이다. 이러한 상태에서는 중도를 견해로 취하면 중도가 곧 사견이 되고, 정견을 견해로 취하면 정견이 곧 사견이 되며, 불교의 가르침을 견해로 취하면 불교의 가르침이 곧 사견이 된다.

36견을 버리고 그 자리를 중도로 대치하고자 하는가? 브라만과 육사외도의 가르침을 모두 버리고 그 자리를 불교의 가르침으로 대치하고자 하는가? 그렇게 하고자 하는 것은 중도의 가르침이 아니요, 중도의 가르침과 반대가 된다. 중도의 가르침은 어떠한 사견에도 의존하지 말라는 것으로, '어떠한 사견'에는 중도의 가르침도 포함된다. 따라서 중도는 어떠한 사견에도 의존하지 않으며 중도 그 자체에도 의존하지 않는 것이다. 의존하지 않는다는 것에도 의존하지 않는다. 중도는 어떠한 것에도 의존하지 않는, 그리고 의존하지 않는다는 것에도 의존하지 않는 것을 자각하는 앎의 상태이다. 중도의 가르침은 이러한 앎의 상태 즉 중도로 들어가라는 것이며, 이러한 중도의 상태로 들어가지 못하게 방해하는 모든 것은 사견이다. 중도가 아닌 상태에서 중도를 이해하고 알아야 중도로 들어갈 수 있는 것이 아니라, 중도로 들어가야 중도를 이해하고 알 수 있는 것이다. 그러므로 중도가 아닌 상태에서 이해하고 아는 중도는 사견이고, 중도가 아닌 상태에서 배우고 가르치는 불교의 모든 가르침은 사견이며, 중도가 아닌 상태에서 불교의 수행법을 가르치고 배워서 행하는 자는 모두 외도이다. 이러한 연유로 중도를 불교의 바른 시작이라고 한다.

제2장
일체법一切法

1 십이입처

우주와 우주 안에 있는 일체 존재의 본질에 대한 대표적인 사견으로서
전변설과 적취설을 앞에서 살펴보았다. 모든 존재의 본체를 브라흐만으
로 보고, 유일唯一의 실재實在인 이 브라흐만이 스스로 자신의 일부를 투
사하는 자기생식을 통하여 잡다한 일체 만유를 창조했다고 본 것이 전
변설이다. 이러한 브라만교의 가르침을 인정하지 않는 슈라만들이 주장
한 적취설은 우주와 우주 안에 있는 일체 존재의 구성요소인 지수화풍
혹은 지수화풍을 포함한 다수의 실재가 이합집산離合集散을 통하여 모든
존재를 형성한다고 보는 것이다. 이 두 사견은 일체의 본질에 대하여 전
자는 지각을 초월한 유일한 실재로, 후자는 지각할 수 있는 다수의 실재

로 본다는 점에서 서로 대립하지만, 일체의 본질이 일체의 모든 존재에 편재遍在하며 인간은 이러한 일체의 한 부분에 지나지 않는다고 보는 점에서 서로 같다.

간단하게 표현하면 전변설은 모르는 모든 것을 모르는 하나로 대치한 것이다. 이렇게 대치된 모르는 하나는 지각할 수 없는 것[不可觸] 혹은 말할 수 없는 것[不可說]으로, 전통과 권위와 신성神性이라는 성벽으로 둘러싸여 일부 계층을 제외한 사람들의 접근으로부터 보호받아왔지만, 그 성벽은 인류 지성사의 거센 도전을 견딜 만큼 굳건하지는 못했다.

예를 들어 19세기에 등장한 다윈의 진화론에 의하면 인간을 포함한 모든 생물체는 스스로 자연에 적응하면서 진화하는데, 이것은 인간을 포함하여 모든 생명체가 유일신에 의해 창조된 피조물이라는 설명과 모순을 일으킨다.

유전자를 발견한 생명공학의 성과는 또 다른 예가 된다. 유전자는 인간의 생물학적인 정보를 담고 있는 것으로, 이 유전자가 다음 세대로 전달되므로 세대 간의 생물학적인 특징들이 유전하는 것을 설명할 수 있다. 따라서 유전자의 발견은 진화론에 대한 확신을, 창조론에 대한 회의를 일으키기에 충분하다.

일부 포유류의 경우 체세포에 의한 동물복제의 성공은 가장 최근의 예가 된다. 체세포에 의한 동물복제는 지금까지 인류가 경험하지 못한 전혀 새로운 방법으로 생명을 탄생시키는 것인데, 이런 방법으로 탄생한 동물들은 유일신에 의하여 생명이 창조된다는 주장의 반례反例가 된다.

이상과 같은 과학적 업적들은 전변설을 생명의 기원에 관한 보편적인 진리로 인정하는 일을 어렵게 만든다. 전변설에 내재한 더 근본적인 문제는, 유일의 실재에서 인간을 포함한 모든 존재들이 창조되는 모든 순과정과, 반대로 모든 존재에서(이를테면 티끌 하나에서) 유일의 실재를 확인하는 모든 역과정을 밝혀내고 증명하고자 하는 인간의 다양하고 정당한 논의와 노력을 차단한다는 데 있다.

이러한 차단을 합리화한 것이 성언량과 천계주의이다. 그러나 성언량과 천계주의는 전변설의 무모순성을 완성하기보다는 전변설의 모순성이 현현치 않도록 시도한 것에 불과하다. 이러한 시도는, 먼저 주장하고 전승하여 기록한 것이 진리이니 먼저 주장하고 전승하여 기록한 것에 무조건 따라야 한다는 말과 다르지 않다. 이러한 문제를 간파한 슈라만들은 진화론, 유전자의 발견, 동물복제 등과 같은 현대의 과학적 업적을 접하지 않았음에도 2,500여 년 전 브라만교의 가르침에 반발하여 우주와 인간의 본질에 대한 새롭고 다양한 탐구를 자유롭게 전개하였다.

슈라만들이 주장한 적취설을 간단하게 표현하면, 모르는 모든 것을 알 수 있는 다수로 대치한 것이다. 이렇게 대치된 다수는 지각할 수 없거나 말할 수 없는 것이 아니라 누구든지 지각할 수 있고 말할 수 있고 알 수 있는 것이다. 적취설에서 '요소'라고 하는 이 다수는 더 쪼개지지 않고 생기거나 없어지지 않는 참된 실재로서 우주의 모든 존재를 구성한다. 이렇게 요소의 구성으로 물질을 이해하는 관점은 그리스의 자연철학에서 나타난 원자론의 관점과 같다. 원자론은 물질의 근원을 규명하려는 과학의 철학적 바탕이 되어왔고, 과학자들은 원자론을 바탕으로 모든 물질의 근원을 밝혀내기 위해 물질들을 쪼개어 나가는 방법을 택했다.

쪼개진 입자가 원자 즉 요소가 되기 위해서는 쪼개진 입자의 내부 구조가 없을 때까지, 즉 더 쪼개지지 않을 때까지 쪼개는 일을 반복해야 한다. 이렇게 물질 덩어리를 쪼개어 분자分子를, 분자를 쪼개어 원자原子를, 전자電子와 핵자核子로 구성되어 있는 원자에서 핵자를 쪼개어 쿼크quark를 발견했다. 이러한 입자들을 발견할 때마다 과학자들 그 입자를 근본입자 즉 요소로 생각했고, 쿼크를 발견한 뒤로는 그것이 내부구조가 없는 또 다른 근본입자로 이루어져 있을 것이라고 생각했다. 그러나 근본입자가 발견되리라는 예측과 달리 쿼크가 끈string으로 이루어져 있다는 '초끈 이론'이 등장했다. 이러한 일련의 과학적 업적은, 물질의 어느 단계까지는 원자설을 적용할 수 있지만 물질의 궁극에까지 원자설을 적용하기에는 무리가 있음을 보여준다.

원자설이 안고 있는 근원적인 문제는, 생주이멸하는 모든 물질적 존재를 설명하기 위해 생주이멸하지 않고 상주불멸常住不滅하는, 즉 파괴되지도 창조되지도 않으면서 영원히 존립하는 근본입자라는 개념을 도입했다는 것이다. 이 근본입자는 다른 물질적 존재와 같이 지각할 수 있고 말할 수 있고 알 수 있지만, 그 성질이나 본질에 대해 근본입자를 제외한 다른 모든 물질을 설명하는 방식으로 설명할 수 없다는 모순을 안고 있다. 이는 마치 모르는 몇 가지로써 모르는 모든 문제들을 해결하였으니 모르는 몇 가지에 대해서는 문제 삼지 말라는 말과 같다.

적취설을 인간에게 적용하면, 인간의 본질과 그에 따른 인간의 모든 행위는 요소의 이합집산에 의한 것이다. 여기서 인과를 부정하고 요소의 이합집산을 단지 우연으로 보면 우연론이 되고, 미리 결정된 숙명으로 보면 숙명론이 된다. 한편 전변설은 유일의 실재인 브라흐만[尊祐]에 의해 인간의 본질과 그 본질에 따른 모든 행위가 결정된다는 존우론尊祐論을 주장한다. 인간에 대한 이상의 세 가지 견해를 삼종외도三種外道라고 하는데, 그 심각한 폐해에 대하여 석가모니 부처님께서 비판하신 내용은 앞서 기술하였으나 여기서 다시 간략하게 살펴보기로 한다.

만약 어떤 사람이 존우론에 따라 살인을 했다면, 이 사람은 존우의 뜻 혹은 법칙에 따라 살인을 한 것이고 죽임을 당한 사람도 존우의 뜻 혹은 법칙에 따라 죽은 것이 된다. 비록 이 사람이 살인의 죄과로 다른 사람들에 의해 벌을 받는다 해도 이 사람은 존우에게서 더 큰 은혜로 보답 받을 것이라 확신하기에 살인에 대해 양심의 가책이나 반성을 통한 개선의 여지가 없다. 또한 만약 어떤 사람이 숙명론에 따라 살인을 했다면, 이 사람은 이미 결정된 숙명에 의해 살인을 한 것이고 죽임을 당한 상대는 그에게 죽임을 당해야 하는 숙명을 지닌 사람이다. 살인을 한 사람이 그 죄과로 다른 사람들에 의해 벌을 받는다 해도 이 사람은 그것조차 이미 정해진 숙명으로 받아들일 뿐 양심의 가책이나 반성을 통한 개선의 여지가 없다. 그리고 만약 어떤 사람이 우연론에 따라 살인을 했다면 이 사람이 살인을 한 것이나 상대가 죽임을 당한 것이나 다만 우연일 뿐 그 이상도 그 이하도 아니다. 비록 이 사람이 살인의 죄과로 다른 사람들에 의해 벌을 받는다 해도 이 사람에게는 그것조차 우연일 뿐 양심의 가책이나 반성을 통한 개선의 여지가 없다.

나아가 존우론을 따르는 사람은 자신이 존우론을 따르는 것 자체가 존우의 뜻에 의한 것이라 믿고, 숙명론을 따르는 사람은 자신이 숙명론을 따르는 것이 이미 결정된 숙명에 의한 것이라 여기며, 우연론을 따르는 사람은 자신이 우연론을 따르는 것이 단지 우연일 뿐이라고 생각한다. 따라서 이러한 삼종외도를 따르는 사람들은 자신의 사견으로 말미암아 스스로 사견의 늪에서 빠져나오지 못하게 될 뿐 아니라 그 사견을 따르지 않는 사람들에게 해를 입힐 가능성이 상존한다.

석가모니 부처님께서 이러한 사견들을 타파하고 정견으로 일체의 본질에 대한 진리를 스스로 깨달아 설하신 것을 십이입처十二入處라고 한다. 즉 십이입처는 일체의 본질을 규명하는 석가모니 부처님의 자각법自覺法이다. 일체의 본질을 규명하는 십이입처로부터 모든 다양한 세계가 전개되는 순과정과 그 역과정을 분석적 관점에서 체계화한 것이 일체법一切法이다.

1.1 전오근과 전오경

인간은 누구도 부정할 수 없는 다섯 가지 감각기관을 가지고 있다. 눈으로 보고, 귀로 듣고, 코로 냄새 맡고, 혀로 맛을 느끼고, 피부로 접촉하는 오관五官이 바로 그것이다. 이것을 각각 안근眼根, 이근耳根, 비근鼻根, 설근舌根, 신근身根이라 하고, 묶어서 전오근前五根이라고 한다. 여기서 '근根'은 'indriya'를 번역한 것인데, 이 말에는 감각기관이라는 뜻이 있다. 전오근은 내적으로 서로 독립되어 상호불관相互不關한 다섯 가지 감각기관으로, 외적으로도 서로의 감각대상에 대하여 상호불관하다. 즉, 각 감각기관은 오직 자기에게 주어진 대상만 감각할 뿐 절대로 다른 감각기관의 대상을 감각하지 못한다. 이 다섯 가지 감각기관은 인간이 생물학적으로 지니고 있는 감각기관의 전부로, 그 밖의 감각기관은 존재하지 않는다.

오관이 감지하는 감각대상을 오감五感이라 하며, 눈으로 감지하는 시각視覺, 귀로 감지하는 청각聽覺, 코로 감지하는 후각嗅覺, 혀로 감지하는 미각味覺, 피부로 감지하는 촉각觸覺의 다섯 가지를 말한다. 오관의 감각대상을 강조하여 눈으로 보는 빛, 귀로 듣는 소리, 코로 맡는 냄새, 혀로 느끼는 맛, 피부로 느끼는 감촉이라 표현할 수 있는데, 이 다섯 가지를 각각 색경色境, 성경聲境, 향경香境, 미경味境, 촉경觸境이라 하고, 묶어서 전오경前五境이라고 한다. 여기서 '경境'은 감각대상을 의미하는 'visaya'를 번역한 것이다.

전오근과 그 감각대상인 전오경에 대한 이해는 동서양과 고금을 막론하고 매우 상식적인 것으로, 그 이유는 기본적으로 일상생활에서 누구나 매순간 사용하고 있는 인간의 오관과 그를 통해 감지하는 오감으로 충분히 이해하기 때문이다. 또한 오관은 서로 교차하여 기능을 발휘하지 않는다는 것도 일상적인 경험을 통해 이해한다. 예를 들어 눈으로 듣지 못하고 귀로 맛을 느끼지 못한다는 것은 누구나 즉각 검증이 가능한 경험적 진실이다.

전오근으로 전오경을 감지하는 과정을 자세히 살펴보기로 한다. 먼저, 빛이 대상에서 반사되거나 발생하여 눈의 시신경에 접촉하면 색을 감지하게 된다. 만일 빛이 대상에서 반사되지 않고 대상을 투과하거나 대상에서 반사 혹은 발생한 빛이 눈의 시신경과 접촉을 일으키지 않으면 눈은 빛을 감지하지 못한다. 눈이 감지할 수 있는 빛을 가시광선可視光線이라 한다. 예를 들어 비가시광선인 X-선은 인체의 뼈에만 접촉을 일으키고, 시신경을 포함한 인체의 나머지 부분과는 접촉을 일으키지 않고 투과한다. 따라서 X-선은 시신경을 투과하여 눈으로 직접 볼수 없으므로 X-선으로 사람의 뼈를 직접 눈으로 보는 일은 일어나지 않으며, 또한 X-선은 피부를 투과하므로 X-선으로 사람의 피부를 볼 수는 없다.

빛이 대상에서 반사되거나 발생하여 눈의 시신경에 접촉할 때까지는 시간이 소요된다. 빛의 속도[c]가 아무리 빨라도 그 값은 $c = 3.0 \times 10^8$ m/s으로 유한하기 때문에 빛이 대상과 눈 사이의 공간을 이동하는데 걸리는 시간만큼 인간은 대상의 과거 모습을 볼 수밖에 없다. 인간은 사물을 보면서 현재의 모습을 보고 있다고 생각하지만 사실 인간의 눈으로는 결코 사물의 현재 모습을 보지 못한다. 이렇게 사물의 과거 모습만 보게 되는 것이 인간 시각구조의 한계이자 모순이다. 이러한 모순은 인간이 빛의 속도를 무한하다고 잘못 가정한 데서 기인한다고 볼 수 있으나, 이미 빛의 속도가 유한함을 알고 있으면서도 인간은 지금 눈으로 보고 있는 것이 모두 현재의 모습이라고 착각하는 경우가 많다. 예를 들어 자신의 손과 발을 모두 현재의 모습으로 본다고 생각하지만 실제로는 손과 발 모두 과거의 모습이며, 눈을 기준으로 발이 손보다 두 배 정도 먼 거리에 있으므로 발의 모습이 손보다 두 배 더 오래된 과거의 모습인 것이다.

눈으로 보는 것이 천문학적인 대상, 즉 별이나 은하일 때 이러한 현상은 더욱 두드러진다. 예를 들어 지구에서 1억 광년 떨어져 있는 은하를 관측할 때 인간이 보고 있는 것은 1억 년 전에 그 은하에서 발생한 빛으로, 관측하고 있는 지금 이 순간에 그 은하가 어떤 모습으로 변해 있는지, 혹은 사라지고 없는지 알 수 있는 과학적 방법은 없다. 이와 같이 밤하늘에 반짝이는 무수히 많은 별들은 각각의 거리에 비례하는 과거의 모습으로 빛나고 있는 것이다.

다음으로, 어떤 대상에서 음파가 발생 혹은 반사되어 귀의 고막에 접촉하면 소리를 감지하게 된다. 만일 음파를 전달하는 매질이 없거나 전달된 음파가 귀의 고막과 접촉을 일으키지 않으면 귀는 소리를 감지하지 못한다. 인간의 귀로 들을 수 있는 소리를 가청음可聽音이라 한다. 음파의 속도[v]는 340 m/s으로 유한하다. 따라서 음파를 발생시키거나 반사하는 대상에서 귀까지의 공간적인 거리를 음파가 달리는 데 소요되는 시간만큼 인간은 과거의 소리를 감지하게 된다. 이를테면 340미터 떨어진 곳에서 폭발음을 들었다면 그 폭발은 지금 일어난 것이 아니라 1초 전에 발생한 것이다. 또한 밤하늘에 반짝이는 수많은 별들이 소리 없이 고요한 것은 우주 공간에 음파를 전달하는 매질인 공기가 없기 때문이다.

빛과 소리의 속도 차이에 의한 현상도 있다. 예를 들어 번개와 천둥은 동시에 발생하지만 흔히 번개 빛을 보고 나서 몇 초 뒤에 천둥소리를 듣게 되는 경우가 있다. 이것은 음파의 속도가 빛의 속도보다 훨씬 느리기 때문에 발생하는 현상이다. 빛과 소리 모두 유한한 속도를 가지기 때문에 과거의 빛과 소리를 감지하게 된다는 점은 같지만, 상대적으로 **빠른** 빛을 먼저 감지하고 소리를 나중에 감지한다. 동시에 발생한 빛과 소리라는 현상을 각기 다른 시간에 발생한 것처럼 감지하게 되는 것이다.

후각의 경우도 마찬가지이다. 어떤 대상에서 냄새를 일으키는 분자가 대기 중의 공기분자와 결합하거나 섞인 뒤 공기의 대류현상에 의해 이동하여 코의 점막에 접촉하면 냄새를 감지하게 된다. 공기의 대류 속도는 환경에 따라 일정하지 않고 일반적으로 음파에 비해 매우 느리다. 예를 들어 어떤 사람이 큰 방에서 방귀를 뀌었다면 다른 사람들은 그 소리를 먼저 듣고 나중에 냄새를 맡게 된다.

미각의 경우, 맛을 가진 대상이 입안에 들어와 잘게 부서지고 침과 섞이면서 신맛, 쓴맛, 단맛, 짠맛을 느끼는 혀의 세포와 접촉하면 맛을 감지하게 된다. 촉감을 느낄 때에는, 대상이 직접 몸과 접촉하거나 적절한 매질을 통해 몸과 접촉할 때 촉감을 감지하게 된다. 예를 들어 열기熱氣나 한기寒氣, 습기濕氣는 불이나 얼음, 물에 직접적으로 몸을 접촉하거나 공기를 통해 간접적으로 접촉하여 감지할 수 있다.

이상과 같은 전오근과 전오경의 관계를 자세히 살펴보면, 자연의 영역이 전오근으로 감지할 수 있는 전오경에 국한됨을 알 수 있다. 즉, 인간의 전오근으로 감지할 수 없는 영역, 이를테면 X-선과 같이 인간의 눈으로 볼 수 없는 영역의 빛이나 고주파와 같이 인간의 귀로 들을 수 없는 영역의 소리는 자연으로 취급하지 못하게 된다는 이론적 결함이 있다. 그러나 전오경을 전오근의 직접적인 대상과 간접적인 대상으로 확대 해석하면 이러한 이론적 결함은 사라진다. 직접적인 대상은 전오근으로 직접 감지할 수 있는 대상을 말하고, 간접적인 대상은 전오근에 직접 감지되지 않지만 특정한 장치나 도구를 통해 전오근에 직접 감지되도록 전환할 수 있는 대상을 말한다. 예를 들어 가시광선은 안근의 직접적인 대상으로서 색경이 되고, X-선과 같은 비가시광선은 안근의 간접적인 대상으로서 색경이 된다. 여기서 간접적이라고 한 것은 안근과 비가시광선 사이에 도구나 장치가 필요하기 때문이다. 여기에 사용된 도구나 장치는 인위적인 것이든 자연적인 것이든 상관없다. 인간의 눈으로 이러한 빛들을 식별하기 위해 X-선인 경우에는 사진이, 적외선의 경우에는 특수안경이 필요하므로 이러한 영역의 빛들을 간접적인 대상으로서 색경이라고 할 수 있다. 또 다른 예로 현미경은 직접적인 색경이고, 현미경을 통해야만 볼 수 있는 대상은 간접적인 색경이 된다. 이렇게 인위적이거나 자연적이거나 상관없이 간접적인 것과 직접적인 것을 모두 포함하면 전오경에 색성향미촉으로 이루어진 일체의 자연을 포섭할 수 있다.

앞에서 살펴본 것처럼, 우리가 전오근을 통해 감지하는 색성향미촉은 현재의 색성향미촉이 아니라 과거의 색성향미촉이다. 또한 한 감각대상에서 감지하는 색성향미촉이라도 우리가 감지하는 색성향미촉은 서로 다른 과거의 색성향미촉이다. 이러한 현상이 발생하는 근본적인 원인은, 전오경과 전오근 사이의 분리된 시공간을 가로지르는 색성향미촉의 전달속도가 각각 다르기 때문이다. 전오근에서 감지한 전오경을 인식하는 육체 내의 생물학적인 과정을 차치하더라도, 인간이 지금과 같은 육체 구조를 가지고 자연과 교류하는 한 이러한 현상은 결코 피할 수 없다. 다시 말해, 인간은 본질적이고 구조적으로 현재의 전오경을, 그리고 동시적인 전오경을 감지할 수 없다. 그럼에도 인간은 일상생활에서 전오근으로 감지하는 전오경을 동시적, 현재적이라고 인식한다. 이것은 착각으로, 이를 일체법의 관점에서 본 '제1착각'이라 부르기로 한다. 제1착각은 인간이 색성향미촉으로 이루어진 자연을 있는 그대로 보지 못하는 원인이 된다.

1.2 내입처와 외입처

일체의 본질을 규명하는 십이입처는 여섯 가지씩의 내입처內入處와 외입처外入處로 이루어져 있다. 본 절에서는 전오근과 전오경을 사용하여 이해하기 용이한 처음 다섯 가지씩의 내입처와 외입처를 살펴보고, 나머지 한 가지씩의 내입처와 외입처는 다음 절에서 살펴보기로 한다. 여기서 '입처入處'는 'āyatana'의 의역으로, 간단히 '처處' 또는 '입入'으로 번역된다. 어떤 것이 의존하고 있는 바탕 혹은 장場이라는 개념으로, 언어적으로는 '도달하여 머무는 장소 혹은 영역'의 의미다.

내입처는 인식활동의 주체이자 대상을 인식하려는 의지로서의 의식영역 내지는 의식공간이다. 이러한 내입처의 처음 다섯 가지는 전오근이 의존하는(내지는 도달하여 머무는) 장으로서의 다섯 가지 의식영역으로, 내입처에 의존하고 있는 전오근의 역할과 기능에 따라 안내입처眼內入處, 이내입처耳內入處, 비내입처鼻內入處, 설내입처舌內入處, 신내입처身

內入處로 구분한 것을 말한다.

외입처는 인식활동의 객체이자 인식대상으로서의 의식영역 내지는 의식공간이다. 이러한 외입처의 처음 다섯 가지는 전오경이 의존하는 (내지는 도달하여 머무는) 장으로서의 다섯 가지 의식영역으로, 외입처에 의존하고 있는 전오경의 종류와 역할에 따라 색외입처色外入處, 성외입처聲外入處, 향외입처香外入處, 미외입처味外入處, 촉외입처觸外入處로 구분한 것을 말한다.

전오근과 전오경이 내입처와 외입처에 도달하여 머물며 의존하는 과정은 어떠한가? 예를 들어 인식활동의 주체이자 대상을 인식하려는 의지로서의 안내입처가 어떤 색경을 인식하려고 할 때, 안내입처는 그 색경을 인식하려는 의지를 갖고 안근을 작동시켜서 인식하고자 하는 색경을 찾는다. 안근은 색경을 찾아 감지하고, 안근에서 감지된 색경의 정보는 인식활동의 객체이자 인식대상으로서의 의식영역인 색외입처로 전달되어 인식된다. 이때 색경을 찾아 감지한 안근의 정보는 색경을 인식하는 인식활동의 주체이자 의지로서의 의식영역인 안내입처로 전달되어 인식된다. 이와 같이 안근의 정보와 색경의 정보는 각각 안내입처와 색외입처의 인식영역에 전달되어(내지는 의존하여) 인식된다. 이것은 나머지 전오근과 전오경도 마찬가지이다.

따라서 외입처는 인식대상으로서 인식된 전오경의 정보를 인식대상화하고 분류 저장하는 의식영역이라고 할 수 있으며, 이때 분류 저장된 정보의 내용에 따라 다섯 가지로 분류할 뿐 다섯 가지 외입처가 전오경처럼 시공간으로 분리되어 존재하는 것은 아니다. 마찬가지로 내입처

역시 전오근처럼 육신의 각 부분으로 분리되어 존재하는 것이 아니며, 전오근의 정보를 전달받아 저장하는 의식영역이다. 다시 말해 외입처는 시공간으로 분리되어 있는 것이 아니라 단지 의식공간에서 구분되어 있는 것이며, 이것은 내입처도 마찬가지이다. 또한 시공간으로 분리되어 있는 전오근과 전오경의 관계와 달리 내입처와 외입처는 단지 의식공간에서 구분된 것이다. 여기서 전오근의 정보와 전오경의 정보가 각각 내입처와 외입처로 전달되는 과정은 내입처가 전오근을 작동시키는 과정의 역과정이다.

여기서 내입처와 외입처의 '내內'와 '외外'는 신체의 내적 존재와 외적 존재라는 의미가 아니라, 입처에 의존하고 있는 전오근과 전오경을 각각 '내'와 '외'로 구분하고 그에 따라 입처를 구분한 것임을 주목하여야 한다. 그러므로 입처를 내입처와 외입처로 구분한 것은 내입처와 외입처가 공간적으로 또는 육체적으로 서로 분리되어 독립적으로 존재한다는 의미가 아니다.

그렇다면 전오경이 내입처의 인식대상이 될 수 있는가? 그렇지 않다. 전오경은 전오근까지만 도달할 수 있고 의식의 영역인 내입처에는 미치지 못한다. 예를 들어 빛[色]과 소리[聲]는 망막과 고막까지만 도달할 수 있고 그 너머로는 직접 전달되지 못한다. 향·미·촉도 각각 도달할 수 있는 호흡기관, 소화기관, 피부를 넘어서 직접 의식영역으로 전달되지는 못한다. 그러므로 전오경은 전오근의 감각대상이 되나 내입처의 인식대상이 되지 못하며, 내입처의 인식대상은 전오경의 정보가 분류 저장되는 외입처가 된다.

1. 12입처로써 존우론, 우연론, 숙명론을 각각 비판해보라.

---

2. '입처'란 어떤 것이 의존하고 있는 바탕 혹은 장場으로, 어떤 것이 도달하여 머무는 장소 혹은 영역이다. 이러한 입처가 내외로 분리되어 내입처와 외입처로 나뉘고, 내입처와 외입처는 각각 여섯 가지로 세분된다. 입처가 12입처로 세분되기 전의 상태는 어떠한 것인가? 입처가 12입처로 세분된 까닭은(혹은 세분한 동기는) 무엇인가?

---

3. 세존께서는 안이비설신의 색성향미촉법 십이입처를 '일체'라고 설하셨다.SN35:23 이것을 '일체법'이라 하지 않고 '일체'라고 한 까닭은 무엇인가? '일체'라 하지 않고 '일체법'이라고 하려면 어떻게 설하여야 하는가?

1.3 의와 법

전오근에 의근意根이라고 하는 인간의 의지적 인식기능을 포함하고, 전오경에 법경法境이라고 하는 의근의 인식대상을 포함하여 각각 육근六根과 육경六境이라고 한다. 마찬가지로 내입처와 외입처에도 의내입처意內入處와 그 인식대상인 법외입처法外入處가 추가되어 육내입처六內入處와 육외입처六外入處가 된다. 육내입처와 육외입처를 합쳐 십이입처라 한다. 육근과 육경에 나타나는 의意와 법法을, 그리고 십이입처에 나타나는 의와 법을 차례로 살펴보기로 한다.

의와 법의 의미 '의意'는 'mano'의 번역으로 의식, 마음이라는 뜻이며, 의지, 욕구라는 사전적인 의미도 있다. 그러므로 의는 의지를 지니고 있는 의식으로 볼 수 있다. '법法'은 'dhamma'의 번역으로 진리라는 의미와 함께 법칙, 규칙, 법률이라는 뜻도 있으며, 현상이나 무정물無情物이라는 의미로도 쓰인다. 이와 같이 법의 의미와 용법이 자칫 혼돈을 일으킬 만큼 광범위한 까닭은 무엇일까?

진리, 진리의 대상, 진리의 대상의 현상, 이 세 가지는 서로 분리할 수 없다. 예를 들어 만유인력의 법칙, 만유인력의 법칙의 대상이 되는 만유, 만유인력의 법칙이 작용하는 만유의 인력현상, 이 세 가지는 서로 분리하여 볼 수 없으며, 이 세 가지를 하나로 연결하여 고찰할 때 진리인 만유인력의 법칙을 제대로 이해할 수 있다. 중력으로 사과가 나무에서 떨어질 때, 중력의 법칙을 이해하는 사람은 중력, 중력의 대상인 사과, 그 대상인 사과가 나무에서 떨어지는 현상, 이 모두를 하나로 연결하여 보지만, 중력의 법칙을 알지 못하는 사람은 중력과 별개로 그저 사과가 떨어지는 현상으로 보며 또한 그 현상의 대상인 사과도 중력과 분리해서 단지 떨어지는 사과와 떨어지지 않은 사과로 볼 것이다. 따라서 '법'은 진리, 진리의 대상으로서의 사물, 그 진리의 작용인 현상, 이세 가지를 모두 포함한 의미에서의 법이다. 즉, 법은 진리, 사물, 현상, 세 가지를 포함한 진리로서의 법이다. 따라서 진리를 표현할 때 법이라고 하며, 그 진리의 작용인 현상 또한 법이라고 한다. 현상을 통해서만 진리가 현현하기 때문이다. 그리고 현상의 대상인 사물 역시 법이라고 표현하는 것은 사물에 법이 적용되기 때문이다. 앞의 예로 돌아가면, 사과는 떨어지거나 떨어지지 않거나 이미 떨어져 있거나 상관없이 항상 중력의 작용을 받고 있다. 그리고 사과가 떨어짐으로써 중력의 법칙이 현현한다. 사과가 없다면 사과가 떨어지는 현상도 없고, 이 예에 한정하여, 중력의 법칙도 의미가 없다. 따라서 사과도 사과가 떨어지는 현상도 중력도 모두 중력의 법칙과 별개가 아니다.

육근과 육경 이상에서 의와 법의 언어적 의미를 이해하였고, 이제 육경과 육근에서의 의와 법을 살펴보자. 앞에서 전오근을 그 기능이 서로 겹치지 않는 독립된 다섯 가지 감각기관으로 보았는데, 만일 인간에게 이렇게 상호 독립된 전오근만 있다면, 인간은 마치 다섯 가지 서로 다른 몸을 가진 존재처럼 될 것이다. 따라서 서로 독립된 전오근을 하나로 통합하는 기능이 필요한데, 인간의 의지적 인식기능인 의근이 이러한 기능을 담당한다. 전오근으로 감지한 전오경을 취합하고 통합하는 것이 의근이며, 의근에 의해 취합되고 통합된 전오경이 법경이다.

여기서 의근과 법경의 관계에 주목해보자. 의근은 인식영역이고, 의근에 의해 형성된 법경 또한 인간 내부의 인식영역에 있다. 의근은 인식영역 내에 있는 법경을 자신의 인식대상으로 인식한다. 그러나 인간은 일상적으로 법경이 인간 외부의 자연에 있다고 인식한다. 법경을 사물이나 자연현상으로, 또는 법칙이나 진리로 인식하면서 그것이 자연 안에 있다고 인식하는 것이다. 이것은 착각으로, 이를 일체법의 관점에서 본 '제2착각'이라 부르기로 한다.

이 착각과 관련하여, 다음과 같은 의문을 떠올려보자. '법경이 인간 외부의 자연 속에 있다고 할 수 있는가? 만약 그렇다면 인간이 어떻게 법경을 인지할 수 있는가?' 인간이 자연과 교류할 수 있는 것은 전오근이 전부이다. 인간은 법경을 직접 받아들이거나 감지하거나 인식할 수 있는 어떠한 생물학적인 기능도 체계도 갖고 있지 않다. 따라서 인간은 자연에 있는 법경을 직접 인지할 수 없다. 또한 인간은 어떠한 자연의 법경도 직접 인지한 적이 없다. 그럼에도 만약 누군가가 자연에 있는 법경을 인지했다고 말한다면, 그것은 자연에 있는 것이 아니라 인간 내부의 인식영역에서 전오경을 취합하고 통합하는 조작을 거쳐 자연에 있는 법경으로 착각하여 인지한 것이다.

인간 내부의 인식영역에 있는 법경을 인간 외부의 자연에 있다고 착각하는 까닭은 무엇인가? 법경의 형성과정을 돌이켜보자. 의근에 의해 전오경이 취합되고 통합되면서 법경이 형성되었다. 여기서 전오경은 모두 인간 외부의 감각대상으로부터 전오근에 전달되어 감지된 것이며, 이러한 전오경으로부터 취합되고 통합된 것이 법경이다. 전오경이 인간 외부의 감각대상으로 착각된 것과 같이 법경도 인간 외부의 감각대상으로 의근이 착각한 것이다. 일체법의 가르침은 이러한 착각들을 자각하여 더 이상 착각 속에 머물지 않고 벗어나라는 것이다. 취합되고 통합된 전오경을 의근이 법경으로 인식하고, 인식된 인식대상으로서의 법경을 자연에 있는 법경으로 착각한 것이기 때문이다.

이러한 착각에도 불구하고 다음과 같은 의문을 제기해보자. '과연 전오경을 합치면 법경이 되는가? 인간은 감각대상으로서의 법을 직접 감지하거나 인지하지 못하면서 오직 법의 색성향미촉을 부분적으로 감지하여 그것을 의근에서 취합하고 통합하는 조작을 거쳐 법으로 인식한다. 여기서 법의 색성향미촉은 법과 별개의 것은 아니지만, 법의 색성향미촉을 모두 합치면 법이 되는가?'

사랑하는 사람의 색성향미촉을 모두 합치면 사랑하는 사람이 되는가? 혹은 사랑하는 사람의 색성향미촉으로 드러낼 수 있는 모든 것을 합치면 사랑하는 사람이 되는가? 어떤 사물의 색성향미촉을, 혹은 색성향미촉으로 드러낼 수 있는 모든 것을 합치면 그 사물이 되는가? 어떤 현상의 색성향미촉을, 혹은 색성향미촉으로 드러낼 수 있는 모든 것을 합치면 그 현상이 되는가? 어떤 법칙이나 진리의 색성향미촉을, 혹은 색성향미촉으로 드러낼 수 있는 모든 것을 합치면 그 법칙이나 진리가 되는가?

이러한 문제와 관련하여, 앞에서 언급한 착각에 바탕을 둔 사견들은 법과 그 본질을 자연에서 알고자 한다. 만약 법의 색성향미촉으로 법이 되지 않는다면, 인간은 어떻게 법을 인식할 수 있으며, 어떻게 법을 알 수 있으며, 나아가 어떻게 법의 본질을 알 수 있겠는가? 일체법의 가르침은 이러한 문제들을 탐구하기 위하여, 의근이 전오경을 취합하고 통합하는 조작의 전 과정과, 의근이 이러한 과정을 거쳐서 법경을 인식대상으로 인식하는 전 과정을 탐구하고 그 모든 인식과정에서의 착각들을 거두어내고 모든 인식구조와 인식과정들을 보고 알아야 한다고 말한다.

인간 내부의 인식영역에서 법경이 형성된다면 왜 법경을 육경의 범주에 포함시키는 것인가? 법경이 의근의 인식대상이라 하더라도 경은 전오근의 감각대상을 가리키며, 이러한 의미에서 법경이 육경에 포함되는 것은 잘못이다. 그러나 이러한 잘못을 발견하는 것은 제2착각을 발견한 후의 일이다. 제2착각을 발견하지 못한다면 이러한 잘못은 드러나지 않는다. 제2착각을 발견하고 이러한 잘못을 바로잡은 것이 바로 십이입처이다.

육근과 육경에서 십이입처에 대한 논의로 나아가기 전에 십이입처와 육근 및 육경의 관계에 대해 살펴보자. 십이입처를 바르게 알지 못하고 육근과 육경으로 십이입처를 해석하는 것은 잘못이다. 십이입처를 통상적인 육근과 육경으로 해석할 경우, 법경이 인간 외부의 자연에 있다고 하는 제2착각을 자각하지 못하여 모든 법이 자연에 있고 그 본질 역시 자연에 있다고 여겨 법과 그 본질을 자연에서 찾으려 하는 사견에 빠지게 된다. 육근과 육경을 십이입처로 삼을 수 없는 이유는 무엇인가?

앞에서 살펴본 인간의 생물학적 감각기관으로서의 전오근과 그 감각대상으로서의 전오경에 대해서는 동서고금에 걸쳐 잘 알려져 있었고, 석가모니 부처님 재세 시의 인도도 예외는 아니다. 따라서 육근과 육경을 십이입처로 삼는 데에는 두 가지 모순이 있다. 첫째, 십이입처는 석가모니 부처님께서 스스로 깨우치신 법인데, 전오근과 전오경을 포함한 육근과 육경은 이미 널리 알려져 있었으므로 석가모니 부처님의 자각법이라고 할 수 없다. 둘째, 십이입처는 일체의 본질을 규명하는 것인데, 육근과 육경으로는 석가모니 부처님께서 시설하시는 일체의 본질을 규명할 수 없다. 따라서 석가모니 부처님께서 자각하신 일체법으로서의 십이입처는 육근과 육경이 아니라 육내입처와 육외입처를 의미한다.

육내입처와 육외입처 육내입처와 육외입처로 이루어진 석가모니 부처님의 자각법인 십이입처에 나타난 의와 법에 대하여 논의해보자. 내입처에 의근의 역할과 기능에 해당하는 의내입처意內入處를 포함한 것이 육내입처이고, 외입처에 법경의 역할에 해당하는 법외입처法外入處를 포함한 것이 육외입처이다. 따라서 의근과 법경의 관계가 그대로 의내입처와 법외입처에 적용된다. 즉 안이비설신 내입처에서 인식하는 색성향미촉 외입처를 취합하고 통합하는 것이 의내입처이며, 의내입처에 의해 색성향미촉 외입처가 취합되고 통합된 것이 법외입처이다.

육내입처와 육외입처의 관점에서 보는 인간의 기본적인 인식구조와, 육근과 육경의 관점에서 보는 인간의 기본적인 인식구조는 어떻게 다른가? 입처의 관점에서는 전오경을 인지하는 일이 입처라고 하는 인식영역에서 발생한다고 본다. 따라서 전오경을 인식하는 전오근 역시 입처에서 발생하는 것이다. 근·경의 관점에서는 전오경을 감지하는 것을 전오근이라고 하는데, 이러한 견해는 전오근이 전오경을 인식하지 못한다는 사실을 간과하고 있다. 입처의 관점에서 좀더 엄밀히 말한다면, 전오근은 전오경을 수용하는 감각기관으로서 전오경을 생물학적인 정보로 전환하는 곳이다. 생물학적인 정보로 전환된 전오경의 정보는 입처에 도달했을 때 비로소 인식된다. 전오근의 주체적이고 의지적인 경험의 정보도 전오경의 정보와 마찬가지로 입처에 도달했을 때 비로소 인식된다. 전오근과 전오경의 정보가 입처에 도달하여 수용되면, 전오근의 정보를 수용하는 입처는 내입처가 되고 전오경의 정보를 수용하는 입처는 외입처가 된다. 입처가 인식주체가 되어 내입처가 되고, 입처가 인식대상이 되어 외입처가 된다. 내입처에는 전오근의 정보가 수용되고 축적되며, 외입처에는 전오경의 정보가 수용되고 축적된다.

이를테면 근경의 관점에서는 눈으로 본 번개 빛이고 귀로 들은 천둥소리이며 눈으로 본 번개 빛과 귀로 들은 천둥소리가 하늘의 먹구름 속에 있는 것이지만, 입처의 관점에서는 눈으로 보았다고 인식된 번개 빛이고 귀로 들었다고 인식된 천둥소리이며 그렇게 인식된 번개 빛과 천둥소리는 입처에 있는 것이다. 모든 전오경과 모든 법도 이와 마찬가지여서, 입처에 인식된 입처의 전오경과 법이다. 다시 말해, 인간이 인지하는 자연 속의 모든 전오경과 법은 인간의 의식에서 투영된 것이다.

또한 근경의 관점에서는 번개 빛을 본 눈이고 천둥소리를 들은 귀이며, 이러한 눈과 귀는 몸의 일부이다. 그러나 입처의 관점에서는 번개 빛을 보았다고 인식된 눈이고 천둥소리를 들었다고 인식된 귀이며, 이렇게 인식된 눈과 귀는 입처의 눈과 귀이다. 나머지 전오근도 마찬가지이다. 다시 말해 인간의 몸과 전오근은 입처에서 투영된 것이다.

따라서 입처에서 투영된 인간의 몸과 전오근, 그리고 자연의 모든 법과 전오경은 모두 허상이다. 이러한 모든 허상을 실상으로 아는 것이 근경의 관점이다. 이것이 근경의 관점과 입처의 관점 사이의 근본적인 차이다.

의근과 의내입처는 다른 것이다. 그러나 법경과 법외입처는 같다. 따라서 의근은 십이입처에서 법외입처를 제외한 나머지와 같다. 즉, 입처의 관점에서 의근은 육내입처와, 법외입처를 제외한 나머지 다섯 색성향미촉 외입처로 세분된 것이다. 이렇게 의근을 세분함으로써 근경의 관점을 극복하고 인간의 인식구조를 바르게 설명할 수 있다.

근경의 관점에서 보면, 인간은 렌즈가 열려 있을 때에만(즉 전오근이 작동할 때에만) 사진이나 영상을 찍을 수 있는 카메라와 같다. 그러나 현실의 인간은 렌즈가 닫혀 있을 때에도 사진이나 영상을 만들어내고 이미 만들어진 사진이나 영상을 편집하기도 하는 특수한 사진기에 비유할 수 있다. 이와 같이 입처의 관점은 인간의 실제적 인식구조를 바르게 설명한다.

일체의 본질 십이입처로 어떻게 일체의 본질을 설명하는가? 먼저, 일체의 본질을 설명하는 전변설과 적취설을 상기해보자. 인간이 대자연을 대하면서 일어나는 경외심에 치우쳐 자연의 모든 존재들의 본질을 초월적인 존재로 귀착시켜 발전한 것이 전변설이라면, 인간이 대자연을 관

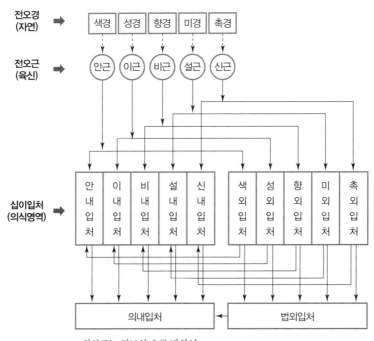

| 십이입처 도표 |

전오경
(자연) ➡

색경　성경　향경　미경　촉경

전오근
(육신) ➡

안근　이근　비근　설근　신근

십이입처
(의식영역)

안내입처　이내입처　비내입처　설내입처　신내입처　색외입처　성외입처　향외입처　미외입처　촉외입처

의내입처 ◄ 법외입처

* 화살표는 정보의 흐름 방향임

찰하면서 발견한 규칙성에 치우쳐 자연의 모든 존재들의 본질을 어떤 법칙성으로 귀착시켜 발전한 것이 적취설이라고 할 수 있다. 전변설과 적취설은 일체의 본질이 일체 존재에 편재遍在한다는 관점과, 인간은 일체의 본질이 편재하는 모든 존재 중에서 지극히 작은 부분에 불과하다는 관점을 공유한다. 전변설과 적취설을 따르면 인간은 유일의 초월적 존재나 절대적인 법칙성 아래에서 자발적인 의지나 노력으로 유일의 초월적 존재가 되거나 절대적인 법칙성에 개입할 수 없고 소극적으로 삶

을 영위할 수밖에 없는 미약하고 피동적인 존재이다. 이러한 두 사견의 또 다른 공통점은, 일체의 본질에 대한 문제의 해답을 바로 일체로부터 찾는다는 것이다.

그러나 십이입처는 이러한 두 사견의 관점에 대하여 마치 코페르니쿠스의 지동설과 같은 의식의 대변혁을 요구한다. 십이입처는 일체의 본질에 대한 문제의 해답을 일체에서 찾지 않고, 그 문제를 사유하고 그 문제의 해답을 탐구하는 인간의 의식에서 찾는다. 즉 일체의 본질에 대한 문제는 자연 안에서의 일체의 문제가 아니라 바로 인간의 인식의 문제가 되는 것이다.

우주와 우주 안의 일체 삼라만상 중에서 어떠한 방법으로든지 인간에 의해 인식되지 않는 것이 있다면, 인간은 그것이 존재하는지 존재하지 않는지 결코 알 수 없다. 즉 일체는 인식된 일체이며, 인시되지 않는 존재란 무의미하다. 일체의 본질을 탐구하는 일 자체부터가 인식활동이다. 이러한 인식활동 없이 일체의 본질을 탐구하는 일은 불가능하다. 탐구된 일체의 본질 또한 인식된 것이다. 전변설과 적취설의 두 사견에서 일체의 본질을 탐구한 것도 인식활동이며, 그러한 인식활동에 의해 발견한 일체의 본질을 주장하는 것도 인식활동이다. 사견에 대해 확신을 가지는 것도, 그 사견을 주장하는 것도 모두 인식활동이다. 그러므로 일체, 일체의 본질과 그에 대한 탐구, 견해의 확신과 주장, 이 모두가 십이입처에서 일어나는 인식활동임을 자각하여 인식의 기본적인 구조를 드러낸 것이 십이입처이다. 나아가 입처에서는 인간을 포함하여 일체의 법은 단지 입처의 투영일 뿐이라고 그 본질을 드러내어 밝히고 있다.

전변설과 적취설에서는 인간이 대자연을 구성하는 작은 부분에 불과하지만, 십이입처에서는 인간이 대자연을 인식하는 주체이고 대자연은 감지대상일 뿐이다. 이로써 인간은 피동적이고 소극적인 삶을 영위할 수밖에 없는 존재에서, 대자연을 감지대상으로 삼고 인식활동을 하는 주체로서 능동적이고 적극적인 삶을 영위하는 존재로 바뀌게 된다.

4. 인간의 모든 인식대상들을 분류해보라.

5. 조약돌의 색성향미촉을, 혹은 색성향미촉으로 드러낼 수 있는 모든 것을 합치면 그 조약돌이 되는가, 되지 않는가? 어느 쪽이든 그 이유를 설명해보라.

6. 사람 몸의 색성향미촉을, 혹은 색성향미촉으로 드러낼 수 있는 모든 것을 합치면 사람의 몸이 되는가, 되지 않는가? 어느 쪽이든 그 이유를 설명해보라.

7. 법경이 육경에 포함되는 잘못이 십이입처에서는 어떻게 해소되는가?

8. 법경에 의한 제2착각이 전오경에도 적용됨을, 근경과 입처의 관점을 비교하면서 설명해보라.

9. 전변설과 적취설이 근경의 관점에서 형성된 것임을 설명해보라.

10. 근경의 관점에서 유신견有身見을 형성해보라. 그리고 입처의 관점에서 그것을 타파해보라.

11. 근경의 관점과 입처의 관점에서 바라보는 인간상을 서로 비교하면서 설명해보라.

12. 전변설과 적취설을 입처의 관점에서 설명해보라.

13. 십이입처를 각각 전변설과 적취설의 관점에서 설명해보라.

14. 일체의 본질이 곧 십이입처라는 것을 설명해보라.

2 십팔계

일체의 본질이 십이입처임을 살펴보았고, 이제 십이입처로 다양한 세계를 어떻게 전개하는지 살피고자 한다. 사람들은 같은 하늘 아래 같은 지구에, 나아가 같은 사회나 문화 속에 살면서도 서로 다르게 생각하고 행동한다. 같은 부모에게서 태어나 같은 공간에서 양육되는 일란성 쌍둥이의 경우도 예외는 아니다. 이러한 인간의 다양성에 대해, 십이입처는 인간이 같은 본질로 형성된 같은 세계 속에서 사는 것이 아니라 서로 다른 인식세계 속에 살고 있다고 본다. 같은 인식대상을 보더라도 서로 다르게 인식하고, 인식하는 차원에 따라 서로 다른 인식세계를 형성하고, 저마다 그러한 인식과 인식세계 속에서 살기 때문이다.

다양한 인식세계는 십팔계十八界, 육계六界, 삼계三界, 이계二界 등 크게 네 가지로 나뉜다. 이계 가운데 무위계無爲界는 모든 제약에서 벗어나 어떠한 제약도 없는 차원의 인식세계를, 유위계有爲界는 인식에 제약을 받는 차원의 인식세계를 말한다. 제약된 인식세계인 유위계를 그 제약의 정도와 차원에 따라 분류한 것이 삼계의 욕계欲界, 색계色界, 무색계無色界이다. 삼계는 우주를 인식차원에 따라 분류한 것으로 우주론의 근간이 된다. 다양한 인식세계를 분석적으로 해석한 것이 육계라면, 다양한 인식세계를 구조적으로 해석한 것이 십팔계이다.

2.1 식

인식활동의 주체이자 대상을 인식하려는 의지로서의 안이비설신의 육내입처, 그리고 인식활동의 객체이자 인식하려는 의지의 대상으로서의 색성향미촉법 육외입처는 인식구조의 근저가 되는 십이입처를 이룬다. 또한 십이입처는 일체를 인식하는 인식주체와, 인식대상으로서 인식된 일체로 형성된 의식영역이다. 이러한 십이입처에서 처음 진일보하여 인식구조의 틀을 형성하는 것이 육식六識이다. 육식으로 말미암아 인식구조가 발전되며, 이로써 다양한 인식세계가 전개될 수 있다.

내입처가 대상을 인식하려는 의지를 발동하여 전오근을 작동한다. 작동된 전오근은 전오경을 감지하고, 감지된 전오경의 정보는 외입처에 수용되고, 수용된 새로운 전오경의 정보를 외입처에 저장된 기존의 인식대상의 정보와 비교하여 분별分別하고 요별了別하여 판단하는 의식작용이 발생한다. 이것은 외입처와도 다르고 내입처와도 다르므로 외입처와도 구별하고 내입처와도 구별하여 식識이라고 한다. 여기서 식은 'viññāṇa'를 번역한 것으로, '분리하고 구별하는 앎'이라는 뜻이다.

식의 발생을 장작에 불을 지펴 장작불이 생기는 현상에 비유하면, 장작이 입처이고 장작불은 식이다. 이때 식은 내입처를 연으로, 외입처를 인으로 하여 발생한다. 육내입처의 이름을 따라 식을 각각 안식眼識, 이식耳識, 비식鼻識, 설식舌識, 신식身識, 의식意識으로 명명한다. 이것은 육식의 발생을 인식주체와 인식대상으로 보되, 인식주체에 더 큰 비중을 두는 것이다. 분별하여 인식하는 대상이 없다면 분별하여 인식할 수도 없지만, 분별하여 인식하는 근본적인 바탕을 인식주체로 보는 것이다. 이것이 육식六識이다.

십팔계는 육식의 발생으로 형성된다. 육내입처와 육외입처에 육식의 열여덟 가지 인식활동으로 성립된 각각의 인식세계를 모두 합치면 열여덟 가지 인식세계가 된다. 이것을 십팔계라고 한다. 따라서 십팔계는 육내입처의 인식활동으로 성립된 인식세계인 내육계, 육외입처의 인식활동으로 성립된 인식세계인 외육계, 그리고 육식의 인식활동으로 성립된 인식세계인 육식계로 이루어진다. 간단히 내육계를 내계, 외육계를 외계, 그리고 육식계를 식계로 부른다.

안내입처의 인식활동으로 성립된 인식세계를 안계, 색외입처의 인식활동으로 성립된 인식세계를 색계, 안식의 인식활동으로 성립된 인식세계를 안식계라 이름한다. 안계, 색계, 안식계는 십팔계의 첫째 조합이다. 나머지 다섯 조합도 같은 방법으로 이름하면 여섯째 조합은 의계, 법계, 의식계가 된다. 여기서 '계界'는 'dhātu'를 번역한 것으로, '같은 무리' 또는 '−끼리'라는 뜻과 더불어 '차이差異'라는 뜻 외에 차원에 따른 층層이라는 의미도 내포하고 있다. 따라서 십팔계는 천차만별의 인식세계를 형성하고 설명하는 기본적인 인식구조이다.

15. 십팔계로 이계와 삼계를 각각 구성해보라.

16. 네 가지 인식의 세계 외에 다른 인식의 세계가 있는가? 있다면 그것을 설명하고, 네 가지 인식의 세계와의 연관성을 설명해보라.

17. 육식은 언제 발생하는가? 그리고 그 이유는 무엇인가?

18. 육식의 자각은 어디에서, 언제 일어나는가?

19. 육식은 왜 입처가 아닌가?

20. 전변설과 적취설의 기본적인 이론 틀 범위 내에서 인간의 다양성, 그 다양성 속의 모순성, 그리고 그 모순성 속의 폭력성에 대해 설명해보라.

2.2 촉

육내입처와 육외입처에서, 그리고 육식에서 구체적인 인식활동이 전개되는 것을 촉觸이라고 한다. '촉'은 접촉 혹은 부딪힘이라는 뜻의 'phassa'를 번역한 것으로, 내입처, 외입처, 식 세 가지[三事]가 접촉하는 것이다. 십팔계의 첫째 조합인 안내입처, 색외입처, 안식, 간단히 표현하여 안, 색, 안식의 삼사三事가 접촉하는 것을 안촉眼觸이라고 한다. 첫째 조합과 마찬가지로 나머지 다섯 조합도 이촉耳觸, 비촉鼻觸, 설촉舌觸, 신촉身觸, 의촉意觸을 발생시켜 모두 육촉六觸이 된다.

새로운 장미꽃을 인식하는 과정을 통해 촉의 발생을 살펴보자. 안내입처가 새로운 장미꽃을 인식하려는 의지를 가지고 안근을 작동한다. 안근은 장미꽃에서 반사된 빛을 수정체를 통해 망막에 수용한다. 망막에 수용된 빛은 장미꽃이라는 정보로 전환되어 색외입처로, 그리고 안근의 정보는 안내입처로 전달되어 인식된다. 이때 안식은 안내입처와 색외입처를 각각 접촉하게 된다. 이것을 편의상 제1접촉과 제2접촉이라 부르기로 한다.

안식은 제1접촉을 통해 새로운 안근의 정보를 안내입처에 저장된 기존 안근의 정보들과 비교하여 분별하고, 제2접촉을 통해 새로운 장미꽃의 정보를 색외입처에 저장된 기존 장미꽃의 정보들과 비교하여 분별한다. 그리하여 이 정보가 새로운 장미꽃이라고 분별한다. 이러한 안식의 분별을 안내입처로 전달할 때 안식은 다시 안내입처와 접촉을 한다. 이 접촉을 제3접촉이라 부르기로 한다.

제3접촉을 통해 안내입처는 인식한 장미꽃을 새로운 장미꽃으로 인식한다. 따라서 색외입처는 새로운 장미꽃의 정보를 추가로 저장한 색외입처가 되며, 안내입처는 새로운 장미꽃을 추가로 인식한 안내입처가 된다. 이렇게 안내입처, 색외입처, 안식이 접촉하여 새로운 장미꽃을 인식한다.

여기서 촉은 제1접촉, 제2접촉, 제3접촉으로 이루어져 있다. 이 세 가지 접촉을 각각 수受·상想·사思라고 부르는데, 이는 촉에서 수·상·사가 함께 일어난다는 의미이다. 제1접촉인 수受는 새로운 장미꽃을 인식하는 안내입처의 반응이자 표현으로 육체적, 감각적, 정신적 느낌이다. 제2접촉인 상想은 색외입처가 새로운 장미꽃의 정보를 저장하면서 새로운 장미꽃의 이미지를 취하는 표상表象작용 또는 취상取象작용이다. 제3접촉인 사思는 새로운 장미꽃을 인식하는 안내입처에 새로운 동기를 부여하여 안내입처를 새롭게 움직이게 하는 사량思量작용이다.

안촉과 마찬가지로 나머지 다섯 조합에서도 촉에 의해 수상사가 일어나므로, 육촉에 의해 육수六受, 육상六想, 육사六思가 일어난다. 육수, 육상, 육사의 명명은 육촉과 같다.

촉을 발생시키는 삼사를 내입처, 외입처, 식이 아니라 근, 경, 식으로 보고 혼용하는 경우가 간혹 있다. 그러나 근, 경, 식으로 삼사를 보면 다음과 같은 모순이 발생한다. 안근, 색경, 안식으로 새로운 장미꽃을 인식하는 안촉이 발생한다고 가정하고 앞의 예를 적용하면, 색경인 새로운 장미꽃에서 반사된 빛이 안근의 망막에 접촉하면 안식이 새로운 장미꽃을 비교하여 분별해야 한다. 즉 안식이 망막에서 작용한다는 말이다. 그래야만 안근, 색경, 안식 삼사가 접촉할 수 있기 때문이다. 그렇다면 안식이 새로운 장미꽃과 비교해야 할 과거의 장미꽃은 어디에 있는가? 과거의 색경인 과거의 장미꽃은 안근의 망막에도 없고, 지금의 색경도 아니고, 안식에도 없다. 안식의 정의에 따르면 안식은 비교 분별하는 인식이지 저장 기억하는 인식이 아니기 때문이다. 이것은 모순이다. 비록 안근, 색경, 안식 삼사가 망막에서 접촉은 하더라도 안식이 제 기능을 하지 못하므로 안촉을 일으키지 못한다. 더욱 심각한 모순은, 만약 안식이 망막에서 작용하여 망막 바깥에 있는 새로운 장미꽃을 식별한다면, 망막 앞에 있는 수정체도 안식이 똑같은 방법으로 식별해야 하는데, 그러한 일은 발생하지 않는다는 점이다. 그러므로 촉을 발생시키는 삼사는 근, 경, 식으로 볼 수 없다.

| 인식의 구조 |

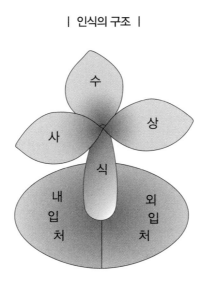

21. 십팔계의 여섯째 조합인 의내입처, 법외입처, 의식의 접촉으로 의촉이 발생하는 것을 설명해보라.

22. 육촉을 육촉입처라고도 하는 이유를 설명해보라.

23. 촉이 다양한 인식세계를 형성하고 전개해나가는 출발점이 되는 이유를 설명해보라.

24. 인식작용이 신체의 특정 부위에서 발생한다는 가정의 모순을 지적해보라.

25. 위험하거나 예상치 못한 상황에서 간혹 외부 대상과의 감촉을 인지하기 전에 몸으로 먼저 반응한 연후에 그 대상과의 감촉과 몸의 반응을 인식하는 경우가 있다. 이러한 경우를 촉에 의거하여 설명해보라.

26. 사고를 당해 시력을 완전히 상실한 사람에게도 안, 색, 안식에 의한 촉이 발생하는가? 발생한다면 그것을 설명하고, 발생하지 않는다면 그 이유를 설명해보라.

27. 수술을 통해 시력을 얻어 눈으로 세상을 처음 보게 된 선천적 시각장애자에게 안, 색, 안식에 의한 촉이 발생하는가? 발생한다면 그것을 설명하고, 발생하지 않는다면 그 이유를 설명해보라.

28. 촉의 발생 없이 수상사 혹은 수상사의 일부가 발생할 수 있는가? 있다면 예를 들어 설명하고, 없다면 그 이유를 설명하라.

29. 유식학의 인식과정을 설명하는 사분설四分說을 촉의 발생과정에 따라 비교 설명해보라. 유식학에서는 인식과정을 유식전변唯識轉變으로 보고 전5식과 제6식 다음에 추가로 제7식인 말라식과 제8식인 아뢰야식을 도입하였다. 십팔계의 관점에서 보면 제7식과 제8식의 도입은 간과할 수 없는 모순들을 낳는다. 그것들을 열거해보라.

3 육계

다양한 인식세계를 형성하는 인식활동의 전개는 촉에서 시작하고, 촉은 식의 생성에서 시작한다. 식은 십팔계의 인식구조를 형성한다. 십팔계는 다양한 인식세계를 발전시키는 기본적인 인식세계이자 구조적인 인식체계이다. 이러한 십팔계는 십이입처를 근간으로 형성되므로 십이입처는 일체의 본질이자 바탕이 된다. 이것이 일체법이다.

십팔계의 완성은 다양한 인식세계를 분석적 관점으로 보는 첫째 단계의 완성을 의미한다. 예를 들어 어떤 건물을 분석적 관점으로 파악해보면, 첫째 단계에서는 건물의 각 층에 있는 각 공간의 용도와 기능과 구조를 이해하고 또한 각 층과의 상호관계를 파악하여 건물 전체를 분석적으로 이해한다. 이는 십팔계의 완성과 같다. 둘째 단계에서는 건물 전체를 해체하여 건물의 주된 구성성분들 즉 모래, 자갈, 대리석, 철근, 유리, 나무 등을 파악하고, 이러한 구성성분들로 건물을 재구성함으로써 건물을 분석적으로 이해한다. 이는 육계의 완성과 같다. 이렇듯 육계는 십팔계를 분석적으로 해체하여 그 구성성분을 파악함으로써 완성된다. 이렇게 완성된 것이 지계地界, 수계水界, 화계火界, 풍계風界, 공계空界, 식계識界의 육계六界이다.

육계와 십팔계의 완성으로 일체의 다양한 인식세계를 분석적 관점으로 이해하는 일체법이 완성된다. 일체법은 십이입처를 몸통으로 하고 십팔계와 육계를 양 날개로 하여 일체의 다양한 인식세계의 숲을 내려다보고 파악하면서 자유자재로 날아다니는 한 마리 새와 같다.

이제 육계의 완성을 위하여 십팔계를 해체하고 분석하여 그 구성성분을 살펴보면, 십팔계는 육내입처, 육외입처, 육식의 인식활동으로 성립된 인식세계이다. 따라서 십팔계의 해체는 육내입처, 육외입처, 육식의 해체로 귀결된다. 육식의 해체는 식 자체가 된다. 육내입처, 육외입처의 해체는 각각 전오근과 전오경으로 귀착한다. 그리고 전오근과 전오경의 해체는 지수화풍의 사대와 사대의 생주이멸하는 바탕으로서의 공간으로 분석된다. 따라서 지수화풍, 공간, 식의 구성성분으로 해체되고, 이러한 구성성분으로 성립된 인식세계가 곧 지계, 수계, 화계, 풍계, 공계, 식계이며, 이것이 곧 육계이다.

여기서 인식을 해체하고 분석하여 그 구성성분으로 파악할 때, 인식의 구성성분은 무엇을 의미하며 인식을 해체한다는 것은 무엇을 의미하는가? 이는 마치 거울에 비친 다양한 상像을 분류하는 것과 같다. 그리고 거울에 비친 다양한 상을 분류하는 것은 곧 거울 바깥의 대상들을 분류하는 것과 같다.

거울 바깥의 대상들을 분류할 때 우리는 사대설四大說을 원용하였다. 전오근과 전오경이 보편적인 사실로 널리 알려져 있듯이, 사대설도 당시 인도의 사상계에 보편적인 사실로 널리 수용되었다. 사대설을 적취설의 관점에서 수용하면, 이합집산하는 삼라만상의 모든 물질들이 무엇으로 구성되어 있는가에 대한 대답으로 사대설을 원용한 것이다. 즉 지地, 수水, 화火, 풍風의 사대가 이합집산하는 모든 물질을 구성한다고 보는 것이다. 그러나 사대설을 십이입처의 관점에서 수용하면, 생주이멸하는 삼라만상의 모든 물질들을 어떻게 분류할 수 있는가에 대한 대답으로 사대설을 원용한 것이다. 즉 지, 수, 화, 풍의 사대로 생주이멸하는 모든 물질을 분류한다고 보는 것이다. 십이입처의 관점에서 수용한 사대설에 대해서는 뒤에서 조금 더 상세히 살펴보기로 한다.

| 일체법표 |

	오관	오감	육근	육경	십이입처 육내입처	십이입처 육외입처	육식	육촉	육수	육상	육사	십팔계 내육계	십팔계 외육계	십팔계 육식계	육계
1	눈[안]	시각	안근	색경	안내입처	색외입처	안식	안촉	안수	안상	안사	안계	색계	안식계	지계
2	귀[이]	청각	이근	성경	이내입처	성외입처	이식	이촉	이수	이상	이사	이계	성계	이식계	수계
3	코[비]	후각	비근 (전오근)	향경 (전오경)	비내입처	향외입처	비식	비촉	비수	비상	비사	비계	향계	비식계	화계
4	혀[설]	미각	설근	미경	설내입처	미외입처	설식	설촉	설수	설상	설사	설계	미계	설식계	풍계
5	몸[신]	촉각	신근	촉경	신내입처	촉외입처	신식	신촉	신수	신상	신사	신계	촉계	신식계	공계
6			의근	법경	의내입처	법외입처	의식	의촉	의수	의상	의사	의계	법계	의식계	식계

30. 육식을 해체하면 왜 식 자체가 되는가?

31. 육내입처, 육외입처의 해체는 왜 각각 전오근과 전오경으로 귀착하는가?

32. 전오근과 전오경을 해체하면 지수화풍과 공간으로 됨을 설명해보라.

33. 육계의 식계識界를 왜 의계意界라고는 하지 않는가? 식계에 '의'가 포함되는가, 포함되지 않는가? 그 이유를 설명해보라.

34. 십팔계를 해체하면 육계가 되듯이 삼계와 이계도 해체하면 육계가 되는가? 같은 방법으로 해체해보라.

35. 선종禪宗에서 말하는 육문六門, 육진六塵, 육적六賊의 의미를 근거나 전거를 가지고 설명해보라. 그리고 그것들이 육근, 육경, 육내입처, 육외입처, 육식, 육촉, 육수, 육상, 육사, 내육계, 외육계, 육식계, 육계 중 어느 것과 관련이 있는지 설명해보라.

36. 선종에서 말하는 육문, 육진, 육적을 일체법에서 나오는 술어로 대체하여 사용했을 때 그 효과와 영향의 장점과 단점을 논해보라.

3.1 사대설

생주이멸하는 삼라만상의 모든 물질들을 어떻게 분류할 수 있는가? 이 문제에 대한 대답으로 원용된 사대설이 곧 십이입처의 관점에서 수용된 사대설이다. 지, 수, 화, 풍의 사대로 생주이멸하는 모든 물질을 분류하는 것은 두 가지 관점으로 이해할 수 있다.

첫째는 지, 수, 풍을 현대화학에서 물질을 분류하는 방법의 하나인 고체, 액체, 기체로 보는 것이다. 고체, 액체, 기체의 대표적인 물질이 흙, 물, 공기이다. 고체, 액체, 기체가 서로 변환할 때에는 에너지를 방출하거나 흡수해야 한다. 이러한 에너지를 사대의 화로 보는 것이고, 화의 대표적인 것이 불이다. 이렇게 모든 물질을 분류하고 분류된 물질 간의 생성변화를 설명하는 최소한의 이론이 갖추어진다.

둘째는 지구생태계의 관점에서 이해하는 것으로, 지구를 축소하여 축구공만 하게 만들어 손바닥 위에 올려놓고 지구의 구성성분을 살펴본다. 공기덩어리가 외부 우주 공간에서 지구를 보호하고 있다. 대기권의 끝이 지구와 우주 공간의 경계선이 되고, 그 바깥의 우주 공간에는 공기가 없다. 공기덩어리의 부피는 지구 부피의 약 3퍼센트 정도를 차지하고 있지만, 인간이 사용하는 대부분의 공간을 형성한다. 이것을 사대 중에서 풍대로 볼 수 있다. 대기권을 벗겨낸 지표면은 약 70퍼센트가 물로 덮여 있다. 이것을 수대로 볼 수 있다. 바다의 깊은 곳은 수 킬로미터가 되므로 평균 수심을 수백 미터로 잡아서 지표면을 덮고 있는 물의 양을 대략 계산해보면 수대의 부피는 약 13억 km^3로, 풍대의 1/100 정도이다. 지하수까지 포함하여 지표면의 물을 모두 제거하면 지구의 표피층을 이루는 땅덩어리가 남는다. 이것을 지대라고 할 수 있다. 실제적으로 인간이 발을 딛고 사용하고 있는 지표면은 전체 지표면의 30퍼센트 정도이다. 인간의 삶에 직접적인 영향을 주는 지표면의 깊이는 평균 수 미터이므로 지대의 부피는 수대의 1/100 정도이다. 지표면 아래의 암석층과 높은 온도의 마그마와 같은 지구의 내부 구성성분들이 풍대, 수대, 지대와 함께 자전과 공전을 하면서 움직이고 있다. 마그마의 열에너지와 태양에서 끊임없이 쏟아져 내리는 태양에너지는 지구의 에너지원으로, 이를 화대라고 할 수 있다.

이렇게 지구를 내려다보면 지구는 공기덩어리, 물덩어리, 땅덩어리, 에너지덩어리의 풍대, 수대, 지대, 화대로 되어 있다. 이렇게 거시적으로 지구의 구성성분을 보면, 사대와 견줄 만한 지구의 구성성분은 없다. 이를테면 목木이나 금金 같은 구성성분은 사대와 비교하면 규모 면에서 무시해도 좋을 정도이다. 그러므로 인간의 일상생활과 인식활동에 직접 영향을 미치는 지구생태계의 관점에서 생주이멸하는 지구의 모든 물질을 분류하면 사대가 된다.

37. 지구의 부피, 대기권의 부피, 지구상 물의 부피, 지구상 토양의 부피를 계산하여 서로 비교해보라.

38. 지구에 도달하는 태양에너지는 태양이 방출하는 전체 에너지의 몇 퍼센트에 해당하는가? 하루 동안 지표면에 도달하는 태양에너지를 100퍼센트 전기에너지로 전환한다면 그 전기량은 얼마나 되는가? 그것을 금액으로 환산해보라.

39. 인간이 지구의 공전과 자전을 느끼지 못하는 이유는 무엇인가?

40. 인체의 70퍼센트 정도는 수분이다. 이 사실을 지구생태계의 관점에서 설명할 수 있는가? 이 사실을 설명할 수 있는 다른 관점이 있는가?

3.2 육계와 육대

후대의 불교문헌에서 육계를 육대六大로 취급하는 것을 간혹 볼 수 있다. 이때 육대란 적취설의 관점에서 사대설을 원용하고 그 연장선에서 육계를 육대로 취급하는 것이다. 육대를 불교의 6요소설로 취급하여 일체의 구성요소를 물질적 요소의 사대, 사대가 이합집산하는 공간적 요소의 공대, 그리고 정신적 요소의 식대로 해석한다. 이것은 육사외도의 4요소설, 7요소설, 12요소설이라는 사견을 일체법의 육계에 덮어씌운 것이다. 사견을 정견에 덮어씌운 것은 정견에 대한 몰이해의 결과로, 정견의 바른 이해를 해친다.

육계를 육대로 취급하면 일체법의 완성은 깨어진다. 육계를 육대로 취급하여 일체법에서 육계를 제외하면, 일체법은 이론적으로 미완에 그치게 된다. 이는 새의 양 날개 중 한 날개가 꺾인 것과 같다. 육계를 육대로 취급하여 일체법에서 육계를 육대로 대체하면, 육대가 십이입처와 상충하고 십팔계와도 상충하여 상호모순을 일으킴으로써 일체법의 완전성은 깨어진다. 이는 일체법이 요소설을 타파하는 법이기 때문이다.

여기서, 다음의 간단한 명제로써 모든 요소설의 바탕이 되는 4요소설인 사대설을 분명히 파기함으로써 육대를 포함하여 모든 요소설을 파기하고자 한다: 물질은 사대의 요소로 이루어지지 않는다. 이는 이미 수많은 사람들의 노력에 의해 과학적으로 밝혀진 사실이다.

우주만물을 요소의 집합으로 봄으로써 우주만물의 본질을 설명하는 여러 요소설에서 공통적으로 사대설이 원용되어 왔다. 사대설은 요소설의 원형이기도 하다. 고대 그리스의 자연철학인 원자론原子論에도 사대설이 나타난다. 그리스의 철학자인 아낙시만드로스Anaximandros는 세계가 흙, 물, 공기, 불 순서로 층을 이루어 구성된다고 생각했고, 엠페도클레스Empedocles는 이러한 사원소가 다양한 비율로 결합하여 세계가 이루어졌다고 주장했다. 원자론자인 데모크리토스Democritos는 우주의 모든 물질이 더 이상 쪼갤 수 없는 최소 단위로서 창조도 파괴도 불가능한 원자로 이루어졌다고 믿었다. 소크라테스와 플라톤의 계보를 이은 아리스토텔레스는 우주를 지상과 천상으로 나누고, 지상의 물질은 흙, 물, 공기, 불의 4원소로 이루어져 있다고 생각했다.

16세기 코페르니쿠스의 지동설에서 시작된 근대과학이 점차 체계를 이루어갈 무렵, 고대의 원자론은 연금술의 발전으로 다시 주목을 받다가 점차 기계론적 자연관의 일부로 흡수되었다. 영국의 과학자 보일Boyle은 모든 화합물을 구성하는 근본 원소가 존재한다고 주장하면서 흙, 물, 불, 공기가 이러한 원소라는 견해를 유지했다. 그러나 프랑스의 화학자 라부아지에Lavoisier에 의해 물이 수소와 산소의 결합물이라는 실험적 결론과 함께 공기가 산소와 질소 등의 복합물임이 밝혀지고, 불은 빛과 열과 연기의 복합물임이, 그리고 흙은 다양한 종류의 성분으로 불규칙적으로 구성되어 있음이 밝혀졌다. 1789년에 라부아지에는 고대 그리스의 원자론에 나타난 흙, 물, 공기, 불의 4원소설을 버리고 근대화학의 기초가 되는 화학적 원소를 정의하고 그 정의에 따라 원소를 분류했다. 이러한 원소 분류는 그로부터 80년 뒤인 1869년에 러시아의 화학자 멘델레예프Mendeleev가 1백여 개 원소를 정리한 주기율표로 완성되었다.

이 시점에서 사대의 요소설은 폐기되었다. 물질은 사대의 요소로 이루어진 것이 아니라 주기율표의 원소들로 이루어져 있다. 이것은 엄연한 과학적 사실로, 이로써 사대의 요소설은 재론의 여지없이 폐기되었다. 사대의 요소설이 폐기됨으로써 사대의 요소설을 포함하는 모든 요소설도 함께 폐기되었다.

41. 육대가 어떻게 십이입처, 십팔계와 상충하여 상호모순을 일으키는지 설명해보라.

42. 부파불교에서는 사대설을 사대종설 혹은 대종설로 발전시켰다. 그리고 공계와 식계도 더욱 세분화하여 발전시켰다. 이러한 부파불교의 육계를 설명하고, 그것을 일체법의 관점에서 비판해보라.

43. 중관학의 공사상을 설명하고, 그것을 일체법의 관점에서 비판해보라.

44. 육사외도의 적취설이 나타난 시기와 그 내용을, 고대 그리스 원자론의 등장 시기 및 내용과 비교해보라.

45. 멘델레예프의 주기율표에 의해 4요소설로서의 사대설은 파기되었으나, 요소설 자체는 파기된 것으로 볼 수 없다. 그러나 물질의 궁극을 설명하는 초끈이론의 관점에서 보면 육사외도의 요소설과 고대 그리스의 원자론은 파기된 것으로 볼 수 있다. 이 점을 설명해보라.

46. 이욕離欲을 체득하였는가? 체득하였다면 그에 대해 설명해보라. 체득하지 못하였다면 그 이유를 설명해보라.

4 결론

일체법을 통하여 몇 가지 착각들과 그 폐해에 대하여 논하고자 한다. 이러한 착각들과 그 폐해를 자각할 때, 해야 할 일과 하지 않아야 할 일을 알 수 있고, 그에 따라 이러한 착각들을 여의고 불건전한 상태를 벗어나 건전한 상태로 나아가는 의식의 발전을 이룰 수 있다.

첫째, 석가모니 부처님의 자각법인 육내입처와 육외입처를 안이하게 짐작하여 육근과 육경으로 취급하고, 이것을 육대로 해체하여 분석하는 것이다. 이러한 오류로 인해 후대의 부파불교에서 사대를, 중관학에서 공을, 유식학에서 식을 잘못 덧칠하게 됨으로써 부처님의 바른 가르침을 해손害損하고 오도誤導하는 빌미를 제공하였다. 브라만교와 육사외도의 모든 사견들을 타파하고 세운 십이입처를 이미 타파된 사견으로 취급하는 것은 참으로 어처구니없고 참담한 일로, 바른 가르침을 추구하고 수지하고 수호하는 모든 이들과 석가모니 부처님께 큰 꾸지람과 큰 비난을 받아 마땅하다. 이러한 잘못으로 인해 석가모니 부처님의 바른 가르침이 사견화되고, 이렇게 사견화된 석가모니 부처님의 가르침을 바른 가르침인 양 잘못 받아들여 사견에 빠진다면 도대체 어떤 가르침으로 그러한 사견에서 벗어날 수 있겠는가? 따라서 이러한 잘못은 속히 바로잡아야 한다.

둘째, 일체법의 관점에서 본 제1착각을 자각하여 그 폐해에서 벗어나야 한다. 제1착각은 전오근의 구조와 기능에서, 그리고 전오경의 전달 속도가 각기 다른 데서 일어나기 때문에 인간이 피할 수는 없는 현상이다. 그러나 이 현상을 있는 그대로 보지 않고 전오경을 동시에 혹은 현재에 감지하는 것으로 착각을 일으키고, 그로 인해 감각대상을 있는 그대로 감지하지 못함으로써 감각대상에 대한 인식에 오류가 발생한다. 이러한 착각을 자각하여 벗어나야 한다.

셋째, 일체법의 관점에서 본 제2착각을 자각하여 그 폐해에서 벗어나야 한다. 제2착각은 일체법에서 매우 중요하고 핵심적인 내용과 관련이 있다. 법경은 인간 내부의 의식영역에서 발생하고 인식됨에도 불구하고 근경의 관점에서 인간은 일상적으로 법경이 인간 외부의 자연에서 인식한다고 착각한다. 입처의 관점에서는 법뿐만 아니라 색성향미촉도 인간 내부의 의식영역에서 발생하고 인식됨에도 불구하고 근경의 관점에서 인간은 일상적으로 색성향미촉법 모두를 인간 외부의 자연에서 인식한다고 착각한다. 십이입처는 인간 외부의 자연에서 인식한다고 하는 모든 색성향미촉법은 모두 착각이고 인간 내부의 인식영역에서 발생하고 인식한 것의 투영에 불과하며 따라서 허상이라고 말한다. 모든 색성향미촉법은 십이입처에서 발생하고 인식하는 것이며, 이렇게 인식할 때 허상虛像이 아니라 실상實像을 보는 것이라고 일체법은 말한다.

넷째, 육식으로 천차만별의 인식대상을 분별한다. 이때 분별하고자 하는 인식대상을 외입처에 이미 저장되어 있는 정보와 비교하여 분별하며, 그리고 분별 판단한 결정은 내입처에 전달된다. 따라서 대상을 지금 어떻게 분별할 것인지는 과거에 저장된 정보에 의해 좌우되는데, 과거에 저장된 정보는 이미 제1착각과 제2착각에 바탕을 두고 있다. 이렇게 분별한 판단은 내입처에서 자기동일시되어 내입처의 또 다른 의지활동으로 작용한다. 이러한 삼사의 연결고리는 순환되어 지속한다. 그러나 인간은 대상을 분별할 때 분별하고자 하는 대상의 현재 특징으로 분별한다고 인식한다. 그리고 이러한 인식을 자기동일시하여 '나는 내 눈으로 직접 보았다'고 혹은 '나는 내 귀로 분명히 들었다'고 주장한다. 이렇게 분별한 인식에서 신념을 가지고 견해를 만들어 주장한다. 그러나 이렇게 분별하여 인식하는 것은 착각이다. 과거에 저장된 정보를 가지고 새로운 정보를 비교 분별 판단하는 기준으로 사용하고 있다. 이것을 모르고 마치 새로운 정보를 그 자체로서 분별 판단한다고 생각한다. 이것을 일체법의 관점에서 본 제3착각이라 부르기로 한다.

이러한 세 가지 착각에 의해 인간이 보고 듣고 만지고 인식하고 분별하여 아는 모든 것이 착각이 되니, 세상은 이러한 착각 위에 건립된 사상누각과도 같다. 착각 위의 누각에서 그것을 바탕으로 또다시 보고 듣고 만지고 인식하고 분별하여 아는 모든 것을 지어가니 이것은 마치 꿈속에서 사는 것과 같고, 꿈속에서 또다시 꿈을 꾸는 것과도 같다. 그리하여 인간이 보고 듣고 만지고 인식하고 분별하여 아는 모든 것이 착각이며, 꿈이며, 환상이며, 신기루이며, 마야라고 한다. 이 착각들을 착각으로 지속시키고자 하는 것이 욕欲이며, 욕에 의하여 전오근을 작동시키는 것이 바로 오욕五欲이다. 이 욕을 바탕으로 이루어지는 인식의 세계를 욕계欲界라고 한다.

일체법의 가르침은 이러한 착각들을 자각케 한다. 인간이 전오근으로 보고 듣고 냄새 맡고 맛보고 피부로 느끼는 모든 것이 착각이고 허상이며, 자연에서 인식되는 모든 법 또한 착각이고 허상이라는 사실을 자각하게 되면, 그러한 착각들과 그로 이루어진 모든 것에 대해 환멸과 역겨움과 혐오嫌惡가 즉각적으로 일어난다. 이것이 염오厭惡이다. 이 염오가 깊어 모든 착각에서 벗어나서 다시는 착각으로 살고 싶어 하지 않으며, 착각으로 이루어진 욕계에 티끌만 한 미련도 없어 욕계를 벗어나는 것이 이욕離欲이다. 그러므로 부처님의 일체법은 인간의 심신 구조를 중도로 관찰하여 모든 착각들을 자각하게 하고, 그러한 착각으로 형성된 욕계를 벗어나게 하는 이욕의 가르침이다.

제3장
연기법 緣起法

앞의 일체법에서 분석적 관점으로 세계를 분석하고 해석하여 그 전체 구조를 파악하면서 일체의 본질을 탐구하였다. 일체의 본질이 십이입처임을 자각하고, 육계와 십팔계로 다양한 인식의 세계를 설명하면서 분석적 관점의 세계관인 일체법을 완성하였다. 이러한 일체법을 바탕으로 다양한 인식세계에서 일어나는 모든 인식현상들을 현상적 관점에서 이해하고 설명하는 이론체계를 성립하는 단계에 이르렀다. 이 단계의 완성이 곧 연기법이다. 따라서 연기법은 일체의 인식현상들을 동적으로, 그리고 현상적으로 이해하고 설명하는 가르침이다.

1 오온

일체의 인식현상들을 이해하기 위해서는 먼저 모든 인식활동을 일으키는 주체로서의 인간을 이해해야 한다. 즉 다양한 인식의 세계에서 발생하는 모든 인식활동의 주체로서 인간에 대한 이해가 선행되어야 한다. 분석적 관점에서 인간은 십팔계의 인식구조를 가지고 육계의 인식대상을 질료로 삼는다는 것을 살펴보았다.

그렇다면 현상적 관점과 동적 관점에서 보는 인간이란 무엇인가? 일생의 긴 시간에서 보면 태어나서 늙고 병들어 죽는 인간은 매 순간 근심하고 슬퍼하고 괴로워하고 고통스러워하거나 또는 안심하고 기뻐하고 즐거워하고 행복해하면서, 때로는 의식의 발전을 이루기도 하고 때로는 의식의 퇴보를 일으키기도 하고 혹은 의식의 답보상태에 머무르기도 한다. 범부인 인간이 의식의 발전을 이루어 성인聖人이나 부처를 이루기도 하고, 똑같은 인간이 의식의 퇴보를 일으켜 인간보다도 하등한 축생畜生이나 지옥중생이 되기도 하며, 의식의 답보상태에 머물러 인간의 굴레를 벗어나지 못하기도 한다. 인간의 의식상태는 한 순간의 앞도 예측하기 어려울 정도로 변화무쌍하기도 하면서, 인간 스스로 만든 의식의 한계 내에서 한 치도 벗어나지 못하기도 한다. 이렇게 역동적이고 천차만별인 인간의 인식활동은 무엇을 근간으로 작동하는가?

색온 인간은 자신이 처한 환경에 적응하기도 하고 환경을 극복하여 변화시키기도 한다. 인간은 의식의 차원에 따라 자신이 처한 환경과 교류하면서 경험을 축적한다. 이렇게 축적한 경험을 바탕으로 환경에 대응하면서 환경을 파괴하기도 하고 환경을 보호하기도 하면서 또다시 새로운 경험을 축적한다. 여기서 환경이 곧 '색성향미촉'의 경境이다. 인간이 경을 눈으로 보고 귀로 듣고 코로 냄새 맡고 입으로 맛보고 손으로 만지면서 경과의 교류 체험을 축적하고, 이렇게 축적한 체험을 바탕으로 경을 새롭게 눈으로 보고 새롭게 귀로 듣고 새롭게 코로 냄새 맡고 새롭게 입으로 맛보고 새롭게 손으로 만지면서 새롭게 경과의 경험을 축적해간다. 이렇게 지속적으로 과거에서 현재로, 그리고 현재에서 미래로 이어지면서 축적된 '색성향미촉'의 경과의 교류 경험을 '색온色蘊'이라고 한다.

여기서 색이란 십팔계에서 '안眼'의 대상으로서 눈으로 보는 '색'의 범위를 확대하여 육계에서 언급한 사대와 사대로 이루어진 '안이비설신'의 대상으로서 '색성향미촉'을 의미한다. 즉 색성향미촉이 모두 사대와 사대의 조합으로 이루어지므로 이것을 색이라고 육계의 관점에서 확대 정의한 것이다. 이렇게 확대 정의한 색에 따라 색온을 이해하면, 색온은 인식주체가 색을 인식하면서 누적된 인식경험과 인식대상으로 인식된 색의 축적이 된다. 다시 말해 색온은 '안이비설신의'의 인식경험의 누적과 인식대상으로서의 '색성향미촉법'의 축적이다. 따라서 색온에서 인간이 수용 보존하는 경境에 대한 정보는 외입처에 축적되며, 경을 인식하는 근根에 대한 정보는 내입처에 축적된다.

취聚 또는 음陰으로도 번역되는 온蘊은 'khandha'의 의역으로, 근간根幹, 무더기, 덩어리 등의 의미가 있다. 따라서 온은 시간적으로 누적되고 축적되어 이루어진 무더기 혹은 덩어리를 뜻한다. 색色은 'rūpa'의 번역으로 촉감에서 거리낌을 뜻하며, 물질적 존재라는 의미를 내포한다.

수온　십팔계에서 살펴보았듯이, 색온을 형성하는 과정에서 촉이 발생하고 촉에서 수상사가 함께 일어난다. 여기서 수受는 인식주체로서의 '안이비설신의'가 인식대상으로서의 색온 즉 '색성향미촉법'을 인식하면서 일으키는 정신적, 육체적 반응으로 흔히 느낌이라고 한다. 수는 'vedanā'의 번역으로, '몸으로 느끼는 앎'이라는 뜻이 있다. 이러한 인식대상으로서의 색온에 대한 느낌은 새로운 인식대상으로서의 색온을 선택하여 인식하는 데 지대한 영향을 끼친다. 왜냐하면 이러한 느낌으로 인간은 정신적, 육체적으로 괴로운 느낌[苦受], 즐거운 느낌[樂受], 괴롭지도 즐겁지도 않는 느낌[不苦不樂受]을 받기 때문이다. 따라서 괴로움을 감소시키거나 피하려고 하거나 혹은 즐거움을 증장시키거나 구하려고 하는 선택의 판단기준은 수受에 의하여 마련된다.

이러한 수에 의한 판단기준은 매우 역동적이어서, 매 순간 색온의 형성된 상태와 밀접한 관계를 가지면서 변화한다. 예를 들어 배고플 때의 사과는 즐거움을 주지만 배부를 때의 사과는 그렇지 못하고, 편안할 때의 감미로운 음악은 즐거움을 증장시키지만 불편할 때의 감미로운 음악은 그렇지 못하며, 추울 때 햇볕은 즐거움을 주지만 더울 때 햇볕은 그렇지 않기 때문이다. 따라서 색온을 형성하면서 매 순간 끊임없이 변화하면서 누적되고 축적된 수를 수온受蘊이라고 한다. 다시 말해 촉에 의하여 일어난 수의 누적을 수온이라고 하는데, 수온이란 인식주체인 '안이비설신의'가 색온을 형성하면서 인식하는 정신적, 육체적인 괴로움,

즐거움, 괴롭지도 즐겁지도 않은 느낌이 누적된 것을 말한다. 이때 이러한 수온을 일으키는 인식대상은 외입처에 축적된다.

상온 수상사에서 상은 색온과 수온을 형성하는 과정에서 인식대상으로서의 '색성향미촉법'을 저장하는 작용이다. 여기서 상은 '함께 앎'이라는 뜻의 'saññā'를 번역한 것으로, 분류하는 앎 혹은 범주화하는 앎이라는 의미가 있다. 이때 저장되는 인식대상으로서의 '색성향미촉법'은 형상화와 언어화를 통해 인식대상을 범주화하고 개별화하고 특성화하므로 색온과 구별된다. 인식대상의 이미지 즉 형상을 취하는 표상 또는 취상 작용을 통하여 인식대상을 형상화하거나, 또는 습득된 언어로 인식대상을 개념화 내지는 관념화한다. 이렇게 형상화하거나 언어화한 인식대상을 그 특성에 따라 분류하고 범주화하면서 저장하는 것이 상이다.

이러한 상은 새로운 색온을 인식하여 형성하는 과정에서 새로운 색온을 특징지어 분류하고 범주화하여 저장하는 작용의 판단기준이 된다. 먼저 상에는 수온을 일으키는 인식대상을 분류하고 범주화하여 저장한다. 다시 말해 괴로움, 즐거움, 괴롭지도 즐겁지도 않은 느낌을 주는 인식대상으로 분류하여 저장한다. 뿐만 아니라 상에는 옳거나 그르거나 또는 옳지도 그르지도 않은 대상, 좋아하거나 싫어하거나 또는 좋아하지도 싫어하지도 않는 대상, 아름답거나 추하거나 또는 아름답지도 추하지도 않은 대상, 이롭거나 해롭거나 또는 이롭지도 해롭지도 않은 대상, 그리고 언어가 가지고 있는 개념이나 관념에 해당하는 모든 대상 등으로 분류하고 범주화하여 저장한다. 이렇게 상에 의하여 분류되고 범주화된 판단기준은 매우 역동적이어서 매 순간 색온과 수온의 형성된 상태와 밀접한 관계를 가지면서 변화한다. 예를 들어 즐거움이 어느 한 순간 괴로움으로 바뀌면서 사랑하는 사람이 미운 사람으로 바뀌게 되고, 따라서 사랑하는 사람과 즐겨 듣던 감미로운 음악은 괴로움을 주는 사람과 음악으로 변화하는 것이다. 따라서 상에 의하여 인식대상을 이미지화하고 개별화하고 특성화하여 분류하고 범주화한 판단기준은 색온과 수온을 형성하면서 매 순간 끊임없이 변화하며 누적되고, 이렇게 누적되고 축적된 상을 상온想蘊이라고 한다.

달리 표현하면 촉에 의해 일어난 상의 누적을 상온이라고 하는데, 상온이란 색온과 수온을 형성하면서 인식대상을 형상화 또는 언어화를 통해 옳음과 그름 등으로 분류하고 범주화하여 저장하고, 그렇게 저장된 인식대상이 축적된 것이다. 따라서 색온은 색의 정보를 기본적인 '색성향미촉법'으로 저장하는 것인 데 비하여, 상온은 이러한 색의 정보를 인간이 더욱 용이하고 편리하게 사용할 수 있도록 재분류하여 저장한 것이다. 이때 이러한 상온을 일으키는 '색성향미촉법'을 인식하는 인식주체의 인식경험, 예를 들면 옳고 그른 경험 등은 내입처에 누적된다.

행온 수상사에서 사思는 인식주체로서의 '안이비설신의'가 색온과 수온과 상온을 인식하고 형성하는 과정에서 일으키는 의지적 작용이다. 사思는 행동하는 앎이라는 의미의 'cetanā'를 번역한 것으로, 인식주체로서의 '안이비설신의'를 움직이게 하려고 격려하고 자극하는 뜻에서의 의도 혹은 사량思量의 의미가 있다. 따라서 사에 의해 인식주체로서의 '안이비설신의'가 움직이면, 이것을 의도적인 또는 의지적인 행위나 행동의 의미로서 상카라sańkhārā와 동의어로 보고 사를 行行으로 취급한다.

따라서 행은 인식주체로서의 '안이비설신의'가 마땅히 해야 할 행, 하지 않아야 할 행, 또는 해도 되고 하지 않아도 되는 행 등으로 행위기준을 형성한다. 이러한 행위기준이 상온과 결부되어 적용되기도 한다. 이를테면 옳으므로 반드시 해야 하는 행, 그릇되므로 하지 않아야 하는 행, 옳지도 그릇되지도 않으므로 해도 되고 하지 않아도 되는 행으로 그 행위기준이 상온과 결부된다. 또한 수온과 결부되면 괴로움을 받으므로 하지 않아야 하는 행, 즐거움을 받으므로 해야 하는 행, 괴롭지도 즐겁지도 않으므로 해도 되고 하지 않아도 되는 행으로 그 행위기준이 설정된다. 그리고 색온과 결부되면 이를테면 눈으로 보아야 하는 행, 보지 않아야 하는 행, 보아도 되고 보지 않아도 되는 행으로 그 행위기준이 설정된다.

인식주체로서의 '안이비설신의'는 인식대상을 수용하는 역할을 하지만, 특히 '설신의'는 이러한 행위기준에 의해 인식대상에게 인식주체로서의 의지와 의도를 표출하는 역할도 한다. 이러한 수용과 표출을 통해 인식주체는 인식대상과 교류한다. 이것을 신구의身口意 삼행三行이라고 표현한다.

행에 의해 분류되고 범주화된 행위기준은 매우 역동적이어서 매 순간 색온과 수온과 상온으로 형성된 상태와 밀접한 관계를 가지면서 변화한다. 예를 들어 옳다는 신념으로 즐거움을 주는 마땅히 해야 하는 행위가 어느 순간 옳다는 신념이 그르다는 신념으로 바뀌면서 그 행위가 괴로움을 일으키므로 하지 않아야 하는 행위가 되기 때문이다. 따라서 행에 의한 행위기준은 색온과 수온과 상온을 형성하면서 매 순간 끊임없이 변화하며 누적되고, 이렇게 누적되고 축적된 행을 행온行蘊이라고 한다.

달리 표현하면 촉에 의해 일어난 행의 누적을 행온이라고 하는데, 행온이란 인식주체인 '안이비설신의'가 색온과 수온과 상온을 인식하고 형성하면서 해야 하는 행과 하지 않아야 하는 행 등으로 행위기준에 대한 경험의 누적을 말한다. 그리고 행을 일으키는 인식대상이 상과 외입처에 저장되는 점은 수온과 같다.

식온 지금까지 살펴본 색온, 수온, 상온, 행온은 십팔계와 촉을 바탕으로 전개된 개념이다. 인식주체로서 색온, 수온, 상온, 행온은 수온과 행온과 내입처에 각인되어 누적되고, 인식대상으로서 색온, 수온, 상온, 행온은 상온과 외입처에 저장되어 축적된다. 외입처를 강조한 것이 색온과 상온이라면, 수온과 행온은 내입처를 강조한 것이다. 물론 수온과 행온을 일으키는 인식대상은 상온에 분류되어 저장된다. 그러므로 모든 인식대상은 상온과, 외입처에 저장되어 축적된 색온으로 구분된다. 상온의 특징인 언어화와 분류화를 강조하여 상온에 저장된 인식대상을 간단히 명名이라 하고 색온에 저장된 인식대상은 색色이라 하여 상온과 색온에 저장된 인식대상을 합쳐 명색名色이라고 한다.

또한 내입처와 외입처와 육식의 화합에 의한 촉에서 수상사가 발생할 때 육식의 비교하고 분별하는 의식활동의 누적을 식온識蘊이라고 한다. 따라서 색온, 수온, 상온, 행온, 식온의 오온五蘊은 십팔계의 인식구조와 촉의 인식 전개구조를 바탕으로 매 순간 전개해나가는 인식활동을 동적인 관점에서 바라보는 것이다.SN22:48

오온에서 식온은 어떤 역할을 하는가? 십팔계에서 육식은 새로운 인식정보를 기존의 인식정보들과 비교하여 분별하고 판단하는 역할을 했다. 이러한 역할이 누적되면서 식온이 되고, 식온은 색온, 수온, 상온, 행온과 접촉하여 촉을 일으킨다. 촉은 다시 수, 상, 사를 발생시킨다. 이때 발생한 수상사는 식온이 어떻게 분별하여 색온, 수온, 상온, 행온과 접촉하느냐에 따라 결정된다. 예를 들어 식온이 수온에서 즐거운 느낌을 분별하고 상온에서 좋아하고 사랑하는 대상을 분별하고 행온에서 마땅히 해야 하는 행위를 분별하면, 촉에 의하여 발생하는 수상사는 즐거운 느낌의 수와 좋아하고 사랑하는 대상의 상과 마땅히 해야 하는 행위의 사가 발생한다. 이렇게 분별한 수상사를 일으키는 인식대상을 식온은 찾아간다. 식온은 식온이 분별하여 일으킨 수상사의 인식대상을 상온과 색온에서 찾아 그 인식대상에 머문다. 그렇게 인식대상에 머물면서 식온의 분별작용을 증장시킨다. 이렇게 식온의 분별작용이 해당되는 인식대상에 머물면서 증장하면, 그 인식대상이 다른 인식대상과 비교되어 상대적으로 드러난다. 이것을 '명색이 현현顯現한다'고 표현한다. 이렇게 현현된 인식대상의 분별판단은 인식주체인 내입처로 전달된다. 이것이 곧 행이다. 이 행이 증장함에 따라 인식주체가 움직여 행위를 일으킨다. 이 행위는 의지 혹은 의도를 가지고 신구의 삼행을 실행하면서 동시에 전오근을 작동시켜 분별된 인식대상에 해당하는 색을 발견하고 취하여 수용한다. 이와 같은 과정으로 새로운 색을 수용하면, 식온은 촉을 일으켜 앞서 분별한 수상사를 실제로 성취한다. 즉 즐거운 느낌의 수와 좋아하고 사랑하는 대상의 상과 마땅히 해야 하는 행위의 사가 성취된다. 이에 따라 색온, 수온, 상온, 행온이 새롭게 형성된다. 그리고 새롭게 형성된 색온, 수온, 상온, 행온을 식온이 새롭게 분별한다. 따라서 새로운 오온이 형성된다. 이렇게 매 순간 과거의 오온은 새로운 오온으로 변화되어 형성된다. 이렇게 식온은 오온을 매 순간 역동적으로 새롭게 변화시키는 촉매 역할을 한다.

1. 색온에서 '의'의 인식경험의 누적과 '법'의 인식대상의 축적을 포함하는 이유를 설명해보라.

2. 촉에 의해 수상사가 함께 발생한다. 이것은 수상사가 동시적으로 함께 발생한다는 의미인가, 아니면 수상사가 순차적으로 함께 발생한다는 의미인가? 어느 쪽이든, 그 이유를 설명해보라.

3. 오온 중에서 수온, 상온, 행온이 형성된 근본적인 이유를 설명해보라.

4. 오온을 의식의 발생순서인 색, 식, 수, 상, 행의 차제로 부르지 않고 식온을 마지막 지분으로 취급하여 색, 수, 상, 행, 식의 차제로 부르는 이유는 무엇인가?

5. 인간의 십팔계에 해당하는 것을 물고기와 개에 적용하여 만들어보라. 그리고 물고기의 오온과 개의 오온을 각각 비교하여 그 특징을 설명해보라. 똑같은 방법으로 개의 오온과 인간의 오온을 비교 설명해보라.

6. 과거의 오온이 새로운 오온으로 변화할 때 어떻게 하면 의식의 발전을 이룰 수 있는가? 의식의 퇴보와 답보도 같이 설명하되, 구체적으로 자신에게 적용하여 설명해보라.

7. 매 순간 변화하는 오온이 일생 동안 누적되면 그 누적된 결과의 일부로서 생물학적 육체의 변화를 초래한다. 이러한 생물학적 육체의 변화가 세대를 넘어 인류역사에 누적되면, 인류의 생물학적 육체의 특징이 인류역사의 발달에 따라 변화하게 된다. 전 인류역사의 발달과정에 따라 인류의 생물학적 육체의 변화를 육근의 변화에 초점을 두어 설명해보라. 인류역사 속에서 인류의 생물학적 육체의 진화과정을 생물학적인 관점에서 보는 것이 진화론이다. 이것을 생물학적인 관점이 아니라 오온의 관점에서 설명

해보라.

8. 현재의 인류가 과거와 같이 미래에도 생존하여 지속적으로 발전한다는 가정 아래, 미래 인류의 생물학적인 육체의 특징을 육근의 변화에 초점을 두어 현재 인류와 비교, 예측하여 설명하고 그림으로 그려보라. 지구의 기본적인 생태계가 충분히 보존된다는 전제 아래 천 년 후, 만 년 후, 그리고 백만 년 후의 미래 인류에 각각 적용해보라.

9. 과거의 오온이 새로운 오온으로 변화할 때, 인因과 연緣과 과果는 각각 무엇이 되는가?

10. 오온을 벗어난 인간의 인식활동이 있는가? 있다면 예를 들어 설명해보라.

11. 현생에 일어난 모든 경험과 사유작용을 기억하고 있는 어떤 사람에게 현생에 전혀 경험하거나 사유하지 않았던 어떤 생각이 일어났다고 한다면, 이 현상을 오온의 관점에서 설명할 수 있는가?

12. 식물인간의 경우와 같이 전오근이 작동하지 않는 경우에 과거의 오온이 새로운 오온으로 변화할 수 있는가, 아니면 변화할 수 없는가? 그 이유를 설명해보라.

13. 꿈을 오온의 관점에서 설명해보라.

2 오취온과 사식

인간은 십팔계라는 인식구조를 가지고 육계라는 인식대상의 질료를 선택하면서 오온이라는 인식활동을 매 순간 전개한다. 매 순간 육계를 선택하여 전개한 오온은 축적되고, 축적된 과거의 오온을 바탕으로 다음 순간의 새로운 오온이 형성된다. 인식주체로서의 인간은 과거에 축적된 모든 인식활동에 대해 사유하면서 그 다음 순간의 인식활동을 취사선택하여 현재의 오온을 형성했고, 과거의 매 순간 오온의 결과인 현재의 오온에 대해 사유하면서 미래의 오온에 대해 기대와 전망 혹은 욕구를 가지게 된다.

이러한 미래의 오온에 대한 기대와 욕구가 증장하여 점차 강렬해지면 현재의 오온에 직접 영향을 끼치게 된다. 따라서 미래의 오온에 대한 기대와 욕구가 현재의 인식활동을 결정짓는 취사선택에 관여하게 되고, 이렇게 결정된 현재의 오온은 다시 과거의 오온이 되어 축적된다. 이렇게 축적된 오온은 미래의 오온에 대한 기대와 욕구에 대해 강화 내지 유지 혹은 수정을 일으키면서 그 다음 순간의 오온에 영향을 끼친다. 이렇게 하여 미래오온에 대한 기대와 욕구에 부응하면서 스스로 현재의 인식활동을 취사선택하여 현재오온을 형성한다. 오온이 욕구에 의해 스스로 인식활동과 인식대상의 질료를 취하여 형성한 오온을 오취온五取蘊이라 한다.

욕구의 종류와 차원에 따라, 그리고 그 욕구에 탐착한 정도와 강도에 따라 오취온의 개성과 특성과 차원이 영향을 받는다. 욕구에 탐착된 오취온은 점차적인 욕구 성취 과정에서 스스로 자기동일시하므로 오취온은 자아형성의 바탕이 된다. 오온이 욕구에 의해 탐착되어 오취온이 되는 과정을 욕구에 따라 살펴보고, 이러한 과정에서 자아를 형성하는 과정과 자아형성의 정형화에 대해 살펴보기로 한다.

색식 인간이 태어나면서 가지는 본능적인 욕구들이 있다. 인간은 생존하기 위한 본능으로 먹고 마시는 일을 반복한다. 굶주리면 몸이 지치고 병이 나거나 아사餓死하는 고통을 겪게 되므로 이러한 고통을 피하기 위해 음식을 취하게 된다. 음식을 적절하게 취하면 다음을 위해 저장한다. 그리고 충분히 저장하면 음식은 점차 생존을 위한 욕구의 대상에서 벗어나 성장이나 건강 혹은 미용이나 미식美食을 위한 욕구의 대상으로 변화한다. 음식에 대한 욕구에 따라서 취하는 음식의 종류가, 그리고 질과 양이 일차적으로 결정된다. 이렇게 다양한 욕구에 따라 음식을 반복적으로 취하는 것을 일반적으로 단식段食이라고 하지만 본서에서는 오온의 관점에서 색식色食이라 부르기로 한다.

색식으로 오온이 음식을 인식대상의 질료로 취사선택하므로 오취온이 되고, 오취온은 또다시 음식에 대한 새로운 욕구에 따라 새로운 색식을 취하게 된다. 이러한 색식이 반복적으로 누적되면서 인간은 생존을 유지하면서 건강상태와 신체적 외형을 형성하게 되고 그것을 자기동일시하여, 특정한 건강상태와 신체적 특징과 외모를 지닌 몸을 자신의 몸이라고 여긴다. 따라서 색식으로 오온이 신구의 삼행과 전오근을 작동시키면서 생존본능의 욕구에 적합한 색을 취하여 수용할 때 색온이 색취온이 되며, 나의 몸이라는 자아를 형성하고 유지한다.

수식 생존본능과 마찬가지로 인간은 태어나면서 본능적으로 가지게 되는 종족번식 혹은 종족보존의 욕구가 있다. 종족을 번식하여 보존하고자 하는 이러한 본능은 이성異性을 탐닉하는 욕구로 이어진다. 그리하여 아름답거나 멋있다고 느끼는 대상으로서 좋아하고 사랑하는 이성을 선택하여 후손을 출산하여 종족번식의 욕구를 충족한다. 종족번식의 기본적인 욕구가 충족되면 이러한 욕구는 발전하고 변화하여 이성의 감미로운 감촉을 추구하거나 부드러운 옷감이 주는 감촉, 또는 향수나 기름이 주는 감미로운 감촉 따위를 추구하게 된다. 이렇게 다양한 감촉을 추구하여 즐거움을 탐닉하는 것을 일반적으로 촉식觸食 혹은 갱락식更樂食이라고 하지만 본서에서는 오온의 관점에서 수식受食이라 부르기로 한다.

여기서 촉은 색성향미촉의 촉뿐만 아니라 수상사를 일으키는 촉을 포함하되, 수상사를 일으키는 촉에서 즐거움을 탐닉하는 수온을 지칭한다. 수식으로 오온은 욕구에 의해 다양한 감촉의 즐거움을 취사선택함으로써 오취온이 되고, 오취온은 또다시 새로운 욕구에 의해 새로운 수식을 취하게 된다. 반복적으로 취한 수식으로 인해 감촉의 즐거움에 대한 느낌이나 감정의 성향이 형성되고, 이러한 성향을 자기동일시하여 개인의 정서적 특성이 형성된다. 동시에 개인의 정서적 공감대를 형성하는 '나의 배우자' '나의 자식' '나의 가족'이라고 여기는 것들이 형성된다. 따라서 수식으로 이러한 본능적인 욕구에 의해 감촉을 취하여 수용할 때 수온이 수취온이 되며, '나의 정서'라는 자아를 형성하고 유지한다.

상사식 생존본능 및 종족번식본능과 더불어 인간이 태어나면서 본능적으로 가지게 되는 자기보호본능이 있다. 이것은 넓게 보면 생존본능과 일맥상통하지만 기능적인 면에서 상이하기에 분리하여 논의한다.

인간에게는 척박한 외부환경으로부터 안전한 환경을 만들어 그 안에서 안주하고자 하는 항상적인 욕구가 있다. 안전과 안정을 파괴하는 외부환경으로는 다른 인간이나 짐승, 자연재해 등이 있는데, 인간은 이러한 외부환경으로부터 색식에 의한 자신의 몸, 그리고 수식에 의한 자신의 가족을 보호하기 위해 끊임없이 궁리하고 행동한다. 이것을 일반적으로 의사식意思食이라고 하지만 본서에서는 오온의 관점에서 상사식想思食이라 부르기로 한다.

상사식은 다른 국가나 사회의 침입이나 공격으로부터 자신의 안전과 안정을 유지하기 위해 자신의 국가나 사회를 더욱 공고히 하고, 다른 개인의 침입이나 공격으로부터 자신을 보호하기 위해 자신의 가정을 더욱 안정적으로 만든다. 또한 짐승이나 자연재해로부터 자신의 안전과 안정을 지속시키기 위해 개인적인 차원에서부터 국가적인 차원에 이르기까지 안전망을 공고히 하는 상사식을 가동시킨다. 이렇게 하여 자신의 안전과 안정을 도모할 수 있는 환경을 만들어 자신을 보호하는 욕구를 만족시킨다.

기본적인 자기보호의 욕구를 충족하면 그 욕구는 다시 발전하고 변화하여 자신의 안전과 안정을 보장하는 환경 속에서 자신의 안락과 행복을 추구한다. 자기보호에서 자기만족으로 변화하는 욕구에 의해 끊임없이 궁리하고 행동하여 환경을 취사선택함으로써 오온은 오취온이 되고,

오취온은 새롭게 변화하는 욕구에 의해 새로운 상사식을 취한다. 이렇게 누적된 상사식을 자기동일시함으로써 개인의 안락과 행복을 추구하는 사유와 행동양식이 특징지어진다. 이렇게 특징지어진 개인의 안락과 행복을 추구하는 사유양식과 행동양식에 따라 인간들은 서로 협력하기도 하고 서로 배척하기도 하면서 이합집산한다. 개인의 행복을 추구하는 사유양식과 행동양식의 특징을 공유하는 '우리 가정' '우리 단체' '우리 사회' '우리 국가' '우리 종교'라고 여기는 것들을 형성한다. 따라서 상사식으로 이러한 본능적인 욕구에 의하여 궁리하고 행동할 때 상온과 행온이 상취온과 행취온이 되며, '나의 사유와 행동'이라는 자아를 형성하고 유지한다.

식식 상사식을 일으키는 자기보호본능에는 또 다른 측면에서의 욕구가 있다. 인간이 자신과 주변환경을 식별하여 예기치 못한 불이익과 위험에서 벗어나 자기보호 가능성을 높이고자 하는 욕구가 바로 그것이다.

색식에 의한 생존본능, 수식에 의한 종족보존본능, 그리고 상사식에 의한 자기보호본능이 충족되더라도 인간은 그러한 상태가 항구적으로 지속되지 않으리라는 것을 알고 있다. 끊임없이 변화하는 외부환경에 대하여 인간의 노력이 보잘것없이 한정적이기도 하고, 위대한 업적과 성취를 이룩해온 인류가 어느 날 갑자기 통제 불능의 상태로 떨어질 수도 있기 때문이다. 인간이 피해가지 못하는 더욱 근본적인 상황은, 사람은 누구나 죽음을 전제로 한 삶을 영위하고 있다는 사실이다.

광범위한 영역에서 발생하는 모든 예기치 못한 불이익과 위험에서,

그리고 죽음에서 벗어나고자 하는 욕구는 다양한 의심과 회의를 일으키면서 자신과 주변환경을 지속적으로 주시하고 분별한다. 이것을 식식識食이라 한다.

자기보호의 가능성을 높이면서 그 욕구는 점차 발전하고 변화하여 자기발전을 도모한다. 자기보호에 필요한 의심과 회의가 탐구와 연구로 변화하면서 자기보호는 자기발전으로 변화한다. 이와 같이 변화하는 욕구에 의하여 자신과 환경을 식별하고 경험하면서 과거의 오취온은 새로운 오취온이 되고, 새로운 오취온은 새롭게 변화하는 욕구에 의하여 새로운 식식을 취한다.

이렇게 누적된 식식을 자기동일시함으로써 개인의 가치관이 형성된다. 비록 같은 가족의 구성원이더라도 개인의 가치관에 따라 예술가나 과학자가 되기도 하고 정치가나 수행자가 되기도 한다. 특정한 가치관으로 특정한 인생목표를 가지고 특정한 삶을 매 순간 영위하는 특정한 개인으로서의 자아라고 여기는 것이 형성된다. 따라서 식식으로 이러한 본능적인 욕구에 의하여 식별할 때 식온은 식취온이 되며, '나의 가치관'이라는 자아를 형성하고 유지한다.

이와 같이 다양한 차원의 욕구로 사식四食을 취하여 수용할 때 중생의 다양한 의식차원이 결정된다. 이를테면 색식으로 음식을 취할 때 미식을 위하는 경우와 단지 죽음을 모면하는 경우, 수식으로 의복을 취할 때 장식을 위하는 경우와 단지 추위를 모면하는 경우, 상사식으로 안락과 행복을 취할 때 오직 자신만을 위하는 경우와 인류를 위하는 경우, 그리고 식식으로 개인의 가치관을 취할 때 정치지도자가 되기 위한 경우와 출가수행자가 되기 위한 경우가 있듯이, 같은 사식이라도 그 차원의 차이는 그 욕구의 차이만큼 벌어진다.

또한 사식 중에서도 어떤 사식을 선택하여 탐닉하느냐는 개인이나 사회의 차원에 따라 차이가 있다. 사회나 개인의 발전과정에서 사식 중에서 색식이 충분히 충족되었을 경우 색식에서 수식으로, 그리고 수식이 충분히 충족되었을 경우 수식에서 상사식으로, 또한 상사식이 충분히 충족되었을 경우 상사식에서 식식으로, 그 탐닉의 대상이 점차 전이되는 일이 발생한다. 천차만별인 중생들의 의식 차원은 사식을 취하는 욕구의 차이에 의해서뿐 아니라 사식 중에서 어떤 사식을 취사선택하느냐에 의해서도 영향을 받는다.

오온이 욕구에 탐착해 오취온이 될 때 그 욕구는 인간이 지니고 있는 본능에 바탕을 두고 있음을 살펴보았다. 본능에 바탕을 둔 욕구는 끊임없이 변화 발전하고, 그러한 욕구를 충족시키고자 오취온 역시 끊임없이 변화 발전한다. 이러한 오취온의 변화 발전이 생활화되고 일상화되고 습관화되어 드러난 것이 색식, 수식, 상사식, 식식의 사식이다. 인간은 오취온을 자기동일시하여 자아를 형성하고, 이렇게 형성된 자아는 지속적으로 자아 형성을 유지한다. 사식은 이러한 자아 형성을 정형화한 것이다. 사식은 자아가 형성된 인간 즉 중생을 유지하고 성장시킨다.MN9, SN12:64

14. '욕구에 탐착된 오취온'이라고 할 때, 욕구는 어디에서 발생하며 어디에 탐착되는가?

15. '오취온을 자기동일시한다'고 할 때, 자기동일시는 어디에서 발생하는가?

16. 오온과 오취온은 서로 같은 것인가, 다른 것인가? 어느 쪽이든 그 이유를 설명해보라.

17. 한 끼 식사를 할 때 오온으로 하는 것과 오취온으로 하는 것의 차이점을 설명해보라.

18. 사회나 개인의 발전과정에서 탐닉의 대상이 색식에서 수식으로, 수식에서 상사식으로, 상사식에서 식식으로 점차 전이되는 것을 설명해보라. 색식을 취하는 욕구가 점차 발전 변화하는 것도 설명해보라. 수식, 상사식, 식식도 마찬가지로 설명해보라. 그 모든 설명을 과거 인류에서 현재 인류에 이르는 과정에 적용해보고, 미래 인류에도 적용해 예측해보라.

19. 식식이 상사식과 결합하여 가치관이 형성되는 경우를 예를 들어 설명해보라. 식식이 수식과 결합한 경우, 그리고 색식과 결합한 경우도 예를 들어 설명해보라.

20. 도박이나 전자게임에 탐닉하여 중독되는 일을 사식의 관점에서 설명해보라.

21. 사식의 관점에서 우울증과 그 치료방법에 대해 논해보라.

22. 탐貪, 진嗔, 치癡 각각을 사식의 관점에서 설명해보라.

23. 색식으로 유지되고 길러지는 육신은 체세포로 구성되어 있다. 사람의 몸을 이루고 있는 체세포의 개수를 추산해보라. 그리고 사람의 평균수명 동안 생멸하는 체세포의 총 개수와 매 초 생멸하는 체세포의 개수를 각각 추산해보라.

24. 인간이 들숨과 날숨을 쉬는 것은 사식과 관련이 있는가, 없는가? 없다면 그 이유를 설명하고, 있다면 사식 중 어떤 것과 어떻게 관련이 있는지 설명해보라.

25. 수면 중에 꿈을 꾸는 것은 사식과 관련이 있는가, 없는가? 없다면 그 이유를 설명하고, 있다면 사식 중 어떤 것과 어떻게 관련이 있는지 설명해보라. 꿈이 없는 깊은 수면상태에 대해서도 꿈과 같은 방법으로 설명해보라.

26. 육계와 사식을 동전의 양면과 같은 것으로 볼 수 있는가, 볼 수 없는가? 어느 쪽이든 그 이유를 설명해보라.

3 연기

일체법을 바탕으로 현상적 관점에서 매 순간의 인식활동과 그 인식활동의 정형화에 대해 살펴보았고, 그 과정에서 인간의 다양한 의식차원이 전개되는 것도 고찰하였다. 이제 그러한 다양한 의식차원의 전개와 관련하여 그 전말과 당위성을 설명하는 인식활동의 법칙성을 밝혀야 할 차례인데, 이 인식활동의 법칙성이 곧 연기법이다.

사실 연기법은 앞에서 이미 등장했었다. 이를테면 육식의 발생을 설명할 때 연기법을 사용했고, 오온이 시간의 경과에 따라 매 순간 새로운 오온으로 형성되는 것도 연기법의 개념을 사용한 것이다. 모든 인식활동을 설명하는 법칙으로서 연기법을 알지 못하면 인식활동의 법칙성을 알지 못하고, 인식활동의 법칙성을 알지 못하면 개인의 인식활동의 한계를 벗어나지 못한다. 인식활동의 한계를 벗어나지 못하면 의식차원의 향상은 일어나지 않는다. 이는 중력을 발견하고 이해하면 지구중력을 벗어나는 방법을 찾아낼 수 있고, 그 방법으로 지구를 벗어나 우주로 나아갈 수 있는 것과 같다. 역으로, 중력을 알지 못하면 지구중력에 의해 지구에 구속되어 있는 줄 모르므로 지구를 벗어날 수 없는 것과 같다.

인간이 지구적 인식활동의 한계를 벗어나 우주적 인식차원으로 향상할 수 있는 것은 바로 연기법에 기대어서이다. 따라서 연기법에 대한 이해는 인식현상으로 이루어진 인식세계를 이해하여 의식차원의 향상을 도모하는 데 지도와 나침반이 된다.

3.1 육촉연기

사식을 취함으로써 중생으로서의 인간은 중생의 상태를 유지하고 중생의 상태를 성장시킨다. 달리 표현하면 중생으로서의 인간은 형성된 자아를 유지하거나 새로운 자아로 성장시킨다. 색식으로 음식을 섭취하거나, 수식으로 의복을 사용하거나, 상사식으로 개인의 행복을 추구하거나, 식식으로 개인의 발전을 추구한다. 인간은 사식을 취하면서 사식을 탐착하고 사식에 대한 갈애渴愛을 일으키면서 오온의 형성과정과 같은 인식과정을 겪는다. 즉, 식은 갈애하는 사식을 분별하고 이러한 분별에 해당하는 인식대상을 식별하여 그 인식대상을 상온과 색온에서 찾는다. 갈애하는 사식에 해당하는 상온과 색온의 두 인식대상에 머물면서 식의 분별작용을 증장시킨다. 식의 분별작용이 인식대상에 머물면서 증장되면, 그 인식대상이 다른 인식대상과 비교되어 상대적으로 드러나므로 명색이 현현하게 된다. 이렇게 현현한 인식대상의 분별판단은 인식주체인 내입처로 전달되는데, 이것이 곧 행이다. 이 행이 증장함에 따라 인식주체가 행위를 일으키고, 이 행위는 신구의 삼행을 실행하면서 동시에 전오근을 작동시켜 갈애하는 사식에 해당하는 대상을 발견하고 취하여 수용한다.

이와 같은 과정으로 갈애하는 사식을 취하면, 갈애하는 사식을 취한 새로운 자아가 형성되어 태어난다. 이렇게 새롭게 형성되어 태어난 자아는 시간이 지남에 따라 새로운 사식을 다시 갈애하게 되고, 똑같은 인식과정을 거쳐 새롭게 갈애하는 사식을 다시 취한다. 새롭게 갈애하는 사식을 취함으로써 그 이전의 자아는 새롭게 갈애하는 사식을 취한 자아로 변화하여 새롭게 갈애하는 사식을 취한 새로운 자아가 형성되어 다시 태어난다. 이처럼 사식을 탐착하여 자아의 유지, 새로운 자아의 태어남, 기존 자아의 사라짐이라는 고리가 끊임없이 이어진다.

이러한 고리를 명백히 드러내기 위해 역순으로 그 과정을 간단히 살펴본다. 먼저, '나'라고 여기는 자아가 시간이 지나면서 새로운 자아로 변화한다. 이때 기존의 자아가 변화하여 사라지는 것을 노사老死라고 하는데, 노사의 바탕은 새로운 자아가 생겨나고 태어났기[生] 때문이다. 이러한 생生의 바탕은 자아의 구성성분을 수용했기 때문이며, 이것을 유有라고 한다. 유의 바탕은 자아의 구성성분을 사식에서 취사선택하였기 때문이며, 이것을 취取라고 한다. 취의 바탕은 사식을 갈애하였기 때문이며, 이것을 애愛라고 한다. 애의 바탕은 무엇인가? 사식에 대해 갈애를 일으킨 것은 사식을 반복적으로 취하면서 사식에 대한 고락의 경험이 누적되었기 때문이다. 이러한 고락의 경험이 누적된 것이 수온이다. 이러한 수온에 새로운 수가 일어나 애를 발생시킨 것이므로 애의 바탕은 수이다. 수는 촉에 의해 발생한 것이므로 수의 바탕은 촉이다. 이 촉은 육내입처와 육외입처와 육식의 접촉이다.

이와 같이 삼사의 접촉인 육촉에 의해 수가, 수에 의해 애가, 애에 의해 취가, 취에 의해 유가, 유에 의해 생이, 생에 의해 노사가 일어난다. 이것을 십이연기의 중간단계로서 육촉연기六觸緣起라고 한다. 육촉연기는 자아에 대한 사견과 갈애에 의한 탐욕을 용이하게 이해하고 타파할 수 있는 바탕이 된다.

3.2 십이연기

십이연기十二緣起는 생로병사를 겪는 인간의 차원에서 중생의 모습을 완전히 벗어나 해탈한 차원까지의 모든 의식차원에서 일어나는 인식현상들을 탐구하여 그 전말과 법칙성을 밝혀낸다. 따라서 십이연기는 생로병사를 겪는 인간의 인식에 대한 탐구에서 시작한다. 앞의 육촉연기에서, 끊임없이 사식을 탐착하고 갈애하는 중생으로서의 인간이 생로병사를 벗어나지 못함을 간단히 살펴보았다. 인간은 십팔계의 인식구조를 바탕으로 매 순간 전개되는 오온의 인식활동을 축적한다. 이때 오온에 욕탐이 탐착하여 축적된 오취온을 자기동일시하여 자아를 형성하고, 이러한 매 순간의 자아형성 과정을 정형화한 것이 사식임을 밝혔다.

다시 말해, 오취온을 자기동일시한 자아는 사식을 질료로 삼아 유지 변화하고 성장한다. 과거의 오취온이 새로운 사식을 탐착 수용하여 새로운 오취온으로 변화하고, 이 새로운 오취온을 자기동일시하여 과거의 자아는 새로운 자아로 변화한다. 자아가 사식을 질료로 삼아 끊임없이 변화하는 과정을 요약하면, 자아가 사식을 취하고[取] 사식을 취한 자아를 자기동일시하여[有] 새로운 자아가 생겨나며[生] 이 새로운 자아는 시간이 지나면서 변화하다가[老] 다시 사식을 취할 때[取] 멸하면서[死] 사식을 다시 취한 자아를 다시 자기동일시하여[有] 다시 새로운 자아로 태어난다[生]. 이와 같이 취, 유, 생, 노사가 끊임없이 이어져 전개되는데, 이러한 첫 네 가지 지분을 시작으로 십이연기를 살펴본다.

노사 이제 인간의 인식에 대한 탐구를 시작한다. 먼저 인간을 정견한다. 인간이란 무엇인가? 갖가지 종류와 차원의 인간들에게 예외 없이 적용되는 진리는 무엇인가? 그것은, 인간은 누구나 나이가 들고 변화의 과정을 겪다가 마침내 죽음에 이른다는 것이다. 희로애락喜怒哀樂 속에서 생로병사의 인생 역정을 겪는 인간은 점차 나이가 들면서 시력이 떨어지고, 피부에 주름이 잡히고, 머리카락이 희어지고, 이가 빠지고, 몸의 기력이 쇠약해지고, 육근의 기능이 퇴화한다. 이것이 늙음이다. 이렇게 늙어가다가 목숨이 다하면 마침내 죽는다. 육근의 기능이 정지하여 생명의 기능이 끊어진 것을 죽음이라 한다. 늙음과 죽음 두 가지를 노사 老死, jarāmaraṇa라고 한다.

생 인간에 대한 정견이 노사로 귀착했다. 이제 노사를 정견한다. 노사의 조건은 무엇인가? 노사는 무엇을 바탕으로 생겨나며, 무엇에 의해 유지되는가? 이러한 의문의 대답으로 발견된 노사의 조건이 멸하면 곧 노사가 멸하는가? 이러한 의문들에 대하여 정사유한다.

늙고 죽는 것은 태어남으로 말미암은 것이며, 태어남이 없다면 늙고 죽을 바가 없다. 갖가지 종류와 차원의 다양한 중생들이 출생하는 것, 탄생하는 것, 오취온이 형성되는 것, 육근의 기능을 획득하는 것이 태어남[生]인데, 노사는 이러한 생生, jāti을 바탕으로, 생을 조건으로 하여 성립한다.

유 인간에 대한 정견은 노사로, 노사에 대한 정견은 생으로 귀착했다.

이제 생을 정견한다. 생의 조건은 무엇인가? 생은 무엇을 바탕으로 생겨나며, 무엇에 의해 유지되는가? 이러한 의문의 대답으로 발견된 생의 조건이 멸하면 곧 생이 멸하는가? 이러한 의문들에 대하여 정사유한다.

만일 생의 조건을 부모로 본다면, 그 부모의 조건은 또다시 그 부모가 되어 결국 진화론에서 말하는 생명의 기원을 탐구하는 문제로 귀착한다. 이와 같이 진화의 전 과정을 역추적하여 찾아낼 수 있는 생명의 기원은 지금 여기에서 인간이 겪고 있는 생로병사의 본질을 밝혀낼 수 없고, 따라서 인간을 생로병사에서 벗어나게 할 수 없다. 그러한 노력은 인식현상들을 탐구하여 그 전말과 법칙성을 밝히고자 하는 목표에서 벗어난 것이며, 출구 없는 길로 잘못 들어선 것이다. 이러한 잘못의 원인은 생의 조건을 부모로 사유했기 때문이며, 생의 조건을 부모로 사유한 까닭은 생의 시작을 수태의 순간으로 한정했기 때문이다.

그렇다면 정견한 생의 조건은 무엇인가? 태어남은 반복적으로 먹고 마시는 것으로 말미암은 것이며, 반복적으로 먹고 마시지 않으면 태어날 수 없다. 반복적으로 먹고 마시는 것은 색식뿐 아니라 사식을 포함한다. 사식을 수용하므로 자아를 형성한다. '나'라고 여기는 자아는 타인들과 분별하고 구별하고 차별하는 수많은 구성성분들의 집합체이다. 이를테면 생물학적인 육체의 특징들, 이름과 가족, 국적과 종교, 소속된 단체들, 가치관과 인생관, 성격과 습관, 학식과 견해 등이 그 구성성분이며, 이러한 성분들이 모인 것이 유일무이한 존재로서의 자아이다. 따라서 자아가 태어나는 바탕은 이 수많은 구성성분들을 사식에서 수용 섭취하여 자기동일시하는 것이다. 이것을 유有, bhava라고 하며, 그 의미는 존재화이다. 존재화란 수많은 구성성분들이 저마다 자기동일시의 과정을 겪으면서 자아라는 존재로 드러나는 것을 뜻한다. 다시 말해 자아는 존재화된 구성성분들의 집합체이며, 이렇게 존재화된 구성성분들을 유라고 한다. 따라서 유가 있으므로 생이 있으며, 유가 없으면 생 또한 없다.

유에는 욕유欲有, 색유色有, 무색유無色有의 세 가지[三有]가 있다. 욕유는 욕계에서의 유로, 욕계의 인식대상을 존재화하는 것이다. 색계의 인식대상을 존재화하는 것이 색유이고, 무색계無色界의 인식대상을 존재화하는 것이 무색유이다.

취 인간에 대한 정견은 노사로, 노사는 생으로, 생은 유로 귀착했다. 이제 유를 정견한다. 자기동일시된 자아의 구성성분들인 유의 조건은 무엇인가? 즉 유는 무엇을 바탕으로 생겨나며, 무엇에 의해 유지되는가? 이러한 의문의 대답으로 발견된 유의 조건이 멸하면 곧 유가 멸하는가? 이러한 의문들에 대하여 정사유한다.

자아의 구성성분들인 유는 사식에서 취하여 수용한 것이다. 즉 자아가 자기동일시할 만한 구성성분들을 선택하여 취한 것이다. 자아는 스스로 유지 변화하거나 성장하기 위해 끊임없이 자아의 구성성분들을 사식에서 선택하여 취한다. 사식을 질료로 자아가 자아의 구성성분들을 선택하여 취하는 것을 취取, upādāna라고 하며, 이것이 유의 조건이다. 자아가 사식에서 자아의 구성성분을 선택하여 취하지 않으면 자아의 구성성분은 존재화하지 않기 때문이다.

자아가 사식에서 유를 선택하여 취할 때의 계기나 동기에 따라 취를 욕취欲取, 견취見取, 계취戒取, 아취我取의 사취四取로 나눈다. 욕취는 욕구나 욕탐에 의해, 견취는 사견이나 견해에 의해, 계취는 계율이나 서약에 의해, 아취는 '나'와 '나의 것'에 의해 유를 선택하여 취한다.

애 인간에 대한 정견은 노사로, 노사는 생으로, 생은 유로, 유는 취로 귀착했다. 이제 취를 정견한다. 사식을 선택하여 취하는 행위인 취의 조건은 무엇인가? 취는 무엇을 바탕으로 생겨나며, 무엇에 의해 유지되는가? 이러한 의문의 대답으로 발견된 취의 조건이 멸하면 곧 취가 멸하는가? 이러한 의문들에 대하여 정사유한다.

사식을 취하는 행위의 계기는 사취이지만, 이러한 네 가지 계기로 사식을 취하는 행위의 바탕에는 사식에 대한 갈구渴求가 있다. 이것을 애愛, taṇhā라고 하는데, 목마른 사람이 물을 구하는 것과 같은 대상에 대한 목마름, 애착, 갈애渴愛 등의 의미를 내포한다. 애는 취의 조건이자 바탕이다. 대상에 대한 갈구가 없으면 대상을 취하는 행위도 사라지기 때문이다.

애는 대상의 종류에 따라 욕애欲愛, 색애色愛, rūpa-rāga, 무색애無色愛의 삼애三愛로 나뉘는데, 각각 욕유에 대한 갈애, 색유에 대한 갈애, 무색유에 대한 갈애를 뜻한다.

수 인간에 대한 정견은 노사로, 노사는 생으로, 생은 유로, 유는 취로, 취는 애로 귀착했다. 이제 애를 정견한다. 사식을 선택적으로 갈구하고 갈애하는 애의 조건은 무엇인가? 애는 무엇을 바탕으로 생겨나며, 무엇에 의해 유지되는가? 이러한 의문의 대답으로 발견된 애의 조건이 멸하면 곧 애가 멸하는가? 이러한 의문들에 대하여 정사유한다.

만족할 때까지 기어코 구하고자 하는 애착은 물질적, 감각적, 정신적 즐거움을 탐닉함에서, 혹은 물질적, 감각적, 정신적 괴로움을 회피함에서 그 바탕을 찾을 수 있다. 탐닉하고자 하는 모든 즐거움과 회피하고자 하는 모든 괴로움은 인간의 감수感受작용으로, 이것은 사식을 반복적으로 취하면서 사식에 대한 고락의 경험이 누적되었기 때문이다. 이렇게 누적된 고락의 경험이 수온이다. 이 수온에 새로운 대상에 대한 새로운 수가 일어나 애를 발생시키므로 수受, vedanā는 애의 조건이자 바탕이다. 수에 의한 고락이 없다면 대상을 갈구하고 갈애하는 애도 사라지기 때문이다.

수에는 괴로운 느낌의 고수苦受, 즐거운 느낌의 낙수樂受, 괴롭지도 즐겁지도 않은 느낌의 불고불락수不苦不樂受의 삼수三受가 있다.

촉 인간에 대한 정견은 노사로, 노사는 생으로, 생은 유로, 유는 취로, 취는 애로, 애는 수로 귀착했다. 이제 수를 정견한다. 고락의 감정인 수의 조건은 무엇인가? 수는 무엇을 바탕으로 생겨나며, 무엇에 의해 유지되는가? 이러한 의문의 대답으로 발견된 수의 조건이 멸하면 곧 수가 멸하는가? 이러한 의문들에 대하여 정사유한다.

고락의 감정이 누적된 것이 수온이며, 수온을 바탕으로 새로운 수가 발생하는 것은 촉觸, phassa에 의한 것이다. 따라서 촉이 수의 조건이자 바탕이다. 촉이 일어나지 않으면 수가 일어나지 않기 때문이다.

지금까지 살펴본 십이연기의 촉 지분까지를 육촉연기와 비교하면, 육촉연기와 십이연기는 동일하다. 일체법에 대한 비교적 간단한 이해만 있으면 누구든지 촉 지분까지의 십이연기를 이해할 수 있으므로, 연기법을 처음 배우고자 하거나 취착된 사견을 벗어나 정견을 갖추고자 하는 경우에 육촉연기를 사용할 수 있다. 육촉연기에 대한 바른 이해를 통해 사견을 벗어난 경우, 사유력의 깊이에 따라 촉 지분 다음의 지분을 몇 개씩 추가하면서 십이연기에 대한 이해를 완성할 수 있다.

육입 인간에 대한 정견은 노사로, 노사는 생으로, 생은 유로, 유는 취로, 취는 애로, 애는 수로, 수는 촉으로 귀착했다. 이제 촉을 정견한다. 수를 발생시키는 촉의 조건은 무엇인가? 촉은 무엇을 바탕으로 생겨나며, 무엇에 의해 유지되는가? 이러한 의문의 대답으로 발견된 촉의 조건이 멸하면 곧 촉이 멸하는가? 이러한 의문들에 대하여 정사유한다.

삼사의 접촉이 촉이다. 삼사는 내입처와 외입처, 그리고 식이다. 촉의 조건 혹은 바탕을 밝혀내려면 삼사가 어떻게 접촉하는지를 정확히 알아야 하고, 삼사의 접촉과정을 알기 위해서는 삼사의 기능과 역할을 잘 이해해야 한다. 삼사가 접촉할 때 제1접촉의 수와 제2접촉의 상, 그리고 제3접촉의 사로써 수상사가 발생한다.

그렇다면 촉은 무엇인가? 삼사의 접촉으로 수상사가 발생하는데, 촉은 삼사도 아니고 수상사도 아니다. 삼사의 접촉과 수상사의 발생 사이에 촉을 따로 세운 까닭은 무엇이며, 왜 촉을 입처라고 하는가? 그것은 삼사의 접촉으로 오온 전체가 변화하기 때문이다. 기존의 오온에서 삼사의 접촉이 시작되면 수상사가 발생하여 수온, 상온, 행온이 변화하는 것은 당연하지만, 이와 더불어 색온과 식온 역시 함께 변화한다. 이것은 수상사의 발생만으로 설명하기 어려울 뿐만 아니라 또한 삼사의 접촉을 통해 삼사 자체가 새롭게 변화하기 때문에 삼사의 접촉과 수상사의 발생 사이에 촉을 따로 세운 것이다. 따라서 촉에 의해 수상사가 발생하여 삼사가 변화하게 되고, 변화한 삼사가 다시 접촉을 하면 다시 수상사가 발생하고 삼사는 다시 새롭게 변화한다. 이렇게 촉은 삼사가 끊임없이 수상사를 통해 변화하는 장場이 되기에 입처라고 하는 것이다.

이상의 촉에 대한 이해를 바탕으로 촉의 조건을 살펴보자. 촉은 삼사의 제1접촉으로 시작하며, 수를 발생시키는 제1접촉은 내입처가 대상을 인식하려는 의지를 발동하여 시작한다. 그렇다면 내입처가 촉의 조건이 되는가? 그렇지 않다. 왜냐하면 내입처가 멸하면 촉도 멸하지만, 내입처가 인식활동의 주체이므로 내입처의 소멸은 십이연기를 탐구하는 인식주체의 소멸을 의미한다. 이것은 모순이다. 따라서 촉의 조건은 내입처 자체가 아니라 내입처에 누적된 인식내용이다. 내입처에 누적된 인식내용은 색온과 상온에 대한 인식주체로서의 인식경험이다. 색온과 상온에 누적된 인식주체로서의 인식경험이 제1접촉을 일으키는 대상을 인식하려는 의지이다. 그러므로 촉의 조건 내지 바탕은 내입처에 누적된 인식경험이다. 내입처에 누적된 인식경험이 없다면 촉은 발생하지 않기 때문이다. 이것을 간단히 육입六入, salāyatana이라고 부른다.

명색 인간에 대한 정견은 노사로, 노사는 생으로, 생은 유로, 유는 취

220

로, 취는 애로, 애는 수로, 수는 촉으로, 촉은 육입으로 귀착했다. 이제 육입을 정견한다. 내입처에 누적된 인식경험인 육입의 조건은 무엇인가? 육입은 무엇을 바탕으로 생겨나며, 무엇에 의해 유지되는가? 이러한 의문의 대답으로 발견된 육입의 조건이 멸하면 곧 육입이 멸하는가? 이러한 의문들에 대하여 정사유한다.

인식활동의 주체이자 대상을 인식하려는 의지로서의 내입처에 누적된 색온과 상온의 인식경험은 새로운 대상을 인식하려는 의지를 발동하여 제1접촉을 일으킨다. 기존의 육입은 새로운 대상을 인식한 인식경험이 추가된 새로운 육입이 되며, 새로운 인식대상의 정보는 색온과 상온으로 전달되어 축적된다. 이렇게 육입에 의해 인식경험의 대상이 되는 모든 인식대상의 정보는 상온과 색온에 축적되는데, 상온과 색온에 축적된 이러한 인식대상을 명색名色, nāmarūpa이라 한다. 대상을 인식하고자 하는 의지는 인식하려는 대상에 의존하며, 인식활동의 주체는 인식활동의 객체에 의존한다. 따라서 육입은 명색에 의존하고 있으며, 명색이 없으면 육입도 존립하지 못한다. 그러므로 명색이 육입의 조건이자 바탕이 된다.

식 인간에 대한 정견은 노사로, 노사는 생으로, 생은 유로, 유는 취로, 취는 애로, 애는 수로, 수는 촉으로, 촉은 육입으로, 육입은 명색으로 귀착했다. 이제 명색을 정견한다. 상온과 색온에 축적된 인식대상인 명색의 조건은 무엇인가? 명색은 무엇을 바탕으로 생겨나며, 무엇에 의해 유지되는가? 이러한 의문의 대답으로 발견된 명색의 조건이 멸하면 곧 명색이 멸하게 되는가? 이러한 의문들에 대하여 정사유한다.

인식활동의 객체이자 인식하려는 의지의 대상으로서의 상온과 색온에 축적된 인식대상 즉 명색은 제2접촉을 통해 새로운 명색을 전달받는다. 이렇게 명색은 새로운 명색을 추가로 축적하여 새로운 명색이 된다. 그리고 새로운 명색은 식에 의해 분별되고 요별된다. 육입은 명색을 위한 것이고, 명색은 식의 요별을 위한 것이다. 즉 육입은 명색에 의존하고, 명색은 식의 요별에 의존한다. 명색을 분별하고 요별하는 식의 인식활동이 없다면 명색은 축적해야 할 이유가 없다. 따라서 명색을 분별하고 요별하는 식識, viññāṇa이 명색의 조건이자 바탕이 된다.

행 인간에 대한 정견은 노사로, 노사는 생으로, 생은 유로, 유는 취로, 취는 애로, 애는 수로, 수는 촉으로, 촉은 육입으로, 육입은 명색으로, 명색은 식으로 귀착했다. 이제 식을 정견한다. 명색을 분별하고 요별하는 식의 조건은 무엇인가? 식은 무엇을 바탕으로 생겨나며, 무엇에 의해 유지되는가? 이러한 의문의 대답으로 발견된 식의 조건이 멸하면 곧 식이 멸하게 되는가? 이러한 의문들에 대하여 정사유한다.

새로운 인식대상이 기존의 명색에 축적되면 식은 새로운 인식대상과 기존의 명색을 비교하고 분별하고 요별하는 인식작용을 일으킨다. 이러한 인식작용이 누적되어 식온이 된다. 이렇게 새로운 인식대상이 명색에 축적될 때마다 인식작용이 추가로 누적되어 식온은 새로운 식온으로 변화한다. 식온이 새로운 식온으로 변화할 때마다 새로운 인식대상과 기존의 명색을 비교하고 분별하고 요별한 정보는 다시 내입처로 전달된다. 이때 내입처와 육입의 관계나 상온과 색온과 명색의 관계와 마찬가지로, 식과 식에 누적된 인식작용을 구별해야 한다. 만약 식 자체의 바탕을 사유한다면 그것은 식의 발생조건이 되는 내입처와 외입처가 되기 때문이다. 여기서 탐구하고자 하는 것은 식 자체의 바탕이 아니라 식에 누적된 인식작용의 바탕이다. 식에 누적된 식의 인식작용을 식 자체와 구별하여 따로 부르지 않는 것은 식이 입처가 아니기 때문이다. 식에 누적된 식의 인식작용이 내입처로 전달되는 것이 행이다. 행에 의하여 내입처는 인식활동의 주체로서 행위기준을 설정한다. 육입의 인식활동은 명색을 위한 것이고, 명색은 식의 분별을 위한 것이고, 식의 분별은 행을 위한 것이다. 즉 육입은 명색에, 명색은 식의 분별에, 식의 분별은 행에 의존하고 있다. 내입처의 행위기준이 되는 행이 없다면 식의 인식작용이 축적되어야 할 이유가 없다. 따라서 식에 축적되는 분별하고 요별하는 식의 인식작용의 조건 또는 바탕은 행行, saṅkhāra이다.

무명 인간에 대한 정견은 노사로, 노사는 생으로, 생은 유로, 유는 취로, 취는 애로, 애는 수로, 수는 촉으로, 촉은 육입으로, 육입은 명색으로, 명색은 식으로, 식은 행으로 귀착했다. 이제 행을 정견한다. 내입처의 행위기준이 되는 행의 조건은 무엇인가? 행은 무엇을 바탕으로 생겨나며, 무엇에 의해 유지되는가? 이러한 의문의 대답으로 발견된 행의 조건이 멸하면 곧 행이 멸하게 되는가? 이러한 의문들에 대하여 정사유한다.

식의 인식작용이 내입처로 전달되는 행위가 곧 행이다. 행이 내입처로 전달되면 행온으로 누적되면서 내입처의 의지를 발동시켜 인식주체로서 신구의 삼행과 전오근을 일으킨다. 이렇게 되면 또다시 삼사가 내입처, 외입처, 식의 순서로 끊임없이 변화한다. 행은 삼사가 이러한 변화의 순환을 한 바퀴 도는 데 마지막 연결고리가 된다. 따라서 행의 소멸은 이러한 순환고리를 끊는 것이며, 이것은 변화하는 생멸의 세계에서 벗어남을 의미한다. 행의 소멸은 행의 조건의 소멸이 전제가 된다. 행의 조건이 소멸하지 않으면 행이 소멸하지 못하고, 행이 소멸하지 못하면 생멸의 세계에서 벗어나지 못한다. 그러므로 행의 조건의 유무는 곧 변화하는 생멸의 세계에 속박되느냐 아니면 벗어나느냐를 판가름한다. 행의 조건, 또는 행의 바탕이 곧 무명無明, avijjā이다.

다시 표현하면 식의 인식작용이 내입처로 전달하는 것이 행이고, 이 행으로 말미암아 내입처가 대상을 인식하려는 의지를 발동시켜 신구의 삼행과 전오근을 일으키면서 주체적으로 인식활동을 하게 된다. 수상사를 발생시켜 삼사의 순환고리를 반복 가동시키는 내입처의 모든 주체적인 인식활동이 행의 조건이 되고 바탕이 된다. 여기서 내입처의 인식활동이란 육입을 가리키는 것이 아니라 육입을 생성시키고 저장하는 내입처 자체의 인식활동을 의미한다. 육입을 생성시키고 저장하여 삼사의 순환고리를 벗어나지 못하게 하는 내입처의 모든 인식활동, 이것이 바로 무명이다. 이 무명으로 인해 인간은 생멸의 세계에 속박되며, 무명이 소멸되면 행이 소멸되고 생멸의 세계를 벗어나게 된다. 생멸의 세계를 벗어나면 십이연기가 완성된다.

27. 육촉연기의 노사老死와 생生은 십이연기의 노사와 생과 같은 것인가, 다른 것인가? 어느 쪽이든 그 이유를 설명해보라.

---

28. 몸과 생각을 '나'와 '나의 것'으로 여기는 착각은 어떻게 발생하는지 설명해보라.

---

29. 생물학적 육신의 일회적 사死의 전과 후에 취하게 되는 사식의 차이를 설명해보라.

---

30. '나'를 형성하는 유有를 모두 나열하고, 사식과 관련지어 분류해보라. 사식과 관련지어 분류되지 않는 유가 있는가?

---

31. 욕취欲取, 견취見取, 계취戒取, 아취我取의 사취를 취의 동기로 보지 않고 취의 대상으로 보는 견해가 있다. 욕, 견, 계, 아를 취의 대상으로 볼 때 발생하는 모순들을 지적해보라.

---

32. 수를 일으키는 제1접촉의 촉과, 수의 바탕이 되는 촉 사이의 같은 점과 다른 점은 무엇인가?

---

33. 육내입처가 여섯 가지로 나누어지기 전의 상태로 환원되는 것은 십이연기의 어느 지분에서인가? 육외입처의 경우에는 어떠한가? 또한 입처가 내외로 나누어지기 전의 상태로 환원되는 것은 십이연기의 어느 지분에서인가? 그 이유를 구차제정과 연계하여 설명해보라.

---

34. 중도와 일체법과 연기법을 전혀 알지 못한다고 가정하고 십이연기를 완성해보라. 십이연기를 완성하는 과정에서 중도와 일체법과 연기법이 발견되고 구체적으로 완성됨을 각 지분의 전개에 따라 상세히 설명해보라.

35. 십이연기를 육촉연기 전후의 두 단계로 구분한 것처럼, 육촉연기를 다시 두 단계로 구분지어보라. 이렇게 하면 십이연기가 모두 세 단계로 구분된다. 이 세 단계의 특징을 비교하여 설명해보라.

---

36. 연과 과로서만 연기법을 서술한 까닭이 무엇일지 유추하고 설명해보라.

---

37. 십이연기를 해석하는 설의 하나로, 후대에 정립되어 불교 역사에서 광범위한 지지를 받아온 삼세양중인과설三世兩重因果說이 있다. 이 설은 무명과 행을 과거의 이인二因으로, 식, 명색, 육입, 촉, 수를 현재의 오과五果로, 애, 취, 유를 미래의 삼인三因으로, 생, 노사를 미래의 이과二果로 보아 열두 지분을 과거, 현재, 미래의 인因과 과果로 해석한다. 이렇게 해석한 열두 지분을 양중兩重으로 겹치게 하되 인과 과로 겹치게 하여 삼세가 끊임없이 인과 과로 이어지도록 해석한다. 삼세양중인과설의 근본적인 모순이 무엇인지 연기법의 관점에서 설명해보라.

---

38. 의식현상이 물리적인 공간을 점유한다거나 물리적인 시간의 경과를 필요로 한다는 주장에 모순이 있음을 밝히라.

---

39. 석가모니 부처님께서 무상정등정각 성취 후 첫 법륜을 펼치고자 오비구를 찾아가셨다. 이때 오비구라는 대상을 찾으려는 의지를 가지고 신구의 삼행과 전오근을 일으켜 행한 석가모니 부처님의 인식활동은 수상사를 일으키지 않는가? 수상사를 일으키지 않고 과거에 알던 오비구를 어떻게 알고 찾을 수 있는가?

3.3 역관과 순관

노사에서 시작하여 무명으로 귀결되는 십이연기의 사유과정을 역관逆觀이라 하고, 역으로 무명에서 시작하여 노사로 종결짓는 십이연기의 사유과정을 순관順觀이라고 한다. 산행山行에 비유하자면 역관은 등산에 해당하고 순관은 하산에 해당한다. 삼계의 낮은 인식차원에서 시작하여 점차 인식차원을 높여 마침내 삼계의 연기하는 생멸의 세계 즉 유위계를 벗어나 무위계에 도달하는 것이 역관이라면, 순관은 무위계에서 유위계로, 그리고 유위계의 높은 인식차원에서 점차 낮은 인식차원으로 내려오면서 생로병사의 순환에서 벗어나지 못하는 인간의 차원까지 보여준다. 이렇게 십이연기의 역관과 순관은 모든 인식차원과 모든 인식변화를 포괄하여, 인식차원의 향상과 퇴보와 답보상태 등 모든 인식현상들을 보여준다. 인간세계와 삼계를 벗어나고자 하는 이에게 십이연기는 고해苦海를 벗어나는 사다리가 된다. 역관과 순관을 통해 십이연기를 철저히 이해하고 아는 것은 십이연기의 사다리를 한 단계씩 오르는 수행을 할 때 잘못되지 않도록 안내하는 지도와 나침반의 역할을 한다.

역관 십이연기의 역관을 간단히 표현하면, 생로병사의 일생을 살면서 매 순간 희로애락을 겪는 인간을 정견하는 것이다. 그것은 또한 주체적으로 사유하는 자아가 바로 자기 자신이라고 여기는 존재임을 사유하는 것이다. 육신이 나라고 하는 주장이나 영혼이 나라고 하는 주장도 모두 사유하는 자아의 치우친 사유에 불과하다. 자기 자신이라고 여기는 존재로서 사유하는 자아가 퇴색하고 멸하는 인식현상[노사]이나 새롭게 생겨나는 인식현상[생]이 발생하는 것은 자아가 사식을 탐착하고 질료로 삼아 취하기 때문이다[취]. 탐착하여 취한 사식을 자아의 구성성분으로 받아들여 자기동일시함으로써[유] 자아가 새롭게 생겨난다[생]. 새롭게 생겨난 자아는 시간이 지나면서 변화하다가[노] 다시 사식을 새롭게 취할 때 멸하게 된다[사]. 이전의 자아는 멸하면서 동시에 다시 새롭게 취한 사식을[취] 자아의 새로운 구성요소로 받아들여 자기동일시함으로써[유] 다시 새로운 자아로 태어난다[생]. 이와 같이 노사, 생, 유, 취가 끊임없이 이어지며 전개되는 것은 사식을 선택적으로 취하는 행위에 사식을 갈구하는 애가 있기 때문이다. 사식을 갈구하고 애착하는 것은 사식에 대한 고락의 감수작용이 있기 때문이며, 이러한 고락의 감수작용인 수는 촉에 의해 발생하는 것이다.

이와 같이 살펴본 애, 수, 촉은 사식을 선택적으로 취하는 행위를 한층 더 근본적으로 분석하여 사유한 것이다. 즉 노사, 생, 유, 취의 순환고리를 촉까지 확대하여 노사, 생, 유, 취, 애, 수, 촉으로 생로병사의 순환을 벗어나지 못하는 중생의 모습을 보여준 것이다. 이것이 육촉연기에 해당한다.

촉의 작용은 내입처에 누적된 인식경험 즉 육입이 대상을 인식하려는 의지를 발동하여 대상을 인식하고 식별하는 과정에서 발생한 것이므로 촉의 바탕은 육입이 된다. 그리고 육입은 인식하려는 의지의 대상을 조건으로 성립하므로 육입의 바탕은 상온과 색온에 축적된 명색이 된다. 명색은 식에 의해 분별되고 요별됨을 조건으로 성립하고, 이것은 내입처로 전달되어 내입처의 행위를 일으키는 행을 조건으로 성립한다. 행의 조건은 생멸하는 유위계에 속박하게 하는 내입처가 일으키는 모든 행위로서의 무명이다. 이것이 십이연기의 역관으로 노사, 생, 유, 취, 애, 수, 촉, 육입, 명색, 식, 행, 무명이다.

무명의 발견으로 큰 연기 고리 즉 십이연기는 완성된다. 십이연기의 역관으로 십이연기가 크게 두 단계로 이루어져 있음을 본다. 그 첫 단계가 육촉연기이고, 둘째 단계는 육촉연기 이후의 지분들이다. 육촉연기는 오온 중에서 색온과 수온이 강조되어 연기하는 단계이다. 이때 육신은 색온을 대표한다. 촉 이후는 색온과 수온을 벗어나고 상온과 행온과 식온이 드러나 연기하는 단계이다. 인식의 발생순서를 보면, 입처에서 내입처와 외입처가 발생하고, 내입처와 외입처에서 식이 발생하며, 내입처, 외입처, 식의 삼사에 의한 촉으로 수상사가 발생한다. 이와 같은 인식의 발생순서와 연기의 차제는 동일하지 않다. 연기의 차제는 내입처, 외입처, 식, 수상사가 모두 발생한 연후에 일어나는 인식 변화 현상들이기 때문이다. 따라서 삼사와 수상사의 인식 자체가 연기하는 것이 아니라 이러한 인식에 누적되고 축적되고 또는 각인된 인식내용이 연기하는 것이다. 내입처의 인식내용인 육입, 상온과 색온의 인식내용인 명색, 그리고 식의 인식내용인 식의 인식작용이 서로 조건지어져 연기하는 것을 밝힌 것이 둘째 단계이다.

수와 촉을 소멸시키므로 수온을 비우게 되고, 비워진 수온은 다시 채워지지 않는다. 육입을 소멸시키므로 내입처를 비우게 되고, 명색을 소멸시키므로 상온과 외입처를 비우게 되고, 식의 인식작용을 소멸시키므로 식이 쉬게 된다. 마지막으로 행을 소멸시키므로 행온을 비우게 되고, 삼사와 수상행의 인식활동 자체가 무명無明임을 자각하게 된다. 이때 무명은 사라지고 명明이 저절로 드러나면서 무명이 곧 명이 된다. 명의 상태에서 수상사와 삼사는 서로 분리되어 발생 이전의 상태 즉 입처로 환원되는데, 이 상태에서 대상을 접촉하여 인식하는 것을 명촉明燭이라고 한다.

과果로부터 연緣을 탐구해가는 관점인 역관은 두 가지 형태로 전개하여 활용되는데, 유전문流轉門, anuloma과 환멸문還滅門, paṭiloma이 그것이다. 이 두 가지는 연기의 생과 멸에 중점을 두어 유전문은 생生과 유有로, 환멸문은 멸滅과 무無로 전개하므로 본서에서는 유전문과 환멸문을 각각 생유문生有門과 멸무문滅無門으로 명명한다.

① 생의 생유문은 이러하다. 노사라는 과가 생기는 깃은 생이라는 연이 생기기 때문이다. 이를 간단히, 노사가 생김은 생이 생김이라고 한다. 다른 지분에도 이와 같이 적용한다. 노사가 생김은 생이 생김이요, 생이 생김은 유가 생김이요, 유가 생김은 취가 생김이요, 취가 생김은 애가 생김이요, 애가 생김은 수가 생김이요, 수가 생김은 촉이 생김이요, 촉이 생김은 육입이 생김이요, 육입이 생김은 명색이 생김이요, 명색이 생김은 식이 생김이요, 식이 생김은 행이 생김이요, 행이 생김은 무명이 생김이다.

② 유의 생유문은 이러하다. 노사라는 과가 있는 것은 생이라는 연이 있기 때문이다. 이를 간단히, 노사가 있음은 생이 있음이라고 한다. 다

른 지분에도 이와 같이 적용한다. 노사가 있음은 생이 있음이요, 생이 있음은 유가 있음이요, 유가 있음은 취가 있음이요, 취가 있음은 애가 있음이요, 애가 있음은 수가 있음이요, 수가 있음은 촉이 있음이요, 촉이 있음은 육입이 있음이요, 육입이 있음은 명색이 있음이요, 명색이 있음은 식이 있음이요, 식이 있음은 행이 있음이요, 행이 있음은 무명이 있음이다.

③ 멸의 멸무문은 이러하다. 노사라는 과가 사라지는 것은 생이라는 연이 사라지기 때문이다. 이를 간단히, 노사가 사라짐은 생이 사라짐이라고 한다. 다른 지분에도 이와 같이 적용한다. 노사가 사라짐은 생이 사라짐이요, 생이 사라짐은 유가 사라짐이요, 유가 사라짐은 취가 사라짐이요, 취가 사라짐은 애가 사라짐이요, 애가 사라짐은 수가 사라짐이요, 수가 사라짐은 촉이 사라짐이요, 촉이 사라짐은 육입이 사라짐이요, 육입이 사라짐은 명색이 사라짐이요, 명색이 사라짐은 식이 사라짐이요, 식이 사라짐은 행이 사라짐이요, 행이 사라짐은 무명이 사라짐이다.

④ 무의 멸무문은 이러하다. 노사라는 과가 없는 것은 생이라는 연이 없기 때문이다. 이를 간단히, 노사가 없음은 생이 없음이라고 한다. 다른 지분에도 이와 같이 적용한다. 노사가 없음은 생이 없음이요, 생이 없음은 유가 없음이요, 유가 없음은 취가 없음이요, 취가 없음은 애가 없음이요, 애가 없음은 수가 없음이요, 수가 없음은 촉이 없음이요, 촉이 없음은 육입이 없음이요, 육입이 없음은 명색이 없음이요, 명색이 없음은 식이 없음이요, 식이 없음은 행이 없음이요, 행이 없음은 무명이 없음이다.

순관 역관의 역으로, 무명에서 시작하여 노사에서 종결되는 십이연기의 순관을 간단히 살펴본다. 명의 상태에서 문득 유위조작[무명]을 일으킨다. 유위조작하여 명의 상태가 무명의 상태로 된다. 이 과정에서 입처가 내입처와 외입처로 유위조작된다. 유위조작을 취착하고, 취착된 유위조작이 작동하는 행위를 일으킨다[행]. 이러한 행위로 식이 연기하여 발생한다[식]. 식의 분별작용은 명색에 기인하며[명색], 이 명색은 명색을 인식하려는 육입에 기인한 것이다[육입]. 육입은 명색에 해당하는 사식을 인식하고 식과 접촉을 일으키면서 이것을 식별한다[촉]. 사식을 인식하고 식별하면서 즐겁거나 괴로운 느낌들이 일어나고[수], 이렇게 일어난 고락의 느낌으로 사식을 갈구하고 갈애한다[애]. 갈애하는 사식을 선택하여 취하고[취], 이렇게 취한 사식을 자아의 구성성분으로 받아들여 자기동일시한다[유]. 새로운 자아의 구성성분을 받아들인 자아는 새로운 자아로 변화하여 태어나고[생], 이 새로운 자아는 시간이 지나면서 퇴색하고 또다시 새로운 자아로 변화하는 과정을 반복하다가 사라진다[노사].

연에서 과를 탐구해가는 관점인 순관은 역관과 마찬가지로 생유문과 멸무문으로 전개되며, 생유문은 생과 유로, 멸무문은 멸과 무로 전개한다.

① 생의 생유문은 이러하다. 무명이라는 연이 생기면 행이라는 과가 생기게 된다. 이를 간단히, 무명이 생기면 행이 생긴다고 한다. 다른 지분에도 이와 같이 적용한다. 무명이 생기면 행이 생기고, 행이 생기면 식이 생기고, 식이 생기면 명색이 생기고, 명색이 생기면 육입이 생기

고, 육입이 생기면 촉이 생기고, 촉이 생기면 수가 생기고, 수가 생기면
애가 생기고, 애가 생기면 취가 생기고, 취가 생기면 유가 생기고, 유가
생기면 생이 생기고, 생이 생기면 노사가 생긴다.

② 유의 생유문은 이러하다. 무명이라는 연이 있으면 행이라는 과가
있게 된다. 이를 간단히, 무명이 있으면 행이 있다고 한다. 다른 지분에
도 이와 같이 적용한다. 무명이 있으면 행이 있고, 행이 있으면 식이 있
고, 식이 있으면 명색이 있고, 명색이 있으면 육입이 있고, 육입이 있으
면 촉이 있고, 촉이 있으면 수가 있고, 수가 있으면 애가 있고, 애가 있
으면 취가 있고, 취가 있으면 유가 있고, 유가 있으면 생이 있고, 생이
있으면 노사가 있다.

③ 멸의 멸무문은 이러하다. 무명이라는 연이 사라지면 행이라는 과
도 사라지게 된다. 이를 간단히, 무명이 사라지면 행이 사라진다고 한
다. 다른 지분에도 이와 같이 적용한다. 무명이 사라지면 행이 사라지
고, 행이 사라지면 식이 사라지고, 식이 사라지면 명색이 사라지고, 명
색이 사라지면 육입이 사라지고, 육입이 사라지면 촉이 사라지고, 촉이
사라지면 수가 사라지고, 수가 사라지면 애가 사라지고, 애가 사라지면
취가 사라지고, 취가 사라지면 유가 사라지고, 유가 사라지면 생이 사라
지고, 생이 사라지면 노사가 사라진다.

④ 무의 멸무문은 이러하다. 무명이라는 연이 없어지면 행이라는 과
도 없어지게 된다. 이를 간단히, 무명이 없으면 행이 없다고 한다. 다
른 지분에도 이와 같이 적용한다. 무명이 없으면 행이 없고, 행이 없으
면 식이 없고, 식이 없으면 명색이 없고, 명색이 없으면 육입이 없고, 육

입이 없으면 촉이 없고, 촉이 없으면 수가 없고, 수가 없으면 애가 없고, 애가 없으면 취가 없고, 취가 없으면 유가 없고, 유가 없으면 생이 없고, 생이 없으면 노사가 없다.

3.4 연기의 이해

연기의 의미   연기법緣起法을 인간에게 적용한 것이 십이연기지만, 십이연기를 완성하면서 발견한 것이 연기법이기도 하다. 따라서 십이연기는 연기법의 일례一例이면서 인간에게는 가장 중요한 연기법의 실례實例가 된다. 연기법은 석가모니 부처님께서 만든 것이 아니고, 다른 사람이나 다른 부처가 만든 것도 아니다. 석가모니 부처님께서 세상에 나오시든 나오지 않으시든 이 연기법은 진리로서 상주常住한다. 따라서 부처님께서 연기법을 자각하고 연기법을 따라 무상정등정각을 이루신 것이고, 중생들을 위하여 이 연기법을 십이연기로 분별하여 시설하고 또한 계발하여 현시顯示하신 것이다.

연기緣起는 'paṭiccasamuppāda'의 번역으로, 의지하여paṭicca 함께 나타남samuppāda을 뜻한다. 과果가 연緣에 의지하여 연과 함께 나타난다는 의미이다. '함께 나타남'을 기起 대신 생生으로 옮기기도 하는데, 기로 번역하면 연기緣起가 되고 생으로 번역하면 연생緣生이 된다. 본서에서는 후대에 정착한 대로 연기와 연생 중에서는 연기를 선택하여 사용하지만 기멸起滅과 생멸生滅 중에서는 생멸을 채택한다. 연기법은 아래의 사구四句로 요약되어 '4구 연기법'이 된다.

차생고피생此生故彼生 이것이 생기면 저것이 생기고
차유고피유此有故彼有 이것이 있으면 저것이 있다.
차멸고피멸此滅故彼滅 이것이 사라지면 저것이 사라지고
차무고피무此無故彼無 이것이 없으면 저것이 없다.

위의 4구를 통해 연기의 의미를 살펴보면, 첫 2구는 생유문이고 나머지 2구는 멸무문이다. 순관과 역관 중에서 순관을 선택하여 해석하면 다음과 같다. '이것이 생기면 저것이 생기고, 이것이 있으면 저것이 있다'라는 첫 2구의 생유문에서, '이것'은 연緣이 되고 '저것'은 과果가 된다. 과인 '저것'이 연인 '이것'에 의지하여 '저것'이 '이것'과 함께 나타난다는 의미이다. 과가 연에 의지하여 연과 함께 나타나는 것이 연기의 의미이다. 이를 풀어서 표현하면 '이것이 생기면 저것이 이것에 의지하여 이것과 함께 생기고, 이것이 있으면 저것이 이것에 의지하여 이것과 함께 있다'라고 할 수 있다. 이것을 생유生有로 합쳐서 표현하면 다음의 1구 생유문이 된다.

此生有故彼生有 차생유고피생유 이것이 생겨서 있으면 저것이 생겨서 있다.

이것을 연기의 의미로 풀어쓰면 '이것이 생겨서 있으면 저것이 이것에 의지하여 이것과 함께 생겨서 있게 된다'라고 할 수 있다. 다시 표현하면, 이것이 생겨서 존재하면 이것을 바탕으로 하는 저것이 생겨서 존재하게 되는데, 이렇게 생겨서 존재하게 되는 저것은 이것과 함께한다. 함께 생겨서 존재하는 이것은 이것을 바탕으로 생겨서 존재하는 저것에 흡수된다. 그리고 이렇게 생겨서 존재하는 저것은 또 다른 이것이 된다. 그리고 또 다른 이것에서 또 다른 저것이 생겨서 존재한다. 이와 같이 이것과 저것이 끊임없이 이어져 생유하면서 흘러가는 것이 순관의 생유문이다.

멸무문의 2구인 '이것이 사라지면 저것이 사라지고, 이것이 없으면 저것이 없다'를 순관의 관점에서 연기의 의미로 풀어서 쓰면 '이것이 사라지면 이것에 의지하는 저것이 이것과 함께 사라지고, 이것이 없으면 이것에 의지하는 저것이 이것과 함께 없다'라고 할 수 있다. 이것을 멸무滅無로 합쳐서 표현하면 다음의 1구 멸무문이 된다.

此滅無故彼滅無 차멸무고피멸무 이것이 사라져서 없으면 저것이 사라져서 없다.

이것을 다시 연기의 의미로 풀어쓰면 '이것이 사라져서 없으면 이것에 의지하는 저것이 이것과 함께 사라져서 없다'라고 할 수 있다. 다시 표현하면, 이것이 사라져서 없으면 이것을 바탕으로 하는 저것도 사라져서 없되, 이것이 사라지고 없을 때 저것이 이것과 함께 사라져서 없다. 그리고 이렇게 사라져서 없는 저것은 또 다른 이것이 된다. 또 다른 이것으로부터 또 다른 저것이 사라져서 없게 된다. 이와 같이 이것과 저것이 끊임없이 이어져 멸무하는 것이 순관의 멸무문이다.

2구로 되어 있는 생유문과 멸무문을 각각 1구로 통합하여 살펴보았다. 이제 생유문과 멸무문을 통합하여 4구의 연기법을 1구로 표현하면 '이것이 생유멸무하면 저것이 생유멸무한다'가 되며, 유무가 생멸에 내포되어 있다고 보고 유무를 생략하면 다음의 1구 연기법이 된다.

此生滅故彼生滅 차생멸고피생멸 이것이 생멸하면 저것이 생멸한다.

이것을 연기의 의미로 풀어 쓰면 '이것이 생멸하면 이것에 의지하는 저것이 이것과 함께 생멸한다'라고 할 수 있다. 마찬가지로 이렇게 생멸하는 저것은 또 다른 이것이 된다. 또 다른 이것에서 또 다른 저것이 생멸하게 된다. 이와 같이 이것과 저것이 끊임없이 이어져 생멸하는 것이 순관의 연기법이다.

시공간의 이해 '저것이 이것에 의지하여 이것과 함께 생겨서 존재한다'는 연기의 표현에서, 저것이 이것과 같은 시공간을 공유한다고 해석하기도 한다. 비유하자면, 이어달리기를 할 때 앞선 계주자가 정해진 구역 내에서 다음 계주자에게 바통을 넘겨주는 것과 같다. 두 주자는 바통이 전해지는 시공간에 함께 있어야 한다. 이와 같은 해석은 '저것이 이것에 의지하여'를 같은 공간으로, '저것이 이것과 함께'를 같은 시간으로 보는 것이다.

연과 과가 같은 시공간을 공유한다는 해석은 일견 타당하게 보이지만 연기의 관점에서 다음의 두 가지를 간과해서는 안 된다. 첫째, 시간과 공간이 연기의 대상이라는 것, 즉 시간과 공간도 연기한다는 사실이다. 시간과 공간은 모든 연기 현상의 절대적인 배경처럼 존재하지 않으며, 연기 현상에서 예외 없이 절대적으로 필요한 것이 아니다. 특히 인식현상을 다루는 연기법에서는 시간과 공간이 반드시 필요하다고 할 수 없다. 둘째, 의식이 공간을 점유한다는 주장이나 의식이 시간의 경과를 필요로 한다는 주장 자체가 무의미한 것이다. 따라서 '저것이 이것에 의지하여'를 같은 공간을 공유한다고 해석하거나 '저것이 이것과 함께'를 같은 시간을 공유한다고 해석하는 것은 타당하지 않다.

인의 이해 4구에서부터 1구까지 살펴본 연기법을 문자 그대로 사유하면 마치 '이것'과 '저것'의 생멸이 거의 동시에, 내지는 매우 짧은 찰나 사이에 발생하거나 혹은 '이것'과 '저것'이 시간의 경과에 상관없이 내적으로 속박되어 함께 생멸하는 것처럼 보인다. 즉 이것이 생멸하면 저것이 생멸한다는 것을 이것과 저것이 동시에 혹은 찰나 사이에 생멸하거나, 이것과 저것이 내적으로 속박되어 이것과 저것이 함께 생멸한다고 해석하는 것이다. 이러한 관점은 '이것'과 '저것'이 한 쌍의 지분으로 되어 있을 때뿐 아니라 연기관계에 있는 다수의 지분으로 구성되어 있을 때에도 적용된다. 연기법에 대한 이러한 관점은 연기법의 일례인 십이연기를 이해하는 데 적절하지 않다.

'이것'과 '저것'의 관계를 좀 더 살펴봄으로써 연기법을 이해해 보

자. '이것'과 '저것'의 관계가 연과 과의 관계로 이루어져 있음을 앞에서 언급하였다. 과가 연에 의지하여 함께 생멸하는 것과, 과가 새로운 연이 되어 또 다른 새로운 과가 새로운 연에 의지하여 함께 생멸하는 것도 앞서 살펴본 바와 같다. 이렇게 연과 과로 서술된 것으로만 연기법을 이해하려고 하면 인因을 간과하는 잘못을 범하게 된다. 어찌 인 없이 연과 과로만 연기법을 이해할 수 있겠는가? 연과 과가 생멸할 때에는 반드시 인이 가동되어야 한다. 연이 과로 변화할 때 변화의 동인動因이 인이기 때문이다.

따라서 연기법은 인을 포함하여 이해해야 한다. 인이 포함될 때 연기법은 '이것이 생멸하면, 이것에 적절한 인이 작동하여, 이것에 의지하는 저것이 이것과 함께 생멸한다'고 이해할 수 있다. 적절한 인이 반드시 포함되어야 한다는 것은 십이연기에서 수행의 필연성이 대두되는 근거가 된다. 그리고 연과 과의 대상이 무엇인지에 의해서뿐만 아니라 이렇게 작동하는 인에 따라서 연과 과의 생멸에 시간의 경과가 필요하기도 하고 그렇지 않기도 하다. 예를 들어 십이연기에서 사식을 탐착하여 취할 때, 주지하다시피 사식에는 물질적인 것뿐만 아니라 비물질적인 것도 있다. 물질적인 것을 취할 때에는 반드시 시간적인 경과가 필요하지만 비물질적인 것을 취할 때에는 시간적인 경과가 반드시 필요하지는 않다. 오랜 기간 동안 사유하여 한 생각이 변화할 수도 있고, 또한 찰나에 한 생각이 변화할 수도 있기 때문이다. 따라서 연과 과로서만 연기법을 이해하여 연과 과의 생멸이 찰나 사이에 발생하거나 혹은 내적 속박에 의하여 무시간적으로 발생하는 것으로 보는 관점은 인을 간과한 것이다. 또한 연과 과의 생멸을 과거, 현재, 미래의 시간적 흐름에서 이해하려는 관점은 연기법이 근본적으로 인식현상에 대한 것임을 간과하고 연기법을 물질적인 면에 치우쳐 해석하는 것이다.

순관과 역관 '이것'과 '저것'의 관계에 대한 또 하나의 관점은, '이것'과 '저것'의 차례 문제이다. '이것'과 '저것'의 생멸로 묘사된 연기법을 얼핏 보면 '이것'과 '저것' 사이에 호환성 즉 대칭성이 존재하는 것처럼 보이지만, '이것'과 '저것'의 차례에 따라 연기법이 다르게 해석될 수 있다. 이 문제를 좀 더 살펴보기 위해 연기법을 순관과 역관으로 분리하여 논의하기로 한다.

위에서, '이것'을 연으로 '저것'을 과로 보고 인을 포함하면 순관의 생유문은 '이것이 생유하면, 이것에 적절한 인이 작동하여, 이것에 의지하는 저것이 이것과 함께 생유한다'고 해석했다. 이것을 좀 더 자세히 풀어서 보면, 연이 생기거나 생겨서 존재하게 되면 이 연에 적절한 인이 작동한다. 인의 작동이 완료되면서 연은 이 연에 의지하는 과로 변화한다. 이 변화의 과정이 완료되면서 연은 과에 완전히 내장되어 과가 연과 함께 생기거나 생겨서 존재하게 된다. 이렇게 생기거나 생겨서 존재하게 되는 과는 새로운 연이 된다. 그리고 이 새로운 연에는 새로운 적절한 인이 작동해서 새로운 과가 생기거나 생겨서 존재하게 되는 과정이 반복해서 이어진다. 따라서 순관의 생유문에서는 이미 생유하는 연에 적절한 인이 작동하여 생유하지 않던 과가 생유하게 되는 것을 설명하는 것이므로 연과 과가 호환성을 갖지 않는다.

순관의 멸무문의 경우도 마찬가지로 '이것'을 연으로 '저것'을 과로 보고 인을 포함하면, '이것에 적절한 인이 작동하여 이것이 사라져서 없으면, 이것에 의지하는 저것이 이것과 함께 사라져서 없다'고 해석할 수 있다. 사라져서 없는 연과 과는 이미 존재하고 있는 것을 전제로 한다. 연에 적절한 인이 작동하여 인의 작동이 완료되면서 연이 사라지거나 사라져서 없다. 연에 의지하던 과는 연이 사라지거나 사라져서 없으면 더 이상 연에 대한 과로 생유하지 못한다. 연이 멸무한 과는 그 자체로 연이 된다. 여기서 멸무한 연은 과가 연의 상태로 된 연과는 물론 서로 다르다. 그리고 연의 상태가 된 과에 새로운 적절한 인이 작동하여 연의 상태가 된 과가 멸무한다. 이와 같이 인이 작동하여 연이 멸무하면서 과가 새로운 연이 되고, 이 새로운 연에 새로운 인이 작동하여 과가 멸무하게 된다. 이러한 과정이 이어지면서 연과 과가 차례로 멸무함을 설명하는 것이 멸무문이다. 따라서 순관의 멸무문에서도 연과 과의 호환성이 존재하지 않는다. 순관의 생유문은 존재하지 않는 과를 연으로부터 형성해나가는 것이며, 순관의 멸무문은 이미 존재하는 과를 연으로부터 소멸해간다.

순관과 역관의 연기법에서 '이것'과 '저것'을 호환해도 표현의 차이가 없어 보이지만, 순관의 논의를 역관에 똑같이 적용하면 '이것'과 '저것'의 호환성은 역관에서도 없다. 연과 과의 의미를 이해하고 적절한 인의 작동을 이해하는 연기의 의미로 보면 '이것'과 '저것'을 호환할 수 없다. 또한 '이것'과 '저것'을 호환하면 표현에서 순관과 역관을 호환한 것처럼 보이기도 한다. 그러나 단순히 과와 연을 호환함으로써 역관의 생유문이 순관의 생유문이 되지는 않는다. 이것은 멸무문에서도 마찬가지이다. 따라서 표현과 달리 연기의 의미에서 보면 '이것'과 '저것'은 호환되지 않는다.

연기의 법칙성 '이것'과 '저것'의 관계에 대한 또 다른 관점은 법칙성이다. 연과 적절한 인이 작동하면 과가 발생하는 것은 남녀노소 누구에게나 예외 없는 것이므로 보편성을 지니고, 동서고금 즉 시공간을 초월하여 항상 발생하는 것이므로 절대성을 지니며, 발생하기도 하고 발생하지 않기도 하는 경우가 없이 반드시 발생하게 되는 필연성을 지닌다. 이렇게 보편성과 절대성과 필연성을 두루 갖추고 있으므로 이것을 진리眞理라고 부르며, 인과 연과 과에 대한 진리인 이것을 연기법緣起法이라고 한다. 여기서 연을 과의 바탕이나 조건, 혹은 과에 대한 의지, 의존 등으로 표현한다.

이와 같이 이해한 진리로서의 연기법을 일상 속의 인간에게 적용하면, 만약 어떤 중생에게 현재에 갖추고 있지 않은 유익하고 건전한 '저것'을 갖추어 있게 하려면, '저것'을 있게 하는 연인 '이것'이 있어야 하고 '이것'에 적절한 인이 작동해야 한다. 이렇게 되는 것은 순관의 생유문에 근거한다. 그런데 '저것'을 있게 하는 연인 '이것'을 먼저 발견해야 한다. '저것'의 연인 '이것'을 찾아내는 것은 역관의 생유문에 근거한다. '저것'의 연인 '이것'을 발견하여 여기에 적절한 인을 작동시키면 원하는 '저것'을 성취하게 된다. 이때 '이것'을 발견하였으되 성취하지 않았다면 '이것'을 성취하는 것은 '저것'을 성취하는 것과 같은 방법으로 이어서 진행한다.

또한 만약 어떤 중생에게 현재에 갖추고 있는 불유익하고 불건전한 '저것'을 사라지게 하려면, '저것'의 연인 '이것'이 멸무해야 한다. '이것'이 멸무하고 적절한 인이 작동하면 불유익하고 불건전한 '저것'이 사라져서 없어지게 된다. 이렇게 되는 것은 순관의 멸무문에 기인한다. 그런데 '저것'의 연인 '이것'을 드러내어 멸무할 때 '이것'을 먼저 발견해야 한다. 그러기 위해서는 역관의 멸무문에 따라 '이것'을 발견해야 한다. 이때 '이것'을 발견하였으되 멸무하지 않았다면 '이것'을 멸무하는 것은 '저것'을 멸무하는 것과 같은 방법으로 이어서 진행한다.

그러므로 연기법은 중생들로 하여금 멸무문을 통하여 불유익하고 불건전한 상태에서 벗어나게 하고 생유문을 통하여 유익하고 건전한 상태로 이입移入하게 하여 중생들을 사쌍팔배四雙八輩의 성인聖人으로 변화 발전하게 한다. 이와 같이 보면 연기법은 중생계를 벗어나 열반으로 나아가는 진여법眞如法이 된다. 그러나 이와는 반대로 멸무문을 통하여 유익하고 건전한 상태를 벗어나고 생유문을 통하여 불유익하고 불건전한 상태로 나아가 타락하게 되면 성인이나 중생들의 차원이 더욱 낮은 단계로 떨어져 생로병사의 굴레를 벗어나지 못하게 된다. 이와 같이 보면 연기법은 중생계를 벗어나지 못하여 중생계에 속박되는 속수법俗數法이 된다. 연기법을 진여법으로 사용할지 혹은 속수법으로 사용할지는 오직 인간의 선택에 달려 있다. 따라서 어떤 중생이라도 연기법을 자각하여 진여법으로 연기법을 따르면 성인의 반열에 진입하여 아뇩다라삼먁삼보리[無上正等正覺]를 이룰 수 있으나, 연기법을 알지 못하거나 속수법으로 연기법을 따르면 범부는 성인으로 나아갈 수 없고, 성인은 출삼계出三界하여 불각佛覺을 완성할 수 없을 뿐만 아니라 범부를 계도啓導할 수도 없다.

따라서 연기법은 중생이 부처가 되는 당위성을 설명하고 보장하는 진리이다. 이러한 연기법을 알지 못하면서 중생이 부처되는 것을 설명하려면 우연론이나 결정론 또는 존우론과 같은 사견에 의존할 수밖에 없다. 이러한 사견으로 중생이 부처가 되는 것을 나름대로 이해한다고 주장할 수는 있겠지만, 결코 중생이 부처되는 일은 일어나지 않는다. 따라서 연기를 보는 자가 바로 부처를 보는 자이며, 연기를 보지 못하는 자는 결코 부처로 나아가지 못하는 자이다.

40. 시간과 공간이 연기한다는 것을 아인슈타인의 특수상대성이론과 일반상대성이론을 이용하여 설명해보라.

41. '이것'과 '저것'의 호환성이 없다는 순관의 논의를 역관에 적용해보라.

42. '이것'과 '저것'을 호환함으로써 순관이 역관이 되거나 역관이 순관이 되지 않음을 밝혀보라.

43. 십이연기를 순관과 역관으로, 그리고 순관과 역관은 각각 1구 생유문과 1구 멸무문으로 서술하되, 본문에서 논의한 연기의 의미와 인의 적용을 모두 포함하라. 같은 방법으로 십이연기를 1구 연기법으로 서술해보라.

44. 십이연기를 제외한 연기법의 구체적인 예를 한 가지 들어보라. 이 예를 순관과 역관으로, 그리고 순관과 역관은 각각 1구 생유문과 1구 멸무문으로 서술하되, 본문에서 살펴본 연기의 의미와 인의 적용을 모두 포함하라. 같은 방법으로 이것을 1구 연기법으로 서술해보라.

3.5 인연법과 인과법

이상에서 십이연기와 연기법을 살펴봄으로써 유위계의 다양한 인식세계에서 일어나는 모든 인식현상들을 현상적 관점에서 이해하고 설명할 수 있는 이론체계와 법칙성을 드러내었다. 연기법은 연생법緣生法이라고도 하고 인연법이라 하기도 하며, 일상에서는 인과법이라는 표현을 사용하기도 한다. 연기법, 인연법, 인과법의 의미를 비교하여 살펴본다.

유위계에서 물질적 인식대상을 크게 세 가지로 분류할 수 있다. 생로병사하는 일체의 유정有情들, 생주이멸生住異滅하는 일체의 사물들, 그리고 성주괴공하는 우주이다. 이러한 물질적 인식대상을 인식하는 주체로서의 인식활동과 그 인식현상들은 현상적 관점에서 생유멸무生有滅無로 표현한다. 생로병사, 생주이멸, 성주괴공, 생유멸무 각각을 유위계의 유위사상有爲四相이라고 한다. 여기서 예를 들어 주이住異를 하나의 모습[相]인 변화變化로 보고 생주이멸을 생멸변화로 취급하면 유위삼상有爲三相이 된다.

유위사상이란 유위계의 모든 인식현상과 인식대상들을 현상적인 관점에서 보면 이 네 가지 모습으로 취급하여 이해할 수 있다는 의미이다. 현상학적으로 이해한다는 의미는 이를테면 일체의 사물들, 사물들 사이의 관계, 사물들의 현상들을 동적, 현상적인 관점에서 이해하는 것이다. 일체의 유정들이 생로병사하는 현상들과 일체의 사물들이 생주이멸하는 현상들, 그리고 우주가 성주괴공하는 현상들을 현상학적으로 이해하기 위해 정량적定量的으로 접근하는 것이 제반 과학의 기본 태도이다. 그

246

러나 인식현상을 정량적으로 분석하는 것은 무의미하므로, 인식현상을 현상학적인 관점에서 이해하기 위해서는 정성적定性的으로 접근해야 한다. 모든 인식현상을 생유멸무의 유위사상으로 설정하고, 이렇게 생유멸무로 설정된 인식현상들, 인식현상들 사이의 관계, 인식현상들의 변화 등을 정성적으로 이해해야 하는 것이다.

인식현상에 대한 정성적 이해는 인因, 연緣, 과果를 기본으로 한다. 어떤 인식현상이 생유멸무의 모습과 상태로 드러나는 것을 결과結果의 의미로 '과'라고 한다. 이러한 과가 드러나는 것은 인과 연의 화합에 의한다. 여기서 인은 과를 발생시키는 동인動因 혹은 동력動力이며, 연은 과를 발생시키는 과의 바탕, 조건, 의지, 의존이다. 이를테면 과를 결실로 보면 연은 뿌리가 되고 인은 토양, 햇빛, 물, 퇴비 등이 된다. 연이라는 인식현상이 인이라는 동력의 적용을 받아 과라는 인식현상으로 변화하는 것으로 보는 관점이 정성적으로 생유멸무를 이해하는 근간이 된다. 인식현상에 대한 정성적 이해는 일반적으로 정량적 이해의 대상이 되어 온 인식대상에도 그대로 적용된다. 본서에서는 유위계의 모든 현상을 정성적으로 이해하고자 하며, 이것을 인과 연과 과의 다양한 경우에 따라서 분류하되, 인과법, 인연법, 연기법에 중점을 두고자 한다.

인과법의 경우 인과법으로 분류할 수 있는 경우는 불분명한 연에서 과가 발생하는 경우이다. 연이 불분명하여 인과 과로써 설명할 수밖에 없는데 인이 연과 분리되어 있는 경우가 인과법의 대표적인 사례가 된다. 예를 들어 '착한 일을 하면 복을 받는다'고 할 때, 착한 일은 인이 되고 복을 받는 것은 과가 되지만 무엇이 복을 받게 하는지는 분명하지 않다. 마찬가지로 후대의 삼세윤회론三世輪廻論에서 전생前生의 업인業因에 의해 현생現生의 과보果報를 논할 때나 현생의 업인에 의해 내생來生의 과보를 말할 때 인과법이 사용된다. 의학의 예를 들면, 발병원인[연]을 모르는 새로운 질병의 치료방법을 찾아내기 위해 이런저런 방법으로 치료하다가 어떤 치료방법[인]으로 그 질병이 완치되는[과] 경우이다. 이러한 범주로 분류할 수 있는 사례들 중에는 인이 연에 내재해 있는 경우가 있는가 하면, 인이 다양하여 연에 내재하는지 내재하지 않는지 불분명한 경우도 있다.

인연법의 경우 인연법으로 분류할 수 있는 경우는 지속적인 연에서 과가 발생하는 경우이다. 연에서 과가 발생할 때 연이 변화하지 않고 지속하므로 인이 연에 작동할 때마다 과가 반복적으로 발생한다. 따라서 반복적으로 발생하는 과보다 인과 연을 강조하게 되는 경우이다. 이때 인이 연과 분리되어 있는 경우, 인이 연에 내재해 있는 경우, 인이 다양하여 연에 내재하는지 내재하지 않는지 불분명한 경우가 있다. 예를 들어 마음이 착한 사람이 복을 받는다고 할 때, 마음이 착한 사람은 지속하는 연이 되고 착한 마음은 인이 된다. 이 경우 인은 연에 내재해 있다. 다른 예로 어떤 사람이 길을 걷다가 다른 사람을 만났을 때, 길을 걷는 사람은 지속하는 연이 되고 사람을 만나는 것은 과가 되며 길을 걷는 것은 인이 된다. 이것은 인이 연에 내재해 있는 경우이다. 그런데 이 경우 길을 걷는 사람을 연으로 보고 반대쪽에서 걸어오는 사람을 인으로 보면

두 사람이 만나는 것은 과가 되어, 인과 연이 분리되어 있는 경우가 된다. 또 다른 예로 바람이 불어 풍경소리가 날 때, 바람은 인이 되고 풍경은 연이 되며 풍경소리는 과가 된다. 풍경은 소리만 낼 뿐 존재를 지속하므로, 인과 연이 분리되어 있는 예가 된다.

연기법의 경우 연기법으로 분류할 수 있는 경우는 사라지는 연에서 과가 발생하는 경우이다. 연에서 과가 발생할 때 연이 사라지면서 과에 내재되고 흡수되어 과의 발생이 일회적이다. 이때 인이 연과 분리되어 있는 경우, 인이 연에 내재해 있는 경우, 인이 다양하여 연에 내재하는지 내재하지 않는지 불분명한 경우가 있다. 연기법의 전형적인 예는 '어제의 나'가 '오늘의 나'가 되는 경우이다. '어제의 나'는 연이고 '오늘의 나'는 과이니, 연이 사라지면서 과에 흡수되는 예다. 이때 인은 매우 다양하여 연에 내재한 것과 내재하지 않는 것을 모두 포함하므로, 인이 불분명한 경우가 된다. 중생이 깨달아 부처가 되는 것도 이러한 경우에 속한다. 이와 같이 인이 다양하여 연에 내재하는지 않는지 불분명하면서 연이 과로 변화하여 과와 함께 발생하는 것이 바로 십이연기의 예로, 연기법의 대표적인 경우이다. 따라서 연기법은 유정들의 인식변화를 이해하는 데 편리하다.

인과법, 인연법, 연기법은 인에 의해 연이 과로 변화하는 모든 유위계의 현상들을 정성적으로 이해하는 법칙들이다. 이 세 가지 법칙을 통합하여 '인연과법因緣果法'이라고 할 수 있다. 인과 연과 과가 균등하게 드러나는 예로서 열을 가하여 물이 수증기로 증발할 때, 가한 열이 인이 되고 물이 연이 되고 수증기는 과가 되는 경우이다. 또한 좋은 토양과 물과 햇빛이 잘 갖추어진 적절한 환경 속에서 씨앗의 싹이 틀 때, 적절한 환경이 외부의 인이 되고 씨앗이 연이 되고 싹이 과가 되는 경우도 마찬가지이다. 이와 같은 경우에는 인, 연, 과가 모두 균등하게 중요하므로 인연과법이라고 부르는 것이 더 타당하다. 그러나 씨앗이 사라지면서 싹에 흡수되므로 다양한 외부환경을 경시하고 씨앗과 싹을 중시하면 연기법이라 부를 수 있고, 과를 경시하고 인과 연을 강조하면 인연법이라 부를 수 있으며, 사라지면서 흡수되는 연을 경시하고 인과 과를 중시하면 인과법이라고 부를 수 있다. 따라서 인과법, 인연법, 연기법은 이해하고자 하는 현상의 인, 연, 과 가운데 어느 것을 중시하느냐에 따라 선택적으로 사용된 것이라 할 수 있다. 이러한 관점에서 보면 연기법을 '연과법緣果法'으로 명명하는 것이 타당하다.

45. 인과법의 세 가지 경우, 인연법의 세 가지 경우, 연기법의 세 가지 경우 등 모두 아홉 가지 경우의 구체적인 예를 하나씩 들어보라. 각 예마다 유정들의 생로병사하는 현상, 사물들의 생주이멸하는 현상, 우주의 성주괴공하는 현상, 생유멸무하는 인식현상 등 네 가지씩 사용하여 모두 서른여섯 가지 예를 만들어보라. 그로써 일체의 유위현상들을 정성적으로 이해할 수 있는가?

46. 후대의 삼세윤회론에서는 전생前生의 업인業因에 의한 현생現生의 과보果報나 현생의 업인에 의한 내생來生의 과보를 논한다. 이때 업이란 행위행동行爲行動으로, 업業을 지으면 업이 인因이 되어 반드시 그 업에 해당하는 과果인 보報를 받는다고 한다. 즉 업인에 의하여 과보를 받게 되는 것이다. 여기서 업과 인은, 그리고 과와 보는 동의이어同義異語다. 따라서 선업善業에는 낙보樂報가 따르고, 악업惡業에는 고보苦報가 따르게 된다. 고보로 귀결되는 십악十惡을 행하는 것을 신구의身口意 삼업三業이라고 한다. 살생殺生, 투도偸盜, 사음邪淫은 신업身業이고 망어妄語, 양설兩舌, 악구惡口, 기어綺語는 구업口業이며 탐욕貪欲, 진에瞋恚, 치암癡暗은 의업意業이다. 이것을 업설業說 혹은 업보론業報論이라고 하는데, 업보론은 인과론이다. 따라서 업보론은 인과론을 생활에 적용하여 불교의 도덕률로 발전시킨 것으로 볼 수 있다. 그러나 십이연기를 인과론으로 해석하거나 연기법을 도덕률로 해석함으로써 해탈이 가능하겠는가?

47. 연각緣覺을 체득하였는가? 체득하였다면 그에 대해 설명해보라. 체득하지 못하였다면 그 이유를 설명해보라.

4 결론

연기법의 가르침에서 다음의 몇 가지 점들을 주목해야 한다. 이러한 점들은 연기법을 지침으로 수행을 할 때 중요한 이정표 역할을 하기 때문이다. 중요한 이정표들을 미리 잘 알고 길을 떠난다면 발걸음이 한결 가벼워지고 길의 처음도 중간도 끝도 방황하는 일이 없어 쉽게 길을 잃어버리지 않을 것이다.

첫째, 일체법을 통하여, 인간이 보고 듣고 만지고 인식하고 분별하여 아는 모든 것이 착각이며 이러한 착각은 인간이 지닌 심신의 선천적인 구조에 의하여 발생하는 것임을 자각하였다. 이러한 착각이 반복되어 누적되고 축적된 것이 오온이며, 오온이 욕구에 탐착되어 오취온이 되고, 이러한 오취온을 집착하여 자기동일시하면서 자아가 형성된다. 나라고 여기는 자아는 사식을 취하면서 자아를 유지 변화시키거나 성장시키면서 생로병사의 순환고리를 벗어나지 못하는 것이 중생으로서 인간의 모습이다. 착각, 욕탐, 집착으로 응집된 이러한 자아를 유지 성장시킬 아무런 이유가 없으므로 연기법은 이러한 자아를 벗어나라고, 그리하여 생로병사의 순환고리를 벗어버리라고 갈파한다.

둘째, 연기법의 특징 가운데 하나는 연이 과에 흡수되어 내재한다는 것이다. 과에 내재하는 연이 새로운 과가 되고, 이 새로운 과의 연 또한 과에 내재한다. 십이연기와 연기법은 이와 같이 연과 과가 불가분의 관계에 있음을 보여준다. 착각, 욕탐, 집착으로 응집된 자아라는 과果 속에 그 과의 바탕인 연緣이 모두 고스란히 내장되어 있다. 자아가 생로병사의 고해에서 벗어나지 못하는 것도, 벗어나는 것도, 벗어나서 부처를 이루는 것도, 그 모든 바탕과 조건이 모두 자아 안에 내재해 있다는 것이다. 이것은 숙명론, 우연론, 존우론의 견해들과 배치되며, 연기법의 관점에서 이러한 견해들을 사견으로 취급하여 비판하는 근거가 여기에 있다. 이러한 사견들은 과에 내재하는 바른 연을 발견하지 못하고 외부의 그릇된 연을 바른 연으로 착각한다. 외부의 그릇된 연을 집착하여 그것으로 생로병사하는 자아를 벗어나고자 하는 착각이나 욕탐을 일으키는 자아의 현상에 자아가 함몰된 것이다.

셋째, 연기법을 이해하는 데 인을 간과할 수 없음을 살펴보았다. 연에 적절한 인이 작동해야 연이 과로 변화하며, 인이 작동하지 않으면 연은 연대로 지속되고 과는 과대로 지속되어 어떠한 변화도 일어나지 않는다. 연기법에서 연과 과의 변화를 일으키는 적절한 인이란 곧 인간의 내외적 행위나 노력 또는 수행을 의미하며, 적절한 인은 오직 적합한 연에 적용한다. 다시 말해 연이 달라지면 인도 달라지는 것이다. 따라서 십이연기에서 열두 지분에 적용되는 인은 모두 서로 다른 것이다. 이것은 오직 하나의 인으로, 즉 동일한 내외적 행위나 노력 또는 수행만으로 십이연기의 노사에서 무명까지 이를 수 없다는 의미이다. 수행의 측면에서 보면 하나의 방편만으로 구차제정九次第定의 모든 단계를 성취할 수 없음을 의미한다. 그러므로 단계적인 구차제정과 팔해탈八解脱의 가르침이 있는 것이다. 그럼에도 만약 어떤 사람이 오직 하나의 최상승 방편으로 중생이 곧장 해탈하여 부처가 될 수 있다고 주장한다면 그는 연기법을 알지 못하고 연기법을 따르지 않아 결코 열반으로 나아갈 수 없을 뿐만 아니라 그를 따르는 사람들을 오랜 세월 동안 불행과 고통으로 이끌 것이다.

넷째, 십이연기를 육촉연기와 그 이후의 단계로 양분할 수 있고, 육촉연기를 다시 두 단계로 나눌 수 있다. 이렇게 십이연기는 크게 세 단계로 이루어진다. 첫째 단계에서는 착각, 욕탐, 집착으로 응집된 자아가 습관이나 관습 혹은 관념 등에 의해 몸의 행위를 중심으로 자아를 유지한다. 이것은 욕계의 전형적인 모습이다. 둘째 단계에서는 이러한 몸의 행위에 대한 고찰로써 색에 대한 고락과 갈애의 모습을 보여준다. 이것은 첫째 단계의 현상들에 대한 바탕과 조건들을 사유한 것으로 고락의 감수작용을 드러낸다. 이는 색계의 네 가지 선정의 단계이다. 셋째 단계에서는 색에 대한 고락과 갈애에 대한 고찰로써 인식현상들에 대하여 기술한다. 이는 무색계의 네 가지 선정의 단계이다. 이상을 몸과 몸의 행위, 고락의 감수작용, 인식현상의 세 단계로 요약할 수 있다. 이것은 신수심법身受心法의 사념처 수행에서 신수심에 해당한다. 따라서 십이연기는 사념처 수행 및 구차제정의 선정수행과 직결된다.

다섯째, 십이연기를 종결짓는 무명의 자각에서 무명이란 무엇인가? 다시 말해 무엇이 무명 상태인가? 행의 바탕이 무명임을 사유한 의식이 무명을 자각한 것인데, 이때 이 의식은 무명의 상태인가 아니면 명의 상태인가? 무명을 사유하고 자각한 의식은 분명 무명의 상태이다. 만약 그렇지 않다면, 어떻게 명의 상태에서 자체의식의 상태를 무명 상태로 잘못 사유하고 잘못 자각할 수 있겠는가? 이것은 모순이다. 무명을 사유하고 자각한 의식은 무명의 상태이지만, 무명을 자각하는 순간 그 의식은 무명에서 명으로 방향을 전환한다. 무명을 벗어나 명으로 이입하려는 순간인 것이다. 왜냐하면 무명의 자각이란 무명이 남김없이 드러나고 무명의 폐해 역시 남김없이 밝혀져 더 이상 무명에 머무르지 않고자 함을 내포하기 때문이다. 그러므로 의식의 무명 상태란 의식이 의식 자체의 무명 상태를 자각하지 못한 상태이며, 무명이란 무명임을 스스로 알지 못함이다.

무명 상태에서 무명을 자각하는 조건은 육입, 명색, 식, 행을 소멸시킴으로써 내입처, 외입처, 상온, 행온을 비우게 되고 식의 인식작용을 소멸시킴으로써 식이 쉬는 것이다. 비움과 쉼이 수행의 핵심이지만 어디에서 무엇을 비우고 쉬어야 하는지를 분명히 이해하고 알아야 한다. 이렇게 비우고 쉬게 되면, 무명 상태에서 무명을 자각하게 되고, 무명을 자각하면 무명은 사라지고 명이 저절로 드러나 명으로 이입하여 명의 상태가 된다. 무명의 자각은 모든 사견의 굴레에서 벗어나 중도를 완성하고, 따라서 십이연기와 연기법을 완성한다. 십이연기와 연기법의 전 과정을 이해하고 승인하여 체득하는 것을 연기의 자각 즉 연각緣覺이라고 한다. 연기를 자각하면 무명을 벗어나는 길로 들어가 무명의 벗어남을 성취하게 되므로, 연각이 곧 시전示轉의 완성이고 견도見道의 성취이며, 권전勸轉과 수도修道의 출발점이 된다.

제4장
우주론 宇宙論

앞의 일체법에서, 분석적 관점으로 세계를 해석하면서 일체의 본질이 십이입처임을 자각하고 십팔계와 육계로 다양한 인식세계를 설명하였다. 연기법에서는 현상적 관점으로 다양한 인식세계에서 일어나는 인식현상들을 이해하였다. 이제 세계를 각각 분석적 관점과 현상적 관점에서 이해한 일체법과 연기법을 종합하여 우주를 설명하고 이해해야 하는 단계에 이르렀다.

우주란 무엇인가? 신화적 요소가 두드러진 고대의 여러 우주론이나 현대과학의 발달에 따라 발전한 현대우주론에 비해 불교우주론은 우주에 대한 독특한 관점을 견지한다. 불교에서 보는 우주는 연기의 무대이자 수행의 도량이다. 연과 과의 관점으로 보면 우주는 다양한 인식차원에 따라 유정들이 무리지어 사는 연기법의 무대와 같으며, 인의 관점에서 보면 이러한 유정들이 자신의 인식차원을 향상시키거나 퇴락시키거나 혹은 그대로 유지하는 역동적인 수행도량이다.

실천수행과 직접적으로 관련되어 있는 십이연기에 대한 바른 이해는 실천수행의 관점에서 매우 중요하다. 십이연기를 바르게 이해하기 위해서는 불교우주론에 대한 이해가 필수적이다. 불교우주론을 실천수행의 관점에서 상세히 이해해야 하는 이유가 여기에 있다. 혹자가 십이연기를 나름대로 이해하여 '생로병사에서 벗어나지 못하는 인식차원에서부터 무명을 자각하는 인식차원에 이르는 열두 지분이 모두 지구인간의 인식차원 내에서만 발생한다'고 주장한다면 이것은 불교우주론에 대한 이해 없이 십이연기를 이해한 것으로, 실천수행에 대한 바른 이해와 바른 동기를 결여할 수 있다. 십이연기에 대한 바른 이해는 불교우주론에 대한 이해와 결합할 때 비로소 완전해진다.

불교우주론에 대한 이해가 필요한 또 다른 이유는, 불교우주론에 대한 이해 없이 오직 지구에서의 현생 속에서만 인과법을 이해했을 때 인과법의 타당성에 대해 회의를 품게 될 수 있기 때문이다. 만약 어떤 사람이 현생에서 나쁜 업인을 많이 짓고도 그에 응당한 나쁜 과보를 받지 않거나 현생에서 좋은 업을 많이 짓고도 그에 응당한 좋은 과보를 받지 않는다면, 또는 만약 어떤 사람이 현생에 짓지도 않은 업인으로 인해 현생에 좋은 과보를 받거나 혹은 나쁜 과보를 받는다면, 인과법의 타당성은 의심받을 수밖에 없다.

업인을 지으면 현세現世나 후세後世에 그 과보를 반드시 받는다는 삼세윤회론은 이러한 문제를 해결한다. 즉 과거, 현재, 미래의 삼세에 걸쳐 끊임없이 생사를 반복하면서 윤회하는 중생이 만약 현생에 응당한 과보를 받지 않는다면 미래의 어떤 내생에는 반드시 그 과보를 받게 되며, 현생에 업인을 짓지 않고 받는 과보는 반드시 과거의 어떤 전생에 그 과보와 관련된 업인을 지은 것이다. 따라서 어떤 사람이 업인을 짓고 받는 과보는 죽음으로도 피하거나 면할 수 없다. 마찬가지로 사람의 인식차원도 죽음으로도 피할 수 없고 벗어날 수 없으므로 살아 있는 동안 스스로 수행하여 인식차원을 변화시킬 수밖에 없다.

그러나 만약 어떤 사람이 삼세윤회론을 알고서, 어차피 내생에 다시 인간으로 태어난다면 현생과 크게 다를 것이 없으므로 현생에서 적절히 처세하여 지극히 나쁜 업인을 짓지 않도록 하겠지만, 지극히 좋은 업인 역시 힘들여 지을 필요가 없다고 생각한다거나, 혹은 나쁜 업인을 짓거나 좋은 업인을 짓거나 간에 어차피 인간으로 다시 태어나므로 나쁘거나 좋은 업인이 무슨 소용이 있느냐고 생각한다면, 불교우주론은 그렇지 않다고 말한다. 불교우주론 안에는 시간적으로 확대하는 삼세윤회론과 더불어, 공간적으로 확대하는 육도윤회론六道輪廻論이 있기 때문이다.

육도윤회론은 각 개인이 지은 선업이나 악업대로 과보가 결정되고, 이렇게 결정된 개인의 과보에 의해 인간세상보다 나은 천상이나 인간보다 열악한 축생이나 지옥으로 윤회하게 된다고 설명한다. 따라서 육도윤회론은 인간세상에 태어난 이상 인간세상을 벗어나는 일이 인간세상에서 최대의 과업이요 최고의 과업임을 가르친다. 인간세상을 벗어나 열반에 이를 때까지 영원한 이고離苦의 안식은 없다. 이것이 수행을 미룰 수 없는 이유이며, 수행하지 않을 수 없는 이유이다.

불교우주론의 기본구조는 지옥地獄, 축생畜生, 인간人間, 욕천欲天으로 이루어진 욕계欲界, 그리고 색계色界와 무색계無色界의 삼계三界이다.

1 우주의 이해

공간적 우주 중생의 업력業力은 성주괴공하는 우주의 기원이 된다. 이 중생의 업력에 의하여 삼륜三輪이 생겨난다. 먼저 풍륜風輪이 허공을 의지하여 생겨나고, 그 위에 구름과 비가 일어 수륜水輪이 발생하고, 다시 그 위에 바람이 일어 수륜의 상부上部가 응결되어 금륜金輪이 발생한다. 금륜의 한가운데에서 수미산須彌山이 솟고, 수미산은 일곱 개의 내산內山으로 병풍처럼 둘러싸여 있다. 일곱 개 내산 사이에 일곱 개의 내해內海가 있고, 내산과 내해의 바깥에 외해外海가 있으며, 외해의 외곽에 이 모든 것을 둘러싸고 있는 외산外山인 철륜위산鐵輪圍山이 있다. 이렇게 이루어진 세계를 구산팔해九山八海라고 한다.

외해에 사대주四大洲가 있고, 사대주의 가장자리에 각각 두 개의 중주中洲가 있어 모두 여덟 중주가 된다. 사대주는 수미산 남쪽의 섬부주贍部洲, 동쪽의 승신주勝身洲, 서쪽의 우화주牛貨洲, 북쪽의 구로주俱盧洲를 일컫는다. 남섬부주 아래에는 지옥이 있다. 일월日月과 중성衆星은 모두 수미산 중턱에서 수미산을 중심으로 허공을 선회하되, 모든 유정의 업력에 의하여 멈추어 떨어지지 않는다. 천계天界는 수미산에 의지하여 있는

지거천地居天과 수미산 위의 허공에 의지하여 있는 욕계천欲界天의 공거천空居天으로 이루어져 있다. 공거천은 욕계천의 공거천과 욕계천 위의 색계천으로 이루어져 있다. 이때 색계천보다 위의 차원인 무색계천은 비물질적인 세계이므로 공간적인 처소나 방향이 없다. 따라서 공간적인 구조의 관점에서 보는 우주관에서는 이것을 따로 논하지 않는다.

이것이 수미산을 중심으로 하는 소세계小世界의 개략적인 모습이다. 이러한 소세계를 천(10^3)배 한 것이 소천세계小千世界, 소천세계를 다시 10^3배 한 것이 중천세계中千世界, 중천세계를 또다시 10^3배한 것이 대천세계大千世界이다. 대천세계를 3천(3×10^3)배 한 것이 삼천대천세계三千大千世界로, 3조(3×10^{12})개의 소세계로 이루어져 있다. 이상이 불교우주론에서 본 공간적인 관점의 우주이다.

시간적 우주 불교우주론에서 사용하는 천문학적인 시간의 단위를 겁劫, kappa이라고 한다. 우주가 형성되는 기간을 성겁成劫, 유지되어 머무는 기간을 주겁住劫, 소멸하는 시간을 괴겁壞劫, 소멸한 상태가 지속되는 기간을 공겁空劫이라 하는데, 각 시간의 길이는 20겁으로 같다. 성겁에서 1겁 동안 물질적 우주가 성립한 뒤에 19겁에 걸쳐 유정들이 성립하는데, 높은 차원에서부터 낮은 차원으로 차례대로 유정들이 태어나며 마침내 인간이 남섬부주에 태어난다. 최초로 어떤 유정이 지옥 가운데 가장 낮은 단계의 지옥에 태어날 때 성겁은 완성된다.

주겁에서 물질적 우주는 별다른 변동이 없으나 인간은 스무 번의 변동이 있다. 주겁 초기에 인간은 모두 색계의 생명체와 같이 지체肢體가

원만하고 형색形色이 단정하며 몸에서 광명이 나고 수명도 84,000세에 이른다. 그러나 인간이 점차 미미美味를 탐하면서 취하는 음식이 추醜해 짐에 따라 점차 여러 악惡이 생겨 인간은 오염되고 수명은 10세까지로 줄어든다. 이 과정에서 소요되는 시간이 1겁으로, 처음 1겁은 수명이 줄 어드는 감겁減劫이다.

그리하여 인간은 죄과罪過를 뉘우치고 선심善心을 일으켜 선행善行을 하면서 수명이 10세에서 84,000세까지 복원된다. 이렇게 선과 악을 반 복하면서 수명이 10세에서 84,000세로, 다시 84,000세에서 10세로 한 번 반복하는 데 소요되는 시간이 1겁이다. 이것을 열여덟 번 반복하면 18겁을 소요하는데, 이를 '증감增減의 겁'이라 한다. 그리고 마지막으로 10세에서 84,000세로 느는 1겁은 증겁增劫이 된다. 처음 1겁의 감겁은 인간의 선업이 가장 많아 인간의 수명이 감소하는 속도가 느리고, 마지 막 스무 번째 1겁의 증겁은 인간의 선업이 가장 적어 인간의 수명이 증 가하는 속도가 느리며, 나머지 중간의 18겁 동안은 인간의 선업에 따라 수명 증감의 속도에 느리고 빠름이 있다.

괴겁에서는 성겁과 반대로 먼저 유정들을 파괴하는 데 19겁이 걸리 고, 그 다음 물질적 우주를 파괴하는 데 1겁이 걸린다. 지옥에 유정이 다시 태어나지 않는 것이 괴겁의 시작이며, 축생이 괴멸하기 시작하고 차원이 차례로 높아지면서 유정들이 괴멸한다. 물질적 우주의 파괴는 삼재三災로 표현되는데, 처음 화재火災는 일곱 개의 해가 점차적으로 나 타나 구산팔해를 태우고 욕계천과 색계천의 초선천初禪天까지 괴멸시킨 다. 수재水災는 색계천의 제2선천까지 소멸시키고 풍재風災로 색계천의 제3선천까지 괴멸되나 제4선천은 마음에 일체의 경동傾動함을 여의었기에 재해가 미치지 않는다.

이러한 삼재는 모든 유정을 핍박하여 하지下地를 버리고 상천上天하도록 한다. 그리고 일곱 번의 화재 후에 한 번의 수재가 발생하며, 일곱 번의 수재 후에 한 번의 풍재가 발생하면서 물질적 우주는 파괴되고 물질의 최소단위인 극미極微까지도 남김없이 파괴된다. 마지막 공겁이 지나면 다시 처음과 같은 성겁이 시작된다.

불교우주론에서의 시간의 단위인 1겁을 소겁小劫이라 하고, 성겁, 주겁, 괴겁, 공겁의 네 종류를 중겁中劫이라고 한다. 따라서 중겁은 20소겁이 되고, 대겁大劫은 성겁, 주겁, 괴겁, 공겁의 4중겁을 합한 80소겁을 말한다. 따라서 1대겁은 하나의 우주가 태어난 뒤 다음 우주가 태어날 때까지의 시간을 의미하며, 이것이 불교적 관점에서 우주의 수명이다.

1. 성주괴공하는 우주의 기원을 중생의 업력으로 본다는 것은 중생에 의해 우주가 창조되었다는 의미로 해석할 수 있다. 그렇다면 우주가 창조되기 전에 이미 중생이 존재한다는 의미가 되는데, 이것은 모순이 아닌가? 불교우주론으로 이 모순을 해결해보라.

---

2. 삼천대천세계를 대천세계, 중천세계, 소천세계를 합하여 부르는 것으로 해석하기도 한다. 이러한 해석이 수학적으로 무의미함을 설명해보라.

---

3. 현대우주론에서 초은하단을 이루고 있는 은하단의 개수는 몇이며, 은하단을 이루고 있는 은하의 개수는 몇인가? 태양계, 은하, 은하단, 초은하단, 우주의 크기를 비교해보라. 그리고 소세계, 소천세계, 중천세계, 대천세계, 삼천대천세계의 크기를 비교해보라. 이때 1유선나踰繕那 혹은 1유순由旬을 10킬로미터로 취급하여 계산하라. 만약 삼천대천세계를 우주로 상정한다면 소세계는 무엇으로 상정할 수 있는가?

---

4. 현대우주론에 따르면, 현재 우리 우주는 빅뱅에 의해 계속 팽창하고 있는데 만약 우주질량이 임계질량보다 크면 다시 수축할 것이고, 작거나 같으면 영원히 팽창할 것이다. 이것을 불교우주론으로 설명해보라.

---

5. 성겁, 주겁, 괴겁, 공겁으로 이루어진 우주의 80겁 중에서 인간이 존속하는 기간은 약 40겁이 된다. 이것을 밝혀보라.

---

6. 현대우주론에서 관측한 우주의 나이는 약 138억년이다. 이것으로 1겁$\cong$5.2$\pm$1.7억년, 따라서 우주의 수명인 1대겁$\cong$416$\pm$136억년임을 보여라. 현대우주론에서 관측된 우주의 나이를 만족하면서 동시에 우주의 수명을 1대겁$\cong$416$\pm$136억년으로 추측하는 모델이 가능한가? 가능하다면 그 우주모델을 불교우주론과 비교해보라.

7. 우주 공간에서 지구로 접근하면서 지구를 묘사한다면, 허공을 의지하여 돌고 있는 원형에 가까운 구체珠體로서 먼저 그 평균 두께가 약 10킬로미터 정도인 공기층이 있고 공기층의 반경은 약 6천 킬로미터, 둘레는 약 3만 6천 킬로미터이다. 공기층 끝에 물이 층을 이루고 있다. 그 평균 두께는 수백 미터이고, 반경과 둘레는 공기층과 같다. 물의 층 끝에는 암석층이 있는데 그 두께는 반경과 같고, 반경과 둘레는 공기층과 같다. 그리고 암석층에 산들이 솟아 있다. 이러한 설명을 바수반두Vasubandhu의 《아비달마구사론阿毘達磨俱舍論》에 상세히 묘사된 삼륜과 비교해보라.

8. 현대생명과학에서는 지구에서 인간과 동물의 진화과정을 설명할 때 낮은 차원인 동물이 먼저 진화하여 태어나고 높은 차원인 인간은 나중에 진화하여 태어난다고 말한다. 특히 먹이사슬의 관점에서 보면 인간이 생존하기 위해서는 인간보다 낮은 차원인 동식물이 먼저 존재해야 한다. 그러나 불교우주론에서는 우주가 형성되어 유정들이 태어날 때 높은 차원에서부터 낮은 차원의 순서로 태어난다고 말한다. 이것은 서로 모순이 아닌가? 불교우주론의 관점에서 이 모순을 해결할 수 있는 방법은 무엇이고, 그 근거는 무엇인가?

9. 지구생태계의 파괴나 소행성과의 충돌 같은 이유로 지구가 화성처럼 변화하여 생명체가 살 수 없게 되었을 때, 지구상의 생명체들, 즉 각종 식물, 곤충, 동물, 인간은 어떤 순서로 괴멸하게 될 것인지 그 원인에 근거하여 상술해보라.

10. 마흔아홉 번의 화재와 일곱 번의 수재, 한 번의 풍재로 표현되는 물질적 우주의 괴멸은 물질의 최소단위까지도 남김없이 괴멸시킨다. 이것은 원자는 더 이상 쪼갤 수 없는 물질의 최소단위로서 창조도 파괴도 불가능하다고 주장하는 원자론과 상반된다. 따라서 원자론 또는 요소설은 정상定常우주모형을 전제로 한 것으로 볼 수 있으며, 이것이 원자론 또는 요소설을 사견으로 취급하는 이유 중 하나가 된다. 불교의 물질관은 물

질적 우주가 형성되기 시작할 때 물질의 최소단위부터 생성되기 시작하며 이러한 최소단위들이 이합집산을 거치는 변화를 통하여 현재 모습의 모든 물질들을 차례로 형성하는 것으로 본다. 그리고 이렇게 형성된 물질들은 물질적 우주의 주겁 동안 생주이멸을 겪다가 물질적 우주의 괴멸 시 역순으로 파괴되다가 마지막으로 물질의 최소단위가 괴멸하는 것으로 종료된다. 이러한 불교의 우주관과 물질관을 현대물리학의 우주관 및 물질관과 비교해보라.

2 삼계

불교에서는 우주를 세간世間을 담는 그릇이라는 뜻으로 '기세간器世間'이라고 한다. 세간을 유정이나 중생들이 삶을 영위하는 세계로 보고 기세간을 유정이나 중생들의 인식차원에 따라 구분한 것이 욕계, 색계, 무색계의 삼계三界이다.

2.1 욕계

욕계欲界는 우주를 유정들의 인식차원에 따라 나눈 세 단계 중 가장 낮은 단계에 속하는 세계로, 욕欲, chanda에 결박되어 있는 유정들로 형성되어 있는 세계이다. 욕은 '색성향미촉'을 지각하는 '안이비설신'의 구조적 모순에 의해 생겨난 착각 속에서 '안이비설신'이 '색성향미촉'을 지속적으로 지각하려는 것이며, '안이비설신' 오관에 의한 오욕五欲이라고도 한다. '안이비설신'이 오욕에 계박됨으로써 '의'와 '육식' 또한 오욕에 구속됨을 피할 수 없다. 인간이 '안이비설신의'와 '육식'으로 보고 듣고 만지고 인식하고 분별하여 아는 모든 것은 인간의 선천적 심신구조에 의해 발생하는 착각이다. 이러한 착각 속에서 또다시 '안이비설신의'와 '육식'이 작동하는 것이 욕이며, 이 욕을 바탕으로 형성된 인식세계가 욕계이다. 이러한 착각이 지속적으로 반복되어 축적된 것이 오온이며, 오온이 욕구에 탐착되어 오취온이 되고, 오취온을 자기동일시하면서 자아가 형성된다. 자아는 사식을 취하면서 자아를 유지하거나 성장시킨다. 자아를 유지하거나 성장시키는 과정에서 세속적인 오욕 즉 식욕食慾, 수면욕睡眠慾, 음욕淫慾, 재물욕財物慾, 명예욕名譽慾과 칠정七情에 빠져 있는 것이 욕계에서의 인간의 모습이다.

욕계는 지옥, 축생, 인간, 육욕천六欲天의 네 단계로 구분된다. 욕계의 가장 낮은 단계인 지옥에는 지옥지기로부터 형벌을 받는 지옥과 지옥지기 없이 특정한 고통을 받는 지옥이 있다. 지옥지기로부터 갖가지 형벌을 받으며 죽음에 이르는 고통을 겪지만 악업이 다할 때까지 죽지 않으며, 여러 가지 지옥에서 받는 갖가지 고통으로 죽음과 같은 혼절을 겪지만 다시 깨어나 오랜 세월 동안 죽음에 이르는 지극히 고통스러운 괴로움을 겪는다.

축생은 동물을 일컫는다. 본처는 대해大海였지만 이후 점차 다른 곳, 즉 얕은 물과 공중과 육지로 이주하였다. 육지에서는 인간과 함께 살기도 한다.

인간이 거주하는 사대주에는 수미산을 기준으로 남쪽에 섬부주贍部洲가 있는데 그 모양이 수레와 같으며 이곳에 번성한 섬부贍部나무의 열매가 달고 맛있다. 동쪽에 있는 승신주勝身洲는 반월형半月形이며 이곳의 중생들은 매우 훌륭한 몸을 지니고 있다. 서쪽에 있는 우화주牛貨洲는 모양이 둥글어 일그러짐이 없으며 소[牛]를 많이 키워 시장에서 소를 화폐처럼 사용한다. 북쪽에 있는 구로주俱盧洲는 모양이 주사위 같으며 사대주 가운데 재물이 가장 뛰어나다.

욕계에는 육욕천六欲天이라고 하는 여섯 단계의 천계가 있는데, 이것을 크게 둘로 나누면 수미산에 의지하고 있는 지거천地居天과 수미산 위의 허공에 의지하고 있는 공거천空居天이 있다. 지거천에는 낮은 단계의 사왕천四王天과 높은 단계의 도리천忉利天이 있다. 사왕천은 사대천왕四大天王과 그 권속들이 살면서 사대주를 수호하는 곳이며, 도리천은 사왕천을 통솔하면서 아수라阿修羅의 군대를 정벌하고 천계를 수호하는 제석천帝釋天이 군림하는 곳이다. 공거천에는 낮은 단계에서부터 야마천夜摩天, 도솔천兜率天, 화락천化樂天, 타화자재천他化自在天이 있다. 도솔천은 석가모니 부처님께서 사대주에 화현하기 전에 계시던 곳으로, 세존께서는 이곳의 내원궁內院宮에서 호명護明보살로서 천인天人들을 교화하셨다. 육욕천의 가장 높은 단계인 타화자재천에서는 마라Māra가 자신의 군대인 마군魔軍을 이끌며 욕계를 관장한다.

11. 지옥이 팔열지옥八熱地獄과 팔한지옥八寒地獄, 그리고 팔열지옥과 팔한지옥의 증增이라 불리는 소지옥으로 이루어져 있다고 설명하는 후대 문헌의 내용을 '지옥과 저승사자'MN130 경전과 비교해보라.

12. 에베레스트 산 위의 높은 상공에서 지구를 내려다보며 간략히 묘사한다면, 남쪽으로 역삼각형 모양의 인도 대륙이 있고, 동쪽으로 모양이 비슷한 남북 아메리카 대륙이 있고, 서쪽으로 대체로 둥근 형태의 아프리카 대륙이 있으며, 북쪽으로 평행사변형 모양의 유라시아 대륙이 있다. 3천 년 전 무렵 각 대륙의 가장 대표적인 인간생활의 특징을 하나씩 묘사하고, 그것을 바수반두의 《아비달마구사론》에 상세히 묘사된 사대주와 비교해보라.

13. 식물은 유정인가, 무정인가? 만약 유정이라면 육도六道 중 어디에 속하겠는가? 그이유를 설명해보라.

14. 항상 증오와 질투심을 품고 도리천의 왕인 제석천과 싸우는 것을 본업으로 하는, 천계에서 퇴락하거나 축출된 천신들의 일종을 아수라asura라고 한다. 이들은 거처가 일정치 않고 숨어 지내면서 때때로 무리를 이루어 제석천과의 전쟁을 도모한다. 아귀餓鬼. peta란 목구멍은 바늘구멍처럼 작은데 배는 너무 커서 쉬지 않고 먹고 마시더라도 배고픔과 목마름의 고통을 면할 수 없는 중생을 말한다. 이렇게 보면 아귀는 축생보다 더 괴로운 고통을 겪으므로 지옥과 축생 사이에 위치한다. 아귀를 제사음식을 갈구하는 '굶주린 귀신'인 조상신AN4:61, AN5:39으로 보면, 아귀는 축생과 인간 사이에 위치하게 된다. 아귀는 MN12, MN97 경전에 나타나지만 MN129 경전에는 나타나지 않는다. 이러한 아수라와, 아귀를 후대에 추가하여 욕계를 여섯 단계로 보고, 색계천과 무색계천의 범계를 육욕천에 포함하여 천계라고 함으로써 우주를 육도六道. cha gati로 분류하였다. 육도에서 아수라를 제외할 때 범계를 천계로부터 분리하여 육도를 다섯 단계의

욕계와 범계로 정의할 수 있다. 아수라와 아귀를 육도에서 함께 제외할 때 육도는 오도五道. pañca gati로 보아야 한다. 그럼에도 불구하고 본서와 같이 이미 친숙한 개념인 육도를 사용하고자 한다면 네 단계의 욕계와 두 단계의 범계로 육도를 정의할 수 있다. 이때 두 단계의 범계는 색계와 무색계이다. 육도에서 아수라와 아귀를 제외해야 하는 이유를 설명해보라. 육도를 세분한 이십팔천二十八天과 삼십삼계三十三界는 무엇인지 설명해보라. 이것은 조석예불시 범종의 타수打數와 어떠한 관련이 있는가?

2.2 색계

색계色界는 욕계 위, 무색계 아래에 있는 중간 단계의 인식차원으로, 욕계의 오욕을 여의어 '안이비설신'이 '색성향미촉'을 있는 그대로 지각하며 색계선정色界禪定을 성취한 유정들로 이루어져 있다. 욕으로 색을 지각하는 욕계유정에 비하여 색계선정을 성취한 색계유정은 색을 색으로 지각하지만 색을 완전히 벗어나지는 못한다. 색계는 물질로 형성되어 있다는 점에서는 욕계와 같으나 욕계의 것보다 수승한 물질로 되어 있다는 점이 다르다. 색계선정은 크게 네 단계로 이루어져 있는데, 이를 색계사선정色界四禪定이라고 한다. 색계사선정에 따라 색계를 구분한 것이 색계사천色界四天으로, 초선천初禪天, 제이선천第二禪天, 제삼선천第三禪天, 제사선천第四禪天을 말한다.

초선천에 태어나는 유정은 이생희락지離生喜樂地라고 하는 초선정初禪定을 닦아 성취한다. 욕계의 오욕을 여읨으로써 이욕離欲을 성취하고, 성취한 이욕에서 발생하는 희락이 있는 인식단계가 초선정이다. 제이선천의 유정은 정생희락지靜生喜樂地(제5장 참조)라고 하는 제이선정第二禪定을 이루어 태어난다. 여기에서의 희락은 고요함에서 발생하는 희락이다. 제삼선천은 이희묘락지離喜妙樂地라고 하는 제삼선정第三禪定을 이룬 유정이 태어나는 곳으로, 제이선정의 희락을 떠나 묘락이 있는 인식단계이다. 제사선천은 사념청정지捨念淸淨地라고 하는 제사선정第四禪定을 닦아 성취한 유정이 태어나는 곳으로, 제삼선정의 묘락을 벗어남으로써 고락을 완전히 여의어 강한 마음의 평정[捨, upekkhā]과 염念, sati을 이루고 마음의 청정清淨을 이룬 단계이다.

2.3 무색계

무색계는 삼계 중 가장 높은 단계의 인식세계로, 욕계의 모든 욕을 일찍이 여의고 색계사선정을 이미 성취하여 색을 완전히 벗어난 세계이자 무색계선정을 닦아 성취한 유정들이 태어나는 세계이다. 따라서 무색계는 물질적인 세계를 완전히 벗어나 비물질적인 세계 즉 인식으로 형성된 세계이다. 무색계선정은 선정력禪定力의 깊이에 따라 무색계사선정無色界四禪定 혹은 사무색정四無色定이라고 하는 네 단계로 나뉘는데, 제오선정第五禪定의 공무변처정空無邊處定, 제육선정第六禪定의 식무변처정識無邊處定, 제칠선정第七禪定의 무소유처정無所有處定, 제팔선정第八禪定의 비상비비상처정非想非非想處定이 그것이다.

　이러한 사무색정에 따라 무색계를 네 단계의 무색계천無色界天로 나눈다. 공무변처천空無邊處天은 공무변처정을 닦아 성취한 유정이 태어나는 곳이다. 이곳은 모든 색을 완전히 벗어나므로 일체색상一切色想을 버리고 무변한 공간을 대상으로 선정을 닦는다. 식무변처천識無邊處天은 식무변처정을 닦아 성취한 유정이 태어나는 곳으로, 무변한 공간이라는 대상을 벗어나 무변한 의식을 대상으로 선정을 닦는다. 무소유처천無所有處定天은 무소유처정을 닦아 성취한 유정이 태어나는 곳으로, 무변한 의식이라는 대상을 벗어나 어떤 인식대상도 있는 바가 없는 선정을 닦는다.

비상비비상처천非想非非想處天은 비상비비상처정을 닦아 성취한 유정이 태어나는 곳이다. 이곳은 어떤 인식대상도 있는 바가 없는 상태를 벗어나고 없는 바도 없는 상태 또한 벗어나 선정을 닦는다.

3 칠식주이처

삼계를 한층 세밀하게 분류하여 우주에 아홉 차원의 중생이 거주한다고 보는 것이 구중생거九衆生居다. 구중생은 욕계중생 한 종류, 색계중생 네 종류, 무색계중생 네 종류를 말한다. 이러한 구중생의 인식차원을 그 인식적 특징과 단계에 따라 구분한 것이 칠식주이처七識住二處로, 불교의 수행론과 직결되는 불교우주관이다.

제1식주 욕계중생이 머무는 의식차원이다. 여기서 욕계중생은 지옥중생부터 축생, 인간, 그리고 육욕천의 천인까지 포함한다. 이들 욕계중생의 의식의 특징들을 살펴봄으로써 제1식주의 특징과 범위를 가늠한다.

지옥중생은 극렬한 육체적 고통을 지속적으로 겪는다. 축생은 추위와 더위와 배고픔으로 인한 육체적 고통을 겪지만 그러한 고통이 사라지는 때도 있어 고통의 강도가 감소한다. 인간의 단계에서는 육체적 고통의 강도가 더욱 감소하고, 고통을 겪을 때와 고통 자체를 극복하면서 느끼는 육체적 즐거움과 쾌락이 증가한다. 육욕천 천인의 단계에서는 육체적 고통의 강도가 미미하고 육체적 즐거움과 쾌락은 지극해진다. 이렇게 욕계중생은 육체적 고통과 쾌락, 즉 고락에 갇혀 있다는 것이 공통된 특징이다.

욕계중생의 다른 특징은 남녀 구별과 혼인이다. 욕계와 달리 색계와 무색계에는 남녀의 구별도 혼인도 없다. 지거천의 천인들은 남녀가 혼인하여 교합하면 생명을 잉태하지만, 공거천의 천인들은 비록 남녀의 구별이 있으나 교합하지 않는다.DN27

중생이 태어날 때 그 방법은 태생胎生, 난생卵生, 습생濕生, 화생化生의 네 가지인데, 이것을 사생四生이라 한다. 사생은 구중생의 출생방법을 분류한 것이다. 태생은 태반胎盤에서 출생하는 것이며, 난생은 알에서 태어나는 것이며, 습생은 습기濕氣나 수기水氣를 조건으로 태어나는 것이며, 화생은 어디에도 의탁하는 바 없이 스스로의 업력으로 화化하여 태어나는 것이다. 욕계중생 가운데 축생은 태생, 난생, 습생으로, 인간과 지거천의 천인들은 태생으로, 지옥중생과 공거천의 천인들은 화생으로 태어난다. 색계와 무색계에서는 화생으로만 태어나는 데 비하여 욕계중생은 사생으로 태어나는 것이 특징이다.

사생의 출생방법으로 태어난 욕계중생이 중생의 상태를 유지하거나 성장시키기 위하여 섭취하는 것이 사식四食이다. 색계와 무색계의 중생들과 달리 욕계중생들은 색식色食을 섭취하는 것이 특징이다. 색식에는 추색식麤色食과 세색식細色食이 있다. 색식의 대상이 되는 음식물에 변예變穢가 있는 것을 추麤라 하고, 없는 것을 세細라고 한다. 추색식은 지거천의 천인까지가 섭취하는 색식이고, 세색식은 공거천의 천인들이 섭취하는 색식이다.

이와 같은 특징들을 지닌 욕계중생은 보고 듣고 만지고 인식하고 분별하여 아는 모든 것이 착각이며, 이러한 착각 속에서 또다시 보고 듣고 만지고 인식하고 분별하여 알고자 한다. 착각 속에서 착각을 지어가는 것이 곧 욕欲이다. 이러한 욕계중생의 의식상태는 '안이비설신' 오관[若干身]으로 감지된 '색성향미촉'을 착각하여 조작하면서 갖가지 분별상[若干想]을 일으킨다. 따라서 욕계중생은 '안이비설신의'와 '육식'으로 보고 듣고 만지고 인식하고 분별하여 아는 모든 존재의 본질에 대하여 깊이 사유해야 한다. 이런 모든 존재의 본질이 욕임을 자각하고, 보고 듣고 만지고 인식하고 분별하여 아는 의식이 이러한 욕에 머물러 있음을 제1식주에서 철저히 승해勝解해야 한다. 인식하는 모든 존재는 욕을 바탕으로 착각되고 조작된 것임을 승해하여, 인식하는 일체 존재와 이를 바탕으로 성립된 일체 의식이 모두 착각이며 환상이며 허구임을 자각해야 한다. 여기에는 자아도, 자아가 사용하는 개념이나 언어도 포함된다.

욕계중생은 인식대상을 형상화하고 언어화하면서 동시에 범주화하고 개별화하며, 인식대상을 부분적으로 취합하여 인식하므로 있는 그대로의 전체 모습을 인식하지 못한다. 이러한 승해와 자각으로부터 일체 존재와 일체 의식의 어디에도 욕에 물들지 않은 곳이 없고 따라서 마땅히 의지할 곳이 없음을 보고 알아야 한다. 욕으로 인한 모순과 폐해를 알면 욕계에 대한 환멸이 일어나고, 이 환멸이 지극해지면 욕계로부터 180도 방향을 바꾸어 욕계를 등지고 욕계의 반대방향으로 나아가는 회전취향回轉趣向의 회향廻向이 일어난다. 회향이 일어나면서 이욕離欲이 발생한다. 이욕이 점차 성숙하여 완성되면 제1식주를 벗어나는 제1해탈을 이루게 된다.

제2식주　철저한 승해에 의한 이욕이 완성되면 제1해탈을 이루어 제2식주에 머물게 된다. 제2식주는 욕계를 완전히 벗어나 색계의 초선천에 진입한 의식상태이다. 따라서 제1식주의 특징적인 의식상태에서 완전히 벗어나 욕에 의해 악법이나 불선법을 되풀이하지 않을 뿐 아니라 색을 착각하여 조작하지 않는다. 나아가 욕을 떠나서 색을 색으로 보게 되는 색관색色觀色의 초선정初禪定에 머물게 된다. 제2식주는 '안이비설신'오관[若干身]으로 감지된 '색성향미촉'을 있는 그대로의 모습인 색으로 인식하면서 갖가지 분별상을 일으키지 않고 오직 이욕으로 발생하는 희락에 의식이 머물게[一想] 되는 이생희락지離生喜樂地의 인식단계이다.

이러한 인식단계에서 의식이 머물고 있는 희락의 본질에 대하여 사유한다. 희락의 본질이 욕을 떠남에 의해 생긴 것임을 자각하여 의식은 이제 이생희락離生喜樂에 머물지 않으면서 제2식주를 벗어나는 제2해탈을 이루게 된다.

제3식주　희락의 본질이 이욕임을 철저히 자각하면서 제2해탈을 이루어 제3식주에 머물게 된다. 제3식주는 이생희락을 완전히 벗어나 색계의 제이선천에 진입한 의식상태이다. 이욕으로 발생하는 희락이 욕을 버린 의식에 기인한 것이지 욕을 떠나 색을 색으로 보는 인식대상으로서의 색에 기인한 것이 아니라는 자각을 하면서 의식은 색을 버리게 된다. 즉 제2식주에서 욕을 버리고 제3식주에서는 색을 버린다. 비록 바깥으로는 색을 색으로 보지만[外觀色] 의식의 내면에서는 색을 벗어나 색에 대한 상想을 여읜[內無色想] 제2선정으로 들어간다.

제2선정에서는 '안이비설신' 오관으로 감지된 '색성향미촉'의 색을 버림으로써 결국 '안이비설신' 오관을 벗어나고[一身] 내면으로는 색에 대한 상을 버려 고요해지면서 오직 희락에 대한 일심一心을 이루게[內靜一心] 된다. 이러한 고요함에 의하여 다양한 희락이 생기고, 다양한 희락에 대한 상想을 갖게[若干想] 되면서 의식이 다양한 희락에 머무는 것이 제3식주의 정생희락지靜生喜樂地의 인식단계다.

그러나 여기서 또다시 고요함으로 생기는 다양한 희락의 본질에 대하여 사유한다. 다양한 희락의 본질이 희락에 대한 욕 즉 희욕喜欲임을 자각하여 의식은 이제 정생희락에 머물지 않으면서 제3식주를 벗어나는 제3해탈을 이루게 된다.

제4식주 정생희락의 본질이 희욕임을 철저히 자각하면서 제3해탈을 이루어 제4식주에 머물게 된다. 제4식주는 정생희락을 완전히 벗어나 색계의 제3선천에 진입한 의식상태이다. 정생희락의 본질을 사유하면서 정생희락이 생기하는 근본이 희락에 대한 욕임을 깊이 자각하여 희욕을 버리게[離於喜欲] 된다. 희욕을 버림으로써 의식이 모든 욕으로부터 완전히 벗어나게 되고 희락에도 머물지 않는다. 즉 제2식주에서 욕을 버리고 제3식주에서 색을 버리며 제4식주에서는 희락마저 버린다. 이미 '안이비설신' 오관을 벗어나고[一身] 내면으로는 모든 다양한 희락을 여의는[一想] 제3선정에 들어간다. 모든 희락을 버림으로써 묘한 즐거움이 생기게 되고, 이러한 묘한 즐거움에 의식이 머무는 것이 제4식주의 이희묘락지離喜妙樂地의 인식단계이다.

이제는 이희묘락의 본질에 대하여 사유한다. 이희묘락의 본질이 욕을 버리고자 하는 미세한 욕임을 자각함으로써 의식은 이제 이희묘락에 머물지 않으면서 제4식주를 벗어나는 제4해탈을 이루게 된다.

제1처 이희묘락의 본질 또한 미세한 욕임을 철저히 자각함으로써 제4식주를 벗어나 색계의 가장 높은 차원인 제4선천에 진입한 의식상태를 제1처라고 한다. 이희묘락의 본질을 사유하면서 이희묘락이 생기하는 근본이 희락을 버림이요, 희락을 버림은 욕에서 떠나려는 욕[於欲離欲]임을 자각하여 의식이 묘락에도 머물지 않는다. 제3선정에서 모든 욕에서 벗어나고, 이제 욕에서 벗어나려는 욕마저 벗어나 마음이 모든 종류의 욕에서 완전히 벗어나는 심해탈心解脫을 이룬다. 이러한 제4해탈의 심해탈을 이루어 제4선정으로 들어간다. 제3선정에서 모든 다양한 희락을 여읨으로써 제4선정에서는 이미 희우喜憂가 소멸하고[喜憂本已滅, 先滅憂喜] 또한 묘락을 여읨에 따라 고락도 소멸한다[樂滅苦滅]. 고락이 소멸함에 따라 고도 여의고 낙도 여읨으로써 고도 낙도 아닌 불고불락不苦不樂의 상태에서 강한 마음의 평정과 염을 이루게 되어 마음의 청정淸淨을 이룬 사념청정지의 인식단계에 머문다.

또한 의식은 묘락[一想]마저 여읨으로써 내면에 어떠한 인식대상도 없어 내면의 인식대상에 대한 상想을 떠나게[無想] 되어 의식은 내면 어디에도 머물거나 의지하는 바가 없는 상태가 된다. 이 상태의 의식은 내면의 인식대상에 대한 욕欲과 상想의 바탕이자 외부의 인식대상에 대한 욕欲의 바탕 즉 장場이 되므로 처處, āyatana라고 하며, 가장 처음 도달한 머무름 없는 상태이기에 식주識住라고 하지 않고 제1처第一處 혹은 제1비식주처第一非識住處라고 한다.

그러나 제1처에서 의식은 또다시 사유한다. 제1처에서는 내면의 인식대상에 대한 상과 욕이, 그리고 외부의 인식대상에 대한 욕이 소멸하였으므로 의식은 이제 내면에서 사유의 대상을 찾을 수 없다. 따라서 의식은 제3식주에서 희락의 바탕이 되지 못한다는 이유로 버렸던 색을 사유의 대상으로 발견한다. 이것은 제1처의 의식이 희락에 대한 기대와 희욕 없이 비로소 색을 순수하게 사유할 수 있기 때문이다. 이 상태에서 색의 본질에 대해 사유하면서 제1처를 벗어나는 제5해탈을 성취한다.

이상의 제2식주에서 제1처까지는 색계유정의 의식차원을 네 단계로 분류한 것이다. 제2식주에서 욕을 버려 이생희락에 머물고, 제3식주에서는 색을 버려 정생희락에 머물고, 제4식주에서는 희락을 버려 이희묘락에 머문다. 그리고 제1처에서는 묘락마저 버려 머무름 없는 사념청정의 상태가 된다. 이러한 색계유정의 네 가지 인식차원의 특징을 욕계중생의 제1식주와 비교하여 살펴본다.

색계유정은 색식을 탐착하지 않기에 색식을 탐착하여 형성되는 욕계와 같은 육신이 없으므로 남녀의 구별도 혼인도 없어 태생, 난생, 습생이 불가능하고 오직 화생으로만 생명이 태어난다. 욕계중생이 육체적 고락에 갇혀 있는 데 비하여 색계유정은 육체적 고락을 완전히 벗어나 오직 정신적 희락을 향유한다. 따라서 제1식주의 고를 벗어나고 제4식주까지 낙을 벗어나 제1처에서는 불고불락의 상태가 되며, 이러한 불고불락의 상태를 벗어나면서 고수苦受, 낙수樂受, 불고불락수不苦不樂受의 수受를 벗어난다.

제5식주 색의 본질을 사유하면서 제1처를 벗어나 네 단계의 무색계천 중에서 첫 단계인 공무변처천에 진입한다. 희욕 없이 색의 본질에 대해 사유하면서 생주이멸하는 색의 근본 바탕이 공간空間임을 자각한다. 무변한 공간을 자각하는 의식상태는 경계가 없어 무변하며 색의 장이 되므로 공무변처空無邊處라고 하며, 의식은 제1처를 벗어나는 제5해탈을 이루어 공무변처정으로 들어간다. 색을 완전히 벗어나 공무변처에 의식이 머물고 있는 것이 제5식주의 인식단계이다. 공무변처에는 일체의 색이 없으므로 일체의 색에 대한 상인 색상色想을 여의고[度一切色想] 또한 어떠한 대상이 있다는 생각도 없다[滅有對想]. 일체의 색이 없으므로 '색성향미촉'도 없고 인식대상도 없고 대상이 있다는 생각도 없으므로 '안이비설신'도 없어 촉觸을 일으키지 못한다. 그러므로 갖가지 색을 분별하여 일으키는 상을 억념하지 않는다[不念若干想]. 그러나 의식은 여기서 다시 공무변처의 본질에 대하여 사유한다. 이러한 사유를 통하여 제5식주를 벗어나는 제6해탈을 이루게 된다.

제6식주 공무변처의 본질을 사유하면서 무색계천의 식무변처천에 진입한다. 공무변처는 '색성향미촉'이 없으므로 '안이비설신'으로 감지할 수 없다. 그런데 의식이 공무변처를 인식하여 머물고 있는 것은 무슨 까닭인가? 그것은 '안이비설신'으로 직접 감지할 수 있는 색의 부재不在를 통하여 공간을 인식하기 때문이다. 그렇다면 공무변처의 본질은 무엇인가? 생주이멸하는 색이 공무변처의 바탕이 될 수 없으며 또한 색의 부재가 공무변처의 바탕이 될 수 없다. 따라서 공무변처의 바탕은 색의 부재를 통해 공무변처를 인식하여 공무변처에 머물고 있는 의식 자체라는 자각을 한다. 이러한 자각을 통하여 의식이 제5식주를 벗어나는 제6해탈을 이루어 식무변처정으로 들어간다. 여기서 무변한 공간에 머물던 무변한 의식이 무변한 공간의 바탕이 되므로 이 의식을 식무변처識無邊處라고 한다. 공무변처에 머물던 의식이 무량한 공무변처를 벗어나[度一切無量空處] 무량한 식무변처에 머물고 있는 것이 제6식주의 인식단계다. 여기서 제6식주의 의식은 무량한 식무변처의 본질을 사유한다. 이러한 사유를 통하여 제6식주를 벗어나는 제7해탈을 이루게 된다.

제7식주 식무변처의 본질을 사유하면서 무색계천의 무소유처천에 진입한다. 의식이 식무변처의 본질을 사유한다는 것은 의식이 의식 자체의 본질을 사유하는 것이다. 의식 자체의 본질을 사유하는 의식에서는 내외의 모든 인식대상에 대한 욕과 상이 이미 소멸했으므로 그 어떤 것도 인식대상으로 삼아 인식할 수 '있는 것이 없다[無所有].' 따라서 의식이 의식 자체를 인식대상으로 삼는 것은 의식이 의식의 있음을 스스로 인정한 것뿐이라는 자각을 한다. 이러한 자각을 통하여 의식은 무량한 식무변처를 벗어나는 제7해탈을 이루어 무소유처정無所有處定으로 들어간다. 여기서 의식은 무량한 식무변처를 벗어나[度一切無量識處] 의식 자체를 포함하여 인식대상으로 인식될 수 있는 것은 어떤 것도 없다[無所有]는 상태의 의식에 머무는 제7식주의 인식단계가 된다. 이러한 상태의 의식은 식무변처의 바탕이 되므로 무소유처無所有處라고 한다. 이제 제7식주의 의식은 무소유처의 본질을 사유한다. 이러한 사유를 통하여 제7식주를 벗어나는 제8해탈을 이루게 된다.

제2처 무소유처의 본질을 사유하면서 무색계천無色界天의 가장 높은 단계인 비상비비상처천非想非非想處天에 진입한다. 인식대상으로 인식될 수 '있는 것이 없는[無所有]' 상태의 의식 즉 무소유처의 본질을 깊이 사유한다. 내외의 어떠한 인식대상도 있는 것이 아님을 인지하였으며 인식하려는 의식 자체도 있는 것이 아님을 이미 인지하였다. 즉 무소유처의 본질은 어떠한 '유상有想도 아님[非有想]'을 인지한 것이다. 그렇다면 그 본질이 있는 것이 아니라면 없는 것인가? 만약 그 본질이 없는 것 즉 무상無想이라면 어떻게 비유상임을 인지하고 무상임을 인지할 수 있는가? 무상이 무상을 알아차린다는 것은 모순이다. 다시 표현하면, 의식 없음이 의식 없음을 알아차린다는 것은 모순이다. 그러므로 '무상도 아님[非無想]'을 인지한다. 여기서 의식은 의식의 인식작용 자체에 치우침이 있음을 선명하게 알아차림으로써 무소유처를 완전히 떠난다[度一切無所有處]. 그리하여 유상도 부정하여[非有想] 머무르지 않고 무상도 부정하여[非無想] 머무르지 않는 비유상비무상처非有想非無想處의 제8선정인 비유상비무상처정非有想非無想處定을 성취한다.

다시 표현하면, 어떤 인식대상도 의식도 있는 것은 없다는 상태의 의식[無所有處]을 벗어나 머물지 않고, 무소유처를 벗어나 머물지 않는 의식 자체마저 벗어나 머물지 않는 상태가 된다. 즉 어떠한 의지함도 없고 머무름도 없는 상태가 된다. 어떤 '인식대상도 의식도 부정[非想]'하여 머물지 않고 또한 어떤 인식대상도 의식도 '부정하는 의식마저 부정[非非想]'하여 머물지 않는 비상비비상처非想非非想處의 제8선정인 비상비비상처정을 성취한다. 이것은 무소유처의 바탕이 되고 둘째로 도달한 머무름 없는 상태의 의식이므로 제2처第二處라고 한다.

이상의 제5식주부터 제2처까지는 무색계유정의 의식차원을 네 단계로 분류한 것이다. 제5식주에서 일체색상을 벗어나 공무변처에 머물고, 제6식주에서 공무변처를 벗어나 식무변처에 머물고, 제7식주에서 식무변처를 벗어나 무소유처에 머문다. 그리고 제2처에서는 무소유처를 벗어나 머무름 없는 비상비비상처의 상태가 된다.

이러한 무색계유정의 네 가지 인식차원을 색계중생과 비교하여 살펴본다. 우선, 무색계유정은 수식을 섭취하지 않으므로 수식으로 형성되는 수온受蘊이 없다. 이것은 제1처에서 수가 소멸하고 제5식주에서 일체색상을 벗어나기 때문이다. 또한 색계유정은 제1처에 도달할 때까지 정신적 희락에 머물지만 무색계유정은 오직 의식의 본질에 대한 탐구를 지속한다. 무색계유정의 의식 탐구는 색의 바탕은 공무변처로, 공무변처의 바탕은 식무변처로, 식무변처의 바탕은 무소유처로, 무소유처의 바탕은 비상비비상처로 진행되어왔으며, 의식은 다시 비상비비상처의 본질을 사유한다. 비상비비상처의 본질을 사유하면서 의식은 의식의 인식작용 자체에 대하여 깊이 사유한다. 즉 인식작용이 인식작용을 사유하는 것이다. 다시 표현하면 인식대상에 대한 인식작용에서 전환하여 인식작용 자체를 사유하는 것이다. 인식작용의 주체로서 인식 자체에 대하여 유무상有無想을 인지하는 인식작용이란 무엇인가? 그것은 유위有爲이다. 이러한 유위의 바탕은 무엇인가? 그것은 무명無明이다. 무명에 연하여 유위가 발생한 것임을 자각하여 비상비비상처를 벗어나는 혜해탈慧解脫을 이루어 멸진정滅盡定 혹은 상수멸정想受滅定으로 이입한다.

이로써 칠식주이처의 유위계를 완전히 벗어나는 멸진정에서의 의식은 유위는 무상無常하여[若有爲者 則是無常] 집착하지 않으므로 비상비비상처를 완전히 벗어난다[度一切非有想非無想處]. 즉 삼계로 이루어진 유위계有爲界를 벗어나는 것이다. 제1처에서 수가 소멸하여 심해탈心解脫을 이루고 제2처에서 상을 소멸하여 혜해탈慧解脫을 이룬다. 모든 상수를 멸함으로 상수의 연인 무명이 드러난다. 무명은 무명인 줄 앎으로써 사라진다. 이렇게 무명을 멸하여 무명을 일으키는 모든 결박結縛 즉 번뇌[漏]를 멸진하는데, 제1처에서는 욕루欲漏를, 제2처에서는 유루有漏를, 그리고 멸진정에서는 무명루無明漏를 멸진하여 지혜를 완성한다. 이렇게 무명을 자각하여 무명에서 벗어나 구경의 지혜를 완성하는 혜해탈을 성취한다. 심해탈과 혜해탈을 합쳐 일컫는 구해탈俱解脫로써 모든 해탈이 완성되고, 모든 해탈이 완성되면 무상정등정각을 성취하고 유위계를 벗어나 무위계로 이입하여 열반에 도달하여 머문다.

| 불교우주론표 |

이계	삼계	우주				구중생	칠식주이처	구차제정	해탈	사생
무위계								멸진정	혜해탈	
유위계	무색계	비상비비상처천				비상비비상천인	제2처	비상비비상처정:비상비비상처	제8해탈	화생
		무소유처천				무소유처천인	제7식주	무소유처정:무소유처	제7해탈	
		식무변처천				식무변처천인	제6식주	식무변처정:식무변처	제6해탈	
		공무변처천				공무변처천인	제5식주	공무변처정:공무변처	제5해탈	
	색계	범계	공거천	사선천	정거천: 색구경천 선견천 선현천 무열천 무번천	사선천인	제1처	제4선정:사념청정지	제4해탈(심해탈)	
					무상천·광과천·복생천·무운천					
				삼선천	변정천·무량정천·소정천	삼선천인	제4식주	제3선정:이희묘락지	제3해탈	
				이선천 / 광음천	극광정천 무량광천 소광천	이선천인	제3식주	제2선정:정생희락지	제2해탈	
				초선천 / 범천	대범천 범보천 범중천	초선천인	제2식주	초선정:이생희락지	제1해탈	
	욕계	천계	지거천	욕천	타화자재천·화락천·도솔천·야마천·	욕계중생	제1식주			태생
					도리천·사왕천					
		인간		사대주						태생·습생·난생
		축생		대해, 얕은 물, 공중, 육지						
		지옥		팔열지옥·팔한지옥						화생

15. 올챙이가 개구리로, 애벌레가 나비로 변화하여 태어나는 것과 같이 유생이 성체로, 혹은 유충이 성충으로 변태하는 것을 화생의 일종으로 볼 수 있는가, 볼 수 없는가? 어느 쪽이든 그 이유를 설명해보라.

---

16. 현대 생명과학에서는 동물을 무척추동물과 척추동물로 나누고 척추동물을 어류, 양서류, 파충류, 조류, 포유류 등으로 분류한다. 이러한 분류의 관점은 무엇인가? 불교에서는 축생을 난생, 태생, 습생으로 분류한다. 이러한 분류의 기준과 관점은 무엇인가? 이러한 불교의 분류는 현대 생명과학의 분류를 대체할 수 있는가?

---

17. 색계의 제4선천과 무색계의 유정들은 물질적 우주의 성주괴공의 영향에 벗어나 있다. 제4선천은 색계의 가장 높은 차원에 속하기는 하지만 여전히 물질로 형성된 세계이다. 그런데 어떻게 물질적 우주의 성주괴공에 영향을 받지 않는지, 그 이유를 설명해보라.

---

18. 물질적 우주의 성주괴공의 영향에서 벗어나 있는 색계의 제4선천과 무색계의 유정들은 수명이 1대겁보다 길며, 색계의 제4선천보다 낮은 단계의 모든 유정들의 수명은 1대겁보다 적음을 보이라. 구중생 가운데 가장 높은 단계인 무색계의 비상비비상처천의 유정들이 생사를 한 번 겪을 때 물질적 우주의 성주괴공을 몇 번 겪게 되는지, 적절한 문헌을 참조하여 답해보라.

---

19. 물질적 우주가 괴멸할 때 지옥부터 차례로 파괴되면서 모든 유정을 핍박하여 하지下地를 버리고 상천上天하도록 한다. 만약 이때 어떤 유정이 물질적 우주의 괴멸이 종료될 때까지 하지를 버리지 못하고 상천하지 못한다면 이 유정은 어떻게 되겠는가? 만약 이 유정이 인간이라면 어떻게 되겠는가?

20. 불교우주론에서는 우주가 형성될 때 유정들이 높은 차원에서부터 낮은 차원까지 차례대로 형성된다고 본다. 그렇다면 구중생 가운데 가장 높은 차원인 무색계의 비상비비상처천인들의 형성은 어떻게 설명할 수 있는가? 무색계의 비상비비상처천인들부터 공무변처천인들까지의 형성과정을 차례대로 설명하여 보라. 마찬가지로 색계의 사선천인들부터 초선천인들까지의 형성과정을 차례대로 설명하여 보라. 또한 욕계의 욕천인들과 인간들의 형성과정을 차례대로 설명하여 보라. 이때 '마음으로 만든 몸'을 가진 무색계 중생들로부터 '사대로 만든 몸'을 가진 색계 중생이 어떻게 형성되는가? 또한 남녀의 구별이 없는 색계의 중생으로부터 남녀의 구별이 있는 욕계의 공거천 중생이 어떻게 형성되며, 화생으로 태어나는 공거천의 중생으로부터 태생으로 태어나는 지거천의 중생이 어떻게 형성되는가? 이것으로 색계 사선천의 세부 차원(9단계)이 다른 색계천의 세부 차원(3단계)보다 많은 것을 설명할 수 있는가? 마찬가지로 욕계 욕천의 세부 차원(6단계)이 다른 욕계의 세부 차원(1단계)보다 많은 것을 설명할 수 있는가?(DN27 참고)

21. 불환과를 성취한 자는 제4 선천의 정거천淨居天에 태어나 그곳에서 마땅히 해야 할 일을 다 해 마치고 완전한 열반에 이르러 이 세상에 다시는 돌아오지 않는다. 그렇다면 제4 선천의 정거천과 무색계천의 중생들은 목숨이 다하기 전 열반에 이르는데 어떻게 제4 선천의 정거천 아래의 중생들이 형성되는가?

22. 지거천의 중생은 남녀의 구별 및 태생과 같은 특징을 인간과 공유하고 있음에도 불구하고 세부 차원이 공거천의 중생과 같이 분류되고 인간과 같이 분류되지 않는 까닭은 무엇인가?

23. 육욕천의 천인들이 느끼는 지극한 즐거움과 쾌락과, 색계유정들이 느끼는 희락의 차이를 설명해보라.

24. 제3식주에서 색을 버리는 것과 제5식주에서 색을 버리는 것의 차이를 설명해보라.

---

25. 멸진정의 의식단계는 식주나 처라고 하는 상태의 의식단계인 칠식주이처에 포함되지 않는다. 멸진정을 식주나 처라고 할 수 없는 이유는 무엇인가?

---

26. 멸진정에서 오온 중 남아 있는 것이 있는가? 있다면 그것은 무엇이며, 그 이유는 무엇인가? 없다면 그 이유는 무엇인가?

---

27. 칠식주이처의 9단계에는 모두 8해탈이 있다. 그리고 마지막 단계의 제2처를 벗어나 멸진정으로 이입하는 해탈은 혜해탈이다. 8해탈과 혜해탈을 합쳐서 9해탈이라고 하지 않는 이유, 즉 혜해탈을 8해탈과 분리하여 다루는 이유는 무엇인가?**28.** 8해탈과 혜해탈의 각 해탈에서 어떤 생각이 멸하며 어떤 생각이 새롭게 생하는가? 각 생각들이 차례로 생멸하게 되는 연과 과를 밝히면서 서술해보라.

---

29. 부처님께서 출가수행자들에게 독신생활을 요구하신 까닭을 불교우주론의 관점에서 설명해보라.

4 결론

두 가지 관점에서 불교우주론의 몇 가지 측면을 주목한다. 하나는 우주론 자체에 대한 관점이고, 다른 하나는 불교의 교리와 수행에 대한 관점이다. 전자의 관점에서도 몇 가지 흥미로운 점들을 볼 수 있고, 후자의 관점에서는 불교우주론이 불교의 교리와 수행을 확고히 지지해주는 버팀목 역할을 하고 있음을 알 수 있다. 불교우주론은 불교의 교리와 수행을 심장박동 소리와 함께 살아 숨쉬게 하여 교리의 광대무변성과 수행의 현실적 가능성과 방향성을 확보해준다.

첫째, 우주론의 관점에서 보면 불교우주론은 정상定常우주론이 아니라 동적動的우주론이다. 다양한 지역의 고대 국가와 문명에서 볼 수 있는 대부분의 우주론은 신화적 요소가 뚜렷하고, 따라서 우주의 불멸성과 항상성을 강조하여 정상우주모형을 추구하고 있다. 이러한 경향은 현대우주론에서조차 발견된다. 그러나 우주의 불멸성과 항상성을 보장하는 정상우주모형과 달리 우리 우주는 빅뱅에 의하여 팽창하고 있음이 관측되었다. 이것은 우리 우주가 동적이라는 사실을 뒷받침하고 있다. 대부분의 고대우주론과 달리 불교우주론은 우주의 성주괴공을 분명하게 서술하여 우주가 동적임을 밝히고 있다. 우주가 정적이냐 동적이냐에 따라서 우주가 영원불멸한가 영원불멸하지 않은가가 결정된다. 만약 우주가 영원불멸하다면, 달리 표현하여 우주가 유상有常하다면, 생하지도 않고 멸하지도 않는 요소들로써 우주 안의 이합집산하는 물질을 설명하는 요소설은 정견이 될 수 있다. 그러나 만약 우주가 영원불멸하지 않다면, 달리 표현하여 우주가 무상無常하다면, 우주 안의 요소들 또한 우주와 마찬가지로 무상하므로 요소설은 사견이 된다. 불교우주론은 규모나 크기의 차이를 막론하고 우주와 우주 안의 모든 대상에 같은 원리가 적용된다고 본다. 생주이멸하는 물질, 생로병사하는 유정, 성주괴공하는 우주는 모두 근본적으로 같은 원리가 적용되는 다른 대상일 뿐이다. 이러한 점에서 불교의 교리체계는 견고한 일관성을 지니고 있다.

둘째, 불교우주론은 외계 생명체를 인정하고 그에 대해 거리낌 없이 논하면서, 외계 생명체들의 크기나 수명, 의식단계와 상태, 출생방법, 섭취하는 음식물 등까지 설명하고 있다. 나아가 외계 생명체와 인간을 비교하여 아홉 단계의 차원으로 나누면 인간이 최하위 차원에 속한다고 설명한다. 한편 현대의 일부 천문학자들은 외계 생명체의 존재 가능성을 인정하고 이론적으로 생명체가 존재 가능한 행성의 수에 대한 계산을 바탕으로 외계 생명체에 인간의 존재를 전달하려는 노력과 함께 외계 생명체로부터 신호를 수신하려는 시도를 하고 있다(그러나 아직 외계 생명체의 존재를 확증해줄 만한 결과는 없다). 대부분의 고대우주론이 정상우주모형과 더불어 인간중심적 우주모형을 강조하고 있는 것과 비교하면 외계 생명체에 대한 불교우주론의 관점은 매우 이채롭다. 이러한 관점의 바탕에는 우주 안의 모든 생명체들이 생로병사를 겪는 똑같은 중생일 뿐이라는 의식과, 모든 중생에게는 각기 차원에 따라 수행하여 차원을 향상시키거나 중생계를 벗어날 수 있는 균등한 기회가 있다는 의식이 깔려 있다.

셋째, 불교우주론은 우주의 물질적인 측면뿐만 아니라 비물질적인 측면 즉 정신적인 측면을 강조하면서 그 역할을 분명히 하고 있다. 이러한 면모는 무색계의 존재와 무색계 유정들의 역할을 통해 분명히 드러난다. 우주의 한 부분을 이루면서도 물질적 우주의 성주괴공에 영향을 받지 않는 무색계 유정들이 물질적 우주의 기원을 가능하게 하는 업력을 발휘하고 우주의 성주괴공을 지켜보면서 성겁에는 색계와 욕계의 생명들을 탄생시키고 괴겁에는 그 생명들을 거두어들이는 생명의 근원지 역할을 하는 것이다.

넷째, 지옥 자체가 괴멸하여 지옥에조차 머물 수 없는 우주의 괴겁 동안 욕계의 모든 중생들과 색계유정들은 반드시 더 높은 차원으로 발전해야 한다. 이렇게 점차 차원을 향상시켜 마침내 우주의 괴멸에 영향을 받지 않는 색계의 제4선천 이상의 차원으로 진입하지 않을 수 없다. 이것은 욕계중생과 색계유정이 우주의 괴멸을 피할 수 없기 때문이다. 불교우주론은 지옥의 고통보다 참혹한 우주의 괴멸에 의한 고통에서 벗어나는 수행을 미루지 말라고 가르친다.

다섯째, 육체적 고락에 갇혀 있는 제1식주의 욕계중생들은 고를 회피하고 낙을 탐닉하고자 바깥의 인식대상에 의식이 갇혀 있다. 따라서 욕계에는 욕계선정이라 부를 수 있는 선정이 없다. 욕계를 벗어나 최초의 선정 상태인 제2식주의 초선정에 진입하기 위해서는 제1해탈을 성취해야 한다. 그런데 제1해탈은 무엇으로 성취할 수 있는가? 기도인가, 믿음인가, 선행인가, 고행인가, 염불인가, 간경인가, 참선인가? 또는 욕심을 버리고 세연世緣을 떠나 자연으로 돌아가는 것인가? 불교우주론의 칠식주이처는 욕계에서 이러한 행위는 단지 욕일 뿐이라고 가르치고 있다.

제1해탈은 이러한 행위가 욕일 뿐임을 철저히 이해하고 욕의 본질과 구조를 철저히 이해하는 승해에 의하여 성취된다. 이러한 승해에 의한 이욕離慾 없는 제1해탈은 가능하지 않다. 제1해탈 없는 선정수행은 욕에 의한 착각이다.

'알아야 할 것을 알았고

닦아야 할 것을 닦았고

버려야 할 것을 버렸다'

그리하여

부처라 하나니

지금 여기

권전에서

닦아야 할 것을 닦아야 하느니

제 2 부

권전

제5장

37도품三十七道品

석가모니 부처님께서 가르치는 바른 범행법梵行法은 팔정도八正道를 중심으로 한 37도품으로, 팔정도 외에 사정근四正勤, 사여의족四如意足, 사념처四念處, 오근五根, 오력五力, 칠각지七覺支 등 서른일곱 가지 가르침을 망라한다. 팔정도의 여덟 가지 바른 길을 실천하기 위하여 37도품뿐만 아니라 구차제정九次第定도 필요하다. 《대념처경》DN22《염처경》MN10《출입식념경》MN118《대라훌라경》MN62《염신경》MN119《대우다인경》MN77 등에 나타난 이러한 가르침들을 정리하면 다음과 같다.

1 여덟 가지 바른 길 _ 팔정도

욕계의 제1식주는 욕을 바탕으로 형성되어 있고, 색계의 제2식주부터 무색계의 제2처까지는 각기 다른 차원의 선정을 바탕으로 형성되어 있다. 따라서 인간세상을 포함한 욕계에 몸과 마음이 머물러 있는 한 바른 선정수행이나 선정상태는 불가능하다. 욕계에 몸과 마음이 머물러 있으면 아무리 노력하고 고행하더라도 바른 선정을 성취할 수 없다. 만약 욕계에 몸과 마음이 머물러 있으면서 바른 선정을 성취하였다고 한다면 그것은 욕에 의한 착각이다. 선정을 욕탐의 대상으로 삼고 그것을 성취하고자 노력한다면 그러한 노력이나 수행 또는 고행 자체가 욕을 바탕으로 한 욕부림이므로 바른 선정으로 나아갈 수 없다. 욕탐에 의한 몰입으로 일정한 시간 동안 선정상태에 도달한다 하더라도 그 상태를 벗어나면 다시 일상으로 환원된다. 이것은 선정수행이 욕탐에 바탕을 두었음을 말해주는 증거로, 이렇게 욕탐에 바탕을 둔 선정수행은 그 욕탐을 일으키지 않고 해제하는 순간 일상으로 돌아오게 되어 있다. 따라서 이러한 선정상태는 바르지 않으며 아무런 이익이 없다.

따라서 범행을 시작하려는 범행자는 몸과 마음이 욕계에 머물러 있는 상태에서 바른 선정수행이나 선정의 성취는 불가능하다는 것을 알아야 하고, 몸과 마음이 욕계에 머물러 있는 상태에서 바른 선정을 향한 모든 노력과 수행은 욕부림에 불과하다는 것을 승해해야 한다. 몸과 마음이 욕계에 머물러 있는 상태에서 가능한 유일한 노력과 수행은 욕계로부터 벗어나는 것이다. 욕계를 벗어나는 것은 선정수행에 속하지 않으며, 욕계를 벗어난 뒤라야 선정수행이나 선정의 성취가 가능하다.

여기서, 몸과 마음이 욕계에 머물러 있는 상태에서 욕계로부터 벗어나는 것은 또 다른 욕부림에 불과하지 않은가 하는 의문이 들 수 있다. 몸과 마음이 욕계에 머물러 있는데 어떻게 욕계로부터 벗어날 수 있는가? 몸과 마음이 욕계에 머물러 있는 상태를 지속시키는 것이 욕부림이며, 이 상태를 선정, 성불, 깨달음, 해탈, 열반 등으로 덧씌우고 장식하면서 이 상태를 지속시키기 때문에 욕부림이라고 한다. 따라서 몸과 마음이 욕계에 머물러 있는 상태를 벗어나는 것은 또 다른 욕부림이 아니다. 이것은 욕으로 물들어 있는 상태를 바르게 보고 알아 욕에서 벗어나는 욕벗음이다.

욕벗음에는 세 가지가 있으니, 첫째가 중도中道이고 둘째는 이욕離慾이며 셋째는 연각緣覺이다. 사람이 상한 음식을 모르고 먹는 경우에 비유하여 말하면, 식탐이 많지 않은 사람이 상한 음식을 입에 넣자마자 음식이 상한 것을 알고 바로 뱉어내고 입을 씻어낸 뒤 다시는 그 상한 음식을 먹지 않는 것이 중도이고, 어느 정도 식탐이 있는 사람이 상한 음식을 먹고 그 상한 음식이 위까지 들어갔을 때 음식이 상한 것을 알고 토해내고 입을 씻어낸 뒤 다시는 그 상한 음식을 먹지 않는 것이 이욕이며, 식탐이 매우 많은 사람이 상한 음식을 모두 먹고 그 상한 음식이 온몸으로 퍼진 뒤에 음식이 상한 것을 알고 토해내고 입을 씻어낸 뒤 다시는 그 상한 음식을 먹지 않는 것이 연각이다. 다르게 말하면, 보고 듣고 냄새 맡고 맛보고 피부로 느끼는 모든 대상들이 상한 음식임을 철저히 납득한 것이 연각이요, 보고 듣고 냄새 맡고 맛보고 피부로 느끼는 자기 자신 역시 상한 음식임을 철저히 승해한 것이 이욕이요, 이렇게 납득하고 승해하는 일마저 상한 음식임을 철저히 자각하는 것이 중도이다. 이와 같이 욕에 오염된 정도에 따라 세 가지 욕벗음이 있으니, 범행자는 반드시 이 세 가지 법을 승해하여 욕을 벗어나야 한다.

그렇다면 몸과 마음이 어떻게 욕계에 머물러 있으며, 어떻게 그 상태를 지속시키는가? 오취온으로 욕계에 머물고, 사식을 탐착함으로써 그 상태를 지속시킨다. 이러한 상태의 특징은 감각적 오욕을 여의지 않는 것이다. 감각적 오욕은 점차 증장하고 확산하여 다양한 세속적 욕망으로 표출되고 발전한다. 또 다른 특징은 화내는 마음을 여의지 않는 것이다. 시기하고 질투하며, 미워하고 증오하며, 화를 내고 악담을 내뱉는 마음이 사라지지 않는다. 또한 어리석은 마음을 여의지 않는다. 이러한 탐진치貪瞋癡의 상태는 몸과 마음이 욕계에 머물고 있음을 보여주는 확실한 증거가 된다.

깨달음과 성불을 욕탐의 대상으로 삼고 지극한 고행을 하는 것도 욕부림에 불과한데, 세속적인 욕망을 욕탐의 대상으로 삼고 지극히 기도하고 수행하고 고행하는 것은 말해 무엇하겠는가? 현실적인 삶에서의 고통, 괴로움, 어려움, 불편함 등에서 벗어나기 위해서나 자신과 가족의 건강, 성공, 행복을 위해 지극히 기도하고 수행하는 것, 막연히 삶에 보탬이 되리라는 믿음이나 더 나은 삶을 찾을 수 있다는 믿음이나 사후에 더 좋은 곳으로 인도될 수 있다는 믿음을 가지고 기도하고 수행하는 것은 모두 욕부림에 불과하다. 이러한 욕부림에 바탕을 둔 수행은 바른 범행의 시작에도 미치지 못한다. 바른 범행의 시작은 욕부림을 벗어나 욕벗음으로 나아가는 것이다.

범행자가 연각, 이욕, 중도 세 가지 중 연각을 승해하면 무명으로 말미암아 생로병사의 연기 고리에서 벗어나지 못함을 알게 된다. 이러한 연기 고리의 전말을 상세하게 이해하고 연기 고리를 벗어나지 못함으로 인한 폐해를 이해하여 연기 고리에서 벗어나고자 한다. 생로병사의 연기 고리에서 벗어나는 일은 욕계를 벗어나는 데서부터 시작하며, 욕계의 벗어남은 이욕과 직결된다. 이와 같이 연각과 이욕은 서로 밀접하게 연결되어 있다. 욕계에 갇혀 있는 기준이 곧 욕이며, 욕의 전말과 폐해를 상세하게 이해하여 욕에서 벗어나는 것이 이욕이다. 이욕이 철저하면 다시는 욕계로 환원되지 않는다. 욕의 상태에서 보고 듣고 냄새 맡고 맛보고 피부로 느끼는 모든 것은 착각이고, 이러한 착각에 의하여 인식하고 사유하고 분별하는 모든 견해 또한 착각이다. 인식구조의 전말과 폐해를 상세하게 이해하여 착각에 의한 그릇된 견해 즉 사견을 벗어나는 것이 중도이다. 이렇게 이욕은 중도와 서로 밀접하게 관련되어 있다. 이와 같이 연각, 이욕, 중도의 세 가지 법을 모두 차례대로 상세하게 배우고 이해하는 범행자는 마침내 중도를 승인하고 자각하게 된다.

중도의 자각은 곧 사견의 여읨이며, 사견의 여읨은 곧 정견正見이다. 정견은 어떠한 사견에도 함몰되지 않고, 어떠한 사견에도 입각하지 않으며, 어떠한 사견에도 의지하거나 의존하지 않는 것이다. 중도라는 견해에도, 정견이라는 견해에도 함몰되거나 입각하거나 의지하거나 의존하지 않는 것이다. 범행자는 어떠한 사견이나 견해에도 함몰되거나 입각하거나 의지하거나 의존하지 않으며 어떠한 사견이나 견해도 움켜쥐지 않으면서 머문다. 이것이 바른 견해, 정견正見이다. 이와 같이 바른 견해를 지니고 그릇된 견해를 여의는 것이 팔정도八正道의 정견을 닦는 것이다.

범행의 시작에서부터 열반에 이르기까지 범행의 모든 단계를 바르게 이해하고 승인하는 바른 견해를 보호하고 지속시키도록 사유하며, 각 단계의 범행과정에서 바른 견해가 이어져 나가도록 사유하며, 범행의 모든 단계와 각 단계 사이에서 바른 견해에서 한 치도 어긋나지 않도록 사유하는 것이 바른 사유이다. 이와 같이 바른 견해에서 어긋나지 않도록 바른 사유를 하고 바른 견해로부터 어긋나게 하는 그릇된 사유를 여의는 것이 팔정도의 정사유正思惟를 닦는 것이다.

바른 사유를 벗어나지 않는 바른 말을 하고 바른 사유를 벗어나게 하는 그릇된 말과 그릇된 말의 극치인 논쟁을 여의는 것이 팔정도의 정어正語를 닦는 것이다.

바른 말을 벗어나지 않는 바른 행위를 하고 바른 말을 벗어나게 하는 그릇된 행위를 여의는 것이 팔정도의 정업正業을 닦는 것이다.

바른 행위를 벗어나지 않는 바른 생계수단을 지키고 바른 행위를 벗어나게 하는 그릇된 생계수단을 여의는 것이 팔정도의 정명正命을 닦는 것이다. 이것은 일상생활 중의 어떠한 부분에서도 함몰되거나 입각하거나 의지하거나 의존하지 않고 또한 움켜쥐지 않으면서 머무는 것이며, 모든 일상생활에서 정견, 정사유, 정어, 정업의 상태를 조금이라도 벗어나지 않는 것이 범행자의 바른 생계라는 의미이다.

이와 같이 바른 생계를 닦으면서 범행자는 만족한 일상생활을 갖춘다. 만족한 일상생활 속에서 더욱 유익하고 건전한 상태로 향상하는 바른 정진을 닦고 유익하지 않고 불건전한 상태로 퇴락하는 그릇된 정진을 여의는 것이 팔정도의 정정진正精進을 닦는 것이다. 바른 정진은 사정근四正勤으로써 성취한다.

팔정도의 정념正念과 정정正定은 사념처와 구차제정으로써 닦아 성취한다.

1. 만약 어떤 사람이 중도, 이욕, 연각의 바른 이해에도 미치지 못하여 범행의 시작으로 나아가지 못한다면 이러한 사람을 어떻게 인도할 수 있는가? 석가모니 부처님께서는 이런 사람들을 어떻게 인도하셨는가?

2. 지계持戒의 관점에서 보면 범행의 차제가 정업, 정어의 순서로 되어 있으나 팔정도의 관점에서는 정어, 정업의 순서로 되어 있다. 이렇게 정어와 정업의 차제가 상반되는 이유를 설명하여 보라. 어느 것이 옳고 어느 것이 잘못된 것인가?

3. 팔정도의 정견, 정사유, 정어, 정업, 정명, 정정진, 정념, 정정 가운데 가장 근본적인 것은 무엇인가? 그 이유는 무엇인가?

4. 팔정도에는 중도로 들어가는 방법과 지계로 들어가는 방법 두 가지가 있다. 이 두 가지 방법을 비교하여 설명하라. 이 두 가지 방법으로 들어간 팔정도는 서로 같은가, 다른가? 어느 쪽이든 그 이유를 설명해보라.

2 네 가지 바른 노력 _ 사정근

만족한 일상생활 속에서 범행자는 자신에게 전에 없었던 장애가 생길 때 어떠한 연유로 어떻게 생기는지 선명하게 알고, 생겼던 장애가 사라질 때 어떠한 연유로 어떻게 사라지는지 선명하게 알고, 사라진 장애가 또다시 생기지 않게 하기 위해 무엇을 어떻게 해야 하는지 선명하게 아는 수행을 닦아야 한다. 이러한 수행으로써 범행자는 바른 깨달음과 열반으로 나아가는 데 장애가 되는 것들을 하나씩 철저하고 확실하게 제거해나갈 수 있다. 다른 한편으로 범행자는 바른 깨달음과 열반으로 나아가는 데 도움이 되는 것들을 하나씩 철저하고 확실하게 형성해 나가는 수행을 해야 한다. 이와 같이 수행에 대한 끊임없는 노력을 네 가지 바른 노력sammā-padhāna이라는 의미에서 사정근四正勤이라고 한다.

왜 바른 노력인가? 바른 깨달음과 열반으로 나아가는 데 도움이 되는 것은 형성하고, 장애가 되는 것은 제거하기 때문이다. 이와 같은 바른 노력으로 갈수록 범행자는 바른 깨달음과 열반에 가까워지는 향상의 길을 간다. 반대로 바른 깨달음과 열반으로 나아가는 데 도움이 되는 것은 제거하고 장애가 되는 것을 형성한다면 그릇된 노력이 되며, 이러한 그릇된 노력으로 갈수록 범행자는 바른 깨달음과 열반으로부터 멀어지는 하락의 길을 간다.

무엇이 네 가지 바른 노력인가? 아직 일어나지 않은 유익하지 않고 불건전한 상태가 계속해서 일어나지 않도록 하기 위해 열의를 가지고 주시하면서 힘을 기울여 노력하는 것이 그 첫째이다. 그리고 이미 일어난 유익하지 않고 불건전한 상태를 버리기 위해 열의를 가지고 주시하면서 힘을 기울여 노력하는 것이 그 둘째이다. 반면에 아직 일어나지 않은 유익하고 건전한 상태를 일으키기 위해 열의를 가지고 주시하면서 힘을 기울여 노력하는 것이 그 셋째이다. 그리고 이미 일어난 유익하고 건전한 상태가 사라지지 않도록 끊임없이 유지하고 계발하고 증장하고 강화하기 위해 열의를 가지고 주시하면서 힘을 기울여 노력하는 것이 그 넷째이다. 이것이 네 가지 바른 노력인 사정근이다. **SN49:1**

여기서 유익하고 건전한 상태란 범행자의 현존상태보다 향상된 상태를 말하며, 유익하지 않고 불건전한 상태란 범행자의 현존상태보다 하락된 상태를 말한다. 이를테면 현재의 오염된 장애상태보다 완화된 장애상태는 범행자에게 유익하고 건전한 상태이고, 더욱 악화된 장애상태는 범행자에게 유익하지 않고 불건전한 상태가 된다. 또한 욕계에서 오욕으로 오염된 상태는 모든 범행자들에게 해당되는 유익하지 않고 불건전한 상태이다. 네 가지 바른 노력을 지속하면 유익하고 건전한 상태는 점차 증장하여 가득하게 되고 반면에 유익하지 않고 불건전한 상태는 점차 감소하여 소멸하게 된다. 이와 같이 사정근으로 바른 깨달음과 열반으로 나아간다.

3 네 가지 성취수단 _ 사여의족

사정근의 바른 노력을 성취하면서, 바른 깨달음과 열반을 기필코 성취할 수 있는 네 가지 성취수단iddhi-pāda인 사여의족四如意足을 계발하고 닦고 완성해야 한다. 무엇이 그 네 가지인가? 의욕, 열의로 번역되는 'chanda'가 첫째 성취수단이다. 범행자는 시전의 가르침을 배우고 이해할 때 예전에 없던 열의를 일으키면서 범행을 시작하며, 범행의 각 단계를 성취할 때마다 예전에 없던 열의를 가지고 다음 단계의 범행으로 차례대로 나아가 마침내 열반까지 나아간다. 둘째 성취수단은 정진精進, vīriya으로, 바른 노력 곧 사정근을 의미한다. 범행자는 범행의 시작부터 바른 노력을 기울여 범행의 각 단계를 성취할 때마다 예전에 없던 바른 노력을 기울여 다음 단계의 범행으로 차례대로 나아가 마침내 열반까지 나아간다. 셋째 성취수단은 마음citta이다. 범행자는 범행의 시작부터 마음을 기울이고 범행의 각 단계를 성취할 때마다 예전에 없던 마음을 기울여 다음 단계의 범행으로 차례대로 나아가 마침내 열반까지 나아간다. 넷째 성취수단은 고찰, 검증으로 번역되는 'vīmamaṁsā'이다. 세존의 가르침을 바르게 이해한 범행자는 범행의 시작부터 범행의 상태를 면밀하게 고찰하여 세존의 가르침으로 검증하고 범행의 각 단계를 성취할 때마다 범행의 상태를 면밀하게 고찰하여 세존의 가르침으로 검증하며 다음 단계의 범행으로 차례대로 나아가 마침내 열반까지 나아간다.SN51:9

범행자가 범행의 시작부터 범행의 각 단계를 성취하여 다음 단계의 범행으로 차례대로 나아가 마침내 열반까지 나아가는 동안 이러한 네 가지 성취수단은 계발되고 닦이고 완성되어 간다. 열의가 없으면 앞으로 나아가지 못하므로 청정범행을 성취할 수 없고, 부지런히 바르게 노력하지 않으면 앞으로 바르게 나아가지 못하므로 청정범행을 성취할 수 없으며, 마음을 온전히 기울이지 않으면 앞으로 나아가지 못하므로 청정범행을 성취할 수 없고, 범행의 상태를 지속적으로 고찰하면서 점검하지 않으면 바르게 나아가지 못하므로 청정범행을 성취할 수 없다.

4 네 가지 대상에 대한 사띠의 확립 _ 사념처

네 가지 대상으로 사띠를 확립하는 사념처四念處는 팔정도의 정념正念을 닦는 수행법이다. 일상생활 중에서 정명과 정정진을 닦음으로써 범행자의 팔정도 수행은 한층 가속된다. 바른 정진에 더욱 매진함으로써 정명을 잊어버리거나 놓아버리는 불건전한 상태는 점차 줄어들고 없어지며 정명을 잊어버리지 않고 놓아버리지 않는 건전한 상태는 점차 늘어난다. 마침내 이러한 건전한 상태가 지속되고 끊어짐이 없어지면 범행자는 만족한 일상생활 속에서 사념처 수행으로 사띠를 확립한다. 이것이 바른 사띠인 정념이다.

사념처 수행을 닦고자 하는 범행자는 먼저 적절한 범행처梵行處를 정해야 한다. '숲이나 나무 아래 또는 외진 처소'로 표현된 범행처는 '일없는 곳'을 의미한다. 숲속이나 한적한 곳의 사원이라 할지라도 일없는 곳이 아니라면 적절한 범행처가 되지 못한다. 범행자의 의식주에 관련된 일, 사원이나 범행처의 유지관리 및 운영에 관련된 일, 그리고 세상과 관련된 모든 일들은 범행자에게 부과되지 않고 없어야 한다. 그러면서도 범행자의 의식주가 적절하게 유지되고 사원이나 범행처의 유지관리 및 운영이 적절하게 처리되며 세상과 관련된 모든 일들이 적절하게 해결되는 일없는 곳이 적절한 범행처이다.

이와 같은 범행처에서 세상을 버리고 출가한 범행자는 세상에 대한 탐욕과 싫어함을 버리고 초연하게 지낸다. 가르침에 따라 바르게 앉아 상체를 곧추세우고 전면前面에 사띠를 일으켜 세워 확립하되, 이것을 선명히 알아차리고 열심히 하여 끊임없이 지속시킨다. 이와 같이 사띠를 확립하여 사띠의 확립에 머문다. 이렇게 게으르지 않고 열심히 스스로 독려하면서 머물면 마침내 세상에 얽힌 기억과 생각들이 사라진다. 세상에 얽힌 기억과 생각들이 사라지면 마음은 고요해지고 사띠는 더욱 확고해진다.

이때 아래와 같이 네 가지 대상 즉 몸[身], 느낌[受], 마음[心], 법法에 머문다. 몸을 단지 몸으로 주시하며 머물고, 느낌을 단지 느낌으로 주시하며 머물고, 마음을 단지 마음으로 주시하며 머물고, 법을 단지 법으로 주시하며 머문다. 언제까지 머무는가? 사념처 수행의 성취와 완성까지이다. 오직 선명한 알아차림과 잘 확립된 사띠만 현전하고 이러한 현전이 잊히지 않으면 사념처 수행에서 사띠 수행을 성취한 것이다. 이러할 때 범행자는 머물되 어떠한 것에도 의지하거나 입각하거나 의존하지 않으며 어떠한 것도 움켜쥐지 않으면서 머문다. 사념처 수행에서 사띠 수행을 성취하면 이어서 자연스럽게 사띠 수행에서 사마디samādhi 수행을 닦는다. 멸진정을 이루어 열반을 성취할 때까지 이와 같이 닦아나간다.

누구든지 이와 같이 사념처 수행을 닦되 7년을 닦은 사람은 구경究竟의 지혜를 얻는 아라한과阿羅漢果나 혹은 취착이 완전히 제거되지 않았으면 불환과不還果를 기대할 수 있다. 7년까지 아니더라도 누구든지 이와 같이 사념처 수행을 닦되 6년, 5년, 4년, 3년, 2년, 혹은 1년을 닦은 사람은 마찬가지로 두 가지 결과 중에 하나를 기대할 수 있다. 1년까지는 아니더라도 누구든지 이와 같이 사념처 수행을 닦되 7개월, 6개월, 5개월, 4개월, 3개월, 2개월, 1개월, 반달, 혹은 7일을 닦은 사람은 마찬가지로 두 가지 결과 중에 하나를 기대할 수 있다.

4.1 사띠

사념처 수행에서 확립하고자 하는 사띠란 무엇인가? 어원상으로 팔리어 'sati'는 산스크리트어 'smṛti'에 해당하는 말이다. 스므르티smṛti는 기억記憶 혹은 억념憶念을 의미한다. 그러나 스므르티의 사전적 의미인 기억과 억념으로 사띠의 의미를 한정할 수는 없다. 석가모니 부처님의 수행법에 나타나는 사띠에는 사전적인 의미 외에 추가적인 의미가 있는 것이 분명하다. 왜냐하면 사띠의 확립이야말로 중생들을 청정하게 하고, 슬픔과 비탄을 뛰어넘게 하고, 고통과 고뇌를 소멸하게 하고, 팔정도를 얻게 하고, 열반을 실현케 하는 유일한 길이기 때문이다. 사전적인 의미의 기억과 억념으로는 그러한 일이 불가능하다. 따라서 사띠는 석가모니 부처님께서 중도를 깨닫고 열반에 이르는 과정에서 발견하고 체득한 수행의 요체라고 할 수 있다. 석가모니 부처님의 수행법에 나타난 사띠의 의미는 '온전한 주의注意, attention로부터 일어나는 선명한 앎'이라고 할 수 있다. 그러나 그 참뜻은 사띠를 확립하여 사념처 수행을 성취했을 때 알 수 있으므로, 본서에서는 사띠의 중요성을 실감하고 오류 없이 범행을 성취하기 위해 그대로 사띠라고 한다.

사띠는 북전北傳의 《아함경》에서 '염念'으로 번역되었다. '염'에는 '잊지 않고 지속하다'라는 억념憶念, 유념留念의 뜻이 있다. 염念 자는 '지금'이란 뜻의 금今 자와 '마음'이란 뜻의 심心 자가 합쳐진 글자로, 현존하는 마음을 잊지 않고 지속한다는 의미로 사띠를 해석한 것이다. 영어로는 'mindfulness'로 번역되고, '알아차림' '마음챙김' '마음지킴' '주의 깊음' '마음 깨어 있음' 등으로도 옮긴다. 사띠는 마음이 지닌 관찰력으로 지금 여기에서 일어나는 현상을 있는 그대로 선명하게 알아차린다는 의미가 있으므로 '알아차림'이라 하고, 이러한 알아차림을 매 순간 마음으로 지속적으로 이어지게 하므로 '마음챙김'이라고 하며, 이러한 마음챙김을 매순간 마음으로 지켜내야 하므로 '마음지킴'이라 하고, 이러한 매순간의 마음상태를 강조하면 '주의 깊음' 또는 '마음 깨어 있음'이 된다.

따라서 사띠는 온전한 주의를 깊이 기울여 마음이 깨어 있는 상태를 지속적으로 유지하면서 지금 여기에서 일어나는 현상을 있는 그대로 관찰하여 선명하게 알아차리는 것이다. 즉 지금 여기에서 온전한 주의에 의한 선명한 앎이 사띠다. 이와 같은 사띠가 온전히 확립되기 위해서는 지금 여기에서 일어나고 있는 현상에 깊이 들어가 그 대상을 완전히 장악하고 사띠가 일어나 확립되는 과정에 다른 어떠한 마음의 기능도 일어나지 않도록 마음을 보호해야 한다.

4.2 **몸에 대한 사띠의 확립 _ 신념처**

몸의 호흡에 대한 사띠 어떻게 몸을 단지 몸으로 주시하며 머무는가? 어떻게 몸을 단지 몸으로 주시하여 머물면서 사띠를 닦는가? 몸의 호흡을 단지 몸의 호흡으로 주시하여 머물면서 다음과 같이 사띠를 닦는다. 범행자는 어떤 경우든지 오직 사띠를 확립하면서 숨을 들이쉬고 오직 사띠를 확립하면서 숨을 내쉰다.

① 숨을 길게 들이쉴 때 길게 들이쉰다고 선명하게 알고, 길게 내쉴 때 길게 내쉰다고 선명하게 안다. ② 숨을 짧게 들이쉴 때 짧게 들이쉰다고 선명하게 알고, 짧게 내쉴 때 짧게 내쉰다고 선명하게 안다. ③ 숨을 들이쉴 때 온몸을 경험하면서 숨을 들이쉬고, 숨을 내쉴 때 온몸을 경험하면서 숨을 내쉰다. ④ 숨을 들이쉴 때 온몸의 작용[身行]의 평온을 경험하면서 숨을 들이쉬고, 숨을 내쉴 때 온몸의 작용의 평온을 경험하면서 숨을 내쉰다.

이와 같이 바르게 앉아 상체를 곧추세우고 전면에 사띠를 일으켜 세워 확립하되, 이것을 선명히 알아차리고 열심히 지속시키면서 세상에 대한 탐욕과 싫어함을 버리고 초연하게 지낸다. 오직 선명한 알아차림과 잘 확립된 사띠만 현전하고 이러한 현전이 잊히지 않도록 몸의 호흡을 단지 몸의 호흡으로 주시하며 머문다.

이렇게 몸의 호흡을 단지 몸의 호흡으로 주시하여 머물면서 사띠를 닦을 때, 몸을 단지 몸으로 주시하여 머물면서 사띠를 닦는 것이 된다. 몸의 호흡에 대한 사띠를 닦는 것은 몸에 대한 사띠를 닦는 수행의 한 가지이다. 몸의 호흡에 대한 사띠의 확립과 같은 방법으로, 몸에서 일어나는 현상이나 몸에서 사라지는 현상이나 몸에서 일어나기도 하고 사라지기도 하는 현상들에도 사띠를 닦는다.

몸의 구성과 구성성분에 대한 사띠 어떻게 몸을 단지 몸으로 주시하며 머무는가? 어떻게 몸을 단지 몸으로 주시하며 머물면서 사띠를 닦는가? 몸의 구성과 구성성분을 단지 몸의 구성과 구성성분으로 주시하여 머물면서 다음과 같이 사띠를 닦는다.

범행자는 어떤 경우든지 오직 사띠를 확립하면서 몸의 구성을 선명하게 알아차린다. 몸을 구성으로 나누어 머리카락·몸털·손발톱·이·피부, 살·근육·뼈·골수, 신장·심장·간장·늑막·비장·폐, 큰창자·작은창자·위장·배설물, 뇌수·담즙·가래·고름·피·땀·지방, 눈물·유액·침·콧물·관절액·오줌으로 이루어져 있음을 선명하게 알아차린다.

또한 범행자는 어떤 경우든지 오직 사띠를 확립하면서 몸의 구성성분을 선명하게 알아차린다. 몸을 구성성분으로 나누어 땅[地], 물[水], 불

[火], 바람[風], 공간[空]의 내적 구성성분으로 이루어져 있음을 선명하게 알아차린다.

내적 구성성분의 땅이란 무엇인가? 몸의 내부에 속하는 것으로 고체, 고체처럼 견고하게 된 것, 서로 밀착하여 덩어리처럼 붙은 것으로 머리카락·몸털·손발톱·이·피부, 살·근육·뼈·골수, 신장·심장·간장·늑막·비장·폐, 큰창자·작은창자·위장·배설물, 그리고 그 밖에 고체, 고체처럼 견고하게 된 것, 서로 밀착하여 덩어리처럼 붙은 것은 무엇이든 내적 구성성분의 땅이라고 한다.

내적 구성성분의 물이란 무엇인가? 몸의 내부에 속하는 것으로 액체, 액체처럼 습한 것, 서로 밀착하여 액체처럼 고인 것으로 뇌수·담즙·가래·고름·피·땀·지방, 눈물·유액·침·콧물·관절액·오줌, 그리고 그 밖에 액체, 액체처럼 습한 것, 서로 밀착하여 액체처럼 고인 것은 무엇이든 내적 구성성분의 물이라고 한다.

내적 구성성분의 불이란 무엇인가? 몸의 내부에 속하는 것으로 화기火氣, 화기처럼 뜨거운 것, 서로 밀착하여 불처럼 온기가 있는 것으로 따뜻하게 하는 것, 늙게 하는 것, 소진消盡되게 하는 것, 먹고 마시고 섭취하고 맛본 것들을 완전히 소화시키는 것, 그리고 그 밖에 화기, 화기처럼 뜨거운 것, 서로 밀착하여 불처럼 온기가 있는 것은 무엇이든 내적 구성성분의 불이라고 한다.

내적 구성성분의 바람이란 무엇인가? 몸의 내부에 속하는 것으로 기체, 기체와 같은 것, 서로 밀착하여 기체처럼 움직이는 것으로 들숨, 날숨, 올라가는 바람, 내려가는 바람, 복부에 있는 바람, 창자에 있는 바람, 사지四肢로 부는 바람, 그리고 그 밖에 기체, 기체와 같은 것, 서로 밀착하여 기체처럼 움직이는 것은 무엇이든 내적 구성성분의 바람이라고 한다.

내적 구성성분의 공간이란 무엇인가? 몸의 내부에 속하는 것으로 공간, 공간과 같은 것, 서로 밀착하여 공간처럼 비어 있는 것으로 귓구멍, 콧구멍, 입 안의 공간, 먹고 마시고 섭취하고 맛본 것들이 넘어가는 목구멍, 그것들이 모이는 공간, 그것들이 아래로 배설되는 공간, 그리고 그 밖에 공간, 공간과 같은 것, 서로 밀착하여 공간처럼 비어 있는 것은 무엇이든 내적 구성성분의 공간이라고 한다.

이와 같이 몸의 구성과 구성성분을 알아차릴 때 전면에 사띠를 일으켜 세워 확립하되, 이것을 선명히 알아차리고 열심히 지속시키면서 세상에 대한 탐욕과 싫어함을 버리고 초연하게 지낸다. 오직 선명한 알아차림과 잘 확립된 사띠만 현전하고 이러한 현전이 잊히지 않도록 몸의 구성과 구성성분을 단지 몸의 구성과 구성성분으로 주시하며 머문다. 이렇게 몸의 구성과 구성성분을 단지 몸의 구성과 구성성분으로 주시하여 머물면서 사띠를 닦을 때 몸을 단지 몸으로 주시하여 머물면서 사띠를 닦는 것이 된다.

그런데 이와 같이 몸의 구성과 구성성분을 있는 그대로 선명하게 주시하고자 하여도 그렇게 되지 않는 경우가 있다. 이러한 경우 범행자는 지, 수, 화, 풍, 공과 같은 수행을 먼저 닦아서 몸에 대하여 '이것은 나의 것이 아니다. 이것은 나의 몸이 아니다. 이것은 나의 자아가 아니다.' 하고 있는 그대로 선명하게 보고 알아야 한다. 어떻게 지, 수, 화, 풍, 공과 같은 수행을 닦는가?

　내적 구성성분의 땅이든 외적 구성성분의 땅이든 그것은 단지 땅일 뿐이다. 사람들이 땅에 깨끗한 것, 더러운 것, 똥, 오줌, 침, 고름, 피를 버리지만 그로 인해 땅은 좋아하거나 거부하거나 모욕당하거나 혐오하지 않는다. 이와 같이 땅을 직시하여 땅과 같은 수행을 닦는다. 땅을 직시하여 땅과 같은 수행을 닦으면 마음에 드는 감각접촉과 마음에 들지 않는 감각접촉이 일어나더라도 마음을 사로잡아 마음에 남아 있지 않게 된다. 나아가 땅에 대하여 '이것은 나의 것이 아니다. 이것은 나의 몸이 아니다. 이것은 나의 자아가 아니다.' 하고 있는 그대로 직시하게 된다. 이와 같이 있는 그대로 직시할 때 마음이 땅에서 벗어나고 땅에 의하여 오염되지 않은 채 땅을 선명하게 알아차리게 된다.

　내적 구성성분의 물이든 외적 구성성분의 물이든 그것은 단지 물일 뿐이다. 사람들이 물에 깨끗한 것, 더러운 것, 똥, 오줌, 침, 고름, 피를 씻지만 그로 인해 물은 좋아하거나 거부하거나 모욕당하거나 혐오하지 않는다. 이와 같이 물을 직시하여 물과 같은 수행을 닦는다. 물을 직시하여 물과 같은 수행을 닦으면 마음에 드는 감각접촉과 마음에 들지 않는 감각접촉이 일어나더라도 마음을 사로잡아 마음에 남아 있지 않게 된다. 나아가 물에 대하여 '이것은 나의 것이 아니다. 이것은 나의 몸이 아니다. 이것은 나의 자아가 아니다.' 하고 있는 그대로 직시하게 된다. 이와 같이 있는 그대로 직시할 때 마음이 물에서 벗어나고 물에 의하여 오염되지 않은 채 물을 선명하게 알아차리게 된다.

　내적 구성성분의 불이든 외적 구성성분의 불이든 그것은 단지 불일 뿐이다. 사람들이 불에 깨끗한 것, 더러운 것, 똥, 오줌, 침, 고름, 피를 태우지만 그로 인해 불은 좋아하거나 거부하거나 모욕당하거나 혐오하지 않는다. 이와 같이 불을 직시하여 불과 같은 수행을 닦는다. 불을 직시하여 불과 같은 수행을 닦으면 마음에 드는 감각접촉과 마음에 들지 않는 감각접촉이 일어나더라도 마음을 사로잡아 마음에 남아 있지 않게 된다. 나아가 불에 대하여 '이것은 나의 것이 아니다. 이것은 나의 몸이 아니다. 이것은 나의 자아가 아니다.' 하고 있는 그대로 직시하게 된다. 이와 같이 있는 그대로 직시할 때 마음이 불에서 벗어나고 불에 의하여 오염되지 않은 채 불을 선명하게 알아차리게 된다.

내적 구성성분의 바람이든 외적 구성성분의 바람이든 그것은 단지 바람일 뿐이다. 바람이 깨끗한 것, 더러운 것, 똥, 오줌, 침, 고름, 피를 향하여 불어가지만 그로 인해 바람은 좋아하거나 거부하거나 모욕당하거나 혐오하지 않는다. 이와 같이 바람을 직시하여 바람과 같은 수행을 닦는다. 바람을 직시하여 바람과 같은 수행을 닦으면 마음에 드는 감각접촉과 마음에 들지 않는 감각접촉이 일어나더라도 마음을 사로잡아 마음에 남지 않는다. 나아가 바람에 대하여 '이것은 나의 것이 아니다. 이것은 나의 몸이 아니다. 이것은 나의 자아가 아니다.' 하고 있는 그대로 직시하게 된다. 이와 같이 있는 그대로 직시할 때 마음이 바람에서 벗어나고 바람에 의하여 오염되지 않은 채 바람을 선명하게 알아차리게 된다.

내적 구성성분의 공간이든 외적 구성성분의 공간이든 그것은 단지 공간일 뿐이다. 공간은 깨끗한 것, 더러운 것, 똥, 오줌, 침, 고름, 피를 포용하지만 그로 인해 공간은 좋아하거나 거부하거나 모욕당하거나 혐오하지 않는다. 이와 같이 공간을 직시하여 공간과 같은 수행을 닦는다. 공간을 직시하여 공간과 같은 수행을 닦으면 마음에 드는 감각접촉과 마음에 들지 않는 감각접촉이 일어나더라도 마음을 사로잡아 마음에 남아 있지 않게 된다. 나아가 공간에 대하여 '이것은 나의 것이 아니다. 이것은 나의 몸이 아니다. 이것은 나의 자아가 아니다.' 하고 있는 그대로 직시하게 된다. 이와 같이 있는 그대로 직시할 때 마음이 공간에서 벗어나고 공간에 의하여 오염되지 않은 채 공간을 선명하게 알아차리게 된다.

이와 같이 지, 수, 화, 풍, 공과 같은 수행을 닦아서 몸에 대하여 '이것은 나의 것이 아니다. 이것은 나의 몸이 아니다. 이것은 나의 자아가 아니다.' 하고 있는 그대로 선명하게 보고 안다. 그런 뒤에 몸의 구성과 구성성분을 있는 그대로 선명하게 주시하며 머물면서 사띠를 닦는다.

몸의 행동에 대한 사띠 어떻게 몸을 단지 몸으로 주시하며 머무는가? 어떻게 몸을 단지 몸으로 주시하여 머물면서 사띠를 닦는가? 몸의 행동을 단지 몸의 행동으로 주시하여 머물면서 다음과 같이 사띠를 닦는다. 범행자는 어떤 경우든지 오직 사띠를 확립하면서 이런 행동을 하고 오직 사띠를 확립하면서 저런 행동을 한다.

걸어가면서 걷고 있다고 선명하게 알고, 머물러 있으면서 머물러 있다고 선명하게 알고, 앉아 있으면서 앉아 있다고 선명하게 알고, 누워 있으면서 누워 있다고 선명하게 안다. 또한 나아갈 때 나아간다고 선명하게 알고, 물러날 때 물러난다고 선명하게 안다. 이와 같이 앞을 볼 때에도 뒤를 돌아볼 때에도 선명하게 알고 행한다. 몸을 구부릴 때에도 펼

때에도 선명하게 알고 행한다. 옷을 입고 벗을 때, 음식을 먹고 마시고 씹고 맛볼 때, 대소변을 볼 때, 말할 때와 말하지 않을 때, 잠들 때와 잠에서 깰 때, 그 밖에 일상생활의 모든 행동을 할 때에도 선명하게 알고 행한다.

이와 같이 모든 행동할 때 전면에 사띠를 일으켜 세워 확립하되, 이것을 선명히 알아차리고 열심히 지속시키면서 세상에 대한 탐욕과 싫어함을 버리고 초연하게 지낸다. 오직 선명한 알아차림과 잘 확립된 사띠만 현전하고 이러한 현전이 잊히지 않도록 몸의 행동을 단지 몸의 행동으로 주시하며 머문다. 이렇게 몸의 행동을 단지 몸의 행동으로 주시하여 머물면서 사띠를 닦을 때, 몸을 단지 몸으로 주시하여 머물면서 사띠를 닦는 것이 된다.

몸의 무상에 대한 사띠 어떻게 몸을 단지 몸으로 주시하며 머무는가? 어떻게 몸을 단지 몸으로 주시하여 머물면서 사띠를 닦는가? 몸의 무상을 단지 몸의 무상으로 주시하여 머물면서 다음과 같이 사띠를 닦는다. 범행자는 어떤 경우든지 오직 사띠를 확립하면서 몸의 무상을 선명하게 알아차린다.

범행자는 사람의 몸이 주검으로 버려지면 시체가 부풀고 검푸르게 되고 문드러지는 것을, 새들과 짐승들과 벌레들이 파먹는 것을, 살과 피가 붙은 채 근육들로 서로 얽혀 있는 해골을, 살은 없고 피는 남은 채 근육들로 서로 얽혀 있는 해골을, 살도 피도 없고 근육들만 남아 서로 얽혀 있는 해골을, 근육들마저 없어져 백골이 된 갖가지 뼈들이 흩어져 널려 있는 것을, 백골이 더욱 희게 변하여 조개껍질처럼 된 것을, 뼛조각들만 남아 있는 것을, 뼛조각들이 삭아서 가루가 된 것을 차례대로 선명하게 알아차린다.

이와 같이 몸의 무상을 알아차릴 때 전면에 사띠를 일으켜 세워 확립하되, 이것을 선명히 알아차리고 열심히 지속시키면서 세상에 대한 탐욕과 싫어함을 버리고 초연하게 지낸다. 오직 선명한 알아차림과 잘 확립된 사띠만 현전하고 이러한 현전이 잊히지 않도록 몸의 무상을 단지 몸의 무상으로 주시하며 머문다. 이렇게 몸의 무상을 단지 몸의 무상으로 주시하여 머물면서 사띠를 닦을 때, 몸을 단지 몸으로 주시하여 머물면서 사띠를 닦는 것이 된다.

이와 같이 몸의 호흡으로, 몸의 구성과 구성성분으로, 몸의 행동으로, 몸의 무상으로 사띠를 닦을 때, 몸을 단지 몸으로 주시하여 머물면서 사띠를 닦는 것이다. 몸을 단지 몸으로 주시할 때 안으로 몸을 주시하고 [內身觀], 밖으로 몸을 주시하고[外身觀], 안팎으로 몸을 주시한다[內外身觀]. 이렇게 사띠를 확립하며 사띠의 확립에 머문다. 게으르지 않고 열심히 스스로 독려하며 머물면 마침내 세상에 얽힌 기억과 생각들이 사라진다. 세상에 얽힌 기억과 생각들이 사라지면 마음은 고요해지고 사띠의 확립은 더욱 확고해진다.

4.3 느낌에 대한 사띠의 확립 _ 수념처

어떻게 느낌을 단지 느낌으로 주시하며 머무는가? 어떻게 느낌을 단지 느낌으로 주시하여 머물면서 사띠를 닦는가? 느낌을 단지 느낌으로 주시하여 머물면서 다음과 같이 사띠를 닦는다. 범행자는 어떤 경우든지 오직 사띠를 확립하면서 느낌을 느낀다.

세속적인 괴로운 느낌을 느낄 때 세속적인 괴로운 느낌을 느낀다고 선명하게 알고, 세속적인 즐거운 느낌을 느낄 때 세속적인 즐거운 느낌을 느낀다고 선명하게 알고, 세속적인 괴롭지도 즐겁지도 않은 느낌을 느낄 때 세속적인 괴롭지도 즐겁지도 않은 느낌을 느낀다고 선명하게 안다. 비세속적인 즐거운 느낌을 느낄 때 비세속적인 즐거운 느낌을 느낀다고 선명하게 안다.

이와 같이 바르게 앉아 상체를 곧추세우고 전면에 사띠를 일으켜 세워 확립하되, 이것을 선명히 알아차리고 열심히 지속시키면서 몸에 대한 탐욕과 싫어함을 버리고 초연하게 지낸다. 오직 선명한 알아차림과 잘 확립된 사띠만 현전하고 이러한 현전이 잊히지 않도록 느낌을 단지 느낌으로 주시하며 머문다.

이렇게 느낌을 단지 느낌으로 주시하여 머물면서 사띠를 닦을 때, 느낌을 단지 느낌으로 주시하여 머물면서 사띠를 닦는 것이 된다. 이것은 느낌에 대한 사띠를 닦는 수행 중의 한 가지이다. 따라서 느낌에 대한 사띠의 확립과 같은 방법으로, 느낌에서 일어나는 현상이나 느낌에서 사라지는 현상이나 느낌에서 일어나기도 하고 사라지기도 하는 현상들에도 사띠를 닦는다. 느낌을 단지 느낌으로 주시할 때 안으로 느낌을 주시하고[內受觀], 밖으로 느낌을 주시하고[外受觀], 안팎으로 느낌을 주시한다[內外受觀]. 이렇게 사띠를 확립하며 사띠의 확립에 머문다. 게으르지 않고 열심히 스스로 독려하면서 머물면 마침내 몸에 얽힌 기억과 생각들이 사라진다. 몸에 얽힌 기억과 생각들이 사라지면 마음은 고요해지고 느낌에 대한 사띠의 확립은 더욱 확고해진다.

4.4 마음에 대한 사띠의 확립 _ 심념처

어떻게 마음을 단지 마음으로 주시하며 머무는가? 어떻게 마음을 단지 마음으로 주시하여 머물면서 사띠를 닦는가? 마음을 단지 마음으로 주시하여 머물면서 다음과 같이 사띠를 닦는다. 범행자는 어떤 경우든지 오직 사띠를 확립하면서 마음을 선명하게 알아차린다.

탐욕이 생기거나 있으면 탐욕이 생기거나 있는 마음이라고 선명하게 알고, 탐욕이 사라지거나 없으면 탐욕이 사라지거나 없는 마음이라고 선명하게 안다. 성냄이 생기거나 있으면 성냄이 생기거나 있는 마음이라고 선명하게 알고, 성냄이 사라지거나 없으면 성냄이 사라지거나 없는 마음이라고 선명하게 안다. 어리석음이 생기거나 있으면 어리석음이 생기거나 있는 마음이라고 선명하게 알고, 어리석음이 사라지거나 없으면 어리석음이 사라지거나 없는 마음이라고 선명하게 안다. 위축됨이 생기거나 있으면 위축됨이 생기거나 있는 마음이라고 선명하게 알고,

산란함이 생기거나 있으면 산란함이 생기거나 있는 마음이라고 선명하게 안다. 고귀함이 생기거나 있으면 고귀함이 생기거나 있는 마음이라고 선명하게 알고, 고귀하지 않음이 생기거나 있으면 고귀하지 않음이 생기거나 있는 마음이라고 선명하게 안다. 위있음이 생기거나 있으면 위있음이 생기거나 있는 마음이라고 선명하게 알고, 위없음이 생기거나 있으면 위없음이 생기거나 있는 마음이라고 선명하게 안다. 삼매가 생기거나 있으면 삼매가 생기거나 있는 마음이라고 선명하게 알고, 삼매가 사라지거나 없으면 삼매가 사라지거나 없는 마음이라고 선명하게 안다. 해탈이 생기거나 있으면 해탈이 생기거나 있는 마음이라고 선명하게 알고, 해탈이 사라지거나 없으면 해탈이 사라지거나 없는 마음이라고 선명하게 안다.

이와 같이 바르게 앉아 상체를 곧추세우고 전면에 사띠를 일으켜 세워 확립하되, 이것을 선명히 알아차리고 열심히 지속시키면서 희우와 고락의 느낌을 버리고 초연하게 지낸다. 오직 선명한 알아차림과 잘 확립된 사띠만 현전하고 이러한 현전이 잊히지 않도록 마음을 단지 마음으로 주시하며 머문다.

이렇게 마음을 단지 마음으로 주시하여 머물면서 사띠를 닦을 때, 마음을 단지 마음으로 주시하여 머물면서 사띠를 닦는 것이 된다. 이것은 마음에 대한 사띠를 닦는 수행 중의 한 가지이다. 따라서 마음에 대한 사띠의 확립과 같은 방법으로, 마음에서 일어나는 현상이나 마음에서 사라지는 현상이나 마음에서 일어나기도 하고 사라지기도 하는 현상들에도 사띠를 닦는다. 마음을 단지 마음으로 주시할 때 안으로 마음을 주시하고[內心觀], 밖으로 마음을 주시하고[外心觀], 안팎으로 마음을 주시한다[內外心觀]. 이렇게 사띠를 확립하며 사띠의 확립에 머문다. 게으르지 않고 열심히 스스로 독려하면서 머물면 마침내 느낌에 얽힌 기억과 생각들이 사라진다. 느낌에 얽힌 기억과 생각들이 사라지면 마음은 고요해지고 마음에 대한 사띠의 확립은 더욱 확고해진다.

4.5 법에 대한 사띠의 확립 _ 법념처

어떻게 법을 단지 법으로 주시하며 머무는가? 어떻게 법을 단지 법으로 주시하여 머물면서 사띠를 닦는가? 법을 단지 법으로 주시하여 머물면서 다음과 같이 사띠를 닦는다. 범행자는 어떤 경우든지 오직 사띠를 확립하면서 다섯 가지 장애[五蓋]의 법을 선명하게 알아차린다.

범행자는 자신에게 ① 감각적 오욕이 생기거나 있으면 감각적 오욕이 생기거나 있다고 선명하게 알고, 감각적 오욕이 사라지거나 없으면 감각적 오욕이 사라지거나 없다고 선명하게 안다. 자신에게 전에 없었던 감각적 오욕이 생길 때 어떠한 연유로 어떻게 생기는지 선명하게 알고, 생겼던 감각적 오욕이 사라질 때 어떠한 연유로 어떻게 사라지는지 선명하게 알고, 사라진 감각적 오욕이 또 다시 생기지 않도록 하기 위해 무엇을 어떻게 해야 하는지 선명하게 안다. 자신에게 증오, 분노, 원한, 성냄 등을 초래하는 ② 악의惡意가 생기거나 있으면 악의가 생기거나 있다고 선명하게 알고, 악의가 사라지거나 없으면 악의가 사라지거나 없다고 선명하게 안다. 자신에게 전에 없었던 악의가 생길 때 어떠한 연유로 어떻게 생기는지 선명하게 알고, 생겼던 악의가 사라질 때 어떠한 연유로 어떻게 사라지는지 선명하게 알고, 사라진 악의가 또 다시 생기지 않도록 하기 위해 무엇을 어떻게 해야 하는지 선명하게 안다. 자신에게 졸음, 게으름, 열의 없음 등을 초래하는 ③ 해태解怠와 혼침이 생기거나 있으면 해태와 혼침이 생기거나 있다고 선명하게 알고, 해태와 혼침이 사라지거나 없으면 해태와 혼침이 사라지거나 없다고 선명하게 안다. 자신에게 전에 없었던 해태와 혼침이 생길 때 어떠한 연유로 어떻게 생기는지 선명하게 알고, 생겼던 해태와 혼침이 사라질 때 어떠한 연유로 어떻게 사라지는지 선명하게 알고, 사라진 해태와 혼침이 또 다시 생기지 않도록 하기 위해 무엇을 어떻게 해야 하는지 선명하게 안다. 자신에게 자신감 결여, 결정력 결여, 신뢰감 결여, 무력감, 회의감 등을 초래하는 ④ 의심이 생기거나 있으면 의심이 생기거나 있다고 선명하게 알고, 의심이 사라지거나 없으면 의심이 사라지거나 없다고 선명하게 안다. 자신에게 전에 없었던 의심이 생길 때 어떠한 연유로 어떻게 생기는지 선명하게 알고, 생겼던 의심이 사라질 때 어떠한 연유로 어떻게 사라지는지 선명하게 알고, 사라진 의심이 또 다시 생기지 않도록 하기 위해 무엇을 어떻게 해야 하는지 선명하게 안다. 자신에게 흥분, 불안정, 근심, 걱정 등을 초래하는 ⑤ 들뜸과 후회가 생기거나 있으면 들뜸과 후회가 생기거나 있다고 선명하게 알고, 들뜸과 후회가 사라지거나 없으면 들뜸과 후회가 사라지거나 없다고 선명하게 안다. 자신에게 전에 없었던 들뜸과 후회가 생길 때 어떠한 연유로 어떻게 생기는지 선명하게 알고, 생겼던 들뜸과 후회가 사라질 때 어떠한 연유로 어떻게 사라지는지 선명하게 알고, 사라진 들뜸과 후회가 또 다시 생기지 않도록 하기 위해 무엇을 어떻게 해야 하는지 선명하게 안다.

이와 같이 바르게 앉아 상체를 곧추세우고 전면에 사띠를 일으켜 세워 확립하되, 이것을 선명히 알아차리고 열심히 지속시키면서 마음에

| 사념처표 |

대상	범행조건	구체적 대상		범행결과
법	마음에 대한 기억과 생각들을 버리고 초연하게 지냄	오개, 십결, 일체법, 연기법, 37도품, 구차제정, 사성제		위없는 진리를 구현함
심	느낌에 대한 희우와 고락을 버리고 초연하게 지냄	탐, 진, 치, 위축됨·산란함, 고귀함·고귀하지 않음, 위있음·위없음, 삼매, 해탈		느낌에 얽힌 기억과 생각들이 사라짐
수	몸에 대한 탐욕과 싫어함을 버리고 초연하게 지냄	세속적인 고, 낙, 불고불락, 비세속적인 낙		몸에 얽힌 기억과 생각들이 사라짐
신	세상에 대한 탐욕과 싫어함을 버리고 초연하게 지냄	무상	사람의 몸이 죽어 시체가 되어 …… 백골이 삭아서 가루가 됨	세상에 얽힌 기억과 생각들이 사라짐
		행동	행주좌와 어묵동정, 일상생활의 모든 행동	
		구성성분	땅, 물, 불, 바람, 공간	
		구성	머리카락, 몸털, 이, 피부, 살, 근육, ……, 침, 콧물, 관절액, 오줌	
		호흡	긴 호흡, 짧은 호흡, 온몸, 온몸의 작용의 평온	

대한 기억과 생각들을 버리고 초연하게 지낸다. 오직 선명한 알아차림과 잘 확립된 사띠만 현전하고 이러한 현전이 잊히지 않도록 법을 단지 법으로 주시하며 머문다.

이렇게 법을 단지 법으로 주시하여 머물면서 사띠를 닦을 때, 법을 단지 법으로 주시하여 머물면서 사띠를 닦는 것이 된다. 이와 같이 오개의 법에 대한 사띠를 닦는 것은 법에 대한 사띠를 닦는 수행 중의 한 가지이다. 따라서 오개의 법에 대한 사띠의 확립과 같은 방법으로 십결, 일체법, 연기법, 37도품, 구차제정, 사성제 등의 제법에도 사띠를 닦는다. 법을 단지 법으로 주시할 때 안으로 법을 주시하고[內法觀], 밖으로 법을 주시하고[外法觀], 안팎으로 법을 주시한다[內外法觀]. 이렇게 사띠를 확립하며 사띠의 확립에 머문다. 게으르지 않고 열심히 스스로 독려하면서 머물면 마침내 마음에 얽힌 기억과 생각들이 사라진다. 마음에 얽힌 기억과 생각들이 사라지면 법에 대한 사띠의 확립은 더욱 확고해진다.

5. 누구든지 사념처를 닦으면 아라한과나 불환과를 기대할 수 있으되, 7년 동안 닦은 사람, 1~6년 동안 닦은 사람, 반 달에서 7개월 동안 닦은 사람으로 분류한 까닭은 무엇인가?

---

6. 석가모니 부처님의 가르침을 직접 받고 아라한과를 성취한 비구나 비구니 혹은 우바새나 우바이는 모두 몇 명인가? 이 중에서 한 달 내로 아라한과를 성취한 자는 누구인가? 7개월 이내에, 6년 이내에, 7년 걸려서 아라한과를 성취한 자는 각각 몇 명인가? 불환과에 대해서도 똑같이 살펴보라.

---

7. 석가모니 부처님 재세 시에는 '일없는 곳'을 적절한 범행처로 삼았으나 중국의 선종에서는 '일일부작 일일불식—日不作 —日不食'이라 하여 도량을 '일하는 곳'으로 삼고 도량에서 일하는 것을 수행의 일부로 삼는 변화가 일어났다. 현대 범행자의 관점에서 이러한 변화의 장단점을 논해보라.

---

8. 《출입식념경》MN118에는 호흡을 통한 느낌에 대한 사띠 수행에서 '① 기쁨을 경험하면서 ② 행복을 경험하면서 ③ 마음의 작용[心行]을 경험하면서 ④ 마음의 작용을 평온하게'로 전승되었는데, ③과 ④는 '느낌'이 아닌 '마음'을 대상으로 하고 있지 않은가? 또한 호흡을 통한 마음에 대한 사띠 수행에서 '⑤ 마음을 경험하면서 ⑥ 마음을 기쁘게 하면서 ⑦ 마음을 고요하게 하면서 ⑧ 마음을 해탈케 하면서'로 전승되었는데, ⑥은 ①과 중복되지 않는가? 그리고 호흡을 통한 법에 대한 사띠 수행에서 '⑨ 무상을 ⑩ 탐욕을 ⑪ 소멸을 ⑫ 벗어남을'로 전승되었는데, ⑨는 신념처와, ⑩은 심념처와 중복되지 않는가?

9. 신, 수, 심, 법을 대상으로 출입식을 통한 사띠의 확립은 《출입식념경》MN118에, 신, 수, 심, 법을 대상으로 사띠의 확립은 《염처경》MN10에 각각 전승되었다. 그런데 《염처경》에 출입식을 통한 사띠의 확립은 신을 대상으로 할 때에는 나타나지만 수, 심, 법을 대상으로 할 때에는 나타나지 않는다. 수, 심, 법을 대상으로 출입식을 통한 사띠의 확립에 발생하는 모순을 설명해보라.

---

10. 법념처 수행에서 다섯 가지 장애의 법에 대한 사띠의 확립과 같은 방법으로 십결, 일체법, 연기법, 37도품, 구차제정, 사성제의 제법에 대해서도 상세히 설명해보라.

---

11. 신념처 수행에서 몸을 단지 몸으로 주시할 때 안으로 몸을 주시하고[內身觀] 밖으로 몸을 주시하고[外身觀] 안팎으로 몸을 주시하는[內外身觀] 삼종관三種觀에 대해 내외의 기준을 밝히면서 설명하고, 삼종관을 하는 이유는 무엇인지 설명해보라. 마찬가지로 느낌, 마음, 법에 대해서도 설명해보라.

---

12. 사념처 수행에서 어떻게 연각, 이욕, 중도를 각각 성취할 수 있는지 상세히 설명해보라.

---

13. 신념처, 수념처, 심념처, 법념처에서 확립한 사띠의 차이를 구차제정의 관점에서 설명해보라.

---

14. 마음에 대한 기억과 생각들을 버리고 초연하게 지내다가 마침내 마음에 얽힌 기억과 생각들이 사라지는 법념처 수행과, 일념으로 오직 마음을 깨닫는 선종禪宗의 수행법들을 비교하여 설명해보라.

15. 석가모니 부처님께서는 법념처 수행을 하였는가, 하지 않았는가? 만약 하였다면 다른 사람으로부터 듣고 배우지 않은 오개, 십결, 일체법, 연기법, 37도품, 구차제정, 사성제의 제법에 대한 법념처 수행을 어떻게 할 수 있는가? 만약 하지 않았다면 스스로 하지 않은 법념처 수행을 다른 사람들에게 하도록 가르치는 이유는 무엇인가?

---

16. '석가모니 부처님도 정각을 이루기 전에는 오개, 십결, 일체법, 연기법, 37도품, 구차제정, 사성제의 제법을 알지 못하였다가 정각을 이루면서 이러한 제법을 모두 알게 되었으니 나도 석가모니 부처님과 같이 제법을 알지 못하는 상태에서 오직 나에게 전수된 전통적인 수행법을 따라 부처님과 같은 정각을 이루고자 한다'고 주장하는 사람이 있다고 하자. 만약 이 사람이 정각을 이룬 뒤 석가모니 부처님과 달리 오개, 십결, 일체법, 연기법, 37도품, 구차제정, 사성제의 제법들을 가르치지 않고 오직 자신에게 전수된 전통적인 수행법이나 그것을 현대화하거나 개량한 수행법만을 가르친다면 이것을 법념처와 석가모니 부처님의 가르침의 관점에서 어떻게 보아야 하는가?

5 아홉 단계의 선정 _ 구차제정

사념처 수행으로 정념이 성취되면 범행자는 팔정도의 정정正定인 사마디samādhi, 三昧 수행을 닦는다. 정념의 상태에서 닦는 사마디가 바른 사마디인 정정이다. 아홉 단계의 선정 수행을 하면서 팔정도의 정정을 완성한다. 사념처 수행으로 사띠를 확립하여 칠각지七覺支의 첫째 지支를 성취하고, 사마디 수행을 진행하면서 칠각지 수행을 완성하여 마침내 바른 깨달음과 열반에 이른다.

  구차제정은 색계의 네 단계 선정과 무색계의 네 단계 선정 그리고 멸진정으로 이루어진 아홉 단계의 선정을 말한다. 구차제정의 바탕은 연기법이다. 십이연기는 구차제정을 통하여 발견되고 구차제정은 십이연기를 통하여 완성된다. 따라서 아홉 단계의 각 선정 상태는 과果로서의 그 상태가 일어날 수 있는 인因과 연緣을 갖추면 일어날 뿐이며, 인과 연을 갖추지 않으면 일어나지 않을 뿐이다. 과를 일으키는 인과 연은 범행자의 출신이 어떠한지, 어떤 종류의 사람인지, 어떤 종교나 수행법을 따르는 사람인지, 또는 남자인지 여자인지 등과 아무런 관계가 없다. 범행자가 깨달음과 열반을 바라고 원하는 것도, 기도하고 정성을 드리는 것도, 구차제정을 따르지 않고서 수행하고 고행하는 것도 그러한 인과 연과는 아무런 관계가 없다. 따라서 범행자는 구차제정에서 아홉 단계의 선정 상태가 일어날 수 있는 인과 연이 각각 무엇인지 바르게 알아 정정을 성취해야 한다. 또한 구차제정은 칠식주이처와 서로 다르지 않다. 구차제정은 칠식주이처를 선정 수행의 관점에서 본 것이고, 칠식주이처는 구차제정을 각각 다른 인식차원에 있는 중생들의 관점에서 본 것이 다.DN2, DN9, DN15, MN138, SN36:15

'samādhi'에서 'samā'는 고요 또는 평온을, 'dhi'는 지혜를 의미한다. 따라서 사마디의 사전적인 의미는 '고요 혹은 평온에서 일어나는 선명한 앎 또는 지혜'이다. 사마디는 사띠와 마찬가지로 석가모니 부처님께서 중도를 깨닫고 사띠를 확립한 뒤 열반에 이르는 과정에서 발견하고 체득한 수행의 요체라고 할 수 있다. 따라서 사마디는 석가모니 부처님께서 정각 이전 외도수행법으로 습득한 무소유처정과 비상비비상처정의 수행법과 완전히 다른 것이며, 그 다름을 분명히 하기 위하여 석가모니 부처님 이전에 사용한 적이 없었던 용어인 사마디를 사용한 것이다.

사마디는 북전北傳에서 삼매三昧, 삼마지三摩地, 삼마제三摩提로 음역되었고, 정定으로 의역되었다. 한편 산스크리트어 다나dhyāna와 그에 해당하는 팔리어 자나jhāna는 선禪으로 음역되고 정定, 정려靜慮, 사유수思惟修로 의역되었으며, 음역과 의역을 합성하여 선정禪定이라고도 한다. 북전에서는 삼매와 선정을 동의어로 사용하기도 하고 혼동하여 사용하기도 한다. 선의 다양한 의미 중에는 '깨어 나아감' 또는 '깨어 나가는 단계'라는 뜻도 있다. 본서에서는 사마디와 선禪의 구별을 분명히 하기 위하여 'samādhi'를 사마디로 음역하고, 정정正定과 같이 복합어의 일부가 될 때에는 정定으로 의역하며, 특히 선정禪定은 다나dhyāna나 자나jhāna와 상관없이 '사마디를 계발해나가는 사마디의 단계'라는 의미로 사용한다.

초선정 안이비설신 오관[若干身]으로 감지된 색성향미촉을 착각하고 조작하면서 갖가지 분별상[若干想]을 일으키고, 이러한 분별상 속에서 또다시 안이비설신으로 색성향미촉을 분별하고자 하는 것이 오욕五欲이다. 따라서 오욕으로 분별하는 일체 존재와 일체 의식은 모두 착각, 환상, 허구이다. 자아라고 하는 의식과 모든 견해들도, 그리고 언어로 표현되는 모든 개념과 관념들도 이러한 범주를 벗어나지 않는다. 오욕을 완전히 떨쳐버리기 위해서는 오욕에 의한 모순과 폐해를 있는 그대로 이해해야 한다. 이해하여 알면 벗어난다. 이해하지 못하고 알지 못하면 벗어나지 못한다. 철저하게 이해하여 선명하게 알면 철저하고 분명하게 벗어난다. 그러나 이렇게 이해했는데도 오욕이 완전히 떨쳐버려지지 않거나 오욕이 완전히 떨쳐버려진 상태가 지속되지 않으면 범행자는 사념처의 사띠 수행을 해야 한다. 이러한 사띠의 확립 과정에서 사띠의 대상을 주시하는 것을 잊어버리거나 놓아버리기 쉬운데, 이럴 때마다 다시 생각을 일으켜 주시하는 것을 잊어버리거나 놓아버리지 않도록 고찰을 지속해야 한다. 이와 같이 사띠로 돌아오도록 생각을 일으키고 사띠가 끊어지지 않도록 고찰을 지속하는 것이 일으킨 생각[覺, vitakka]과 지속적인 고찰[觀, vicāra], 즉 각관覺觀이다. 각관을 갖추어 오욕을 완전히 벗어나는 것이 이욕이다. 이욕이 되면 욕계의 악법이나 불선법을 더 되풀이하지 않고 오욕을 완전히 벗어나게 된다. 이렇게 되면 안이비설신 오관으로 감지된 색성향미촉을 착각하지도 조작하지도 않고 색성향미촉을 있는 그대로의 모습인 색으로 인식하는 색관색色觀色을 갖추게 되고, 갖가지 분별상을 일으키지 않고 오직 이욕으로 발생하는 기쁨[喜, pīti]과 행복[樂,

sukha]의 희락에 의식이 머물게 되는 이생희락지의 초선정初禪定을 성취하게 된다.

오욕으로부터의 초연함에서 생겨나는 기쁨으로 몸과 마음이 가벼워지고, 가벼워진 마음이 오욕으로부터 더욱 초연해지고 마침내 오욕을 떨쳐버려 기쁨과 행복이 발생한다. 이것이 이생희락이다. 초선정의 성취는 언어적멸言語寂滅로 나타나는데, 이것은 묵언수행을 의미하는 것이 아니라 마음속에서 생각으로, 즉 언어로 조잘거림이 일어나지 않는 것을 의미한다. 일으킨 생각, 지속적인 고찰, 그리고 기쁨과 행복이 초선정을 특징짓는 요소들이다.

선정을 수행의 목표로 삼거나 깨달음, 열반, 성불을 수행의 목표로 삼고 그것을 성취하기 위해 행하는 모든 노력과 수행과 고행은 오욕의 발현이다. 그리고 초선정의 이생희락을 잠시 경험한 뒤에 그 경험을 다시 맛보기 위해 예전과 같이 혹은 예전보다 더 열심히 행하는 노력과 수행과 고행은 모두 오욕의 발현인 욕부림이다. 전자의 경우 미래로, 후자의 경우 과거로 향한 것 자체가 탐욕이다. 탐욕을 모든 방법으로 아무리 부려도 깨달음이나 이생희락이 스스로 알아서 오는 일은 발생하지 않는다. 사띠는 지금 여기에서 있는 그대로 대상을 주시하는 것이다. 미래로 달려가거나 과거에 얽매이는 것 자체를 사념처 수행을 통하여 지금 여기 사띠의 대상으로 돌아오게 하여야 한다.

제2선정 이생희락이 욕을 버린 의식에 기인한 것이지 욕을 떠나 색을 색으로 보는 인식대상으로서의 색에 기인한 것이 아니라는 것을 자각하면서 의식은 색을 떠나게 된다. 비록 바깥으로는 색을 색으로 보지만[外觀色] 의식의 내면에서는 색을 떠나 색에 대한 상想을 여의게 된다[內無色想]. 따라서 안이비설신 오관으로 감지된 색성향미촉의 색을 버림으로써 결국 안이비설신 오관을 벗어나고[一身] 내면에서 색에 대한 상을 버려 더욱 고요해지면서 오직 이생희락에 대한 일심을 이루게 되어[內靜一心] 마음이 단일한 상태가 된다. 이러한 고요한 마음상태에 의하여 다양한 기쁨과 행복의 희락이 발생한다. 다양한 희락에 대한 상想을 가지면서[若干想] 이것에 의식이 머무는 정생희락지靜生喜樂地의 제2선정을 성취한다.

마음이 더욱 고요하고 단일한 상태에서 발생하는 다양한 기쁨과 행복으로 마음이 흠뻑 젖는 것이 정생희락이다. 제2선정의 성취는 각관적멸覺觀寂滅로 나타나는데, 이것은 초선정과 달리 제2선정에서는 사띠가 이어졌다 끊어졌다 하지 않고 지속되므로 사띠를 잊어버리거나 놓아버리지 않게 하기 위한 일으킨 생각과 지속적인 고찰의 각관覺觀 즉 심사尋伺가 더 이상 필요 없어 완전히 없어지기[無覺無觀] 때문이다. 사띠가 끊어짐 없이 지속되므로 각관이 적멸하고, 각관이 적멸하므로 마음은 더욱 고요하고 편안해진다. 이러한 마음으로 범행자는 더욱 정진하게 되고, 따라서 수행에 대한 확신을 가지게 된다. 확신과 마음의 단일함, 그리고 기쁨과 행복이 제2선정을 특징짓는다.

제3선정 정생희락에 머물면서 정생희락을 있는 그대로 주시한다. 이생희락으로부터 희락에 의식이 머물러 발생한 정생희락은 희락을 갈망한 것이므로 일종의 희욕이다. 이러한 희욕을 버림으로써[離於喜欲] 의식이 더 이상 다양한 희락을 갈망하여 머물지 않는다. 내면으로 모든 다양한 희락을 버림으로써 묘한 행복[一想]이 생기게 되고, 이러한 묘한 행복에 의식이 머무는 이희묘락지離喜妙樂地의 제3선정을 성취한다.

희락에 대한 욕구를 버림으로써 다양한 기쁨과 행복이 사라지고, 다양한 기쁨과 행복이 사라지면서 묘한 행복이 일어난다. 결과적으로 새로운 형태의 행복이지만 행복은 남아 있으며, 이러한 행복을 느끼되 기쁨은 사라지고, 기쁨이 사라지면서 평정[捨, upekkhā]이 일어난다. 이렇게 제3선정에서 가장 거친 상태인 기쁨이 사라지면서 평정이 저절로 일어나고, 마음이 평정해지면서 선명한 알아차림이 더욱 뚜렷해지는 사띠가 확립된다. 기쁨이 사라지므로 몸과 마음이 매우 이완되고 편안하고 고요해진다. 오관은 이미 벗어났고 기쁨까지 사라지므로 기쁨보다 거친 감각적 느낌이 사라진다. 따라서 미세한 묘락妙樂 정도만 느낀다. 마음의 평정으로 선정상태를 집착하지 않으며, 선정상태를 집착하지 않기 때문에 선정상태에 편안하고 쉽게 머문다. 제3선정의 성취는 기쁨이 사라지는 희심적멸喜心寂滅로 나타난다. 행복과 사띠, 평정이 제3선정을 특징짓는다.

제4선정 이희묘락에 머물면서 이희묘락을 있는 그대로 주시한다. 이희묘락은 정생희락을 버림으로써 발생한 것이며, 정생희락의 버림은 희욕을 버림으로써 발생한 것이다. 희욕을 버리고자 하는 것은 결국 욕으로부터 떠나고자 하는 욕[於欲離欲]이다. 따라서 의식은 묘락조차 떠나 마음이 모든 종류의 욕과 미세한 욕에서 완전히 벗어난다. 묘한 행복조차 사라지므로 평정은 더욱 강화된다. 기쁨이 사라지므로 희우喜憂의 느낌이 소멸하고[喜憂本已滅, 先滅憂喜], 묘락조차 사라지므로 고락의 느낌도 소멸한다[樂滅苦滅]. 모든 욕과 모든 희우와 고락의 수가 소멸하여 심해탈心解脫을 이루어 청정한 상태에서 강한 평정과 강한 사띠[念]를 이루고 어디에도 머물지 않는 사념청정지의 제4선정을 성취한다.

의식은 하나뿐인 인식대상으로서의 묘락마저 떠나므로 내면에 어떠한 인식대상도 없게 된다. 내면의 인식대상에 대한 상想이 없으므로[無想] 의식은 내면의 어디에도 머물지도 의지하지도 않는 상태가 된다. 따라서 마음이 매우 고요하다. 제4선정의 성취는 출입식적멸出入息寂滅로 나타나, 미세한 고락의 느낌조차 사라지는 상태에서 그보다 거친 호흡의 느낌이 사라져 느끼지 못하게 된다. 강한 사띠와 강한 평정과 마음의 고요가 제4선정을 특징짓는다. 내면의 어떠한 인식대상에 대한 상도 욕도 없으므로 마음이 매우 안정되고 동요하지 않아 움직임이 없는 부동심不動心을 이룬다.

제5선정의 공무변처정 제4선정에서 내면의 인식대상에 대한 상과 욕이 사라지면서 의식은 자연스럽게 외면의 색을 주시한다. 제2선정에서는 내면의 색상을 버렸지만 제4선정에서는 색으로부터의 희락을 갈구하는 욕 없이 외면의 색을 있는 그대로 주시한다. 희욕 없이 외면의 색을 주시하면서 생주이멸하는 색의 바탕은 공간空間임을 선명하게 알아차려 의식은 색에 대한 인식을 벗어나게 된다. 일체의 색에 대한 상인 색상色

想을 완전히 여의고[度一切色想], 어떠한 내적인 대상 및 외적인 대상도 있다는 생각이 없다[滅有對想]. 일체의 색상이 없으므로 색성향미촉도 없고, 인식대상도 없고 대상이 있다는 생각도 없으므로 안이비설신도 없어 촉觸을 일으키지 못한다. 그러므로 갖가지 색을 분별하여 일으키는 상을 억념하지 않는다[不念若干想]. 색의 바탕이자 장[處]이 되는 공간은 경계가 없어 무변하다. 의식은 이러한 무변한 공간을 인식대상으로 삼아 무변한 공간을 주시하면서 머무는 공무변처空無邊處의 제5선정인 공무변처정을 성취한다. 색상을 갖는 순간 의식이 공간에서 벗어나 색에 머물기 때문에, 공무변처정의 성취는 색상적멸色想寂滅로 나타난다. 강한 평정과 마음의 지극한 고요가 공무변처정을 특징짓는다. 이러한 특징은 공무변처정에서 멸진정까지 모두 같다.

제6선정의 식무변처정 공무변처를 선명하게 알아차리면서 주시한다. 공무변처의 본질은 무엇인가? 그것은 색의 부재를 통하여 공무변처를 인식하며 공무변처에 머물고 있는 의식 자체이다. 무변한 공간에 머물던 무변한 의식이 무변한 공간의 바탕 또는 장이 된다. 따라서 무변한 공간에 머물던 무변한 의식은 공무변처를 떠나[度一切無量空處] 무변한 의식에 의식이 머무는 식무변처의 제6선정인 식무변처정을 성취한다. 식무변처정에서 의식은 비로소 의식 자체를 인식대상으로 삼기 시작한다. 식무변처정의 성취는 공무변처상적멸空無邊處想寂滅로 나타난다.

제7선정의 무소유처정 식무변처를 주시하면서 그 본질이 식무변처를 주시하는 의식 자체임을 반조하여 선명히 알아차린다. 주시하는 의식이 무변한 의식을 인식하는 것은 곧 의식이 의식 자체를 인식대상으로 삼은 것으로, 이것은 의식이 의식 있음을 스스로 인정한 것뿐이다. 여기서 의식은 식무변처를 떠난다[度一切無量識處]. 식무변처를 떠나는 의식 자체를 포함하여 색이든 의식이든 인식대상으로 인식할 수 '있는 것은 어떤 것도 없다[無所有]'는 상태의 의식에 머무는 무소유처의 제7선정인 무소유처정無所有處定을 성취한다. 무소유처정의 성취는 식무변처상적멸識無邊處想寂滅로 나타난다.

제8선정의 비상비비상처정 무소유처를 주시하면서 그 본질을 사유한다. 내외의 어떠한 인식대상도 있는 것이 아님을, 그리고 인식하려는 의식 자체도 인식대상이 아님을 이미 알아차렸다. 이것은 무소유처의 본질로서 어떠한 유상有想도 아님[非有想]을 알아차렸다. 그렇다면 그 본질이 있는 것이 아니라면 없는 것인가? 만약 그 본질이 없는 것 즉 무상無想이라면 어떻게 비유상임을 알아차리고 무상임을 알아차릴 수 있는가? 무상이 무상을 알아차린다는 것은 모순이다. 달리 말해, 의식 없음이 의식 없음을 의식한다는 것은 모순이다. 그러므로 무상도 아님[非無想]을 알아차린다. 여기서 의식은 의식의 인식작용 자체에 치우침이 있음을 선명하게 알아차려서 무소유처를 완전히 떠난다[度一切無所有處]. 그리하여 유상도 부정하여[非有想] 머무르지 않고 무상도 부정하여[非無想] 머무르지 않는 비유상비무상처非有想非無想處의 제8선정인 비유상비무상처정非有想非無想處定을 성취한다. 달리 표현하면 어떤 인식대상도 의식도 있는 것은 없다는 상태의 의식[無所有處]을 벗어나 머물지 않고, 무소유처를 벗어나 머물지 않는 의식 자체마저 벗어나 머물지 않는 상태가 된다. 즉 어떠한 의지함도 없고 머무름도 없는 상태가 된다. 어떤 인식대상도 의식도 부정하여[非想] 머물지 않고 또한 어떤 인식대상도 의식도 부정하는 의식마저 부정하여[非非想] 머물지 않는 비상비비상처非想非非想處의 제8선정인 비상비비상처정을 성취한다. 제8선정의 성취는 무소유처상적멸無所有處想寂滅로 나타난다.

제9선정의 멸진정 의식의 본질에 대한 고찰은 지속되어 또다시 비상비비상처를 주시한다. 비상비비상처의 본질을 주시하면서 의식은 의식의 인식작용 자체를 깊이 주시하게 된다. 인식작용이 인식작용을 주시하는 것이다. 즉 인식대상에 대한 인식작용에서 전환하여 인식작용 자체를 주시하는 것이다. 인식작용 자체에 대하여 유무상有無想을 인지하는 인식작용이란 무엇인가? 이것은 인식작용이 스스로 짓는 유위有爲이다. 이러한 유위의 본질은 무엇인가? 그것은 무명無明이다. 무명에 연하여 유위가 발생한 것임을 선명하게 알아차리고 유위는 무상無常하여[若有爲者 則是無常] 집착하지 않으므로 의식은 비상비비상처를 벗어나게 된다[度一切非有想非無想處]. 비상비비상처를 벗어나므로 삼계로 이루어진 유위계有爲界를 완전히 벗어나게 된다. 유위계를 벗어나 무위계의 멸진정滅盡定 혹은 상수멸정想受滅定에 이입한다. 멸진정에서 모든 상을 멸함으로써 모든 상의 연인 무명이 드러난다. 무명은 무명인 줄 직시하여 앎으로써 사라진다. 이렇게 무명을 멸하여 무명에 묶여 있는 모든 결박 즉 번뇌

[漏]를 제거한다. 제4선정에서 욕루欲漏를, 제8선정의 비상비비상처정에서 유루有漏를, 그리고 제9선정의 멸진정에서는 무명루無明漏를 멸진하여 지혜를 완성한다. 이렇게 무명에서 벗어나 구경의 지혜를 완성하는 혜해탈慧解脫을 성취한다. 혜해탈과 제4선정의 심해탈을 합친 구해탈俱解脫로써 모든 해탈이 완성되고, 모든 해탈이 완성되면 무상정등정각無上正等正覺을 성취하고 열반에 도달하여 머문다.

| 구차제정표 |

	구차제정	성취과정	구성요소	특징	사념처	십이연기	십결	사향사과	삼학
무위계	제9선정 : 상수멸정	비상비비상처상 여읨 → 유위 → 무명 → 명		상수적멸	법념처	명		아라한과 (아라한)	
무색계	제8선정 : 비상비비상처정	무소유처상 여읨 → 비유상비무상처상	마음의 고요 강한 평정	무소유처상 적멸	심념처	무명·행·식·명색·육입	무명·들뜸·자만·무색애	아라한향 (도)	혜학
무색계	제7선정 : 무소유처정	무변한 의식 여읨 → 무소유처상	마음의 고요 강한 평정	식무변처상 적멸					
무색계	제6선정 : 식무변처정	무변한 공간 여읨 → 무변한 의식	마음의 고요 강한 평정	공무변처상 적멸					
무색계	제5선정 : 공무변처정	외면의 색 여읨 → 무변한 공간	마음의 고요 강한 평정	색상적멸					
색계	제4선정 : 사념청정지	미세한 욕 버림 → 묘락 여읨 → 내면의 상이 없음	마음의 고요 강한 평정 강한 사띠	출입식적멸 부동심	수념처	촉·수·애	색애·계금취·유신견	불환과 (아나함) / 불환향(도)	정학
색계	제3선정 : 이희묘락지	희욕 버림 → 다양한 희락 여읨 → 묘락	평정 사띠 낙	희심적멸 평정 발생			(계금취)(유신견)	일래과 (사다함) / 일래향(도)	
색계	제2선정 : 정생희락지	내면의 색상 여읨 → 마음의 단일 → 다양한 희락	확신 마음의 단일 희·락	각관적멸			의심·악의·감각적 오욕	예류과 (수다원)	
색계	초선정 : 이생희락지	이욕 → 각관 → 희락	각·관 희·락	언어적멸 색관색				예류향(도)	
욕계				감각적 오욕 불선법	신념처	취유생 노사		(범부)	계학

17. 사띠와 사마디의 차이를 설명해보라.

18. 초선정을 제1선정이라고 하지 않는 까닭은 무엇인가?

19. 제2선정의 '정생희락지定生喜樂地'는 경전에 전승된 '삼매[定]에서 생긴 기쁨과 행복이 있는 제2선정'을 한역한 것이다. 여기에서의 삼매[定]를 초선정이나 제2선정으로 보았을 때 발생하는 모순을 각각 설명해보라. 이러한 모순을 해결하기 위해 본서에서는 '고요[靜]에서 생긴 기쁨과 행복이 있는 제2선정'으로 보고 정생희락지靜生喜樂地로 번역하였다. 이때 고요는 어떻게 발생하는가?

20. 공간이 어떻게 생주이멸하는 색의 바탕이 되는가?

21. 의식이 무변한 공간을 주시하면서 머물 수 있는 까닭은 무엇인가?

22. 무변한 의식이 어떻게 무변한 공간의 바탕이 되는가?

23. 무변한 의식에 의식이 머문다는 의미는 무엇인가?

24. 있는 바가 없는 무소유의 의식상태를 설명해보라.

25. 식무변처의 의식과 무소유처의 의식의 차이를 설명해보라.

26. 희우와 고락의 수를 완전히 벗어나는 심해탈을 이룬 무색계 유정들은 고성제苦聖諦의 고苦를 벗어난 것인가, 벗어나지 못한 것인가? 어느 쪽이든 그 이유를 설명해보라.

27. 의식을 거울에 비유하여 구차제정을 정립해보라.

---

28. 선禪으로 음역되고 정定, 정려靜慮, 사유수思惟修로 의역되며 음역과 의역을 합성하여 선정禪定이라고도 하는 다나dhyāna 또는 자나jhāna는 석가모니 부처님의 범행법인 37도품과 어떠한 관계가 있는가? 다나 또는 자나의 기원과 수행법에 대하여 적절한 문헌을 참조하여 설명해보라.

---

29. 공空과 식識을 각각 강조하는 중관학中觀學과 유식학唯識學의 장단점을 구차제정의 관점에서 논해보라.

6 다섯 가지 기능과 힘 _ 오근과 오력

팔정도의 정념과 정정을 닦는 범행자에게는 다섯 가지 의식의 기능[五根]과 다섯 가지 의식의 힘[五力]이 계발된다. 동시에 범행자는 이러한 기능과 힘을 스스로 계발해야 한다. 세존의 가르침을 배워 바르게 이해하는 범행자에게는 세존의 가르침에 대한 신뢰가 생기고 그 신뢰가 증장하여 믿음이 계발된다. 이렇게 계발된 믿음信, saddhā은 세존의 가르침에 대한 이해가 깊어지고 범행이 향상될수록 더욱 계발된다. 범행자는 자신의 수행과 그로 인한 자신의 변화와 향상을 직접 목도하면서 팔정도의 정명에 이르게 되면 정정진으로 수행에 박차를 가한다. 정명이 향상되면서 정진精進, vīriya은 더욱 계발된다. 나아가 정념이 계발되고, 정념을 더욱 계발하여 성취하면 정정이 계발된다. 정정을 더욱 계발하면서 구차제정에 따라 사마디 수행을 계발한다. 정념을 성취하고 사마디 수행을 계발하면 모든 것들을 있는 그대로 주시하면서 선명하게 아는 지혜가 계발된다. 사마디 수행이 더욱 향상되면서 이러한 지혜[慧, paññā]는 더욱 계발된다. 그리하여 범행자는 바른 깨달음과 열반으로 나아가 구경의 지혜를 성취하여 머물게 된다.SN5:14

이러한 과정에서 계발되고 스스로 계발하는 다섯 가지 의식의 기능과 힘은 믿음, 정진, 사띠, 사마디, 지혜이다. 육신이 사지와 몸통의 다섯 가지로 형성되어 있듯이, 범행자의 의식은 이 다섯 가지로 이루어져 있다. 범행자의 의식은 수행을 통하여 계발하고 동시에 계발되면서 그 기능이 이 다섯 가지로 갖추어진다. 의식이 계발되면서 갖추어진 의식의 기능[根, indriya]으로 보면 이 다섯 가지는 오근五根이 되고, 이 다섯 가지가 건전한 상태를 유지하고 증장하는 데 작용하거나 불건전한 상태를 제거하거나 소멸시키는 데 작용하면 다섯 가지 의식의 힘[力, bala]인 오력五力이 된다. 오근이 오력으로 작용하면 오근이 증장하고, 오근이 증장하면 오력이 강화된다. 오력이 강화되면 다시 오근이 증장하게 된다. 따라서 오근과 오력은 마치 두 가닥의 칡넝쿨이 서로 감기며 자라나는 것과 같이 범행자의 의식을 자라게 한다.

7 깨달음에 이르는 일곱 가지 _ 칠각지

정정을 마지막으로 팔정도 수행을 성취하는 범행자는 오근과 오력을 계발하면서 동시에 갖추어간다. 구차제정을 통한 정정 수행으로 마침내 멸진정에 이르게 되고, 멸진정에서 깨달음을 성취하여 열반에 머무른다. 따라서 깨달음을 성취하고 범행을 완성하는 데에 다른 추가적인 수행법이 필요치 않다. 이러한 관점에서 보면 염각지念覺支, 택법각지擇法覺支, 정진각지精進覺支, 희각지喜覺支, 경안각지輕安覺支, 정각지定覺支, 사각지捨覺支로 이루어진 깨달음에 이르는 칠각지七覺支, satta bojjhaṅga는 구차제정을 다른 각도에서 점검하고 성취할 수 있도록 보완하는 수행법이라고 할 수 있다. 여기서 다른 각도라 함은, 구차제정의 각 선정상태에서 나타나는 특징들을 차례로 배열하고, 그러한 특징들을 차례로 성취하여 깨달음에 이르도록 한다는 의미이다.

염각지 사념처의 사띠 수행을 통하여 사띠가 확립되면 염각지念覺支를 성취하게 된다. 사띠는 깨달음에 이르는 최초의 선정수행으로, 깨달음은 사띠를 바탕으로 이루어진다. 사념처 수행에 따라 바르게 앉아 상체를 곧추세우고 전면에 사띠를 일으켜 세워 확립하되, 이것을 선명히 알아차리고 열심히 지속시키면서 세상과 몸, 느낌, 마음에 대한 취착을 차례로 버리고 초연하게 지낸다. 이때 몸, 느낌, 마음, 법의 네 가지 대상에 차례로 머물되, 몸을 단지 몸으로 주시하며 머물고, 느낌을 단지 느낌으로 주시하며 머물고, 마음을 단지 마음으로 주시하며 머물고, 법을 단지 법으로 주시하며 머문다. 이와 같이 사띠를 확립하며 사띠의 확립에 머문다. 이렇게 게으르지 않고 열심히 스스로 독려하면서 머물면 마침내 세상에 얽힌 기억과 생각들이 사라지기 시작한다. 세상에 얽힌 기억과 생각들이 사라지면 마음은 고요해지고 사띠의 확립은 더욱 확고해진다. 세상과 몸, 느낌, 마음에 대한 취착이 차례로 사라지고 사띠의 확립은 더욱 확고해진다. 오직 선명한 알아차림과 잘 확립된 사띠만 현전하고, 이러한 현전이 잊히지 않으면 사념처 수행에서 사띠를 성취하게 된다.

사띠를 확립하고 놓아버리지 않으면 깨달음에 이르는 첫째 가지인 염각지念覺支가 일어난다. 그리고 염각지를 계발하고 닦아서 성취한다. 범행자는 자신에게 염각지가 일어나면 염각지가 있다고 선명하게 알고, 일어나지 않으면 없다고 선명하게 알아차린다. 또한 예전에 없었던 염각지가 어떻게 일어나는지 선명하게 알고, 일어난 염각지를 어떻게 닦아서 성취하는지 선명하게 안다. 이렇게 염각지를 닦아 성취하는 과정은 초선정에서 불안정적으로 시작하고 제2선정에서 확립되기 시작하여 제3선정에서 성취되고 제4선정에서 강하게 성취된다.

택법각지　사띠가 확립되어 염각지를 성취하면 범행자는 어떠한 것에도 의지하거나 입각하거나 의존하지 않으며 어떠한 것도 움켜쥐지 않으면서 머문다. 오욕을 벗어나고 사견을 여읜 상태의 잘 확립된 사띠에 끊어짐 없이 머물면서 범행자는 차례로 몸, 느낌, 마음, 법의 네 가지 대상을 단지 대상으로 주시하되 안으로 주시하고, 밖으로 주시하고, 안팎으로 주시한다. 주시하는 네 가지 대상에서 일어나는 모든 현상들, 사라지는 모든 현상들, 일어나기도 하고 사라지기도 하는 모든 현상들에 대하여 있는 그대로 선명하게 알아차린다.

이때 선명하게 알아차리는 현상들을 사띠가 지닌 앎의 기능으로써 면밀하게 관찰한다. 예전에 없었던 현상들이 어떻게 일어나는지 선명하게 알면서 관찰하고, 예전에 있었던 현상들이 어떻게 사라지는지 선명하게 알면서 관찰하며, 일어나기도 하고 사라지기도 하는 모든 현상들이 어떻게 일어나기도 하고 사라지기도 하는지 선명하게 알면서 관찰한다. 이러한 관찰로부터 생멸하는 현상들에 적용되는 일관된 법칙이나 진리에 대하여 깊이 고찰한다. 그리고 이러한 고찰로부터 도출된 법칙이나 진리를 사념처의 법에 대한 사띠 수행으로 확립된 법들과 철저하게 비교하여 검증한다. 즉, 모든 현상을 고찰하여 도출된 법칙을 오개, 십결,

일체법, 연기법, 37도품, 구차제정, 사성제의 제법과 철저하게 비교 검증함으로써 제법을 승인한다. 이때 범행자는 제법의 어떠한 것에도 의지하거나 입각하거나 의존하지 않으며 어떠한 것에도 함몰되지 않고 움켜쥐지 않는다.

이렇게 제법을 승인하게 되면 깨달음에 이르는 둘째 가지인 택법각지擇法覺支가 일어난다. 그리고 택법각지를 계발하고 닦아서 성취한다. 범행자는 자신에게 택법각지가 일어나면 택법각지가 있다고 선명하게 알고, 일어나지 않으면 없다고 선명하게 알아차린다. 또한 예전에 없었던 택법각지가 어떻게 일어나는지 선명하게 알고, 일어난 택법각지를 어떻게 닦아서 성취하는지 선명하게 안다. 이렇게 택법각지를 닦아 성취하는 과정은 구차제정의 모든 과정에서 일어나는데, 특히 초선정과 제2선정에서 두드러지며 멸진정에서 완성된다.

정진각지　제법을 승인하여 택법각지를 성취하게 되면 범행자는 모든 현상들과 제법을 승해하여 깨달음으로 나아가는 법을 자각하고 체득한다. 이에 따라 범행자는 스스로 의욕이 생겨 노력하게 되고 모든 현상들을 더욱 깊이 조사하고 제법을 더욱 깊이 고찰하면서 깨달음으로 나아가는 수행에 더욱 매진한다. 이렇게 힘을 기울여 매진하면서 불굴의 정진이 일어나게 되면 깨달음에 이르는 셋째 가지인 정진각지精進覺支가 일어난다. 그리고 정진각지를 계발하고 닦아서 성취한다. 범행자는 자신에게 정진각지가 일어나면 정진각지가 있다고 선명하게 알고, 일어나지 않으면 없다고 선명하게 알아차린다. 또한 예전에 없었던 정진각지가 어떻게 일어나는지 선명하게 알고, 일어난 정진각지를 어떻게 닦아서 성취하는지 선명하게 안다. 이렇게 정진각지를 닦아 성취하는 과정은 구차제정의 모든 과정에서 일어나는데, 특히 초선정과 제2선정에서 두드러진다.

희각지 불굴의 정진으로 정진각지를 성취하면서 범행자에게는 점차 정진이 자리 잡는다. 정진이 자리 잡으면서 수행의 결과로서 기쁨이 발생한다. 이는 초선정에서 오욕을 벗어남으로써 발생하는 이욕의 기쁨과 제2선정에서 고요에서 발생하는 정생靜生의 기쁨을 말한다. 오욕을 탐닉하여 얻는 세간적인 기쁨과는 다른 이것을 출세간적인 기쁨 혹은 고양된 기쁨이라고 한다. 이렇게 불굴의 정진으로 출세간적인 기쁨이 일어나게 되면 깨달음에 이르는 넷째 가지인 희각지喜覺支가 일어난다. 그리고 희각지를 계발하고 닦아서 성취한다. 범행자는 자신에게 희각지가 일어나면 희각지가 있다고 선명하게 알고, 일어나지 않으면 없다고 선명하게 알아차린다. 또한 예전에 없었던 희각지가 어떻게 일어나는지 선명하게 알고, 일어난 희각지를 어떻게 닦아서 성취하는지 선명하게 안다. 희각지 성취 과정은 초선정과 제2선정에서 일어난다.

경안각지 출세간적인 기쁨이 일어나 희각지를 성취하면 범행자는 점차 몸과 마음이 가벼워지고 그에 따라 마음은 더욱 고요해지며 이윽고 몸과 마음이 매우 편안해진다. 이렇게 몸과 마음이 가벼워지고 편안해지는 경안輕安이 생기면 깨달음에 이르는 다섯째 가지인 경안각지輕安覺支

가 일어난다. 그리고 경안각지를 계발하고 닦아서 성취한다. 범행자는 자신에게 경안각지가 일어나면 경안각지가 있다고 선명하게 알고, 일어나지 않으면 없다고 선명하게 알아차린다. 또한 예전에 없었던 경안각지가 어떻게 일어나는지 선명하게 알고, 일어난 경안각지를 어떻게 닦아서 성취하는지 선명하게 안다. 경안각지 성취 과정은 초선정에서 시작하여 제2선정을 거쳐 제3선정에서 두드러진다.

정각지 몸과 마음의 경안이 일어나 경안각지를 성취하면 범행자는 마음이 지극히 고요해지고, 마음의 지극한 고요함으로 인해 선명한 알아차림이 더욱 뚜렷해지면서 사마디[定] 상태에 들어간다. 이렇게 사마디에 들면 깨달음에 이르는 여섯째 가지인 정각지定覺支가 일어난다. 그리고 정각지를 계발하고 닦아서 성취한다. 범행자는 자신에게 정각지가 일어나면 정각지가 있다고 선명하게 알고, 일어나지 않으면 없다고 선명하게 알아차린다. 또한 예전에 없었던 정각지가 어떻게 일어나는지 선명하게 알고, 일어난 정각지를 어떻게 닦아서 성취하는지 선명하게 안다. 이렇게 정각지를 닦아 성취하는 과정은 구차제정의 모든 과정에서 일어나는데, 특히 제3선정과 제4선정에서 두드러지기 시작하여 무색계의 네 단계 선정에서 더욱 강화되고 멸진정에서 완성된다.

사각지 사마디에 들어 정각지를 성취하면 범행자는 마음이 지극히 고요하고 평정해진다. 제3선정에서 기쁨이 사라지면서 평정이 일어나고, 제4선정에서는 묘락마저 사라지면서 평정이 강화된다. 제4선정에서 강화된 평정은 무색계의 네 단계 선정에서 더욱 강화된다. 즉 공무변처정에서 일체의 색상을, 식무변처정에서 일체의 공무변처상을, 무소유처정에서 일체의 식무변처상을, 비상비비상처정에서 일체의 무소유처상을 여의면서 점차 더욱 강한 평정을 이룬다. 무색계를 벗어난 멸진정에서는 일체의 상想을 여의면서 평정은 더욱 강화되고 완성된다. 이와 같이 여의면서 평정이 생기고, 더욱 여의면서 평정은 점차 강화된다. 평정이 일어나면 깨달음에 이르는 마지막 일곱째 가지인 사각지捨覺支가 일어난다. 그리고 사각지를 계발하고 닦아서 성취한다. 범행자는 자신에게 사각지가 일어나면 사각지가 있다고 선명하게 알고, 일어나지 않으면 없다고 선명하게 알아차린다. 또한 예전에 없었던 사각지가 어떻게 일어나는지 선명하게 알고, 일어난 사각지를 어떻게 닦아서 성취하는지 선

| 37도품표 |

팔정도	사념처	사정근	사여의족	오근·오력	칠각지
정견	신념처	미발생한 불유익하고 불건전한 상태 발생 저지	열의	믿음	염각지
정사유					택법각지
정어	수념처	이미 발생한 불유익하고 불건전한 상태 버리기	정진	정진	정진각지
정업				사띠	희각지
정명	심념처	미발생한 유익하고 건전한 상태 발생시킴	마음		경안각지
정정진				사마디	
정념		이미 발생한 유익하고 건전한 상태 유지 발전함			정각지
정정	법념처		고찰	지혜	사각지

350

명하게 안다. 사각지 성취 과정은 구차제정의 모든 과정에서 일어나는데, 특히 제3선정과 제4선정에서 뚜렷하게 시작하여 무색계의 네 단계 선정에서 점차 강화되고 멸진정에 이르러 완성됨으로써 깨달음을 성취한다.

제6장
네 가지 거룩한 진리[四聖諦]

석가모니 부처님께서 최초로 펼치신 가르침인 초전법륜에서 중도의 가르침에 이어 팔정도가 전해지고, 그 다음 사성제의 가르침이 전해진다. 네 가지 거룩한 진리라는 의미의 사성제는 고성제苦聖諦, 고집성제苦集聖諦, 고집멸성제苦集滅聖諦, 고집멸도성제苦集滅道聖諦를 일컫는데, 이 네 가지를 각각 시전示轉, 권전勸轉, 증전證轉의 세 단계로 설명한 것이 삼전십이행三轉十二行이다. 삼전십이행으로 설명되는 사성제는 세존의 가르침을 체계적으로 전개해나가는 출발점으로, 고성제와 고집성제에서 제1부의 가르침이, 고집멸도성제에서 제2부의 가르침이, 고집멸성제에서 제3부의 가르침이 펼쳐진다. 이와 같이 제1부부터 제3부까지의 모든 가르침이 사성제로 압축되어 갈무리되므로, 사성제는 세존의 가르침을 체계적으로 마무리하는 종결점이기도 하다. 따라서 사성제는 세존의 가르침을 큰 틀에서 함축하여 거두어들이면서 동시에 세밀하게 펼쳐 보이기도 하는, 세존의 가르침에 대한 일종의 사이트 맵과도 같다.

고성제의 삼전 '괴로움의 거룩한 진리'인 고성제는 괴로움을 발견하고 그 사실을 드러내어 '이것이 바로 괴로움의 거룩한 진리'라고 선언한 것이다. '괴로움[苦]' 또는 '불만족'으로 번역하는 'dukkha'는 '저열하다'는 뜻의 'du'와 '텅 빈 공간'이라는 뜻의 'kha'가 합쳐진 말로, '실체가 없는 착각에 기인한 저열한 것'이라는 의미이다. 인간은 태어나고, 늙고, 병들고, 죽게 되어 있다. 사람이면 누구나 이러한 생로병사의 고통을 겪어야 하므로 인간의 삶 자체가 괴로움이요, 그러한 삶을 영위하는 인간 자체 역시 괴로움의 산실이요, 괴로움의 생산공장이요, 괴로움의 덩어리이다. 이와 같이 누구나 자신의 삶 속에서 괴로움을 보고 듣고 느끼고 겪는데 어찌 그것을 '발견'하였다고 할 수 있는가? 인간은 괴로움을 겪는 사이사이 즐거움도 겪고 괴로움과 즐거움을 겪으며 때로는 괴롭지도 즐겁지도 않음[不苦不樂]도 겪는데, 오직 괴로움만을 발견했다고 하는 것은 무슨 이유인가? 즐거움은 왜 발견의 대상이 되지 않으며, 괴롭지도 즐겁지도 않음은 왜 발견의 대상이 되지 않는가? 그것은, 인간이 일상에서 보고 듣고 느끼면서 겪는 괴로움, 즐거움, 괴롭지도 즐겁지도 않음을 일으키는 '근원적인 괴로움'을 발견하였기 때문이다. 이러한 근원적인 괴로움을 발견하기란 지극히 어려우며, 이렇게 발견한 사실을 선언하는 일은 더욱더 어렵고 희유稀有하다.

왜 '근원적인' 괴로움인가? 그것은 사견에서 일어나는 괴로움이요, 오욕에서 일어나는 괴로움이요, 무명에서 일어나는 괴로움이기 때문이다. 이러한 괴로움은 모든 중생이 열반에 이르기 전까지 피할 수 없는 괴로움이기에 근원적이며, 일상에서 겪는 괴로움, 즐거움, 괴롭지도 즐겁지도 않음은 이러한 근원적인 괴로움의 바탕에서 드러난 것이다. 사견에서 일어나는 즐거움, 오욕에서 일어나는 즐거움, 무명에서 일어나는 즐거움은 모두 실체가 없어 오래 지속되지 않고, 많은 괴로움과 많은 절망과 많은 재난을 초래하며, 결코 생로병사를 벗어나게 하지도 못한다. 괴롭지도 즐겁지도 않음도 마찬가지이다. 따라서 고성제의 고는 시전에서 가르치는 근원적인 고이며, 열반에 이르러 비로소 사라지는 고이다. 불의 발견을 불꽃의 발견, 불빛의 발견, 열기의 발견, 연기의 발견이라고 하지 않는 것과 같이, 근원적인 괴로움의 발견을 일상적인 괴로움의 발견, 즐거움의 발견, 괴롭지도 즐겁지도 않음의 발견이라고 하지 않는다. 불의 발견이 숲속의 유인원과 문명 속의 인간을 구분 짓는 것처럼, 이러한 근원적인 괴로움의 발견은 범부와 성인을 구분 짓고 중생과 부처를 구분 짓는다.

그렇다면 이렇게 발견된 근원적인 괴로움이 왜 진리가 되는가? 시전에서 살펴본 사견, 오욕, 무명은 모두 근원적인 괴로움을 일으키는 바탕이 되므로 사견, 오욕, 무명을 벗어나는 것은 곧 근원적인 괴로움을 벗어나는 것이다. 중도, 이욕, 연각은 사견, 오욕, 무명에서 벗어남이고 따라서 근원적인 괴로움에서 벗어남이다. 중도, 이욕, 연각은 바른 깨달음과 열반으로 인도한다. 근원적인 괴로움에서 벗어남, 중도와 이욕과 연각, 바른 깨달음과 열반은 있는 그대로 진리이다. 근원적인 괴로움에서 벗어남은 근원적인 괴로움의 발견을 전제로 하고 있으므로 이렇게 발견된 근원적인 괴로움을 진리라고 하며, 바른 깨달음과 열반으로 이끄는 진리이므로 거룩한 진리라고 한다.

이와 같이 고성제는 근원적인 괴로움을 발견한 것이고, 그 사실을 드러내어 '이것이 바로 괴로움의 거룩한 진리이다'라고 외치고 펼쳐서 보이는 것이 고성제의 시전이다. 인류 역사상 괴로움을 겪지 않은 사람은 아무도 없었지만, 고성제의 시전 이전까지 근원적인 괴로움을 발견한 사람 역시 아무도 없었다. 이것은 십이연기의 순관의 생유문을 통하여 근원적인 괴로움을 발견할 수 있기 때문이다.

이렇게 펼쳐 보인 고성제를 통하여 '괴로움은 철저하게 알아져야 하는 것'이라고 외쳐서 권장하는 것이 고성제의 권전이다. 어떻게 철저하게 알아지는가? 사견의 전말과 폐해를 철저하게 이해함으로써, 오욕의 전말과 폐해를 철저하게 승해함으로써, 무명의 전말과 폐해를 철저하게 앎으로써, 사견과 오욕과 무명에서 일어나는 근원적인 괴로움을 철저하게 알 수 있다. 이렇게 권장된 고성제를 통하여 '괴로움은 철저하게 알아졌음'이라고 외쳐서 고성제의 권전을 스스로 성취했음을 증명하는 것이 고성제의 증전이다.

고집성제의 삼전 '괴로움이 일어나는 바탕의 거룩한 진리'인 고집성제 苦集聖諦는 괴로움이 일어나는 바탕을 발견한 것이고, 그 사실을 드러내어 '이것이 바로 괴로움이 일어나는 바탕의 성스러운 진리이다'라고 선언한 것이다. '괴로움이 일어나는 바탕[苦集]'으로 번역된 'dukkhasamudaya'는 괴로움을 뜻하는 'dukkha'에 함께 모임, 결합을 뜻하는 'saṁ'과 '일어나는' 또는 '위로 오르는'을 뜻하는 'ud' 그리고 연緣이라는 뜻의 'aya'가 결합한 말이다. 어떤 연에서 과가 일어날 때, 연이 과에 흡수되어 과와 함께 일어난다는 의미이다. 여기서 과는 괴로움이다. 고집성제는 결합을 강조한 번역이고, 고습성제苦習聖諦는 습을 고의 연으로 보고 연을 강조하여 번역한 것이다.

　모든 인간이 일상 중에서 괴로움을 겪게 되는 일차적인 바탕은, 인간으로 태어났다는 사실 자체 때문이다. 인간으로 태어났기 때문에 삶을 영위하면서 생로병사를 겪고 그 속에서 갖가지 괴로움을 겪는 것이다. 달리 표현하면, 인간의 다시 태어남을 초래하는 요인이 이러한 모든 괴로움을 일으키는 일차적인 바탕이다. 그 요인이 바로 사식을 탐착하는 갈애이다. 갈애하는 사식을 취함으로써 취, 유, 생, 노사의 연기 고리가 이어지기 때문이다. 이러한 갈애는 사식에 대한 오욕과, 그리고 자아에 대한 사견과 밀접한 연관이 있다. 또한 십이연기에서 갈애보다 더욱 근원적인 바탕은 무명이다. 오욕과 사견과 무명이 괴로움을 일으키는 바탕이며, 심해탈과 혜해탈을 갖추어 열반에 이르기 전까지는 일체가 괴로움이다.

　이와 같이 고집성제는 괴로움이 일어나는 바탕을 발견한 것이고, 그 사실을 드러내어 '이것이 바로 괴로움이 일어나는 바탕의 거룩한 진리이다'라고 외치고 펼쳐서 보이는 것이 고집성제의 시전이다. 고집성제의 발견으로 괴로움이 일어나는 바탕을 알면 괴로움에서 벗어나는 길을 찾을 수 있다. 인류역사상 괴로움을 회피하고자 하지 않은 사람은 아무도 없었지만, 고집성제의 시전 이전까지 그 괴로움이 일어나는 바탕을 발견한 사람은 아무도 없었다. 이것은 십이연기의 역관의 생유문을 통하여 괴로움이 일어나는 바탕을 발견할 수 있기 때문이다.

이렇게 펼쳐지고 보인 고집성제를 통하여 '괴로움이 일어나는 바탕은 철저하게 알아져야 하는 것'이라고 외쳐서 권장하는 것이 고집성제의 권전이다. 어떻게 철저하게 알아지는가? 중도를 통하여 사견을 철저하게 이해함으로써, 이욕을 통하여 오욕을 철저하게 승해함으로써, 연각을 통하여 무명을 철저하게 앎으로써, 사견과 오욕과 무명을 철저하게 알 수 있다. 이렇게 권장된 고집성제를 통하여 '괴로움이 일어나는 바탕은 철저하게 알아졌음'이라고 외쳐서 고집성제의 권전을 스스로 성취했음을 증명하는 것이 고집성제의 증전이다.

고집멸성제의 삼전 '괴로움이 일어나는 바탕이 사라지는 소멸의 거룩한 진리'인 고집멸성제는 괴로움이 일어나는 바탕이 사라지는 소멸을 발견한 것이고, 그 사실을 드러내어 '이것이 바로 괴로움이 일어나는 바탕이 사라지는 소멸의 성스러운 진리이다'라고 선언한 것이다. '괴로움이 일어나는 바탕이 사라지는 소멸[苦集滅]'로 번역된 'dukkha-nirodha'는 'dukkha'에 '없음'을 뜻하는 'ni'와 '감옥'을 가리키는 'rodha'가 결합한 것으로, '괴로움이 없는 감옥'이라는 의미이다. 감옥은 윤회의 창살로 둘러싸여 온갖 괴로움을 겪는 곳이다. 감옥은 이러한 괴로움이 있어서 감옥이다. 따라서 괴로움이 없는 감옥이라는 것은 곧 감옥이 아니며, 어떠한 괴로움도 없는 것은 괴로움이 일어나는 바탕을 완전히 소멸한 것을 의미한다. 괴로움이 일어나는 바탕을 완전히 소멸하면 그대로 윤회를 벗어난 열반이다.

일반적으로 'dukkha-nirodha'는 고멸苦滅이라 하여 '괴로움의 소멸' 혹은 '괴로움이 사라지는 소멸'로 번역하는데, 이것은 괴로움이 일어나는 바탕을 제거함으로써 초래된 소멸이지 괴로움의 현상 자체를 제거하여 초래한 소멸이 아니다. 괴로움의 소멸이란 괴로움의 바탕을 뿌리째 뽑아버려 다시는 괴로움이 일어날 수 없고 괴로움이 완전히 없는 것[苦盡]이므로 이것을 열반이라고 한다. 괴로움의 소멸은 정확하게 표현하면 괴로움이 일어나는 바탕이 사라지는 소멸이므로, 고멸성제는 고집멸성제가 된다. 그러므로 본서에서는 사성제의 의미를 좀 더 정확하게 표현하기 위해 고멸성제를 '고집멸성제'로, 그리고 고멸도성제는 '고집멸도성제'로 번역한다. 따라서 사성제는 고성제, 고집성제, 고집멸성제, 고집멸도성제가 된다.

이와 같이 고집멸성제는 괴로움이 일어나는 바탕이 사라지는 소멸을 발견한 것이고, 그 사실을 드러내어 '이것이 바로 괴로움이 일어나는 바탕이 사라지는 소멸의 성스러운 진리이다'라고 외치고 펼쳐서 보이는 것이 고집멸성제의 시전이다. 괴로움이 일어나는 바탕이 완전히 사라지는 소멸이 가능하다는 사실과 그러한 상태가 실제로 존재한다는 사실, 그리고 그러한 상태가 우주 저쪽의 먼 곳이나 또는 사후에나 가능한 것이 아니라 현생에서 누구나 성취할 수 있다는 사실은 인류에게 희소식이 아닐 수 없다. 인류 역사상 이상적인 국가, 사회, 공동체를 만들고자 했던 사람은 무수히 있었지만, 고집멸성제의 시전 이전까지 그 완전한 가능성,

즉 모든 괴로움이 일어나는 바탕이 완전히 사라지는 소멸을 열어 보인 사람은 아무도 없었다. 이것은 십이연기의 순관의 멸무문을 통하여 괴로움이 일어나는 바탕이 사라지는 소멸을 발견할 수 있기 때문이다.

이렇게 펼쳐지고 보인 고집멸성제를 통하여 '괴로움이 일어나는 바탕이 사라지는 소멸은 철저하게 실현되어야 하는 것'이라고 외쳐서 권장하는 것이 고집멸성제의 권전이다. 어떻게 철저하게 실현되는가? 사견을 철저하게 버리는 중도의 완성으로써, 오욕을 철저하게 벗어나는 이욕의 성취로써, 무명을 철저하게 자각하는 연각의 성취로써, 사견과 오욕과 무명이 사라지는 소멸은 철저하게 실현된다. 이렇게 권장된 고집멸성제를 통하여 '괴로움이 일어나는 바탕이 사라지는 소멸은 철저하게 실현되었음'이라고 외쳐서 고집멸성제의 권전을 스스로 완성했음을 증명하는 것이 고집멸성제의 증전이다.

고집멸도성제의 삼전 '괴로움이 일어나는 바탕이 사라지는 소멸로 인도하는 길의 거룩한 진리'인 고집멸도성제는 괴로움이 일어나는 바탕이 사라지는 소멸로 인도하는 길을 발견한 것이고, 그 사실을 드러내어 '이것이 바로 괴로움이 일어나는 바탕이 사라지는 소멸로 인도하는 길의 성스러운 진리이다'라고 선언한 것이다. 괴로움이 일어나는 바탕이 사라지는 소멸로 인도하는 길[苦集滅道]로 번역된 'dukkha-nirodha gāminī paṭipadā'는 'dukkha-nirodha'에 '인도하다'라는 뜻의 'gāminī'와 '길을 걸어가다'라는 뜻의 'paṭipadā'가 결합한 것으로, 괴로움이 일어나는 바탕이 사라지는 소멸로 인도하는 길을 걸어간다는 의미이다.

이와 같이 고집멸도성제는 괴로움이 일어나는 바탕이 사라지는 소멸로 인도하는 길을 발견한 것이고, 그 사실을 드러내어 '이것이 바로 괴로움이 일어나는 바탕이 사라지는 소멸로 인도하는 길의 성스러운 진리이다'라고 외치고 펼쳐서 보이는 것이 고집멸도성제의 시전이다. 괴로움이 일어나는 모든 바탕이 완전히 사라지는 소멸로 인도하는 방법, 수단, 길이 누구에게나 차별 없이 숨김없이 제공되는 것은 인류의 이익과 행복과 이상을 위한 것이다. 인류 역사상 인류의 이익과 행복과 이상을 추구한 사람은 무수히 있었지만, 고집멸도성제의 시전 이전까지 인류의 이익과 행복과 이상을 실현하는 구체적인 방법을 제공한 사람은 아무도 없었다. 이것은 십이연기의 역관의 멸무문을 통하여 괴로움이 일어나는 바탕이 사라지는 소멸로 인도하는 길을 발견할 수 있기 때문이다.

이렇게 펼쳐지고 보인 고집멸도성제를 통하여 '괴로움이 일어나는 바탕이 사라지는 소멸로 인도하는 길은 철저하게 닦아야 하는 것'이라고 외쳐서 권장하는 것이 고집멸도성제의 권전이다. 어떻게 철저하게 닦는가? 바로 팔정도를 통해서이다. 이렇게 권장된 고집멸도성제를 통하여 '괴로움이 일어나는 바탕이 사라지는 소멸로 인도하는 길은 철저하게 닦았음'이라고 외쳐서 고집멸도성제의 권전을 스스로 성취했음을 증명하는 것이 고집멸도성제의 증전이다.

시전의 사성제 시전에서는 사성제를 있는 그대로 펼쳐 보인 것으로, 펼쳐 보인 대로 보고 듣고 배워서 마땅히 안다. 고성제에서는 근원적인 괴로움을, 고집성제에서는 괴로움이 일어나는 바탕을, 고집멸성제에서는 괴로움이 일어나는 바탕이 사라지는 소멸을, 고집멸도성제에서는 괴로움이 일어나는 바탕이 사라지는 소멸로 인도하는 길을 마땅히 알아야 한다. 알아야 할 것을 알기 시작하여 마침내 알아야 할 것을 모두 다 알아 마치는 것이 시전示轉이다.

이러한 시전에서 사성제를 보면, 이것이 바로 괴로움의 거룩한 진리요, 이것이 바로 괴로움이 일어나는 바탕의 거룩한 진리요, 이것이 바로 괴로움이 일어나는 바탕이 사라지는 소멸의 거룩한 진리요, 이것이 바로 괴로움이 일어나는 바탕이 사라지는 소멸로 인도하는 길의 거룩한 진리이다.

권전의 사성제 시전에서 알아야 할 것을 모두 다 알아 마친 뒤에 권전에서는 알아 마친 것을 아는 대로 마땅히 닦는다. 고성제에서는 괴로움을 철저하게 알도록 닦아야 하고, 고집성제에서는 괴로움이 일어나는 바탕을 철저하게 알도록 닦아야 하며, 고집멸성제에서는 괴로움이 일어나는 바탕이 사라지는 소멸을 철저하게 실현하도록 닦아야 하고, 고집멸도성제에서는 괴로움이 일어나는 바탕이 사라지는 소멸로 인도하는 길을 철저하게 닦아야 한다. 닦아야 할 것을 닦기 시작하여 마침내 닦아야 할 것을 모두 다 닦아 마치는 것이 권전權轉이다.

이러한 권전에서 사성제를 보면, 이것이 바로 괴로움을 철저하게 알아야 하는 거룩한 진리요, 이것이 바로 괴로움이 일어나는 바탕을 철저하게 알아야 하는 거룩한 진리요, 이것이 바로 괴로움이 일어나는 바탕이 사라지는 소멸을 철저하게 실현해야 하는 거룩한 진리요, 이것이 바로 괴로움이 일어나는 바탕이 사라지는 소멸로 인도하는 길을 철저하게 닦아야 하는 거룩한 진리이다.

증전의 사성제 시전에서 알아야 할 것을 알아 마치고, 권전에서 알아 마친 것을 닦아 마치고, 증전에서는 닦아 마친 것을 마땅히 실현한다. 고성제에서는 근원적인 괴로움을 철저하게 알았음을 실현하고, 고집성제에서는 괴로움이 일어나는 바탕을 철저하게 알았음을 실현하며, 고집멸성제에서는 괴로움이 일어나는 바탕이 사라지는 소멸을 철저하게 실현하고, 고집멸도성제에서는 괴로움이 일어나는 바탕이 사라지는 소멸로 인도하는 길을 철저하게 닦았음을 실현한다. 버려야 할 것을 버리기 시작하여 마침내 버려야 할 것을 모두 버려 마치는 것이 증전證轉을 실현하는 것이다.

이러한 증전에서 사성제를 보면, 이것이 바로 괴로움을 철저하게 알았음의 거룩한 진리요, 이것이 바로 괴로움이 일어나는 바탕을 철저하게 알았음의 거룩한 진리요, 이것이 바로 괴로움이 일어나는 바탕이 사라지는 소멸을 철저하게 실현하였음의 거룩한 진리요, 이것이 바로 괴로움이 일어나는 바탕이 사라지는 소멸로 인도하는 길을 철저하게 닦았음의 거룩한 진리이다.

버려야 할 것을 버림으로써 실현하고자 하는 것을 실현하는 증전은 범행을 완성하는 자에게는 실현의 완성을 스스로 증명하는 과정이지만, 이 과정을 보고 배워 범행을 시작하는 자에게는 시전이 된다. 따라서 시전, 권전, 증전의 삼전三轉으로써 법의 바퀴[法輪]가 스승과 제자로 연결되어 끊임없이 굴러간다.

삼전의 사성제 삼전으로 사성제를 간략하게 살펴보면, 모든 괴로움, 즐거움, 괴롭지도 즐겁지도 않음은 바로 근원적인 괴로움으로 말미암은 것이며, 이러한 근원적인 괴로움은 그것을 일으키는 바탕으로 말미암은 것이다. 일상적이든 근원적이든 모든 괴로움이 일어나는 바탕은 완전히 소멸될 수 있으니, 팔정도가 바로 그 길이다.

모든 괴로움과 그것이 일어나는 바탕을 철저하게 알아야 하고, 그래야 모든 괴로움이 일어나는 바탕을 소멸할 수 있다. 모든 괴로움이 일어나는 바탕을 철저하게 소멸함으로써 모든 괴로움의 완전한 소멸을 실현할 수 있으며, 이를 위해서는 모든 괴로움이 일어나는 바탕을 완전히 소멸하는 길인 팔정도를 철저하게 닦아야 한다.

모든 괴로움이 일어나는 바탕을 완전히 소멸하는 길인 팔정도를 철저하게 닦을수록 모든 괴로움이 일어나는 바탕을 더욱 철저하게 알게 되고, 모든 괴로움이 일어나는 바탕을 철저하게 알수록 모든 괴로움도 더욱 철저하게 알게 된다. 모든 괴로움을 철저하게 알수록 모든 괴로움이 일어나는 바탕이 철저하게 남김없이 소멸한다. 이로써 모든 괴로움이 일어나는 바탕을 완전히 소멸하는 길인 팔정도를 철저하게 닦아 마치게 되고 모든 괴로움이 일어나는 바탕의 완전한 소멸은 실현된다.

1. 증오하는 사람을 만나는 괴로움[怨憎會苦], 사랑하는 사람과 헤어지는 괴로움[愛別離苦], 구하는 것을 얻지 못하는 괴로움[求不得苦]을 고성제의 고로 취급할 수 있는가, 그럴 수 없는가? 어느 쪽이든 그 이유를 설명해보라.

2. 제1부 시전의 가르침인 중도, 일체법, 연기법, 우주론에서 각각 고苦와 고의 바탕을 발견해보라.

3. 사성제의 고성제, 고집성제, 고집멸성제, 고집멸도성제가 각각 십이연기의 순관의 생유문, 역관의 생유문, 순관의 멸무문, 역관의 멸무문을 통하여 발견된 것임을 밝히라.

4. '알아야 할 것을 알았고, 닦아야 할 것을 닦았고, 버려야 할 것을 버렸다'는 삼전의 관점에서 보면 시전의 핵심은 고성제와 고집성제이고 권전의 핵심은 고집멸도성제이며 증전의 핵심은 고집멸성제임을 설명해보라.

제7장
결론

시전의 가르침은 내용의 차제로 펼치면 중도에서 시작하여 일체법, 연기법 순서로 전개되지만, 배우는 사람의 근기로 펼치면 연기법에서 시작하여 일체법, 중도로 전개된다. 이것이 석가모니 부처님께서 중도보다 연기법을 더 자주 시설施設하신 이유의 하나이다. 권전의 가르침에 따라 범행을 실천할 때 시전의 가르침을 기억하고 명심하여 범행에 적절히 적용해야 한다. 이러한 관점에서 시전의 가르침을 재조명한다.

연기법 연각을 납득하여 사념처 수행을 닦는 범행자는 사띠를 확립하면서 네 가지 대상인 신수심법身受心法에 차례로 머문다. 신념처를 닦으면서 세상에 대한 탐욕과 싫어함을 버리고 초연하게 지내면서 게으르지 않게 열심히 스스로 독려하면 마침내 세상에 얽힌 기억과 생각들이 사라진다. 그러면서 마음은 고요해지고 사띠는 더욱 견고하게 확립된다. 이때 사라지는 세상에 얽힌 기억과 생각들은 무엇인가? 그것은 세상에 대한 탐욕과 싫어함에 뿌리를 둔 모든 기억과 생각, 관념과 견해들이다. 여기서 싫어함이란 고를 회피하고자 함이며, 탐욕이란 낙을 탐닉하고자 함이다. 고락은 인과 연에 따라 생겨나고 인과 연에 따라 소멸하는 것이므로, 고락에 집착하지 않고 초연하면 고락이 인과 연에 따라 생성, 변화, 소멸하는 것을 알아차리게 된다. 고락의 생성소멸을 알아차리면서 고락에 뿌리를 둔 모든 기억과 생각, 관념과 견해들이 생성, 변화, 소멸하는 것 또한 선명하게 알아차린다. 알아차리면 사라지고, 선명하게 알아차리면 선명하게 사라진다. 이렇게 사라지는 기억과 생각, 관념과 견해에는 자아에 대한 기억과 생각, 관념과 견해도 포함된다.

'나'라고 여기는 자아란 무엇인가? 연기법에서 살펴보았듯이 오온이 욕탐에 탐착되어 오취온으로 되고, 오취온은 이러한 욕탐의 성취 과정에서 스스로 자기동일시하여 자아를 형성하고, 자아는 사식을 섭취하므로 유지되고 성장한다. 생로병사의 주체로서 자기동일성을 지니고 시간적으로 존속하는 '나'라고 여기는 자아로부터 '나의 몸' '나의 영혼' '나의 것' '나의 가치관' 등이 파생한다. 이러한 모든 생각과 기억, 견해와 관념은 사념처 수행을 닦으면서 사라지기 시작한다. 이에 따라 마음은 고요해지고 사띠의 확립은 더욱 견고해진다.

그러나 연각을 납득하지 못하는 범행자는 자아가 갈애에 뿌리를 둔 생각이라는 것을 알지 못하고 보지 못한다. 생각이 인과 연에 의해 생성소멸하는 연기법을 알지 못하여 자아를 있는 그대로 보지 못한다. 나아가 자아가 있다는 견해를 추론이나 사유 또는 다른 견해들로써 더욱 공고히 하고 발전시킨다. 나아가 영원불멸한 자아가 있다고 생각하고 그것을 진인眞人, 진아眞我, 대아大我, 주인공主人公, 법성法性, 불성佛性, 본성本性, 진성眞性, 자성自性, 진심眞心, 대심大心, 일심一心, 본심本心, 불심佛心, 여래장如來藏 등의 이름으로 부르고 여러 가지 의미를 덧붙여 여러 가지 방법으로 실현하거나 발현하거나 합일하기 위한 노력과 수행과 고행을 한다. 또는 자아가 도달할 수 있는 영원불멸한 상태가 우주나 하늘 어디엔가 있다고 생각하고 그것을 천天, 극락極樂, 정토淨土, 불토佛土 등의 여러 가지 이름으로 부르고 여러 가지 의미를 덧붙여 여러 가지 방법으로 가거나 도달하거나 인도받기 위한 노력과 수행과 고행을 한다. 이러한 견해를 가지고 노력하고 수행하고 고행하는 것은 마치 기울어진 사상누각에 금단청을 칠하는 것과 같고 거울에 비친 상을 명품으로 치장하는 것과 같다.

이와 같은 견해에까지 미치지는 않더라도 '범행을 닦는 나' 또는 '사띠를 확립하는 나'를 견지하거나 '정각을 성취하여 열반에 이르러야 할 나'가 있다면 아무리 게으르지 않게 열심히 스스로 독려하면서 노력하고 수행하고 고행하더라도 세상에 얽힌 기억과 생각들이 사라지면서 마음이 고요해지고 사띠가 견고하게 확립되는 일은 일어나지 않는다. 처음에는 물리적으로 세상을 멀리하면서 세상을 보지 않고 듣지 않아 세상에 얽힌 기억과 생각들이 일부 사라지면서 마음이 고요해지는 듯하지만, 점차 '나'라는 자아가 마음을 가득 채우면서 처음의 고요한 마음은 사라진다. 이렇게 '나'를 견지한 상태에서 노력하고 수행하고 고행하는 것은 마치 기울어진 사상누각을 떠받치는 것과 같고 거울에 비친 상을 붙잡는 것과 같다.

　연각을 납득하는 범행자는 이러한 견해들에서 벗어나 세상에 대한 탐욕과 싫어함을 버리고 호흡과 같이 몸에서 생멸하는 현상들, 피부로 둘러싸여 있는 몸의 구성들과 구성성분들, 모든 일상생활에서의 몸의 행동들, 몸의 무상을 안으로 밖으로 그리고 안팎으로 주시하여 머물면서 게으르지 않게 열심히 스스로 독려한다. 이렇게 몸을 단지 몸으로 주시하여 머물면서 사띠를 닦으면 생로병사가 유有를 조건으로, 유는 취取를 조건으로 생성된 것임을 알아차리고 보게 된다. 그리고 취, 유, 생, 노사의 끊임없는 이어짐이 애愛를 조건으로 한 것임을 알아차리면서 애를 벗어난다. 애를 벗어나면서 오욕을 떨쳐버리게 되고, 오욕을 떨침으로써 '나의 몸'이라는 생각과 기억, 견해와 관념이 사라지고 '나의 몸'을 단지 '몸'으로 주시하는 색관색을 갖춘 초선정으로 이입한다.

　초선정을 이룬 범행자는 몸에 대한 탐욕과 싫어함을 버리고 느낌과 느낌에서 생멸하는 현상들을 안으로 밖으로 그리고 안팎으로 주시하여 머물면서 게으르지 않게 열심히 스스로 독려한다. 이렇게 느낌을 단지 느낌으로 주시하여 머물면서 애는 수를 바탕으로, 수는 촉을 바탕으로 생성된 것임을 알아차리고 본다. 세속적인 즐거운 느낌, 괴로운 느낌, 즐겁지도 괴롭지도 않은 느낌, 그리고 비세속적인 즐거운 느낌은 모두 촉을 바탕으로 생성된 것임을 보고 알아차리면서 이러한 느낌들이 점차 사라진다. 제2선정과 제3선정을 거쳐 점차 모든 고락의 느낌이 소멸하고 고락에 의한 모든 욕이 사라지는 심해탈을 이루어 제4선정으로 이입한다.

 심해탈을 이룬 범행자는 희우와 고락의 느낌을 버리고 마음과 마음에서 생멸하는 현상들을 안으로 밖으로 그리고 안팎으로 주시하여 머물면서 게으르지 않게 열심히 스스로 독려한다. 이렇게 마음을 단지 마음으로 주시하여 머물면서 촉은 육입을, 육입은 명색을, 명색은 식을, 식은 행을, 행은 무명을 바탕으로 생성된 것임을 알아차리고 본다. 일체의 색에 대한 상, 인식대상으로서의 의식이 있다는 상, 인식대상으로서의 의식이 없다는 상 등 모든 유무상이 점차 사라져 공무변처정과 식무변처정, 무소유처정을 거쳐 비상비비상처정으로 이입한다.

 이와 같이 범행자는 일체의 인식현상이 인과 연에 의하여 생성하고 변화하고 소멸하는 연기법을 구차제정의 시작에서부터 자각하여 열반에 이를 때까지 명심하여 놓치지 말아야 한다. 연각을 이루어야 구차제정을 시작할 수 있으며, 열반에 이를 때까지 구차제정의 각 단계에서 연기법을 지속적으로 적용해야 한다. 그러지 않고 생로병사의 주체로서 자기동일성을 지니고 시간적으로 존속하는 나라고 여기는 자아에 함몰되면 구차제정의 시작으로 나아갈 수 없으며, 구차제정의 각 단계의 인식상태를 취착하여 함몰되면 그 상태를 벗어나지 못하여 다음 단계로 나아갈 수 없다.

 이러한 연기법을 권전의 관점에서 요약하면 '일체의 인식현상은 인과 연에 의하여 생유멸무하므로 무상하여 취착하지 않아야 한다'고 표현할 수 있다. 이것을 더 간략하게 표현하면 '일체의 인식현상은 무상하다[諸行無常]'는 것이다. 이것이 권전의 관점에서 보는 연기법의 요지이다.

일체법 이욕을 체득하여 구차제정을 시작하는 범행자는 사띠를 확립하면서 먼저 세상에 대한 탐욕과 싫어함을 버리고 호흡처럼 몸에서 생멸하는 현상들, 피부로 둘러싸여 있는 몸의 구성들과 구성성분들, 모든 일상생활에서의 몸의 행동들, 몸의 무상을 안으로 밖으로 그리고 안팎으로 주시하여 머물면서 게으르지 않게 열심히 스스로 독려한다. 이렇게 몸을 단지 몸으로 주시하여 머물면서 호흡처럼 몸에서 생멸하는 모든 현상들, 피부로 둘러싸여 있는 몸의 구성들과 구성성분들, 모든 일상생활에서의 몸의 행동들의 바탕이 착각에 의한 욕이라는 것을 알아차리고 본다. 색성향미촉법을 인지하는 안이비설신의가 구조적으로 선천적으로 착각을 발생시킨다는 것을, 그리고 이러한 착각을 바탕으로 육식이 분별 인식하는 것 또한 착각이라는 것을, 그리고 이러한 착각들을 지속시키는 것이 바로 욕임을 알아차리고 본다. 이로써 욕에서 벗어나고자 하는 이욕이 일어난다. 이욕이 일어나면 이욕으로부터 발생하는 이생희락의 초선정으로 이입한다.

초선정을 이룬 범행자는 몸에 대한 탐욕과 싫어함을 버리고 느낌과 느낌에서 생멸하는 현상들을 안으로 밖으로 그리고 안팎으로 주시하여 머물면서 게으르지 않게 열심히 스스로 독려한다. 이렇게 느낌을 단지 느낌으로 주시하여 머물면서 세속적인 즐거운 느낌, 괴로운 느낌, 즐겁지도 괴롭지도 않은 느낌, 그리고 비세속적인 즐거운 느낌의 바탕 역시 모두 욕임을 알아차리고 본다. 따라서 제2선정과 제3선정을 거쳐 모든 느낌에서 점차 벗어나 고락의 느낌이 소멸하고 욕을 벗어나고자 하는 미세한 욕마저 벗어나 모든 욕이 사라지는 심해탈을 점차 이루어 제4선정으로 이입한다.

심해탈을 이룬 범행자는 희우와 고락의 느낌을 버리고 마음과 마음에서 생멸하는 현상들을 안으로 밖으로 그리고 안팎으로 주시하여 머물면서 게으르지 않게 스스로 열심히 독려한다. 이렇게 마음을 단지 마음으로 주시하여 머물면서 착각을 일으키는 의식의 구조를 알아차리고 본다. 이로써 착각을 일으키고 욕을 일으키는 의식구조에서 벗어난다. 인식활동의 주체로서 육내입처에 축적된 육입을 버려서 육내입처를 비우고, 인식활동의 객체인 상온과 육외입처에 축적된 명색을 버려서 상온과 육외입처를 비우고, 육식의 인식작용에서 벗어나 육식을 쉬게 하고, 행온에 축적된 행을 버려서 행온을 비운다. 이렇게 함으로써 인식활동의 주체로서의 모든 상想, 인식대상으로서의 모든 상, 분별 인식하는 모든 상, 인식주체의 행위기준이 되는 모든 상이 차례로 사라지고 이러한 모든 상의 바탕이 무명임을 알아차리고 보면서 공무변처정, 식무변처정, 무소유처정을 차례로 거쳐 비상비비상처정으로 이입한다.

일체법에서 살펴보았듯이 일체는 인식된 일체이며, 인식된 일체는 십이입처에서 투영된 허상이다. 이때 범행자는 착각을 일으키는 모순된 인식구조를 알고 보아 그것을 벗어난다. 모순된 인식구조에서 온갖 상과 분별상을 일으키거나, 온갖 고락의 느낌들을 일으키거나, 자아와 사견에 연관된 온갖 착각들을 다시는 일으키지 않는다.

그러나 일체법을 알지 못하고 보지 못하여 일체의 본질이 안에 밖에 혹은 안팎에 존재한다는 견해를 가지고, 그것을 여러 가지 이름으로 부르고 여러 가지 의미를 덧붙여 여러 가지 방법으로 실현하거나 발현하거나 합일하거나 또는 가거나 도달하거나 인도받거나 하려는 노력과 수행과 고행을 한다. 이러한 견해 역시 착각을 일으키는 모순된 인식구조에서 일어난 하나의 인식현상이라는 것을 일체법을 체득한 범행자는 알고 본다.

일체법을 권전의 관점에서 요약하면 이러하다: '일체 모든 것은 십이입처에서 인식된 것이며, 십이입처에 인식된 일체의 인식현상은 인과 연에 의하여 생유멸무하는 무상한 것이므로 취착하지 않아야 한다. 무상한 일체의 인식현상 가운데 그 어떠한 것도 나의 것이나 나의 자아라고 할 만한 것이 없다. 어떤 인식이든지 나의 것이나 나의 자아라고 할 만하여 취하거나 잡거나 의지하는 순간 그 인식에 함몰되어 열반으로 나아가지 못한다.' 더 간략하게 표현하면 '일체의 인식현상은 무상하며[諸行無常], 무상한 일체의 인식현상 가운데 그 어떠한 것도 나라고 할 만한 것이 없다[諸法無我]'는 것이다. 이것이 권전의 관점에서 보는 일체법까지의 요지이다.

중도 사견을 벗어나 중도를 자각하는 범행자는 자신이 의지하거나 의존했던 사견의 전말과 폐해를 알고 본다. 범행자는 누구나 자신의 범행을 통하여 진리를 성취하고자 하나, 사견에 의지하면 자신의 의도와 달리 오직 사견에 함몰될 뿐임을 알아차리고 본다. 이때 범행자는 마치 목숨을 걸고 탈출하여 동쪽으로 가고 있는 배가 큰 바다 가운데에서 실제로는 서쪽을 향하고 있는 것을 알게 되었을 때와 같이 화들짝 놀라거나 전율을 느끼기도 한다. 자신이 의지하던 사견을 벗어난 범행자는 자신이 의지하던 사견을 면밀히 살펴서 그 전말과 폐해를 파악하고 나아가 아직 알아차리지 못한 사견들을 하나씩 발견해가면서 그 사견들의 전말과 폐해들도 발견한다. 이와 같은 과정을 겪으면서 중도를 닦는 범행자는 '나'라는 사견과 그로부터 파생한 '나의 몸' 혹은 '나의 영혼' '나의 것' '나의 가치관' 등을 즉각적으로 벗어난다.

범행자는 또한 그러한 사견에서 영향을 받아 형성된 기억과 생각, 관념과 견해들뿐만 아니라 고락의 느낌들도 알아차리고 본다. 그리고 범행의 과정에서 의식적으로 혹은 무의식적으로 몸이나 느낌의 즐거움을 찾거나 따르거나 안주하려고 하는 경향을 알아차리고 즉각 벗어나면서 초선정에 이입한다. 그리하여 초선정에서 발생하는 비세속적인 즐거운 느낌을 새롭게 경험한다. 예전에 경험하지 못했던 전혀 새로운 느낌을 경험하면서 범행자는 이러한 비세속적인 즐거운 느낌을 반복하여 경험하기 위해 찾거나 따르거나 안주하려 할 수 있다. 사띠를 확립하여 초연하게 지내면서 열심히 스스로 독려하는 범행자는 이러한 경향을 알아차리고 거친 즐거운 느낌부터 미세한 즐거운 느낌까지 모두 차례로 벗어난다. 이와 같이 하여 고락중도가 성취되는 제4선정으로 이입한다.

범행자는 범행의 과정에서 고락의 느낌뿐만 아니라 여러 가지 생각들을 일으키거나 따르거나 안주하게 될 수 있다. '범행이 성취되어 불사不死를 이루고 열반에 도달하는 그때의 나는 지금의 나와 같은 것인가, 다른 것인가? 만약 같다면 지금 이대로가 그대로 열반이 아닐까? 그렇다면 굳이 힘들고 애써서 범행을 더 해야 할 이유가 없지 않은가? 만약 다르다면 열반의 성취에 오직 장애만 되는 지금의 나를 제거하거나 소멸시키는 방법은 무엇일까? 어떻게 하면 그때의 나로 하여금 속히 지금의 나에게로 손을 내밀게 할 수 있을까? 누구에게 도움을 받을 수 없을까?' 만약 범행을 닦으면서 이러한 생각을 일으키거나 따르거나 안주하게 되어 범행을 중단하고 현실에 안주하게 된다면, 또는 다른 수행방법이나 다른 스승들을 찾아 두리번거린다면, 범행자는 즉각적으로 일이중도一異中道를 알아차려야 한다.

일이一異의 양극단뿐만 아니라 범행자는 범행의 과정에서 여러 가지 생각들을 일으키거나 따르거나 안주하게 될 수 있다. '범행이 성취되어 불사를 이루고 열반에 도달하는 그때의 나는 영원불멸하여 영원히 지속하는가, 아니면 언젠가는 사라지는가? 만약 영원히 지속한다면 언젠가 한 번만이라도 열반을 성취하여 도달하기만 하면 된다. 그 한 번이 처음이자 마지막이다. 그렇다면 좀 더 좋은 환경과 좋은 시기와 좋은 상태에서 범행을 성취하면 어떨까? 지금처럼 열악한 환경과 시기와 상태에서 굳이 힘들이고 애써서 수행할 이유가 없지 않을까? 만약 영원히 지속하지 않고 지금의 나처럼 언젠가는 변화하고 사라진다면 지금 이렇게 힘들이고 애써서 수행하여 열반을 성취하려는 의미는 무엇인가? 세속에서 좀 더 나은 삶을 추구하는 사람들과 근본적으로 다를 것이 무엇인가?' 만약 범행을 닦으면서 이러한 생각을 일으키거나 따르거나 안주하게 되어 범행의 의미를 상실하여 범행을 중단한다면, 또는 다른 수행방법이나 다른 스승들을 찾아 두리번거린다면, 범행자는 즉각적으로 단상중도斷想中道를 알아차려야 한다.

단상斷想의 양극단뿐만 아니라 범행자는 범행의 과정에서 여러 가지 생각들을 일으키거나 따르거나 안주하게 될 수 있다. '범행을 성취하여 불사를 이루고 열반에 도달하는 일은 누가 짓는가? 그 사람이 나인가? 만약 그 사람이 나라면 중생으로서의 내가 과연 열반에 이르러 부처가 될 수 있을까? 나는 지금까지 이렇게 힘들이고 애써서 수행해 왔지만 달라진 것은 별로 없고 몸은 점점 늙는데 돌봐주는 사람은 없고 몸과 마음이 지치고 피곤할 뿐이다. 중생은 중생으로 사는 것이 순리 아닐까? 더구나 말세의 중생은 더욱더 그러하지 않을까? 혹시 그 사람이 내가 아닌 다른 사람인가? 만약 내가 아닌 다른 사람으로 말미암아 열반에 도달하는 것이라면 내가 이렇게 힘들이고 애써서 수행하는 것은 남의 밭에 김을 매고 있는 것과 무엇이 다른가? 그리고 그 다른 사람은 누구이며 어디에 있는 것일까? 그런 사람은 이미 열반에 도달한 부처이거나 열반으로 인도하는 천신이 아닌가? 석가모니 부처님께서 정각을 이루고 열반을 성취한 것은 다른 부처님께서 지어서 마치 석가모니 부처님께서 스스로 지은 것처럼 보이게 한 것은 아닐까? 석가모니 부처님의 수많은 비구제자들이 아라한과를 성취하여 열반에 이른 것은 석가모니 부처님께서 지어서 그들이 스스로 지은 것처럼 보이게 한 것은 아닐까? 나는 어떻게 그런 분의 인도를 받을 수 있는가? 만약 그러한 분이 없다면 중생이 열반에 도달하는 것은 우연인가 아니면 숙명인가? 우연이라면 이렇게 힘들이고 애써서 수행하는 것은 의미가 없을 것이고, 만약 숙명이라면 이렇게 힘들이고 애써서 수행하기 전에 내가 그런 숙명을 가지고 태어났는지 아닌지를 먼저 알아보아야 하는 것 아닌가?' 만약 범행을 닦으면서 이러한 생각을 일으키거나 따르거나 안주하게 되어 범행의 의미를 상실하여 범행을 중단한다면, 또는 다른 수행방법이나 다른 스승들을 찾아 두리번거린다면, 범행자는 즉각적으로 자작타작중도自作他作中道를 알아차린다.

자작타작自作他作의 양극단뿐만 아니라 범행자는 범행의 과정에서 여러 가지 생각을 일으키거나 따르거나 안주하게 될 수 있다. '범행을 성취하여 이루고자 하는 불사나 도달하고자 하는 열반이란 과연 있기는 한 것일까? 만약 없는 것이라면 내가 이렇게 힘들이고 애써서 하는 범행은 참으로 어리석고 우스꽝스러운 일이 아닌가. 만약 있는 것이라면 열반의 유무에 대하여 왜 한결같이 있다고 천명하지 못하며 나아가 열반이 있다는 사실에 대하여 어느 누구도 의심할 수 없고 부정할 수 없는 확실하고 구체적인 증거를 드러내 보이지 못하는 것인가? 만약 열반이 있는 것도 아니고 없는 것도 아니라면 내가 이렇게 힘들이고 애써서 수행하기 전에 먼저 있는 것도 아니고 없는 것도 아닌 열반의 진실부터 규명하는 것이 현명하지 않을까? 깨달음에 대해서도 마찬가지가 아닐까? 또한 아라한이나 부처에 대해서도 마찬가지가 아닐까?' 만약 범행을 닦으면서 이러한 생각을 일으키거나 따르거나 안주하게 되어 범행의 의미를 상실하여 범행을 중단한다면, 또는 다른 수행방법이나 다른 스승들을 찾아 두리번거린다면, 범행자는 즉각적으로 유무중도有無中道를 알아차려야 한다.

이와 같이 범행을 닦으면서 일으키거나 따르거나 안주하는 거친 상想에서부터 미세한 상에 이르기까지 모든 극단의 상들을 알아차리고 보는 즉시 그로부터 벗어나 중도를 자각하고 중도로 나아간다. 이렇게 하여 유무중도를 비롯한 오중도五中道를 성취하는 무색계의 네 단계 선정을 차례로 닦는다. 이러한 모든 상이 소멸할 때 모든 상의 연緣인 무명이 드러난다. 만약 미세한 상이라도 일으키거나 따르거나 안주하게 되면 그 상에 함몰되고, 상에 함몰되면 상의 연인 무명이 드러나지 않기 때문에 열반으로 나아가지 못한다. 이는 마치 우물에 빠진 사람이 스스로 우물의 바닥을 파는 것과 같아서 괴로움을 피할 길이 없다. 그러므로 중도를 닦는 범행자는 중도의 가르침에서 보았듯이 일체의 사견을 보는 즉시 여의어야 한다. 어떠한 사견이라도 취하거나 잡거나 의지하는 순간 그것은 괴로움의 덩어리가 된다. 모든 괴로움이 온갖 사견에서 일어나기 때문이다.

이러한 중도를 권전의 관점에서 요약하면 이러하다: '일체 모든 인식현상은 무상하며, 무상한 일체의 인식현상 가운데 그 어떠한 것도 나라고 할 만한 것이 없다. 어떤 인식이라도 나라고 할 만하여 취하거나 잡거나 의지하는 순간 그것에 함몰되어 열반으로 나아가지 못하며, 그로부터 모든 괴로움이 일어난다. 따라서 취하거나 잡거나 의지하는 모든 인식을 즉각적으로 놓아버려 벗어나야 한다.' 더 간략하게 표현하면 '일체 모든 인식현상은 무상하고[諸行無常], 그 어떠한 것도 나라고 할 만한 것이 없으며[諸法無我], 그 모든 것이 곧 괴로움[一切皆苦]이다.' 이것이 권전의 관점에서 보는 중도까지의 요지이다.

우주론 무색계의 네 단계 선정을 성취한 범행자는 마음에 대한 기억과 생각들을 버리고 삼전三轉의 모든 법을 안으로 밖으로 그리고 안팎으로 주시하여 머물면서 무명을 알아차리고 본다. 무명을 알아차리고 봄으로써 무명이 사라진다. 무명이 사라지면서 무명에 뿌리를 둔 일체의 상과 그 상을 인지하는 인식작용 자체마저 완전히 사라져 다시 거듭되지 않는다. 일체의 상과 그 상을 인지하는 인식작용 자체마저 완전히 벗어나는 혜해탈로써 멸진정으로 이입하여 무명을 완전히 벗어난다. 그리하여 모든 상을 여읜 중도를 완성하고 삼전의 모든 법을 완전히 갖추어 열반에 도달하여 머문다.

우주론에서 살펴보았듯이, 삼계로 이루어진 유위계는 고해苦海다. 욕계는 욕의 고해요, 색계는 수의 고해요, 무색계는 상의 고해다. 이러한 욕수상의 고해를 벗어나 모든 유위를 멸진하고 무위계로 이입하는 것이 곧 열반이다. 유위란 무엇인가? 일체의 모든 인식현상이 곧 유위다. 일체가 곧 유위이며, 유위 아닌 것이 없다. 유위는 무상하고, 무상한 것은 나가 아니며, 나가 아닌 것을 나라고 여기면 고苦이다. 따라서 유위계를 벗어나 무위계에 이입하여 영원한 이고離苦를 성취할 때까지 영원한 고요는 없고 영원한 안식도 없다.

우주론을 권전의 관점에서 요약하면 이러하다: '일체 모든 인식현상은 무상하며, 무상한 일체의 인식현상 가운데 그 어떠한 것도 나라고 할 만한 것이 없다. 어떤 인식이라도 나라고 할 만하여 취하거나 잡거나 의지하는 순간 그것에 함몰되어 열반으로 나아가지 못하며, 모든 괴로움이 그로부터 일어난다. 따라서 취하거나 잡거나 의지하는 모든 인식을 즉각적으로 놓아버려 벗어나야 한다. 이렇게 하면 모든 괴로움을 벗어나고, 모든 무상을 벗어나고, 유위계를 벗어나서 영원한 안식과 고요가 있는 열반에 도달한다.' 더 간략하게 표현하면, '일체의 모든 인식현상은 무상하고[諸行無常], 그 어떠한 것도 나라고 할 만한 것이 없으며[諸法無我], 그 모든 것이 곧 괴로움이며[一切皆苦], 열반에 이르러 비로소 영원히 고요[涅槃寂靜]하다.' 이것이 권전의 관점에서 보는 우주론까지의 요지이다.

제행무상, 제법무아, 일체개고, 열반적정으로 요약할 수 있는 시전의 요지MN64, MN82는 사법지본四法之本, 사법본말四法本末, 사법본四法本 등으로 불리다가AA1.26:08-9, AA1.31:04, AA2.42:03 후대에 사법인四法印으로 정착하였다. 범행자는 열반에 이를 때까지 반드시 시전의 가르침을 충분히 숙지하고 명심하여 구차제정의 각 단계에서 함몰되거나 그로 인해 범행이 중단되지 않도록 해야 한다. 바꾸어 말하면, 권전의 가르침에 따라 범행을 진행할 때 시전의 가르침을 충분히 숙지하고 명심하여 바르게 적용하지 않으면 범행이 중단되고, 따라서 삼계의 고해를 벗어날 수 없다.

1. 고성제와 일체개고를 예로 들면서 불교를 염세적, 부정적, 비관적이라고 비판하거나 불자들을 염세주의자, 부정론자, 비관론자라고 주장한다면 그러한 비판과 주장에 어떠한 잘못이 있는지 설명해보라. 이때 고성제는 있으되 '낙성제樂聖諦'와 '불고불락성제不苦不樂聖諦'는 없는 이유와, 일체개고는 있으되 '일체개락一切皆樂'과 '일체개불고불락一切皆不苦不樂'은 없는 이유를 밝히라.

'알아야 할 것을 알았고

닦아야 할 것을 닦았고

버려야 할 것을 버렸다'

그리하여

부처라 하나니

지금 여기

증전에서

버려야 할 것을 버려야 하느니

제3부
———◆◆◆———
증전

제8장
지켜야 할 것들

시전의 가르침을 숙지하고 권전의 가르침을 실행하는 범행자는 증전의 가르침에 따라 지켜야 할 것들을 지켜나가야 한다. 지켜야 할 것들을 지켜나감으로써 범행자는 범행을 성취할 수 있다. 범행의 성취를 위하여 범행자가 습득하고 지켜나가야 할 것은 먼저 범행의 바른 차제次第이다. 그리고 범행의 바른 차제를 습득하기 위하여 정법을 배울 수 있는 바른 스승과, 바른 스승으로부터 정법을 배우고 익히는 바른 학습 역시 범행자가 지켜야 할 것들이다. 바른 스승에게 바른 학습으로 익힌 범행의 바른 차제를 지키는 범행자는 적절한 범행처로 나아간다. 범행처에서 계를 구족하면서 짧은 길이의 계, 중간 길이의 계, 긴 길이의 계를 지켜나가야 한다. 이러한 계를 지킬 때 범행자는 만족한 일상생활을 지켜나갈 수 있다. 범행처에서 만족한 일상생활을 영위하면서 범행자는 삿된 생계수단을 멀리 여의고 청정한 생계수단을 지켜야 하며, 잘못된 신구의身 口意 삼행과 생활습관을 멀리 여의고 바른 신구의 삼행과 생활습관을 지켜야 하며, 적절하지 못한 생활필수품을 멀리 여의고 적절한 생활필수품을 지켜야 한다. 계를 지켜서 만족한 일상생활을 영위하는 범행자는 만족한 일상생활 속에서 감각의 대문을 단속하여 지켜야 한다.

1 범행의 조건

이와 같이 세상에 출현하신 분 여래如來, Tathāgata이신 석가모니 부처님께서는 ① 아라한[應供, Arahant]으로서 마땅히 공양供養 받으실 분이며 ② 정변지正遍知, Sammā-sambuddha로서 위없는 진리를 바르게 두루 아시는 분이며 ③ 명행족明行足, Vijjā-caraṇa-sampanna으로서 최상의 지혜와 범행을 구족하신 분이며 ④ 선서善逝, Sugata로서 열반으로 잘 나아가신 분이며 ⑤ 세간해世間解, Lokavidū로서 이 세상 모든 것을 잘 아시는 분이며 ⑥ 무상사無上士, Anuttara로서 위없이 거룩하신 분이며 ⑦ 조어장부調御丈夫, Purisadammasārathi로서 모든 중생들을 잘 다스리시는 분이며 ⑧ 천인사天人師, Satthādevamanussānaṁ로서 하늘과 인간 세상의 스승이신 분이며 ⑨ 부처[佛, Buddha]로서 바른 깨달음을 이루신 분이며 ⑩ 세존世尊, Bhagavā으로서 세상에서 위없는 존경을 받으시는 분이시다.

석가모니 부처님께서는 천신을 포함하고 마라摩羅, Māra를 포함하고 범천을 포함하여 어느 누구와도 비교할 수 없는 으뜸이니, 그분은 ① 위없는 진리를 스스로 깨달아 최상의 지혜로 설하시며 ② 최상의 지혜를 실현하고 드러내도록 설하시며 ③ 시작도 훌륭하고 중간도 훌륭하고 끝도 훌륭하게 법을 설하시며 ④ 의미와 표현을 잘 갖추어 설하시며 ⑤ 누구나 직접 와서 들으면 스스로 알 수 있도록 설하시며 ⑥ 이렇게 알 수 있을 때까지 시간이 걸리지 않도록 설하시며 ⑦ 향상으로 인도하도록 설하시며 ⑧ 지자知者들이 각자 스스로 알아갈 수 있도록 설하시며 ⑨ 설한 대로 실천하시고 실천한 대로 설하시며 ⑩ 누구든지 직접 와서 보고 들을 수 있도록 설하신다.

석가모니 부처님께서 이렇게 설한 가르침과 드러난 청정범행을 직접 보고 듣고 배우거나 전해 듣고 배우거나 또는 기록으로 읽고 배운 사람은 위없는 진리와 그 진리의 구현인 석가모니 부처님의 가르침과 깨달음에 대하여 바르게 이해하면서 신뢰와 믿음이 생기게 된다. 이러한 신뢰와 믿음을 구족하면서 위없는 진리와 그 진리를 구현하는 구도자의 길에 대하여 다음과 같이 바르게 사유하고 실행한다.

'재가자의 생활이란 갖가지 일들로써 실타래처럼 얽혀 번거롭고 고단한 길이지만 출가자의 생활이란 허공처럼 막힘이 없고 열려 있는 길이다. 재가자의 생활을 영위하면서 더할 나위 없이 온전하고 지극히 청정한 범행을 실천하는 것은 쉽지 않으며 나아가 청정범행을 성취하는 것은 어려운 일이다. 그러나 출가자의 생활을 영위하면서 더할 나위 없이 온전하고 지극히 청정한 범행을 실천하는 것은 쉬운 일이며 나아가 청정범행을 성취하는 것은 가능한 일이다. 그러므로 이제 머리와 수염을 깎고, 물들인 옷을 입고, 재산이 적든 많든 간에 모두 다 버리고, 부모형제와 일가친척들도 적든 많든 간에 모두 다 버리고, 집을 떠나 출가하리라. 그리하여 출가자의 생활을 시작하리라.'

1.1 범행의 바른 차제

출가의 범행차제 구법자求法者가 위없는 진리의 정법을 만나 듣거나 읽고 배워서 ① 바르게 이해한다. 바른 이해에 의하여 정법에 대한 바른 신뢰와 바른 믿음이 생긴다. ② 출가한다. 정법에 따라 청정범행을 닦는 구도자의 길을 걷고자 세연世緣을 끊고 집을 떠나 출가한다. 이때 돈과 재산, 그리고 부모형제와 일가친척들뿐만 아니라 세연을 유지하게 하는 모든 것을 적든 많든 다 버린다. 또한 사회와 국가에 대한 개인의 의무와 권리도 모두 버린다. 그리고 출가의 징표로 머리와 수염을 깎고 물들인 옷을 입는다. ③ 범행처를 찾는다. 이렇게 출가한 자는 의지할 만한 적절한 범행처를 찾아간다. ④ 계를 수지受持한다. 적절한 범행처에서 구도자의 회합인 비구(니)승가의 일원이 되어 계를 학습하여 구족하면서 신구의와 의식주를 단속한다. 계의 구족을 통하여 ⑤ 만족한 일상생활을 갖춘다. 만족한 일상생활 속에서 ⑥ 감각의 대문을 단속한다. 감각의 대문을 단속하면서 ⑦ 사념처의 사띠 수행을 닦는다. 이때 사띠 수행에 장애가 되는 오개五蓋와 해탈에 장애가 되는 십결十結을 주시하여 알아차리고 ⑧ 오개와 십결을 하나씩 떨쳐버린다. 오개와 십결을 차례로 제거하여 ⑨ 초선정인 이생희락지에 이입하고 ⑩ 제2선정인 정생희락지에 이입하고 ⑪ 제3선정인 이희묘락지에 이입하고 ⑫ 제4선정인 사념청정지에 이입하고 ⑬ 제5선정인 공무변처정에 이입하고 ⑭ 제6선정인 식무변처정에 이입하고 ⑮ 제7선정인 무소유처정에 이입하고 ⑯ 제8선정인 비상비비상처정에 이입하고 ⑰ 제9선정인 멸진정에 이입하여 ⑱ 열반에 머문다. 이와 같은 바른 차제대로 청정범행을 닦으면 누구든지 범행을 성취하는 것이 가능하다. 그러나 이러한 차제에서 조금이라도 어긋나면 그 가능성은 희박해지고 사라진다.

구법자는 정법을 바르게 이해하여 정법에 대한 바른 신뢰와 바른 믿음이 일어나야 한다. 다만 정법에 대한 신뢰와 믿음이 일어나되 바른 이해와 바른 견해가 아닌 그릇된 이해와 사견에 의지하여 일어났다면, 그것은 정법을 만나되 만나지 않은 것과 같다. 정법에 대한 바른 신뢰와 바른 믿음을 가지고, 정법에 따라 청정범행을 닦아서 욕계를 벗어나 열반에 이르고자 하는 바른 이해와 바른 견해를 가지고 출가해야 한다. 만약 출가를 하더라도 사견을 가지고 출가한다면 처음부터 잘못된 것이되어 출가하여도 출가한 적이 없는 것이 된다. 이는 외형적으로 적법하게 출가하였던 외도의 슈라만들이 석가모니 부처님의 가르침을 만나서 듣고 배워 바른 신뢰와 바른 믿음을 일으켜서 석가모니 부처님의 가르침에 따라 청정범행을 닦고자 할 경우 비구(ㄴ)승단에 새로 출가하여야 하는 이치와 같다.

이와 같이 바른 이해와 바른 견해를 가지고 출가하는 구법자는 벗어나야 할 욕계에 자신을 가두어두는 모든 것을 적든 많든 다 버려 다시는 갖지 않고, 결코 욕계로 돌아오지 않는다. 만약 버려야 할 것의 일부를 감추거나, 거짓으로 버리거나, 방편을 사용하여 한시적으로 버리거나, 또는 더 유익한 것들을 축적하기 위한 방편으로 버린다면 바른 견해를 갖추고 출가하는 것이 아니다.

바른 견해를 갖추어 바르게 출가하는 자는 의지할 만한 적절한 범행처를 찾아간다. 적절한 범행처는 바른 견해를 갖추어 바르게 출가하여 정법에 따라 청정범행을 닦는 비구(니)들이 모인 곳이다.

이와 같이 청정범행을 닦아가는 일련의 차제는 분명히 출가수행자인 비구(니)들을 위한 것이다. 시전의 가르침과 권전의 가르침에는 출가와 재가의 차별이 없었으나 증전의 가르침에는 그 차별이 뚜렷하다. 그 이유는 무엇인가? 그것은 '재가자의 생활은 갖가지 일들로써 실타래처럼 얽혀 번거롭고 고단한 길이지만 출가자의 생활은 허공처럼 막힘이 없고 열려 있는 길'이기 때문이다. 따라서 '재가자의 생활을 영위하면서 더할 나위 없이 온전하고 지극히 청정한 범행을 실천하는 것은 쉽지 않고 나아가 청정범행을 성취하는 것은 어려운 일'이지만, '출가자의 생활을 영위하면서 더할 나위 없이 온전하고 지극히 청정한 범행을 실천하는 것은 쉬운 일이고 나아가 청정범행을 성취하는 것은 가능한 일'이기 때문이다. 즉, '쉽지 않고 어려운 일'을 누구나 스스로 마음만 먹고 결심하면 '쉽고 가능한 일'로 전환할 수 있기 때문이다.

재가의 범행차제 그렇다면 재가자로서 증전의 가르침에 따라 청정범행을 실천하고 성취하는 구체적인 차제는 무엇인가? 현실적으로 출가가 가능하지 않은 경우에는 비록 '쉽고 가능한 일'은 아니지만 차선책으로 '쉽지 않고 어려운 일'을 선택해야 한다. 그러나 이것은 '불가능한 일'은 아니므로 재가자로서 증전의 가르침에 따라 청정범행을 실천하고 성취하는 길을 찾아야 한다.

구법자가 위없는 진리의 정법을 만나 듣거나 읽고 배워서 ① 바르게 이해한다. 바른 이해에 의하여 정법에 대한 바른 신뢰와 바른 믿음이 생긴다. ② 세연을 정리한다. 정법에 따라 청정범행을 닦는 구도자의 길을 걷기 위해 세연을 정리한다. 실타래처럼 얽혀 번거롭고 고단한 갖가지 일, 돈, 재산, 직업, 그리고 가족, 부모형제, 일가친척, 친구, 동료 등을 정리하되, 재가자로서의 일상생활을 유지하고 관리할 수 있는 최소한의 세연만 남겨놓고 나머지 모든 세연을 정리한다. 이렇게 최소한의 세연만 남겨놓은 재가자는 세연을 새로 만들지 않는다. ③ 범행처를 찾는다. 번거롭지 않으며 한가롭고 적절한 장소를 찾아 범행처로 삼거나, 상황에 따라 현재의 거처를 최대한 적절한 범행처로 만든다. ④ 선법계善法戒를 수지한다. 적절한 범행처에서 선법계를 학습하여 구족하면서 신구의와 의식주를 단속한다. 선법계를 구족하여 불선법들을 떨쳐버리고 ⑤ 일상생활을 갖춘다. 만족한 일상생활 속에서 ⑥ 감각의 대문을 단속한다. 감각의 대문을 단속하면서 ⑦ 사념처의 사띠 수행을 닦는다. 사띠 수행에 장애가 되는 오개와 해탈에 장애가 되는 십결을 주시하여 알아차리고 ⑧ 오개와 십결을 하나씩 떨쳐버린다. 오개와 십결을 차례로 제거하여 ⑨ 초선정인 이생희락지에 이입하고 ⑩ 제2선정인 정생희락지에 이입하고 ⑪ 제3선정인 이희묘락지에 이입하고 ⑫ 제4선정인 사념청정지에 이입하고 ⑬ 제5선정인 공무변처정에 이입하고 ⑭ 제6선정인 식무변처정에 이입하고 ⑮ 제7선정인 무소유처정에 이입하고 ⑯ 제8선정인 비상비비상처정에 이입하고 ⑰ 제9선정인 멸진정에 이입하여 ⑱ 열반에 머문다.

재가자는 이와 같은 바른 차제로써 증전의 가르침에 따라 청정범행을 실천하고 성취할 수 있지만, 이것이 '쉽지 않고 어려운' 이유는 남겨진 세연만큼 인간세상에서 감각적 오욕으로 훈습된 신구의와 의식주를 벗어나기 어렵기 때문이다. 따라서 일상생활이 항상 만족스럽지 않고 불만족스러운 상태가 반복적으로 발생할 수 있다. 만족한 일상생활을 갖추지 못하면 욕계에서 감각적 오욕으로 훈습된 감각의 대문을 완전히 벗어나기가 어려울 뿐만 아니라 사띠 수행을 닦을 때 다섯 가지 수행의 장애 외에 반복되는 불만족스러운 일상생활이 추가적인 장애가 되어 오개를 떨쳐버리기가 더욱 어려워진다. 따라서 증전의 가르침에 따라 청정범행을 실천하고 성취하고자 하는 재가수행자는 현실적인 필요에 따라 남겨둔 최소한의 세연과 심정적으로 완전히 이연離緣하여 만족한 일상생활을 갖추어야 한다.

1.2 바른 스승

바른 스승 바른 범행의 차제로 나아가는 범행자는 다음과 같은 검증기준에 따라 자신을 이끌어줄 수 있는 바른 스승을 찾아야 한다. 그리고 이러한 검증기준을 자신에게 적용하여 자신의 범행을 스스로 점검해나

가야 한다. 만약 어떤 범행자가 바른 스승을 만나 스승으로부터 가르침을 배우고 익혀 청정범행을 닦고자 한다면 먼저 그는 만나는 스승이 바른 스승인지 아닌지를 검증하여야 한다. 만약 그 스승이 바른 스승이라면 게으르지 않게 열의를 가지고 그 스승으로부터 가르침을 배우고 익혀 청정범행을 닦아야 하며, 만약 그 스승이 바른 스승이 아니라면 그의 가르침을 버리고 그를 떠나야 한다. 스승이 바른 스승인지 아닌지를 검증하려는 범행자가 자신의 마음으로 다른 사람의 마음을 아는 법을 모른다면, 그는 스승이 바른 스승인지 아닌지를 두 가지 방법 즉 눈으로 알 수 있는 방법과 귀로 알 수 있는 방법으로 바른 스승의 기준들을 차례대로 검증하여야 한다.

① 눈으로 스승의 행동을 보고 귀로 스승이 말하는 것을 듣고서 스승의 마음을 관찰하고 추론하여 스승의 마음이 오염된 상태인지 아닌지를 알아야 한다. 오염된 마음의 상태는 탐진치로 드러난다. 따라서 스승의 언행에서 탐진치의 일부라도 드러나면 그 마음이 오염된 것이라고 판단할 수 있다. 만약 오염된 상태라면 그의 가르침을 버리고 그를 떠나야 한다. 만약 그렇지 않다면 그 마음은 오염된 상태가 아니라고 알아야 한다. ② 만약 오염된 상태가 아니라고 판단되면, 오염되지 않은 상태 속에 눈과 귀로 알 수 있는 오염된 상태가 미미하게 섞여 있는지 아닌지를 다시 면밀하게 관찰하고 추론하여야 한다. 만약 오염되지 않은 상태 속에 오염된 상태가 미미하게 섞여 있다면 그의 가르침을 버리고 그를 떠나야 한다. 만약 그렇지 않다면 그 마음은 오염이 미미하게 섞여 있는 상태가 아니라고 알아야 한다. ③ 만약 오염이 미미하게 섞여 있는 상태

가 아니라고 판단되면, 이러한 상태가 오염을 여읜 깨끗한 상태인지 아닌지를 다시 면밀하게 관찰하고 추론해야 한다. 만약 오염을 여읜 깨끗한 상태가 아니라면 그의 가르침을 버리고 그를 떠나야 한다. 만약 그렇지 않다면 그 마음은 오염을 여읜 깨끗한 상태라고 알아야 한다. ④ 만약 오염을 여읜 깨끗한 상태라고 판단되면, 오염을 여읜 깨끗한 상태가 일시적인지 아니면 오래되었는지를 다시 면밀하게 관찰하고 추론하여야 한다. 만약 오염을 여읜 깨끗한 상태가 일시적이라면 그의 가르침을 버리고 그를 떠나야 한다. 만약 그렇지 않다면 그 마음은 오염을 여읜 깨끗한 상태가 일시적이 아니라고 알아야 한다. ⑤ 만약 깨끗한 상태에 도달한 지 오래되어 스승으로서 명성을 얻고 널리 알려졌다면, 그에게 다소간 위험이 있는지 없는지를 다시 세밀하게 관찰하고 추론하여야 한다. 다소간 위험이란 명성을 얻고 세상에 널리 알려져 추종자들과 재물이 많이 생기면서 그때까지 인위적으로 억압되었거나 조건이 맞지 않아 드러나지 않았던 위험이 드러나게 되어, 첫째로 재물을 탐하여 사치스럽고 호화스러운 생활로 바뀌거나, 둘째로 명예를 탐하여 거만하고 오만한 행동으로 바뀌거나, 셋째로 애욕을 탐하여 감각적 쾌락을 즐기거나 빠지는 생활로 바뀌게 되는 것을 의미한다. 만약 일부라도 이러한 위험이 있다면 그의 가르침을 버리고 그를 떠나야 한다. 만약 그렇지 않다면 그 마음은 다소간 위험이 없다고 알아야 한다. ⑥ 만약 스승으로서 명성을 얻고 널리 알려졌음에도 불구하고 다소간 위험이 없고 그 마음이 변함없이 고요하다면, 그 변함없는 고요함이 자신의 정체가 드러날까 하는 일말의 두려움이나 인위적인 억제에 의한 것인지 아닌지를 다시 관찰하고 추론하여야 한다. 만약 두려움이나 인위적인 억제가 일부라도 있다면 그의 가르침을 버리고 그를 떠나야 한다. 만약 그렇지 않다면 그 변함없는 고요함에 두려움이나 인위적인 억제가 없다고 알아야한다. ⑦ 만약 그의 마음이 두려움이나 인위적인 억제 없이 한결같이 고요하다면, 그 한결같은 고요함이 재물이나 명예나 애욕을 향한 모든 감각적 욕망을 여읨에 의한 것인지 아닌지를 다시 관찰하고 추론하여야한다. 만약 감각적 욕망이 일부라도 있다면 그의 가르침을 버리고 그를떠나야 한다. 만약 그렇지 않다면 그 한결같은 고요함에 감각적 욕망이없다고 알아야 한다. ⑧ 만약 그의 마음이 감각적 욕망을 여의어 한결같이 고요하다면, 그가 주변의 추종자나 제자 혹은 다른 사람, 이를테면수행자, 종교인, 정치인, 연예인, 기업인, 특정 계층의 사람, 범죄인, 살인범 등을 어떠한 이유로든지 경멸하는지 않는지를 다시 관찰하고 추론하여야 한다. 만약 그가 누구든지 한 번이라도 경멸한다면 그의 가르침을 버리고 그를 떠나야 한다. 만약 그렇지 않다면 그가 다른 사람을 경멸하지 않는다고 알아야 한다.

⑨ 만약 어떠한 이유로든 그 스승이 다른 사람을 경멸하지 않는다면, 그에게 마땅히 다음과 같이 차례로 물음으로써 바른 스승의 판단기준들을 직접 구두로 검증해야 한다. '눈과 귀를 통하여 인식할 수 있는 오염된 상태가 스승님께 있습니까 아니면 없습니까?' '눈과 귀를 통하여 인식할 수 있는, 오염되지 않은 상태 속에 오염이 미미하게 섞여있음이 스승님께 있습니까 아니면 없습니까?' '눈과 귀를 통하여 인식할 수 있는, 오염을 여읜 깨끗한 상태가 스승님께 있습니까 아니면 없

습니까?' '눈과 귀를 통하여 인식할 수 있는, 오염을 여의고 도달한 지 오래된 깨끗한 상태가 스승님께 있습니까 아니면 없습니까?' '눈과 귀를 통하여 인식할 수 있는 다소간 위험이 스승님께 있습니까 아니면 없습니까?' '눈과 귀를 통하여 인식할 수 있는, 두려움이나 인위적인 억제가 없는 변함없이 고요한 상태가 스승님께 있습니까 아니면 없습니까?' '눈과 귀를 통하여 인식할 수 있는, 감각적 욕망을 여읜 상태가 스승님께 있습니까 아니면 없습니까?' '눈과 귀를 통하여 인식할 수 있는, 어떠한 이유로든 다른 사람을 경멸하는 상태가 스승님께 있습니까 아니면 없습니까?' 이러한 일련의 질문에 대하여 그 스승은 정직하고 바르게 대답하여 바른 스승의 기준들을 모두 바르게 통과하여야 한다. 만약 그 스승이 바른 스승의 기준들을 통과하는 옳은 답변을 하나라도 못하거나 거짓으로 대답하거나 여러 가지 이유와 핑계 혹은 역질문으로써 대답을 회피하거나 미루거나 묵묵부답이거나 동문서답한다면 그의 가르침을 버리고 그를 떠나야 한다. 만약 그렇지 않다면 그는 구두로 검증하는 바른 스승의 조건을 모두 갖추었다고 알아야 한다.

⑩ 만약 구두로 검증하는 바른 스승의 조건을 모두 갖추었다면, 그 스승이 위없는 진리의 가르침에 대하여 제자를 바르게 이끄는 교수법을 갖추었는지 검증하여야 한다. 만약 그 스승이 전체 가르침 가운데 밝고 어두운 양면을 고르고 평등하게 빠짐없이 가르치며, 낮고 쉬운 단계에서 시작하여 점차 높고 미묘한 단계로 나아가면서 빠짐없이 가르치며, 거친 단계에서 시작하여 세밀하고 정밀한 단계로 나아가면서 빠짐없이 가르치는 교수법을 갖추었으며, 그 스승이 이러한 바른 교수법으로 제

자의 근기와 인연에 따라 제자가 전체 가르침 가운데 어떤 특정한 가르침을 이해하고 그 가르침을 승인承認할 때 제자가 승인한 그 가르침을 바탕으로 전체 가르침을 인지認知할 수 있도록 제자를 바르게 인도한다면, 그 스승은 바른 스승이다. 만약 그렇지 않다면 그의 가르침을 버리고 그를 떠나야 한다.MN47

이와 같이 바른 스승을 만나서 바른 스승으로부터 가르침을 배우고 익혀 청정범행을 닦고자 하는 범행자는 누구든지 이러한 검증방법으로 스승을 검증하여야 하고 이렇게 검증된 바른 스승으로부터 위없는 진리의 가르침을 배워 인지하여야 한다. 이렇게 배워 인지한 위없는 진리의 가르침에 대하여 청정한 믿음이 심어지고 청정한 믿음의 뿌리가 내려지고 청정한 믿음이 더욱 확고하게 된다. 이러한 믿음이야말로 정견에 뿌리를 두어 합리적이면서도 확고하여, 사문이든 브라만이든 신이든 천신이든 마라든 범천이든 이 세상 어느 누구도 그 믿음을 꺾을 수 없다.

외도의 스승 범행자가 가르침을 배우기 위해 바른 스승을 찾을 때 반드시 유념하고 주의해야 하는 것이 흔히 초능력 또는 초자연적 능력이라고 부르는 신통력이다. 바른 범행의 과정에서 생기는 부산물로서의 신통은 제10장 〈육신통〉에서 살펴본다. 여기서 고찰하고자 하는 신통은 정법을 바르게 이해하지 못하는 상태에서, 특히 제1해탈도 성취하지 못한 상태에서 지니게 되는 신통이다. 이러한 상태에서 신통을 지니게 되는 세 가지 경우는 선천적으로 지니게 된 경우, 외도수행법으로 지니게 된 경우, 영적인 존재와의 접촉으로 지니게 된 경우이다. 첫째와 둘째의 경우 자신을 특별한 존재로 여겨서 많은 사람들을 이끄는 종교단체나 수행집단의 지도자로 활동하는 일이 많다. 셋째의 경우에는 대부분 영적인 존재에 의존하고 종속되어 있음을 공개적으로 인정하여 개인적인 활동에 머문다. 그러나 드물게 영적인 존재를 제압하여 부리거나 대등한 관계를 유지하는 경우에는 첫째와 둘째의 경우처럼 지도자 역할을 하기도 한다. 이런 경우 지도자가 영적인 존재를 제압하여 부리지 못하거나 대등한 관계를 유지하지 못할 만큼 늙거나 병들면 신통이 사라지기도 한다. 늙거나 병들어 신통이 사라지는 일은 첫째와 둘째의 경우에도 발생할 수 있다.

이러한 지도자들이 지닌 신통 가운데 가장 흔한 것이 치유능력이다. 이들이 지닌 능력으로 자신이나 주변 사람들의 병이 낫는 것을 직접 목격했을 때 사람들은 대부분 그에 대해 절대적인 신뢰나 믿음을 가지게 된다. 그리하여 만약 어떤 환자가 지도자의 치유 시도에도 병이 낫지 않는다면 오히려 그 환자를 은총이나 은혜를 받을 만한 준비가 되어 있지 않은 사람으로 취급하면서 지도자의 치유능력에 대해 의심을 품지 않는다. 나아가 그러한 지도자가 병이 들어 고통을 받는 것을 보면서도 그의 치유능력을 의심하기보다는 그가 세상 사람들의 모든 병고를 대신 짊어지는 자비와 사랑을 실천하는 것으로 이해한다.

둘째는 다른 사람의 생각이나 마음을 아는 능력이다. 어떤 지도자가 다른 사람들의 은밀한 생각이나 마음을 알아내는 능력을 보여주었을 때, 사람들은 대부분 그가 세상의 모든 것을 알고 있을 것이라는 신념이나 믿음을 가지게 된다.

셋째는 다른 사람의 전생을 아는 능력이다. 어떤 지도자가 다른 사람들의 전생을 아는 능력을 보여주었을 때, 사람들은 대부분 그가 내생도 알 것이라고 추론하거나, 그러한 추론을 근거로 과거, 현재, 미래를 모두 알고 있다고 믿고 그를 마치 신이나 신의 매개자처럼 떠받들기도 한다.

이러한 지도자들은 설교를 비롯한 여러 가지 방법으로 사람들을 자신이 이끄는 모임이나 단체로 끌어들이고 그들이 모임이나 단체에서 이탈하지 않도록 만들어, 오랜 세월 동안 불행과 고통을 초래하는 길로 이끌어간다. 간혹 어떤 사람들은 이러한 지도자들이 보이는 신통들은 방편에 불과한 것이고 그러한 신통의 바탕이 되는 가르침을 배워야 한다고 생각한다. 그리고 자신이 아직 부족하여 그러한 가르침을 배우지 못하고 있다고 생각하여 지도자와 단체에 대한 헌신과 복종을 더욱 강화한다. 또 어떤 사람들은 신통을 갖춘 외도의 지도자가 신통을 갖추지 못한 바른 스승보다 수승하다고 생각한다. 이런 사람들은 바른 가르침보다 신통력을 우선하여 배우고자 한다. 뛰어난 신통을 갖추고 바른 가르침보다 자신들의 신통으로 단체를 이끌었던 육사외도의 일부 스승들이 바로 이러한 경우에 해당한다.

외도수행법으로 신통을 획득한 스승들의 가르침에는 몇 가지 특징이 있다. 그들은 진리를 깨닫지 못하여 진리를 알지 못하고 보지 못한 상태로 몸과 마음이 욕계에 머물고 있으면서 선정을 욕탐의 대상으로 삼고 외도수행법으로 일시적인 선정상태에 도달한다. 이러한 선정상태의 경험을 바탕으로 하는 가르침을 자세히 살펴보면 가르침의 완성도에 흠결이 있는 것은 물론이고 가르침 자체에서 모순이 드러나기도 한다. 그러나 추종자들은 대부분 이러한 흠결이나 모순을 발견하더라도 약점보다는 장점이나 배울 만한 점이 많다고 생각한다.

이러한 가르침들의 또 다른 특징은, 특정한 개념이나 이념, 상징이나 상징물, 혹은 전통이나 경서로 가르침의 중심을 삼고 그 중심이 되는 가르침에 대한 믿음을 강조하면서 가르침의 모든 나머지를 이 중심 되는 가르침으로 전개시키고 연결시키고자 하는 경향이 있다는 점이다. 가르침의 전체를 이해하는 데 도움이 되는 상세한 설명보다는 선언에 가까운 주장들이 많다는 것도 이러한 가르침들의 특징이다.

이러한 가르침을 펼치는 스승들은 대부분 자신의 가르침을 펼치는 대상을 선택적으로 한정하는 경우가 많다. 즉, 가르침을 배우고자 하는 사람의 근기나 인연에 맞추어 배우고자 하는 사람이면 누구에게나 가르치는 것이 아니라 사람을 선택하여 가르치고자 하는 경향이 강하다. 이를테면 마음에 드는 사람, 말 잘 듣고 잘 따르는 사람, 남 보기에 뛰어난 사람들을 선호하고 그렇지 않은 사람들을 되도록 배제하는 것이다. 또한 이러한 스승이 설립했거나 운영하는 단체는 그 스승의 가르침에 의지하여 투명하고 공개적으로 운영하기보다는 스승 개인에 의지하여 비공개적으로 운영하는 경향이 있다. 이러한 스승은 외도의 스승이며, 이러한 가르침에 의한 수행은 외도의 수행으로 아무런 이익이 없다.

신통으로 자신의 가르침을 보완하거나 위장하고 신통으로 사람들을 제압하거나 현혹하여 그들을 오랜 세월 동안 불행과 고통을 초래하는 길로 이끌어가는 외도의 스승들이 있다. 사람들은 이러한 스승의 언행이나 가르침에서 탐진치나 모순을 발견하고 그 가르침을 버리기보다는 신통 부림을 보고 듣고 또한 다른 사람이나 자신을 통해 신통 부림을 체험함으로써 그 스승에 대한 절대적인 신뢰와 존경을 품고 복종하는 경우가 많다. 이런 사람들은 깊이 사유하여 바른 가르침을 배우고 승인하기보다는 눈으로 보고 귀로 듣고 몸으로 겪는 신통을 더욱 신뢰하고 승인한다.

신통에 매료되거나 신통을 바른 가르침의 증거로 잘못 인식하여 외도스승의 가르침을 배우거나 혹은 신통을 습득하려는 제자들이 있다. 이러한 제자들에게 신통을 부리는 외도의 스승들이 아무리 가르침이나 신통을 가르치고자 노력해도 그의 가르침이나 신통능력이 바르게 전수되는 일은 일어나지 않는다. 그것은 이러한 스승의 가르침과 신통이 모두 욕탐에 바탕을 둔 선정상태의 경험으로 말미암은 것이기 때문이다. 욕탐에 물든 사람이 어떻게 자신의 욕탐을 바르게 가르칠 수 있으며, 어떻게 자신의 욕탐을 남에게 전수할 수 있겠는가? 그러한 스승들이 아무리 '나는 성실하게 열심히 가르쳤다'거나 '나는 진실하게 최선을 다해 가르쳤다'거나 '나는 아낌없이 모든 것을 드러내 다 가르쳤다'고 하더라도 배우는 사람들이 스승의 욕탐을 바르게 이해하고 스승의 욕탐을 바르게 실천하는 일은 결코 가능하지 않다. 욕에 의한 착각으로 가르치고 욕에 의한 착각으로 배울 뿐인데, 어떻게 착각으로 가르치는 것을 착각으로 배우고 실천할 수 있겠는가? 더군다나 가르침의 바탕이 욕탐인 줄 안다면 어느 누가 남의 욕탐을 배우고 실천하려 하겠는가? 욕에 의한 착각으로 가르쳐도 사람들을 오랜 세월 동안 불행과 고통을 초래하는 길로 이끌어가는데, 하물며 욕탐에 의한 의도성을 가지고 사람들을 가르치고 이끌어간다면 외도外道를 넘어 악도惡道라 할 것이다. 이와 같이 신통을 가르치고 배우고 전수하고자 하는 무리들은 영적인 존재를 모시고 그 존재에 의존하거나 혹은 스승이 직접 그러한 존재의 역할을 하거나 그러한 존재와의 매개 역할을 한다는 특징이 있다.

신통의 바른 이해 범행자는 제9선정인 멸진정에 이입하여 신통의 마지막 단계인 누진통漏盡通, āsavakkhaya-ñāṇa을 성취할 때까지 다음과 같은 다섯 가지 신통에 대하여 바르게 이해하여 현혹됨이 없어야 한다. 여기서 누진통과 다섯 가지 신통은 청정범행을 성취하는 과정에서 부산물로 드러난다.

첫째로 신족통神足通이다. 몸이 하나이면서 동시에 여럿이 되기도 하고 여럿이면서 동시에 하나가 되기도 하고, 오는 흔적 없이 문득 허공에서 나타나기도 하고 가는 흔적 없이 문득 허공에서 사라지기도 하고, 벽이나 담 혹은 산을 마치 허공처럼 아무런 장애 없이 통과하고, 땅속에서 올라오거나 땅속으로 사라지기를 마치 물속처럼 하고, 물 위에서 빠지지 않고 걷기를 마치 땅 위처럼 하고, 앉은 채 허공을 날아다니기를 마치 날개 달린 새처럼 하고, 하늘에 있는 해와 달을 손으로 만져서 쓰다듬기도 하고, 심지어 저 멀리 범천까지도 자유자재로 왕래하더라도, 이와 같은 신통은 바른 가르침에 따라 삼계를 벗어나는 데에 미치지 못하는 것이라고 알아야 한다.

둘째는 천이통天耳通이다. 인간의 소리와 천상의 소리를 다 듣더라도, 삼계를 벗어나는 석가모니 부처님의 가르침을 듣거나 읽는 데에 미치지 못하는 것이라고 알아야 한다.

셋째는 타심통他心通이다. 다른 인간들과 다른 중생들의 마음을 다 알더라도, 부처님의 가르침을 바르게 아는 데에 미치지 못하는 것이라고 알아야 한다.

넷째는 숙명통宿命通이다. 수많은 자신의 전생들을 다 기억하더라도, 부처님의 가르침을 바르게 기억하는 데에 미치지 못하는 것이라고 알아야 한다.

마지막으로 천안통天眼通이다. 육안으로 볼 수 없는 것들을 보고, 중생들이 미래에 죽어서 다시 태어날 때 그들이 스스로 지은 업에 따라 선처에 태어나거나 악처에 태어나는 것을 보고 알고, 태어날 때 잘생기게 태어나거나 못생기게 태어나는 것을 보고 알고, 천박하게 태어나거나 고귀하게 태어나는 것을 보고 알더라도, 부처님의 가르침을 바르게 보고 아는 데에 미치지 못하는 것이라고 알아야 한다.

이와 같이 범행자는 다섯 가지 신통에 대하여 바른 견해를 가져 이러한 신통들을 취착하지 않아야 한다. 아무리 뛰어나고 신묘하고 기묘한 신통이라 하더라도 석가모니 부처님의 희유한 정법을 바로 듣고 알아서 삼계를 벗어나 불사不死를 성취하는 데에 미치지 못하며, 범부중생이 위없는 진리를 깨달아 부처가 되는 것보다 수승한 신통은 없기 때문이다.

1.3 바른 학습

바른 학습 바른 스승을 찾아 위없는 진리를 배울 때 범행자는 바른 학습방법을 따라야 한다. 바라드와자Bhāradvāja라는 젊은 브라만이 '어떻게 진리를 깨닫습니까?' 하고 물었을 때 석가모니 부처님께서는 다음과 같이 답하셨다.

스스로 진리를 깨닫거나, 스스로 진리를 깨달은 스승으로부터 배우거나, 혹은 스스로 진리를 깨달은 스승의 가르침을 전승한 범행자로부터 어떻게 진리를 깨닫는지 배워야 한다. 그렇게 하기 위하여 먼저 그가 탐진치의 상태에 머물러 진리를 알지 못하고 보지 못하면서 '나는 진리를 안다'거나 '나는 진리를 본다'고 말하여 다른 사람들을 오랜 세월 동안 불행과 고통을 초래하는 길로 이끌고 있는지 면밀히 관찰하고 조사해야 한다. 만약 그의 언행을 관찰하고 추론하여 그가 탐진치의 상태에 있다면 그에게 진리를 배우는 것은 불가능하다. 그가 전승한 가르침이, 그가 배웠던 스승이, 혹은 그가 스스로 깨달은 진리가 아무리 수승하고 훌륭하고 위없다 하더라도 그에게 배울 수 있는 것은 오직 말과 주장뿐이다.

그러나 그의 언행으로 관찰하고 추론하여 그의 언행이 탐진치에 빠진 자들의 언행과 다르고 그의 가르침이 단순한 사유의 영역을 넘어서 심오하여 이해하기 어렵고 만나기도 어렵고 또한 그의 가르침이 미묘하고 수승하여 오로지 현자만이 알아볼 수 있는 법이어서 탐진치에 빠진 자들이 쉽게 설할 수 없는 법일 때, 그가 탐진치의 상태에서 벗어나 있는 것을 안다. 이에 더하여 그가 바른 스승으로서의 모든 검증기준을 만족하여 바른 스승이라는 것을 알았다면, 그를 바른 스승으로 받아들인다.

바른 스승을 찾은 범행자는 ① 바른 스승과 바른 스승의 가르침에 대하여 신뢰와 믿음이 생긴다. ② 신뢰와 믿음이 생기면 스승을 가까이 친견하게 된다. ③ 가까이 친견하게 되면 더욱 자주 친견하게 되면서 공경하게 된다. ④ 공경하게 되면 스승의 가르침을 귀 기울여 듣게 된다. ⑤ 들으면 자주 듣게 되고 자주 들으면 새겨듣게 된다. ⑥ 새겨들으면 어떤 가르침들을 기억하게 된다. ⑦ 기억하면 그 가르침의 의미를 깊이 생각하고 사유하게 된다. ⑧ 깊이 사유하면 그 가르침을 이해하게 된다. ⑨ 이해하게 되면 이해한 가르침들을 점차 동의하고 인정하면서 수용하게 된다. 이해한 가르침을 받아들여 수용하는 것을 승인承認이라고 하며, 어떤 가르침을 승인하면 그 가르침은 자신의 법이 된다. ⑩ 법을 승인하면 더욱 많은 법을 승인하고자 하는 의욕이 생겨난다. ⑪ 의욕이 생기면 열의를 가지게 된다. ⑫ 열의를 가지면 힘을 기울여 더욱 노력하게 된다. ⑬ 노력하게 되면 승인한 법들을 깊이 관찰하게 된다. ⑭ 깊이 관찰하면서 법의 전체 구조와 전말을 이해하기 시작하고 따라서 이러한 일련의 노력으로써 가일층 매진하게 된다. ⑮ 그렇게 매진하면 마침내 위없는 진리의 전체 구조와 전말을 이해하고 수용하여 꿰뚫어보고 알게 된다. 즉 위없는 진리를 인지認知하게 된다. ⑯ 법을 인지하면 인지한 법에 따라 범행을 차제대로 끊임없이 닦아가고 실천할 때 법의 궁극적인 성취成就가 있게 되고, 위없는 진리에 도달한다. 바른 스승으로부터 이와 같이 위없는 진리를 배워나가는 것이 바른 학습이다.MN95

외도의 학습 바라드와자라는 젊은 브라만이 선대로부터 믿어온 가르침을 들어 '이 가르침이야말로 진리이고 다른 모든 가르침은 거짓'이라고 주장하였을 때 석가모니 부처님께서는 다음과 같이 설하셨다.

진리를 깨닫지 못하여 진리를 알지 못하고 보지 못한 상태에서 진리와 거짓을 판단하고 결론내리는 다섯 가지 법이 있다. 그 다섯 가지 법은 무엇인가? 첫째가 믿음信, saddhā이다. 어떤 사람은 자신의 믿음으로 진리와 거짓을 판단하고 결론짓는다. 그러나 어떤 견해나 지식이나 가르침이 전적으로 믿음이 가거나 확신이 가거나 신념이 가더라도 그것은 진리가 아닐 수 있고 허망한 것일 수 있고 거짓일 수 있으며, 전적으로 믿음이 가지 않거나 확신이 가지 않거나 신념이 가지 않더라도 그것은 거짓이 아닐 수 있고 사실일 수 있고 진리일 수 있다.

둘째는 취향欲, ruci으로, 개인적인 선호選好나 기호嗜好이다. 어떤 사람은 자신의 취향으로 진리와 거짓을 판단하고 결론짓는다. 그러나 어떤 견해나 지식이나 가르침이 전적으로 자신의 취향에 맞더라도 그것은 진리가 아닐 수 있고 허망한 것일 수 있고 거짓일 수 있으며, 전적으로 자신의 취향에 맞지 않더라도 그것은 거짓이 아닐 수 있고 사실일 수 있고 진리일 수 있다.

셋째는 전승聞, anussava으로, 종교적인 권위와 전통을 지니고 역사적으로 오래 계승되어온 가르침이다(성언량聖言量이 이에 해당한다). 어떤 사람은 종교적인 권위나 전통을 지니고 역사적으로 오래 전승되어온 가르침으로써 진리와 거짓을 판단하고 결론짓는다. 그러나 어떤 견해나 지식이나 가르침이 종교적인 권위나 전통을 지니고 역사적으로 오래 전승되어온 가르침에 전적으로 맞더라도 그것은 진리가 아닐 수 있고 허망한 것일 수 있고 거짓일 수 있으며, 종교적인 권위나 전통을 지니고 역사적으로 오래 전승되어온 가르침에 전적으로 맞지 않더라도 그것은 거짓이 아닐 수 있고 사실일 수 있고 진리일 수 있다.

넷째는 논리적인 추론이다. 어떤 사람은 논리적인 추론으로 진리와 거짓을 판단하고 결론짓는다(비량比量이 이에 해당한다). 그러나 어떤 견해나 지식이나 가르침이 논리적인 추론에 전적으로 맞더라도 그것은 진리가 아닐 수 있고 허망한 것일 수 있고 거짓일 수 있으며, 논리적인 추론에 전적으로 맞지 않더라도 그것은 거짓이 아닐 수 있고 사실일 수 있고 진리일 수 있다.

다섯째는 감각적인 경험에 바탕한 사유에서 얻은 견해이다. 어떤 사람은 감각적 경험에 바탕한 사유에서 얻은 견해로써 진리와 거짓을 판단하고 결론짓는다(현량現量이 이에 해당한다). 그러나 어떤 견해나 지식이나 가르침이 감각적 경험에 바탕한 사유에서 얻은 견해에 전적으로 맞더라도 그것은 진리가 아닐 수 있고 허망한 것일 수 있고 거짓일 수 있으며, 감각적 경험을 바탕으로 하는 사유에서 얻은 견해에 전적으로 맞지 않더라도 그것은 거짓이 아닐 수 있고 사실일 수 있고 진리일 수 있다.

따라서 진리를 아직 깨닫지 못하여 진리를 알지 못하고 보지 못하는 자가 이와 같은 다섯 가지 법으로 진리와 거짓을 판단하고 결론지어 '이 가르침이야말로 진리이고 다른 모든 가르침은 거짓'이라고 주장하는 것은 옳지 않다.

그렇다면 어떻게 해야 옳은가? 진리를 추구하는 현자는 진리를 깨달아 진리를 알고 보게 되기 전까지 다섯 가지 법으로 진리와 거짓을 분별하고 판단하되 '이 가르침이야말로 진리이고 다른 모든 가르침은 거짓'이라고 결정적으로 규정짓거나 단정하지 않아야 한다. 그 대신 '나는 이 가르침을 따르는 믿음 혹은 취향이 있다'고 말하거나 '나는 이 가르침을 따르는 전승을 계승한다'고 하거나 또는 '나는 논리적인 추론이나 감각적 경험을 바탕으로 하는 사유에서 얻은 견해로써 이 가르침을 따른다'고 있는 대로 말하여야 한다.

나아가 단순하고 쉽고 어리석은 학습방식으로 가르침을 수용하는 것은 더더욱 바람직하지 않다. 이를테면 오랜 세월 동안 종교적인 권위와 전통으로 전승되어 말해져왔다고 해서, 많은 사람들이 공통적으로 말하고 있다고 해서, 반복적으로 말해져왔다고 해서 그 가르침에 세뇌되거나 단순히 따라서 믿는 것은 현명하지 않다. 더욱이 소문이나 풍문 혹은 남의 말을 듣고 단순히 믿는 것은 현명하지 않다. 또한 오랜 세월 동안 종교적인 권위와 전통을 지니고 전승되면서 동일한 방법으로 수행되어왔다고 해서, 많은 사람들이 공통적으로 수행한다고 해서, 반복적으로 수행해왔다고 해서 맹목적으로 그 가르침에 따라서 수행하는 것은 현명하지 않다. 더욱이 소문이나 풍문 혹은 남의 말을 듣고 맹목적으로 따라서 수행하는 것은 현명하지 않다. 보고 듣고 느낀 것에 의하여 보기 좋고 기분 좋고 편하다고 해서 성급하게 생각하여 판단하고 수용하여 따르는 것은 현명하지 않다. 정신적인 스승에 대한 절대적인 존경과 복종의 표현으로 그 스승이 말하는 것은 무엇이든 절대적으로 확신하거나 믿고 따르는 것은 현명하지 않으며, 다른 가르침은 전혀 배우지 못한 채 오직 한 가르침만 배워 그 가르침만 확신하는 것은 현명하지 않다. 이와 같이 현명하지 않은 방법으로 가르침을 수용하는 것은 외도의 학습방법이다. 외도의 학습으로 가르침을 수용하면 위없는 진리를 구하여 바른 깨달음과 열반으로 나아가기는커녕 오히려 사견의 늪에 빠지고 사견의 파도에 휩쓸리게 되어 오랜 세월 동안 불안과 고통을 초래하는 길을 벗어나지 못한다.

2 범행처의 조건

바른 스승을 찾아 바른 학습방법으로 정법을 배우는 범행자는 출가와 재가를 선택하여 적절한 범행처로 나아간다. 출가를 선택한 범행자는 출가하여 비구(니)로 구성되어 있는 적절한 범행처에서 비구(니)승가의 일원이 된다. 외적으로 잘 갖추어진 적절한 범행처에서 그들과 함께 일상생활을 영위하면서 정법을 배우고 가르치며 정법을 수호하고 범행을 진행한다. 이렇게 함으로써 내적으로 잘 갖추어진 범행처인 내적인 해탈의 장소를 굳건히 다져가며, 신참 비구(니)는 좋은 비구(니)가 된다. 그리고 비구(니)승가를 화합하게 하고 번영하게 한다.

2.1 정법의 수호

정법에 대한 바른 태도 적절한 범행처에서 바른 스승을 통해 정법을 만나서 성자의 반열에 올라 열반을 성취하는 바른 길로 나아가기 위하여, 범행자는 ① 법의 내용을 얕잡아보거나 무시하지 않고 비난하려고 결점을 찾지 않아야 하며 ② 법을 설명하는 이를 얕잡아보거나 무시하지 않고 그에 대해 불만이나 분노를 품지 않아야 하며 ③ 자기 자신을 얕잡아보거나 무시하지 않아야 하며 ④ 법을 대할 때 마음에 산만함이 없이 마음을 가다듬어 관심과 주의를 온전히 기울여야 하며 ⑤ 잘 알지 못하는 내용에 대하여 스스로 잘 안다는 자만심이 없어야 한다. 이 다섯 가지 법에 대한 바른 태도를 구족한 범행자는 정법을 만났을 때 바른 길로 나아갈 수 있다.

만약 범행자가 이와 같이 행하지 않고, 법의 내용을 얕잡아보거나 무시하고 비난하려고 결점을 찾는다면, 법을 설명하는 이를 얕잡아보거나 무시하고 그에 대해 불만이나 분노를 품는다면, 자기 자신을 얕잡아보거나 무시한다면, 법을 대할 때 마음이 산만하고 관심과 주의를 기울이지 않는다면, 잘 알지 못하는 내용에 대하여 스스로 잘 안다는 자만심이 있다면, 이러한 범행자는 이 다섯 가지 법에 대한 바른 태도를 갖추지 못하여 정법을 만나더라도 바른 길로 나아갈 수 없다. AN5:151-3

정법의 수호 정법을 확고하게 하고 정법을 혼란스럽지 않게 하고 정법을 무너뜨리지 않고 정법을 사라지지 않게 하기 위하여, 정법을 만난 범행자는 ① 법을 듣거나 읽을 때 법을 존중하여야 하며 ② 법을 배울 때 법을 존중하여야 하며 ③ 법을 호지할 때 법을 존중하여야 하며 ④ 법의 뜻을 깊이 사유할 때 법을 존중하여야 하며 ⑤ 법의 뜻을 통달하기 위하여 청정범행을 닦을 때 법을 존중하여야 한다. 이와 같이 할 때 정법을 바르게 수호하는 이 다섯 가지는 정법을 확고하게 하고 정법을 혼란스럽지 않게 하고 정법을 무너뜨리지 않고 정법을 사라지지 않게 한다.

만약 범행자가 이와 같이 행하지 않고, 법을 듣고 읽을 때 법을 존중하지 않는다면, 법을 배울 때 법을 존중하지 않는다면, 법을 호지할 때 법을 존중하지 않는다면, 법의 뜻을 깊이 사유할 때 법을 존중하지 않는다면, 법의 뜻을 통달하기 위하여 청정범행을 닦을 때 법을 존중하지 않는다면, 이러한 범행자는 정법을 바르게 수호하는 이 다섯 가지를 갖추지 못하여 정법을 혼란스럽게 하고 정법을 무너뜨리고 정법을 사라지게 한다.AN5:154

또한 정법을 확고하게 하고 정법을 혼란스럽지 않게 하고 정법을 무너뜨리지 않고 정법을 사라지지 않게 하기 위하여, 범행자는 항상 법을 존중하면서 ⑥ 법을 배워야 하며 ⑦ 자신이 배운 법을 그대로 남에게 상세하게 설명하고 가르쳐야 하며 ⑧ 자신으로부터 상세하게 설명을 듣고 배운 사람이 다른 이들에게 자신에게서 배운 법을 그대로 상세하게 설명할 수 있도록 허용하여야 하며 ⑨ 자신이 배운 법을 그대로 잊지 않고 항상 상세하게 기억하여야 하며 ⑩ 자신이 배운 법을 깊이 사유하고 고찰하고 숙고하여야 한다. 이와 같이 할 때 정법을 바르게 수호하는 이 다섯 가지는 정법을 확고하게 하고 정법을 혼란스럽지 않게 하고 정법을 무너뜨리지 않고 정법을 사라지지 않게 한다.

만약 범행자가 이와 같이 행하지 않고, 법을 배우지 않는다면, 자신이 배운 법을 그대로 남에게 상세하게 설명하지도 가르치지도 않는다면, 자신으로부터 상세하게 설명을 듣고 배운 사람이 다른 이들에게 자신에게서 배운 법을 그대로 상세하게 설명하지 못하게 한다면, 자신이 배운 법을 잊어버리고 상세하게 기억하지 못한다면, 자신이 배운 법을 깊이 사유하지도 고찰하지도 숙고하지도 않는다면, 이러한 범행자는 정법을 바르게 수호하는 이 다섯 가지를 갖추지 못하여 정법을 혼란스럽게 하고 정법을 무너뜨리고 정법을 사라지게 한다. AN5:155

또한 정법을 확고하게 하고 정법을 혼란스럽지 않게 하고 정법을 무너뜨리지 않고 정법을 사라지지 않게 하기 위하여, 범행자는 항상 법을 존중하면서 ⑪ 법을 타인에게 상세하게 설명할 때 바른 단어와 바른 문장으로 그 뜻을 바르게 전달하여야 하며 ⑫ 상세하게 가르치고 훈계할 때 인내하여 수순隨順하게 받아들여야 하며 ⑬ 지금 세대 범행자들이 모두 죽더라도 그 다음 세대 범행자들에게 법이 바르게 전하여져 법의 뿌리가 잘려나가지 않고 법의 의지처를 잃어버리지 않도록 법을 부지런히 배우고 익혀서 배움과 가르침에 능통하고 법을 잘 호지하여야 하며 ⑭ 범행처에 생활필수품들을 쌓아두지 않고 만족한 일상생활 속에서 항상 법을 배우고 가르침에 일목요연하여야 하며, 법을 배우고 가르침에 일목요연한 일상생활 속에서 청정범행의 향상向上에 앞장서고 한거閑居의 임무를 내팽개치지 않고 아직 얻지 못한 것을 얻고 아직 증득하지 못한 것을 증득하고 아직 실현하지 못한 것을 실현하기 위하여 열의를 가지고 부지런히 정진하여야 하며, 그리하여 그 다음 세대 범행자들도 이러한 지금 세대 범행자들의 바른 견해들을 이어받도록 하여야 하며 ⑮ 서로 화합하고 서로 담소하여 분쟁하지 않으며, 바른 견해를 함께 지녀서 서로 편안하게 머물러야 하며, 화합하여 서로서로 욕설하지 않고 서로서로 비방하지 않고 서로서로 담쌓지 않고 서로서로 버리지 않아야 하며, 이와 같이 화합하여 청정한 믿음이 없는 이들로 하여금 없던 믿음이 생기게 하여야 하고, 청정한 믿음이 있는 이들로 하여금 믿음이 더욱 증장하게 하여야 한다. 이와 같이 할 때 정법을 바르게 수호하는 이 다섯 가지는 정법을 확고하게 하고 정법을 혼란스럽지 않게 하고 정법을 무너뜨리지 않고 정법을 사라지지 않게 한다.

만약 범행자가 이와 같이 행하지 않고, 타인에게 법을 설할 때 그릇된 단어들과 그릇된 문장들로 그 뜻을 그릇되게 전달한다면, 상세하게 가르치고 훈계할 때 인내하지 못하여 수순하게 받아들이지 못한다면, 법을 배우지도 익히지도 않아서 배움과 가르침에 능통하지 못하고 법을 잘 호지하지도 못하여 지금 세대 범행자들이 모두 죽은 뒤에 그 다음 세대 범행자들에게 법이 바르게 전하여지지 못하여 법의 뿌리가 잘려나가고 법의 의지처를 잃어버리게 한다면, 범행처에 생활필수품들을 쌓아두고 여러 가지 소임과 업무로 산만하고 바쁘고 지쳐서 법을 배우고 가르침에 일목요연하지 못하다면, 법의 배움과 가르침에 일목요연하지 못한 일상생활 속에서 청정범행의 퇴보에 앞장서고 한거의 임무를 내팽개치고 아직 얻지 못한 것을 여전히 얻지 못하고 아직 증득하지 못한 것을 여전히 증득하지 못하고 아직 실현하지 못한 것을 여전히 실현하지 못하여 열의가 없고 정진하지 않는다면, 그리하여 그 다음 세대 범행자들도 이러한 지금 세대 범행자들의 그릇된 견해들을 이어받게 한다면, 서로서로 분열하여 서로서로 욕설하고 서로서로 비방하고 서로서로 고함치고 서로서로 담쌓고 서로서로 버린다면, 이와 같이 분열하여 청정한 믿음이 있는 이들로 하여금 믿음이 변하게 하거나 사라지게 하고 청정한 믿음이 없는 이들로 하여금 신뢰가 생기지 않게 하고 불신이 일어나게 하여 등을 돌려 떠나게 한다면, 이러한 범행자는 정법을 바르게 수호하는 이 다섯 가지를 갖추지 못하여 정법을 혼란스럽게 하고 정법을 무너뜨리고 정법을 사라지게 한다.AN5:156

남에게 설법하는 바른 태도　이와 같이 법에 대한 바른 태도를 갖추고 정법을 바르게 수호하는 범행자가 타인에게 법을 설명하고 가르칠 때, 타인에게 법을 설명하고 가르치는 것이 쉬운 일이 아님을 자각하여 내면으로 타인에게 법을 설명하고 가르치는 다섯 가지 바른 태도를 다짐하고 그러한 다짐들을 실현할 수 있는 실력과 능력을 확립한 후에 타인에게 법을 설명하고 가르쳐야 한다. '나는 ① 쉽고 기초적인 가르침부터 시작하여 높고 미묘한 가르침까지 빠짐없이 차례대로 듣는 사람에게 맞게 설명하고 가르치며 ② 설명하고 가르치는 내용에 대하여 그 의미와 속뜻을 전체 법의 구조 속에서 드러내면서 설명하고 가르치며 ③ 고해에서 고통 받는 중생들을 연민하여 고통으로부터 중생들이 스스로 벗어나게 하는 마음으로 설명하고 가르치며 ④ 생활필수품이나 재물이나 명예를 얻고자 법을 설명하거나 가르치지 않으며 ⑤ 나 자신이나 타인을 칭찬하거나 멸시하지 않는 방법으로, 또한 나 자신이나 타인의 덕이나 명예를 해치지 않는 방법으로 법을 설명하고 가르치리라.' 이러한 다섯 가지를 내면으로 확립한 후에 타인에게 법을 설명하고 가르쳐야 한다. _{AN5:159}

만약 범행자가 이와 같이 행하지 않고, 법을 순차적으로 설하지 않는다면, 법의 전체를 파악하지 못한 채 법의 어떤 부분만 반복적으로 설한다면, 대중을 설득하거나 세뇌하거나 강요하고자 하는 마음으로 설한다면, 생활필수품이나 재물이나 명예를 얻고자 설한다면, 타인들을 멸시하고 자신을 추켜세우는 방법으로 설한다면, 이러한 범행자는 타인에게 법을 설하는 다섯 가지 바른 태도를 갖추지 못하고 확립하지 못하였으므로 타인에게 법을 설하지 말아야 하며, 이러한 범행자가 설하는 법에 귀를 기울이지 말아야 한다.

2.2 해탈의 장소

법을 배우거나 가르치는 것, 법을 암송하거나 숙고하는 것, 사띠를 확립하는 것 등은 모두 내적인 해탈의 장소[解脫處, vimuttāyatana]이다. 내적인 해탈의 장소는 내적으로 갖추어진 범행처이다. 외적으로 잘 갖추어진 적절한 범행처에서 범행자가 내적인 해탈의 장소를 잘 갖출 때 내외의 적절한 범행처를 모두 갖추게 된다.

바른 스승이나 존경할 만한 비구(니)에게 법을 상세하게 듣고 배울 때,

범행자는 그 법에 대하여 의미를 이해하고 법을 체득한다. 법의 의미를 이해하고 법을 체득할 때 환희가 생긴다. 환희할 때 희열이 생기고, 희열할 때 몸과 마음이 경안輕安하여진다. 몸과 마음이 경안할 때 행복을 느끼고, 행복할 때 선정에 든다. 이것이 첫째 해탈의 장소이다.

바른 스승이나 존경할 만한 비구(ㄴ)에게 법을 상세하게 듣고 배워서 타인들에게 상세하게 설명할 때, 범행자는 그 법에 대하여 의미를 이해하고 법을 체득한다. 법의 의미를 이해하고 법을 체득할 때 환희가 생긴다. 환희할 때 희열이 생기고, 희열할 때 몸과 마음이 경안하여진다. 몸과 마음이 경안할 때 행복을 느끼고, 행복한 자는 선정에 든다. 이것이 둘째 해탈의 장소이다.

바른 스승이나 존경할 만한 비구(ㄴ)에게 법을 상세하게 듣고 배워서 타인들에게 설명하지 않으나 듣고 배운 대로 상세하게 암송하거나 독송할 때, 범행자는 그 법에 대하여 의미를 이해하고 법을 체득한다. 법의 의미를 이해하고 법을 체득할 때 환희가 생긴다. 환희할 때 희열이 생기고, 희열할 때 몸과 마음이 경안하여진다. 몸과 마음이 경안할 때 행복을 느끼고, 행복할 때 선정에 든다. 이것이 셋째 해탈의 장소이다.

바른 스승이나 존경할 만한 비구(ㄴ)에게 법을 상세하게 듣고 배워서 타인에게 설명하지도 않고 암송하거나 독송하지도 않으나 듣고 배운 대로 자세하게 생각하고 지속적으로 고찰하고 깊이 사유하고 숙고할 때, 범행자는 그 법에 대하여 의미를 이해하고 법을 체득한다. 법의 의미를 이해하고 법을 체득할 때 환희가 생긴다. 환희할 때 희열이 생기고, 희열할 때 몸과 마음이 경안하여진다. 몸과 마음이 경안할 때 행복을 느끼고, 행복할 때 선정에 든다. 이것이 넷째 해탈의 장소이다.

바른 스승이나 존경할 만한 비구(니)에게 법을 상세하게 듣고 배워서 타인들에게 설명하지도 않고 암송하거나 독송하지도 않고 생각하거나 숙고하지도 않으나 듣고 배운 대로 상체를 곧추세워 바르게 앉아 사념처의 사띠 수행을 닦아 사띠를 확립할 때, 범행자는 그 법에 대하여 의미를 이해하고 법을 체득한다. 법의 의미를 이해하고 법을 체득할 때 환희가 생긴다. 환희할 때 희열이 생기고, 희열할 때 몸과 마음이 경안하여진다. 몸과 마음이 경안할 때 행복을 느끼고, 행복할 때 선정에 든다. 이것이 다섯째 해탈의 장소이다.DN33

2.3 범행처의 환경조건

범행자가 의지하는 숲이나 나무 아래 또는 외진 처소로 표현되는 일없는 곳의 적절한 범행처는 다음의 다섯 가지 특징을 갖추고 있다.AN10:11

① 마을에서 너무 멀지도 않고 너무 가깝지도 않아 오고가기에 편리한 곳이다. 마을에서 범행처까지의 평균거리는 1구로사倶盧舍, krośa로 활 5백 개를 이은 길이이며, 1유선나踰繕那, yojana는 8구로사이다. 환산하면 가장 가까운 마을과 범행처의 거리는 약 1.2킬로미터이다.

② 낮에는 마을사람들이 왕래하는 곳에서 떨어져 번거롭지 않고 한가로우며 밤에는 마을사람들이 모여서 즐기는 곳에서 떨어져 시끄럽지 않고 조용한 곳이다.

③ 바람이 거칠지 않고 잦은 곳이며, 뙤약볕을 피할 수 있는 곳이며, 상습적인 홍수범람지역을 벗어난 곳이며, 뱀, 전갈, 지네, 거미, 개미, 벌, 모기, 파리, 쥐 등의 독충이나 해충, 그리고 맹수들의 접촉이 되도록 적거나 없는 곳이다.

④ 적절한 생활필수품과 의식주의 공급이 힘들이지 않고 이루어지는 곳이다. 탁발음식과 의복, 그리고 좌구를 포함한 개인거처를 적절하게 공급받을 수 있고 의약품의 공급 역시 적절하게 이루어지는 곳이다.

⑤ 좋은 벗[善友]이자 동료이며 도반道伴으로서 좋은 비구(니)들이 있는 곳이다.

이와 같은 외적 조건이 갖추어진 적절한 범행처에서 출가하여 신참 비구(니)가 된 범행자가 좋은 비구(니)들과 사귀는 것은 청정범행의 절반이 아니라 전부에 해당한다SN45:2. 또한 신참 비구(니)가 좋은 비구(니)들과 사귀는 것은 바른 깨달음에 이르는 많은 외적 요인 가운데 오직 하나만 선택하라고 할 때 반드시 선택해야 하는 요인이다SN46:50. 태양이 떠오를 때 여명이 전조가 되듯이 신참 비구(니)가 좋은 비구(니)들과 사귀는 것은 청정범행의 전조가 된다SN45:49.

이러한 좋은 비구(니)들 중에는 석가모니 부처님의 가르침을 많이 배워 그 가르침에 능통하고 가르침을 잘 호지하며, 지켜야 할 계목들을 많이 배워 익히고 단속하여 잘 호지하는 장로 비구(니)들이 있다. 이러한 장로 비구(니)들은 신참 비구(니)들에게 드러나지 않은 것을 드러나게 하고, 명료하지 않은 것을 명료하게 하고, 의문이나 의심들을 해결하여 의문이나 의심들을 없애준다. 또한 신참 비구(니)들이 갖추어야 할 마음자세와 출가정신에 대한 가르침의 이야기, 범행처의 만족한 일상생활을 위하여 갖추어야 할 바른 생활습관과 청정한 생계수단과 적절한 생활필수품에 관한 가르침의 이야기, 석가모니 부처님의 가르침에 대한 안목을 여는 데 도움이 되는 이야기, 석가모니 부처님의 가르침에 대한 상세하고 체계적인 이야기, 계에 대한 가르침의 이야기, 청정범행에 대한 가르침의 이야기, 구차제정에 관한 가르침의 이야기, 해탈에 대한 가르침의 이야기, 불사와 열반에 관한 가르침의 이야기와 같은 가르침을 신참 비구(니)들이 원하기만 하면 언제든지 장로 비구(니)들로부터 얻을 수 있고, 힘들이지 않고 얻을 수 있으며, 어려움 없이 얻을 수 있다. 이와 같이 신참 비구(니)가 청정범행을 마칠 때까지 필요한 모든 가르침을 얻을 수 있는 곳이 바로 적절한 범행처의 특징이 되며, 이것이 신참 비구(니)가 좋은 비구(니)를 사귀는 것의 의미이고, 신참 비구(니)가 적절한 범행처를 의지하는 이유이다.

2.4 좋은 비구(니)

좋은 비구(니) 적절한 범행처로 나아간 신참 비구(니)가 닮아가고자 따르고 사귀는 좋은 비구(니)란 어떠한 특징을 갖춘 비구(니)를 말하는가? 다음의 다섯 가지 특징을 갖춘 비구(니)를 좋은 비구(니)라고 한다.AN10:11

① 믿음이 있다. 석가모니 부처님의 가르침과 깨달음에 대하여 신뢰와 믿음을 가진다.

② 침착하다. 음식을 고루 소화시키고 육체적·정신적 고통과 병이 없으며, 과도하여 넘치지도 않고 게을러 부족하지도 않은 중간의 적절한 열의를 가지고 일상생활을 하면서 범행을 닦는다.

③ 정직하다. 스승이나 동료 비구(니)들이나 세상 사람들을 현혹하지 않으며 그들에게 자신의 모습을 있는 그대로 정직하게 드러낸다.

④ 정진한다. 유익하지 않고 불건전한 법들을 버리고 벗어나서 유익하고 건전한 법들을 두루 갖추고 구족하기 위하여 굳건하게 정진한다. 아직 일어나지 않은 유익하고 건전한 법들을 갖추기 위하여, 또한 이미 일어난 유익하고 건전한 법들을 유지·증장하기 위하여 기울여야 하는 노력이나 정진 혹은 범행에 대하여 지치거나 피곤해 하거나 싫증을 내어 내팽개치지 않는다.

⑤ 사띠한다. 안으로 밖으로 안팎으로 일어나고 사라지는 생멸을 관찰하여 선명하게 알아차리며, 이것을 지속하여 머문다.

저열한 도반　신참 비구(니)가 닮아가지 않고자 피하고 멀리하고 가까이 하지 않아야 할 저열한 도반이란 다음의 다섯 가지 특징을 지닌 도반을 말한다. ① 석가모니 부처님의 가르침을 보고 듣고 배우지 않아 바르게 이해하지 않거나 ② 석가모니 부처님의 가르침에 대한 신뢰와 믿음이 없거나 ③ 상세하게 가르치고 훈계하여도 참지 않고 견디지 않아 훈계를 잘 받아들이기 어려워하거나 ④ 마침내 자기 자신의 견해와 고집과 감정을 굳게 지키고 굳게 거머쥐어 쉽게 놓아버리지 못하거나 ⑤ 저열한 벗·동료·도반과 가까이하고 어울리고 사귀는 자이다.

이와 같은 저열한 도반들을 피하고 멀리하고 가까이하지 않아 닮아가지 않고 좋은 비구(니)들을 따르고 사귀어 닮아가는 신참 비구(니)가 적절한 범행처에서 범행을 닦아가면, 오래지 않아 모든 번뇌가 다하여 어떠한 번뇌도 남아 있지 않은 마음의 해탈[心解脫]과 지혜의 해탈[慧解脫]을 최상의 지혜로 스스로 알고 실현하는 것이 가능하다.

승단의 화합과 번영 적절한 범행처에서 함께 일상생활을 영위하는 비구(니)들이 서로 사귀면서 화합하여 쇠퇴하지 않고 번영하는 일곱 가지 방법은 무엇인가?

① 동일한 범행처의 비구(니)들이 정기적으로 모이고 자주 모인다.

② 모이고 흩어질 때 화합한다. 모든 구성원들의 의사를 존중하고 화합하여 모이고, 모여서 승가의 일을 논의하고 합의하고 결정하고 화합하여 흩어진다.

③ 화합하여 논의하고 합의하고 결정하여 공인된 것은 인정하여 깨뜨리지 않으며, 과거부터 공인되어온 것들도 마찬가지로 인정하여 준수한다. 공인되지 않은 것은 인정하지 않는다.

④ 과거부터 공인된 것들을 인정하고 준수하여온 출가한 지 오래된 장로 비구(니)들을 승가의 지도자로서, 승가의 어버이로서, 승가의 어른으로서 존경하고 존중하고 숭상하고 예배하며 그들의 말을 경청한다.

⑤ 비구(니)들이 서로 화합하면서 만족한 일상생활을 영위하고 청정범행을 닦아가되, 만약 어떤 비구(니)에게 유익하지 않고 불건전한 상태의 감각적 오욕이 생기거나 있으면 그 비구(니)는 그것이 어떻게 생기거나

있는지 선명하게 알아차리며, 그것을 어떻게 없애는지와 어떻게 생기지 않게 하는지를 선명하게 알아차려 그것의 지배를 받지 않는다.

⑥ 감각적 오욕의 지배를 벗어난 비구(니)는 범행처의 개인거처와 그곳에서의 자신의 범행에 대하여 큰 관심을 가진다.

⑦ 범행처의 모든 비구(니)들이 각자 자신의 범행에 큰 관심을 갖고 각자 사띠를 확립하여 아직 출가하지 않은 좋은 동료 수행자들을 출가하게 하고, 아직 오지 않은 좋은 동료 수행자들을 오게 하고, 이미 함께 생활하는 좋은 동료 수행자들을 편안히 머물게 한다.

이와 같이 동일한 범행처의 비구(니)들이 서로 사귀면서 화합하여 쇠퇴하지 않고 번영하는 일곱 가지 방법이 비구(니)들에게 정착되고 준수된다면 이러한 비구(니)들이 모인 승단은 번영할 것이고 쇠퇴란 있을 수 없다. **DN16**

정각의 조건 바른 깨달음에 도달하기 위하여 필요한 조건들은 무엇인가? 그것은 다섯 가지로, ① 좋은 비구(니) ② 가르침을 얻음 ③ 계의 구족 ④ 불굴의 정진 ⑤ 사띠이다. 이러한 다섯 가지 필요한 조건들은 두 가지 외부의 조건과 세 가지 내부의 조건으로 이루어진다. 두 가지 외부의 조건은 적절한 범행처에서 좋은 비구(니)들과 사귀는 것, 그리고 좋은 비구(니)들로부터 필요한 모든 가르침들을 힘들이지 않고 얻는 것이다. 세 가지 내부의 조건은 먼저 계를 구족하는 것이고, 나머지 두 가지는 좋은 비구(니)의 넷째와 다섯째 특징과 같다. 따라서 좋은 비구(니)들이 있는 적절한 범행처로 나아가 계를 구족하면서 필요한 모든 가르침을 얻어 불굴의 정진으로 사띠 수행을 확립한다면 누구든지 정각을 이루어 청정범행을 성취하고 할 일을 모두 다 해 마칠 수 있다.AN9:1

1. 머리와 수염을 깎고 물들인 옷을 입고 출가하여 출가구도자의 생활을 시작할 때 재산이 적든 많든 간에 다 버리고, 부모형제와 가족과 일가친척도 적든 많든 간에 모두 버리는 이유를 설명해보라.

2. 출가자에 해당하는 범행의 바른 차제를 경전과 비교해보라.

3. 석가모니 부처님의 모든 가르침을 범행의 바른 차제에 따라 다시 서술하고 그에 따라 설명해보라.

4. 마음이 두려움이나 인위적인 억제 없이 고요하고, 탐진치의 소멸을 통하여 마음의 모든 욕망을 여의어 재물이나 명예 혹은 애욕에서 벗어나 한결같이 고요한 어떤 스승이 만약 타락한 종교인이나 흉악한 살인범을 단 한 번이라도 경멸하였을 때, 그의 가르침을 버리고 떠나야 하는 이유는 무엇인가?

5. 바른 스승의 판단기준에 따른 일련의 질문들에 대하여 어떤 스승이 정직하고 바르게 대답하지 않고 질문 자체를 허용하지 않거나 풀기 어려운 문제로써 되물어 대답을 회피한다면 구도자는 어떻게 하여야 하는가?

6. 바른 스승은 구차제정 중에서 어떤 선정 단계 이상이 되어야 하는가? 그 이유를 설명해보라.

7. 만약 현생의 인류 중에 바른 스승이 한 명도 없다면 구도자는 어떻게 하여야 하는가?

8. 고타마 싯다르타가 출가하여 스승을 찾아 유행하였을 때 그는 먼저 첫 번째 스승인 알라라 칼라마Āḷāra Kālāma를 찾아가 무소유처정을 닦아 성취하였으나 만족하지 못하여 그곳을 떠났다. 그리고 두 번째 스승인 웃다카 라마푸타Uddaka Rāmaputta를 찾아가 비상비비상처정을 닦아 성취하였으나 역시 만족하지 못하여 그곳을 떠났다.MN26 비상비비상처정에서 무명을 자각하여 멸진정에 이입하면 곧 열반을 성취할 수 있는데 왜 고타마 싯다르타는 만족하지 못하고 그곳을 떠났는가?

9. 법의 승인과 인지와 성취의 차이를 상세히 설명해보라.

10. 어떤 구도자가 현명하지 않은 방법으로 주변 사람들에게서 소문을 듣고 외도의 스승을 만나 외도의 학습방법으로 가르침을 수용하여 사견의 늪에 빠졌다면 이것은 누구의 잘못인가?

11. 만약 어떤 지도자가 타인에게 가르침을 펼쳐 설명할 때 입장권을 판매하거나 참가비를 받는다면, 이 지도자를 석가모니 부처님의 가르침의 관점에서 어떻게 볼 수 있는가?

12. 만약 어떤 스승이 자신의 가르침을 상세하게 설명 듣고 배운 제자가 배운 법을 그대로 타인에게 상세하게 설명하는 것을 금지하거나 기회를 박탈한다면, 이 스승은 정법을 혼란스럽게 하고 정법을 사라지게 하는 주범이 된다. 그 이유를 사례를 들어 설명해보라.

13. 많은 비구(니)들이 거처하는 범행처에, 추울 때나 더울 때, 마을의 경제가 어려울 때, 자연재해가 발생했을 때, 전쟁이나 위급한 때 등을 대비하여 일정량의 생활필수품들을 쌓아두는 것은 옳은가, 옳지 않은가? 어느 쪽이든 그 이유를 설명해보라.

14. 많은 비구(니)들이 거처하는 범행처의 유지관리나 운영을 위한 소임과 업무로, 혹은 각종 예불이나 제사, 행사 등으로 비구(니)들의 일상생활이 산만하고 바빠서 법의 배움과 가르침에 일목요연하지 않다면, 이러한 범행처는 석가모니 부처님의 가르침의 관점에서 어떻게 볼 수 있는가?

15. 해탈의 장소에서 '법을 체득'하는 것은 어떤 의미인지, 바른 학습방법에서 설명해보라.

16. 첫째부터 다섯째 해탈의 장소가 생기게 되는 원인을 중요도의 순서대로 열거할 때 '상체를 곧추세워 바르게 앉아 사념처의 사띠 수행을 닦아 사띠를 확립'하는 것이 다섯째에 해당한다. 그 이유를 설명해보라.

17. 구차제정의 관점에서 좋은 비구(니)란 어떠한 비구(니)를 말하는가? 좋은 비구(니)는 바른 스승인가? 역으로, 바른 스승은 좋은 비구(니)인가? 좋은 비구(니)와 바른 스승을 비교 설명해보라.

18. 적절한 범행처를 의지하는 비구(니)의 청정범행을 위한 일상생활의 기본 원칙은 무엇인가?

19. 범행처에서의 청정범행을 위한 일상생활의 기본 원칙을 '최소한의 시간과 노력으로 의식주를 해결하고, 최대한의 시간과 노력으로 청정범행을 닦는 것'이라고 할 때, 이러한 기본 원칙의 관점에서 다섯 가지 특징을 갖춘 적절한 범행처를 ① 건립하고 ② 보수하고 ③ 유지관리하고 ④ 운영하는 것은 각각 누가 하는 것이 마땅한가? 다양한 지역과 시대에서 사례를 찾아보고, 기본 원칙이 어떻게 변천하였는지 살펴보라. 현대사회에서 기본 원칙을 지키면서 이 문제를 해결하려면 어떻게 해야 하겠는가?

20. 어떤 범행처의 승가가 신참 비구(니)에게 그 범행처를 의지하는 조건이나 대가로서 승가가 원하는 소임으로 일정 기간 사원이나 승단의 운영과 유지관리 혹은 개보수에 관련된 일을 하기를 요구하거나 혹은 신참 비구(니)로부터 결과적으로 경제적 이익을 얻을 수 있는 것을 요구한다면, 신참 비구(니)는 어떻게 처신하는 것이 마땅한가?

21. 어떤 범행처에서 어떤 장로 비구(니)가 ① 신참 비구(니)가 원하는 가르침을 베푸는 데 대가나 조건을 요구하거나, 혹은 그 대가나 조건으로 일정 기간 동안 장로 비구(니)가 정하는 소임을 해야 한다고 하거나 ② 신참 비구(니)의 의문이나 의심에 대하여 심리적으로 위압감을 주는 큰 소리로 답하거나 ③ 신참 비구(니)의 의문이나 의심에 대하여 신참 비구(니)가 즉각적으로 이해하지 못하는 말로써 답변하거나 ④ 신참 비구(니)의 의문이나 의심에 대하여 상세하게 답변하지 않고 신참 비구(니)에게 또 다른 의문이나 의심을 제기하도록 하거나 ⑤ 신참 비구(니)의 근기나 전생 혹은 업을 운운하면서 신체적 고통이 따르는 수행을 요구하거나 ⑥ 신참 비구(니)에게 경제적 부담이 되는 어떤 방편을 따라야 한다고 주장한다면, 신참 비구(니)는 어떻게 처신하는 것이 마땅한가?

22. 만약 한 국가나 지역 내의 모든 범행처에 좋은 비구(니)가 없다면, 적절한 범행처를 의지해야 하는 신참 비구(니)는 어떻게 하여야 하는가?

23. 도시화되고 문명이 발달한 현대의 사회 중에서, 특히 출가와 탁발 문화가 정착되지 않고 좋은 비구(니)가 전혀 없는 국가나 지역에서 어떻게 하면 다섯 가지 특징을 갖춘 적절한 범행처를 건립할 수 있는가? 그리고 그러한 범행처의 유지관리 및 운영은 어떻게 하여야 하는지, 범행처의 조감도와 규모, 인원과 예산 등을 포함하여 설명해보라.

24. 동일한 범행처의 비구(니)들이 서로 사귀면서 화합하여 쇠퇴하지 않고 번영하는 일곱 가지 방법을 준수하되, 만약 비구(니)들이 각자 자신의 범행보다 승단의 번영이나 불법의 번영이나 중생 제도에 더 큰 관심을 가진다면, 이러한 승단을 어떻게 보아야 하는가?

25. 구도자가 재가수행자의 길을 선택하여 적절한 범행처로 나아가고자 했을 때 범행처의 환경조건은 어떠해야 하는지, 또한 도반들과 화합하고 번영할 수 있는 방법은 무엇인지 출가수행자의 경우와 비교하여 서술해보라. 또한 어떻게 하면 재가수행자를 위한 적절한 범행처를 건립할 수 있는지, 범행처의 유지관리 및 운영은 어떻게 해야 하는지, 범행처의 조감도와 규모, 인원과 예산 등을 포함하여 설명해보라.

3 계의 구족

적절한 범행처로 나아간 신참 비구(니)는 짧은 길이의 계, 중간 길이의 계, 긴 길이의 계의 항목들을 하나씩 받아 지녀 학습하고 익혀서 지켜 나간다. 즉 계를 구족한다. 이때 아무리 작은 허물이나 작은 어긋남에도 두려움을 보면서 학습하고 익힌 대로 한 치의 어긋남이 없이 바르게 지켜나간다. 바른 신구의 삼행과 생활습관을 갖추며, 청정한 생계수단을 갖추며, 적절한 생활필수품과 의식주를 갖추며, 나아가 만족한 일상 생활을 갖춘다. 이와 같이 지켜야 할 것들을 지켜나가는 것이 곧 계戒, sīla이다. 또한 이렇게 지켜진 것들이 신구의 삼행으로 드러나는 것이 곧 계이다. 지켜야 할 것들을 신구의 삼행으로 지키는 것과 이렇게 지켜진 것들이 신구의 삼행으로 드러나는 것이 곧 계이다.DN1, DN2

3.1 짧은 길이의 계

비구(니)가 계를 구족하는 것은 아래의 계목들을 하나씩 실천함으로써 이루어진다. 이때 비구니의 경우는 비구의 경우와 같되 모든 계목을 비구니에게 적용되게끔 적절하게 이해하여야 한다. 아래의 계목들을 실천함으로써 계를 구족하는 비구(니)는 비록 세상 사람들이 비난하더라도 내면으로 비난받지 않는 행복을 경험한다.

① 생명을 죽이는 행위를 금하고 생명을 죽이는 행위를 멀리 여읜다.

생명을 죽이는 행위를 위한 몽둥이를 내려놓고 칼을 내려놓아 청정하게 머문다. 겸손하고 자비로운 마음을 지니고 일체 생명의 이익을 위하여 연민하며 머문다.

② 주지 않은 것을 가지는 행위를 금하고 주지 않은 것을 가지는 행위를 멀리 여읜다. 준 것만 받고 주지 않은 것을 스스로 훔치는 행위를 하지 않아 청정하게 머문다. 겸손하고 감사하는 마음을 지니고 일체 생명의 이익을 위하여 연민하며 머문다.

③ 순결하지 않은 행위를 버리고 순결하지 않은 행위를 멀리 여읜다. 순결한 행위를 하는 독신자가 되어 순결하지 않는 행위의 저속함을 멀리 여의어 청정하게 머문다. 겸손하고 만족하는 마음을 지니고 일체 생명의 이익을 위하여 연민하며 머문다.

④ 거짓된 말을 하는 행위를 버리고 거짓된 말을 하는 행위를 멀리 여읜다. 거짓된 말을 하지 않아 세상 사람들을 속이지 않고 진실된 말을 함으로써 진실에 부합하여 스스로 굳건하고 믿음직하게 머문다.

⑤ 이간하는 행위를 버리고 이간하는 행위를 멀리 여읜다. 사람들을 이간하고자 여기서 듣고 저기서 다르게 말하거나 저기서 듣고 여기서 다르게 말하지 않는다. 사람들의 화합을 좋아하고 화합을 기뻐하고 화합을 즐겨하며 이간된 사람들을 화합하게 하는 말을 하여 스스로 굳건하고 화합하여 머문다.

⑥ 나쁜 말을 하는 행위를 버리고 나쁜 말을 하는 행위를 멀리 여읜다. 나쁜 말을 하지 않아 사람들의 마음에 상처를 주지 않고 유순하고 사랑스럽고 가슴에 와 닿고 예의 바르고 들어서 즐거운 말을 한다. 사람

들이 좋아하고 사람들의 마음에 드는 좋은 말을 하여 스스로 굳건하고 유순하게 머문다.

⑦ 잡담하는 행위를 버리고 잡담하는 행위를 멀리 여읜다. 잡담하지 않고 유익한 것을 말하고, 계를 말하고, 법을 말하고, 시기에 맞는 말을 한다. 담아둘 만한 이유가 있고 의미가 분명하며 이익을 줄 수 있는 말을 하되, 말하는 바른 시기를 알아 그 시기에 맞게 말을 하여 스스로 굳건하고 법답게 머문다.

⑧.₁ 하루에 한 끼만 먹는다. 먹는 때가 아닌 때에 먹거나 밤에 먹는 행위를 멀리 여읜다.

⑧.₂ 요리하지 않은 날곡식이나 생고기를 받는 행위를 멀리 여읜다.

⑧.₃ 여자나 동녀를 두는 행위와 하인이나 하녀를 두는 행위를 멀리 여읜다.

⑧.₄ 춤, 노래, 음악, 공연, 연극, 영화 등과 같은 행위를 하거나 관람하는 행위를 멀리 여읜다.

⑧.₅ 꽃이나 화환, 향수나 화장품, 장신구나 장식품으로 치장하는 행위를 멀리 여읜다.

⑧.₆ 높고 큰 침상과 같은 호화롭고 사치스러운 생활용품을 멀리 여읜다.

⑧.₇ 금, 은과 같은 귀금속이나 보화를 받거나 소지하는 것을 멀리 여읜다.

⑧.₈ 심부름꾼이나 하수인 노릇을 하면서 오고가는 것을 멀리 여읜다.

⑧.₉ 농토나 토지를 받는 것을 멀리 여읜다.

⑧.₁₀ 씨앗이나 초목을 손상하는 행위를 멀리 여읜다.

⑧.₁₁ 코끼리, 소, 말, 돼지, 염소, 양, 닭 등과 같은 가축을 받거나 기르

는 행위를 멀리 여읜다.

⑧⑫ 금속의 종류를 속이거나 저울과 자를 속여 무게나 치수를 속이는 행위를 멀리 여의고, 사고파는 상행위를 멀리 여읜다.

⑧⑬ 사람들을 악용하거나 속이거나 횡령을 하거나 사기를 치거나, 상해를 입히거나 포박하거나 감금하거나, 약탈하거나 노략질하거나 강도짓을 하거나 폭력을 행사하는 행위 등을 멀리 여읜다.

3.2 중간 길이의 계

⑨ 재가자들이 신심으로 주는 음식과 생활필수품으로 만족하면서 살아가되, 쓸데없는 잡담에 몰두하면서 지내는 것을 버린다. 즉 정치와 정치지도자들 이야기, 군대와 전쟁 이야기, 돈과 경제 이야기, 살인범과 살인 이야기, 지진과 재난 이야기, 연예인과 연예계 이야기, 운동선수와 운동경기 이야기, 옷 이야기, 집 이야기, 음식 이야기, 자동차 이야기, 여자 이야기, 마을사람 이야기, 하찮은 이야기, 우스개 이야기 등을 멀리 여읜다.

⑩ 재가자들이 신심으로 주는 음식과 생활필수품으로 만족하면서 살아가되, 논쟁에 몰두하며 지내는 것을 버린다. 즉 '그대는 불교의 가르침을 제대로 알지 못하지만 나는 불교의 가르침을 제대로 안다'고 하거나, '어찌 그대가 불법을 제대로 알겠는가'라고 하거나, '그대는 외도요 이단이지만 나는 정법을 닦는 자이다'라고 하거나, '그대는 파계를 하였

지만 나는 계를 잘 수지하고 있다'고 하거나, '그대는 전통을 벗어나 있지만 나는 전통을 바로 전수하고 있다'고 하거나, '그대의 주장은 나의 설명에 의하여 논파되었으므로 그대의 패배를 인정하라'고 하는 등의 말을 멀리 여읜다.

⑪ 재가자들이 신심으로 주는 음식과 생활필수품에 만족하면서 살아가되, 갖가지 구경거리를 보고 즐기거나 행하는 데 빠져서 지내는 것을 버린다. 즉 춤, 노래, 음악, 연극, 영화, 전시회, 공연, 곡예, 소싸움과 같은 갖가지 짐승들의 싸움, 무술, 운동경기, 모의 전투, 군대의 행진과 열병, 각종 행사 등과 같은 구경거리를 보거나 행하는 것을 멀리 여읜다.

⑫ 재가자들이 신심으로 주는 음식과 생활필수품으로 만족하면서 살아가되, 갖가지 놀이나 도박을 하고 즐기는 데 빠져서 지내는 것을 버린다. 즉 장기나 체스, 바둑, 주사위놀이, 공놀이, 그림그리기, 풀피리 불기, 장난감놀이, 재주넘기, 글자 맞히기, 생각 맞히기, 불구자 흉내 내기, 화투, 카드놀이, 전자게임, 전자도박, 스포츠도박, 경마도박, 도박장에서 하는 도박 등을 멀리 여읜다.

⑬ 재가자들이 신심으로 주는 음식과 생활필수품으로 만족하면서 살아가되, 몸을 꾸미고 치장하고 장식하는 일을 즐기고 몰두하는 데 빠져서 지내는 것을 버린다. 즉 몸에 향수 뿌리기, 향수로 목욕하기, 사지 안마하기, 기름으로 안마하기, 거울보기, 속눈썹 칠하기, 얼굴화장하기 등과 같은 치장하는 일과 꽃이나 화환, 팔찌, 목걸이, 머리띠, 장식용 지팡이, 장식한 긴 칼, 일산日傘, 터번, 보석 달린 관모, 장식용 불자, 장식용 긴 옷 등과 같은 것으로 치장하고 장식하는 일을 멀리 여읜다.

⑭ 재가자들이 신심으로 주는 음식과 생활필수품으로 만족하면서 살아가되, 높고 큰 침구나 좌구와 같은 호화롭고 사치스러운 생활용품을 사용하면서 즐기고 빠져서 지내는 것을 버린다. 즉 크고 비싼 침대, 동물형상과 같은 조각들이 새겨진 가구, 수를 놓거나 보석을 박은 비단이불, 동물 가죽으로 만든 깔개, 비싼 자동차, 호사스러운 전자제품 등을 멀리 여읜다.

⑮ 재가자들이 신심으로 주는 음식과 생활필수품으로 만족하면서 살아가되, 심부름꾼이나 하수인 노릇을 하면서 지내는 것을 버린다. 즉 세속사람들의 단체나 개인에 소속되어 그 단체나 개인이 바라는 것을 여기저기 다니면서 전하거나 설명하거나 선전하거나 성사시키는 일을 멀리 여읜다.

⑯ 재가자들이 신심으로 주는 음식과 생활필수품으로 만족하면서 살아가되, 씨앗이나 초목을 손상하는 것을 버린다. 즉 재가자들이 신심으로 주는 음식 외의 음식을 따로 장만하기 위하여 뿌리로 번식하는 것, 줄기로 번식하는 것, 마디로 번식하는 것, 싹으로 번식하는 것, 종자로 번식하는 것 등을 손상하는 일을 멀리 여읜다.

⑰ 재가자들이 신심으로 주는 음식과 생활필수품으로 만족하면서 살아가되, 이득을 추구하면서 즐기고 빠져서 지내는 것을 버린다. 즉 계략을 짜고, 계략에 의한 말을 하고, 계략에 의한 암시를 주고, 계략에 의한 비방을 하면서 이득을 추구하거나 이득으로써 또 다른 이득을 추구하는 것 등과 같은 일을 멀리 여읜다.

⑱ 재가자들이 신심으로 주는 음식과 생활필수품으로 만족하면서 살

아가되, 먹을 것과 마실 것을 축적하고, 옷을 축적하고, 침구와 좌구를 축적하고, 향을 축적하고, 교통수단을 축적하고, 재산을 축적하거나 그 축적한 것을 즐기는 데 빠져서 지내는 것을 버린다. 이러한 것들을 축적하거나 즐기는 것을 멀리 여읜다.

3.3 긴 길이의 계

⑲ 재가자들이 신심으로 주는 음식과 생활필수품으로 만족하면서 살아가되, 하천下賤한 기술을 통한 삿된 수단으로 생계를 꾸리는 것을 버린다. 즉 족상足相이나 수상手相 혹은 관상觀相 보기, 사주팔자나 별자리 보기, 해몽하기, 몸의 특징이나 예감 혹은 징조로 예언하기, 수명 예언하기, 집터나 묏자리 보기, 천신이나 신령 혹은 태양이나 불 등을 숭배하기, 각종 제사 지내기, 묘지의 귀신이나 망령 물리치기, 갖가지 주문이나 주술을 사용하는 등의 일을 멀리 여읜다.

⑳ 재가자들이 신심으로 주는 음식과 생활필수품으로 만족하면서 살아가되, 하천한 기술을 통한 삿된 수단으로 생계를 꾸리는 것을 버린다. 즉 거북이나 새 등의 동물을 이용하여 갖가지 방법으로 점치기, 동남이나 동녀 등의 사람을 이용하여 갖가지 방법으로 점치기, 칼이나 화살 등의 무기를 이용하여 갖가지 방법으로 점치기, 지팡이나 옷감 혹은 수정과 같은 보석 등을 이용하여 갖가지 방법으로 점치기 등을 멀리 여읜다.

㉑ 재가자들이 신심으로 주는 음식과 생활필수품으로 만족하면서 살

아가되, 하천한 기술을 통한 삿된 수단으로 생계를 꾸리는 것을 버린다. 즉 월식이나 일식 또는 행성의 합삭이 언제 있을 것이라든가, 해나 달 또는 별이 올바른 궤도 혹은 잘못된 궤도로 운행할 것이라든가, 유성이 떨어지거나 천둥이 치거나 지진이 있을 것이라든가, 해나 달 또는 별이 뜨거나 지거나 혹은 흐리거나 깨끗할 것이라든가, 월식은 이러한 결과를 초래할 것이라든가, 일식은 저러한 결과를 초래할 것이라든가, 행성의 합삭은 이러한 결과를 초래할 것이라든가, 해나 달 또는 별이 올바른 궤도로 혹은 잘못된 궤도로 운행하는 것이 이러한 혹은 저러한 결과를 초래할 것이라든가, 유성이 떨어지는 것이나 천둥이 치는 것이나 지진이 일어나는 것이 이러저러한 결과들을 초래할 것이라든가, 해나 달 또는 별들이 뜨거나 지거나 혹은 흐리거나 깨끗한 것이 이러저러한 결과를 초래할 것이라고 말하는 일을 멀리 여읜다.

㉒ 재가자들이 신심으로 주는 음식과 생활필수품으로 만족하면서 살아가되, 하천한 기술을 통한 삿된 수단으로 생계를 꾸리는 것을 버린다. 즉 가뭄이 들어 흉년이 올 것이라든가, 비가 적절히 내려 풍년이 올 것이라든가, 하천이 범람하여 수해가 일어날 것이라든가, 질병이 돌아 민심이 흉흉할 것이라든가, 질병이 사라져 민심이 안정될 것이라고 말하는 일이나, 계산법, 암산법, 셈법과 같은 기술이나, 시나 소설 등의 글을 쓰는 기술이나, 갖가지 처세술을 멀리 여읜다.

㉓ 재가자들이 신심으로 주는 음식과 생활필수품으로 만족하면서 살아가되, 하천한 기술을 통한 삿된 수단으로 생계를 꾸리는 것을 버린다. 즉 전쟁이 일어날 것이라든가, 전쟁에서 어느 편이 승리하고 어느 편이

패배할 것이라든가, 선거에서 누가 당선되고 누가 낙선할 것이라든가, 투자에서 돈을 벌거나 혹은 돈을 잃을 것이라든가, 결혼이나 사업 혹은 시험과 같은 일에 대하여 성공 혹은 실패를 예측하여 말하는 일을 멀리 여읜다.

㉔ 재가자들이 신심으로 주는 음식과 생활필수품으로 만족하면서 살아가되, 하천한 기술을 통한 삿된 수단으로 생계를 꾸리는 것을 버린다. 즉 약혼이나 결혼을 위한 길일을 택하거나, 이사를 위한 좋은 방향이나 길일을 택하거나, 집이나 땅의 매매를 위한 길일을 택하거나, 행운이나 불행을 초래하는 주문을 외우거나 혹은 부적을 쓰거나 붙이는 것과 같은 기술을 멀리 여읜다.

㉕ 재가자들이 신심으로 주는 음식과 생활필수품으로 만족하면서 살아가되, 하천한 기술을 통한 삿된 수단으로 생계를 꾸리는 것을 버린다. 즉 갖가지 축복이나 소원을 비는 의식, 갖가지 귀신을 부르는 의식, 집지을 땅을 신성하게 하는 의식, 안전이나 건강을 비는 의식, 병을 낫게 하는 의식 등과 같은 갖가지 의식이나 제사를 지내는 기술, 또는 갖가지 병을 치료하기 위하여 약이나 연고 혹은 처방을 주거나 침이나 뜸 혹은 지압 등을 시술하는 기술을 멀리 여읜다.

26. '살생하지 않고 살생을 멀리 여읜다' 혹은 '생명을 죽이지 않고 생명을 죽이는 것을 멀리 여읜다'를 '생명을 죽이는 행위를 버리고 생명을 죽이는 행위를 멀리 여읜다'와 비교하여 차이점을 설명해보라.

27. 초선정에 이입하기 위하여 떨쳐버려야 하는 불선법은 어느 계목에 해당하는가?

28. 비구(니)가 불교대학이나 승가대학에서 불교를 가르치는 교수로서 생계를 유지하는 것은 계에 어긋나는가, 어긋나지 않는가? 만약 어긋난다면 어느 계를 지키지 못하는 것에 해당하는가? 그 이유를 설명해보라.

29. 비구(니)가 불교단체나 승가단체를 관리 운영하는 소임자로서 생계를 유지하는 것은 계에 어긋나는가, 어긋나지 않는가? 만약 어긋난다면 어느 계를 지키지 못하는 것에 해당하는가? 그 이유를 설명해보라.

30. 비구(니)들이 중생들의 갖가지 병을 치료하거나 낫게 하는 행위로 생계수단을 삼는 것이 삿된 이유는 무엇인가?

31. 긴 길이의 계에 의하면 갖가지 제사를 지내는 일이나 갖가지 축복이나 소원을 비는 의식은 모두 삿된 생계수단으로서 비구(니)들이 행하지 않아야 하는 것들이다. 불교 사원에서 행하는 49재와 천도재를 비롯하여 축원을 하거나 소원을 비는 각종 불교의식들은 삿된 생계수단에 해당하는가, 해당하지 않는가? 그 이유를 설명해보라.

32. 긴 길이의 계는 비구(니)들이 천신이나 신령 혹은 태양이나 불 등을 숭배하는 것을 삿된 생계수단으로 금하고 있다. 불교사원에서 석가모니 부처님이나 그 밖의 부처님을 모셔서 숭배한다면 이것은 삿된 생계수단에 해당하는가, 해당하지 않는가? 그 이유를

설명해보라. 그리고 불교사원에서 산신령을 모셔서 숭배한다면 이것은 삿된 생계수단에 해당하는가, 해당하지 않는가? 그 이유를 설명해보라. 또한 불교사원에서 각종 보살이나 조사祖師 혹은 선사先師를 모셔서 숭배한다면 이것은 삿된 생계수단에 해당하는가, 해당하지 않는가? 그 이유를 설명해보라.

---

33. 좁은 의미에서의 계는 짧은 길이의 계, 중간 길이의 계, 긴 길이의 계를 말하지만, 넓은 의미의 계는 범행자가 범행의 완성까지 지켜야 할 것들을 지켜나가는 것이라고 볼 수 있다. 이 넓은 의미의 계로서 무엇이 있는지 상술해보라.

---

34. 출가수행자와 재가수행자가 공통적으로 지켜야 하는 계목은 무엇인가? 그 이유를 설명해보라.

---

35. 비구(니)의 청정한 생계수단은 무엇인가?

---

36. 석가모니 부처님께서 채식만 하였는지 그러지 않았는지 전거를 바탕으로 설명해보라.

---

37. 만약 비구(니)에게 채식만 요구한다면 이것은 어느 계목에 근거한 것인가? 그 타당성을 설명해보라.

---

38. 생명을 죽이는 행위를 버리고 생명을 죽이는 행위를 멀리 여의라는 첫째 계목을 육식을 금하는 것으로 해석할 수 있는가, 없는가? 그 이유를 설명해보라.

39. 씨앗이나 초목을 손상하는 행위를 멀리 여의라는, 모든 비구(니)가 예외 없이 지켜야 하는 계목이 있다. 그러나 모든 재가자가 이 계목을 예외 없이 지킬 수는 없다. 비구(니) 들은 재가자가 신심으로 주는 음식으로 살아가면서 이 계목을 지켜나가지만, 재가자는 음식을 비구(니)들에게 제공하기 위하여 이 계목을 어겨야 한다. 이는 남이 어기는 계로 써 자신이 살아가는, 혹은 남의 어김을 자신의 지킴으로 삼는 경우라고 할 수 있다. 이러한 경우에 해당하는 계목들을 열거하고, 그 모순을 해결해보라.

4 감각의 대문

이와 같이 계를 구족한 비구(니)들은 범행처에서 서로 사귀고 화합하면서 만족한 일상생활을 갖춘다. 만족한 일상생활 속에서 훈습된 감각의 대문을 잘 관찰하여 지키고 단속하고 제어하고 통제해야 한다.DN2, DN9 사념처 수행의 예비단계로서 감각의 대문을 단속하는 것은 사념처 수행에서 오개와 십결 가운데 가장 먼저 완전히 떨쳐버려야 하는 감각적 오욕을 관찰하고 파악하고 통제하기 위함이다. 이는 통제하지 못하는 감각적 오욕은 떨쳐버릴 수 없기 때문이며, 파악하지 못하는 감각적 오욕은 통제할 수 없기 때문이며, 관찰하지 못하는 감각적 오욕은 파악할 수 없기 때문이다. 감각의 대문을 관찰하여 지키고 단속하고 제어하고 통제하여 감각의 대문으로 출입하는 감각적 오욕을 관찰하고 파악하고 통제하여 마침내 감각적 오욕을 떨쳐버려야 한다.

만약 어떤 사람이 일상생활 속에서 육근이라는 감각의 대문을 자신의 것으로 여기면서 눈으로 보는 대로, 귀로 듣는 대로, 코로 냄새 맡는 대로, 혀로 맛보는 대로, 몸으로 느끼는 대로, 혹은 의식으로 생각하는 대로 즐기면서 이렇게 즐기는 것을 갈구하고 탐닉하고 그 달콤함에 빠져서 생활한다면, 이 사람은 감각의 대문을 활짝 열어놓고 감각의 대상에 함몰되어 감각의 대문을 관찰하지 못하고 지키지 못하고 단속하지 못한다. 이런 사람은 감각의 대문을 단속해본 경험이 전혀 없으므로 감각의 대문을 단속하고자 하여도 생소하여 익숙해질 때까지 많은 시간과 노력이 필요하다.

만약 어떤 사람이 일상생활 속에서 육근으로 감각의 대상들을 탐닉하되 스스로 판단하여 과도한 탐닉을 자제한다면, 이 사람은 감각의 대문을 부분적으로 단속해본 경험이 있다. 이런 사람이 감각의 대문을 단속하고자 한다면 자신의 부분적인 경험을 바탕으로 비교적 쉽게 익숙해질 수 있지만 감각의 대문을 완전히 단속하기까지는 어느 정도의 시간과 노력이 필요하다.

만약 어떤 사람이 일상생활 속에서 철저하게 감각의 대문을 잘 관찰하고 지키고 단속하여 감각의 대상에 함몰되지 않고 생활한다면, 이 사람은 감각의 대문의 단속에 능숙하여 큰 어려움 없이 감각의 대문을 단속한다. 이와 같이 감각의 대문을 단속하는 것은 범행자의 생활양식과 밀접한 관련이 있다. 따라서 순조롭게 감각의 대문을 단속하고자 하는 범행자는 감각의 대문을 관찰하고 단속할 수 있는 생활양식과 생활습관을 만족한 일상생활 속에서 갖추어야 한다.

세속생활에서 익숙해진 생활양식과 생활습관을 버리고 감각의 대문을 단속할 수 있는 생활양식과 생활습관을 갖추는 것은 세속생활 속에서는 쉬운 일이 아니다. 특히 생계와 관련이 있을 때에는 더욱 그러하다. 이를테면 눈으로 어떤 대상을 볼 때 그 감각대상의 전체상이나 세세한 부분상을 눈여겨보고 잘 분별하여 보아야 하는 사람들이 있다. 이들은 어떤 형상을 볼 때 눈의 감각기능을 최대한 발휘하여 그 형상에 몰입하고 그 형상의 특징이나 변화를 감지하거나 혹은 자신이 표현하는 형상으로 타인들의 관심을 불러일으키는 사람들이다. 형상을 취하여 그림으로 표현하는 화가나 시각적인 형상으로 다른 사람들의 관심을 불러일으키는 각종 디자이너들이 이러한 경우이다. 이러한 사람들이 눈의 감각대상에 몰입하는 생활양식과 생활습관을 버리고 눈의 감각대문을 관찰하고 단속하는 생활양식과 생활습관을 갖추는 것은 매우 어려운 일이다. 소리를 취하여 그 의미를 정확히 파악하여 전달하는 직업을 가진 사람들이나 새로운 음률을 만드는 음악가들도 마찬가지 경우이다. 냄새로, 맛으로, 혹은 감촉으로 분별하여 더욱 향기롭거나 더욱 맛있거나 혹은 더욱 부드럽게 만들어가는 직업을 가진 사람들도 마찬가지이다. 의식으로 인식대상을 인지하고 그 인식대상을 취하여 개발하는 직업을 가진 사람들 또한 마찬가지이다. 이러한 직업을 가진 사람들은 세속생활 속에서 감각의 대문을 단속하기는커녕 오히려 감각의 대문을 더욱 활짝 열어 감각의 기능을 개발하여 감각대상에 더욱 몰입하게 된다. 더욱이 세속생활에서 자신이 개발하는 감각의 기능으로 다른 사람들과 경쟁할 때에는 감각의 대문을 단속할 수 있는 상황과 정반대로 나아가게 된다. 이러한 세속생활에서의 치열한 생존경쟁에서 살아남기 위하여 사람들은 감각의 기능들을 최대한 개발하고, 그것이 곧 사회에서 필요한 능력과 재능의 개발이라고 생각한다.

이러한 세속생활을 벗어나 출가하여 범행처로 나아간 수행자 가운데에는 범행처의 일상생활에 만족하지 못하고 더 나은 범행처를 만들기 위하여 혹은 더욱 안정적인 범행처의 일상생활을 만들기 위하여 범행처의 환경이나 의식주를 개선하고자 노력하는 이들이 있다. 또는 범행처와 범행처의 일상생활을 유지관리하기 위하여 노력하기도 하고, 때로는 자신이 속한 단체의 대의를 위하여 헌신하는 생활을 하기도 한다. 이러한 범행자는 범행처에서 범행을 위한 생활을 한다고 생각하지만 그것은 착각이다. 감각대상이 세속적인 것에서 비세속적인 것으로 바뀌었을 뿐, 모든 감각의 대상에서 벗어나 오직 감각의 대문을 관찰하고 단속하는 생활로 바뀌지 않았기 때문이다. 이러한 범행자는 아무리 오랜 기간 동안 범행처에서 비세속적인 생활을 하면서 노력하고 수행하고 고행한다 하더라도 감각의 대문을 단속하지 못한다.

따라서 감각의 대문을 단속하고자 하는 범행자는 먼저 범행처에서 만족한 일상생활을 갖추어야 한다. 만족한 일상생활은 범행자가 생존할 수 있는 최소한의 생활필수품과 가장 검소하고 간편한 의식주로 이루어진다. 생활필수품과 의식주를 위하여 소비하는 시간과 노력을 최소화하는 생활, 즉 최소한의 시간과 노력으로 생존하면서 나머지 모든 시간과 노력을 범행에 전념하는 생활이 곧 범행처의 만족한 일상생활이다. 범행처의 소박한 일상생활에 만족하는 소욕지족少欲之足으로 안주하는 것이 아니라, 범행처의 일상생활이 더는 범행자를 구속하지 못하고 범행에 어떠한 장애도 되지 않는 것이 만족한 일상생활이다.

일상생활의 구속에서 벗어난 범행자는 눈의 감각의 대문을 잘 관찰하여 지키고 단속해야 한다. 범행자는 눈으로 갖가지 형상을 볼 때 그 형상들의 전체 모습이나 부분적인 세세한 모습을 취하지 않도록 안근을 관찰하여 지키며 단속하고 제어하고 방호하고 통제한다. 만약 그러지 못하고 형상을 취하면 그 형상에는 원하고, 좋아하고, 마음에 들고, 사랑스럽고, 달콤하고, 매혹적인 것들이 있어 고락苦樂, 시비是非, 호오好惡, 미추美醜, 이해利害의 분별 등이 물밀듯이 흘러들어오고 그것들을 자아로 취착하므로 갖가지 탐욕이 불길처럼 일어난다. 이것이 눈의 감각적 욕망이니, 눈의 감각적 욕망에 묶이고 홀리고 빠져서 그것의 위험을 보지 못하고 그것의 벗어남을 알지 못한 채 그것을 탐닉한다.

그러나 눈으로 보는 모든 형상들은 무상하고, 무상한 것은 무아이며 고이다. 따라서 범행자는 눈으로 갖가지 형상들을 볼 때 형상을 취하지 않고 단지 형상을 있는 그대로 본다. 이는 마치 갖가지 형상들이 거울에 비추어질 뿐 거울은 그 어떠한 형상도 취하지 않는 것과 같다. 눈으로 보는 형상을 취하는 것은 형상을 갈구하고 탐착하고 애착하여 형상을 자아로 취착하기 때문이다. 이와 같이 범행자는 눈으로 보는 형상을 취하지 않고 안근을 잘 지켜야 한다.

안근과 마찬가지로 육근의 감각대상인 육경을 취하지 않고 육근을 잘 지켜야 한다. 만약 육경을 취하여 감각적 욕망이 생기거나 있으면 육근의 단속을 통하여 감각적 욕망을 통제해야 하며, 아직 일어나지 않은 감각적 욕망이 지속적으로 일어나지 않도록 열의를 가지고 육근을 잘 지켜나가야 한다. 이와 같이 감각의 대문을 잘 단속할 때 범행자는 더 이상 더럽혀지지 않고 오염되지 않는 내면의 행복을 느끼게 된다.

5 결론

범행의 바른 차제에 따라 범행을 성취하려는 범행자는 바른 스승을 찾아 바른 학습의 방법으로 정법을 바르게 이해하여 정법에 대하여 신뢰와 믿음을 지닌다. 정법에 대하여 신뢰와 믿음을 지닌 범행자는 정법의 가르침에 따라 적절한 범행처로 나아가 좋은 비구(니)들과 사귀면서 정법을 더욱 깊이 이해하고 익히면서 정법을 수호하고 내면의 해탈의 장소를 갖추며 비구(니)승단과 화합한다. 이때 승단으로부터 계를 받아 지녀 학습하고 지키면서 계를 구족한다. 계를 구족한 범행자는 범행처에서 만족한 일상생활을 갖추어 일상생활과 의식주에서 벗어나 감각의 대문을 단속한다. 감각의 대문을 단속하면서 감각적 오욕을 통제하고 사념처 수행으로 감각적 오욕을 떨쳐버림으로써 오개와 십결을 하나씩 차례로 벗어난다. 감각적 오욕과 불선법을 완전히 떨쳐버림으로써 초선정에 이입하고, 구차제정에 따라 마침내 멸진정으로 나아간다. 이와 같이 범행자는 범행의 차제에 따라 범행을 성취하고 완성한다.

계목의 이해 범행처에서 만족한 일상생활을 갖추기 위하여 먼저 청정한 생계수단을 지키고 삿된 생계수단을 멀리 여의어야 하며, 청정한 생활필수품을 지키고 삿된 생활필수품을 멀리 여의어야 하며, 청정한 생활습관을 지키고 삿된 생활습관을 멀리 여의어야 한다. 지켜야 할 것을 지키고 여의어야 할 것을 여의면서 계를 구족한 신참 비구(니)는 한편으로 만족한 일상생활을 갖추어 지켜가고 다른 한편으로 청정한 비구(니)승단의 일원이 된다.

구족해야 하는 계목들 가운데 가장 먼저 나타나는 것이 청정한 생활습관을 지키고 삿된 생활습관을 멀리 여의는 것과 관련된 계목들이다.

짧은 길이의 계인 ①~③은 각각 불살생不殺生, 불투도不偸盜, 불음행不淫行의 계로서 계행의 근간이 된다. ④~⑦은 각각 망어妄語, 양설兩舌, 악구惡口, 기어綺語를 금하는 계로서 모두 언행과 관련이 있고, 중간 길이의 계인 ⑨는 기어를 조금 더 상세하게 설명한 것이며, ⑩은 삿된 언행의 극치인 논쟁을 금하는 계이다. ⑧.₁~⑧.₂는 식사에 관한 계로서 하루에 한 끼만 정해진 시간에 먹어야 한다는 것이다. 따라서 정해진 시간 외에 먹을 수 있는 음식은 받지 않는다. ⑧.₃은 불음행의 계와 관련하여 음행의 대상이 되는 사람을 어떠한 형태로든 곁에 두지 않는다는 의미이다. ⑧.₄는 갖가지 구경거리를 금하는 계로서 ⑪에 상세한 설명이 나타나 있다. ⑫는 갖가지 놀이나 도박을 금하는 계로서 대상을 취하여 구경거리나 놀이로 삼거나 나아가 놀음이나 도박에 빠져 세월을 헛되이 보내는 것을 금하는 계와 같은 취지로 담배, 술, 환각제, 마약 등을 취하여 즐기거나 빠져서 지내는 것을 금하는 의미도 있다.

청정한 생활필수품을 지키고 삿된 생활필수품을 멀리 여의는 것과 관련된 계는 ⑧.₅~⑧.₇에 나타난다. 이 가운데 ⑧.₅는 ⑬에서, ⑧.₆은 ⑭에서 더욱 상세하게 설명되는데, 청정한 생활필수품인 탁발음식, 물들인 옷, 좌구, 의약품 외에 몸을 치장하거나 장식하는 물품, 사치스러운 가구나 장식품, 보석이나 귀금속 등의 물품을 받거나 소지하는 것을 금하는 계이다.

청정한 생계수단을 지키고 삿된 생계수단을 멀리 여의는 것과 관련된 계는 ⑧.₈~⑧.₁₀에 나타나며, 이 가운데 ⑧.₈은 ⑮에서, ⑧.₁₀은 ⑯에서 더욱 상세하게 설명된다. ⑧.₈은 개인이나 집단에 소속되어 그 개인이나 집단이

원하는 일을 하는 것을 금하는 계이다. 국가나 기업, 학교, 각종 단체, 개인 등에 고용됨으로써 생계수단을 삼는 것을 금하는 것으로, 여기에 는 종교단체에 고용되는 것도 포함된다. ⑧9와 ⑧10은 농림업에 종사하는 것을 금하는 계로, 농림업에 종사하기 위하여 농토나 토지를 받거나 소 지하는 것을 금한다. ⑧11은 축산업이나 어업에 종사하는 것을 금하는 계 이고, ⑧12는 상공업이나 제조업 또는 무역업에 종사하는 것을 금하는 계 이다. 삿된 생계수단에는 위에서 언급한 것들뿐만 아니라 세속사람들이 생계수단으로 삼아 살아가고 있는 모든 직업이 포함된다. 나아가 세속 사람들조차 정당하지 않은 생계수단으로 여기는 계략, 사기, 약탈, 노략 질, 강도질, 전쟁 등을 금하는 계가 ⑧13과 ⑰이다. 이렇게 삿된 생계수단 으로 재산을 축적하는 데 세월을 헛되게 보내거나 그 축적한 재산을 즐 기고 사용하는 데 빠져서 세월을 헛되게 보내는 것을 금하는 계가 마지 막의 ⑱이다. 이렇게 축적한 재산에는 청정한 생활필수품도 포함된다.

여의어야 할 삿된 생계수단 가운데 흔히 외도들이 채택하는 비세속적 인 생계수단들에 대해서는 긴 길이의 계에서 설명한다. 이러한 생계수 단에는 종교인들이 행하는 종교적 의식이나 행위 또는 정신세계에 종사 하는 사람들이 행하는 의식이나 행위가 포함된다. 긴 길이의 계에서는 청정범행을 제외한 모든 종교적 정신적 의식이나 행위로써 살아가는 생 계수단을 금하고 있다. 긴 길이의 계목에 상세하게 나타나 있는 이러한 사례들은 크게 세 가지로 분류할 수 있다. 첫째, 국가나 단체 혹은 개인 의 다양한 대소사와 출생, 성인식, 결혼, 장례와 같은 인사백반人事百般 을 통하여 국가나 단체 혹은 개인의 운명과 길흉화복을 결정하거나 그것에 영향을 끼친다고 생각하는 종교적 의식이나 행위로서의 모든 종류의 의식과 제사를 금한다. 이러한 종교적 의식이나 제사와 관련된 천신이나 신령 혹은 태양이나 불 등을 숭배하는 것과 각종 진언眞言, 주문呪文, 신주神呪, 주술呪術이나 부적 등을 사용하는 것도 금한다. 둘째, 국가나 단체 혹은 개인의 다양한 대소사와 인사백반에 대한 점치기와 예언하기를 금한다. 이를테면 관상보기와 사주팔자보기, 별자리보기나 천문보기, 각종 도구나 동물을 사용하기, 통계나 계산법을 사용하기, 진언이나 주문이나 신주나 주술이나 부적 등을 사용하기, 꿈을 해몽하거나 갖가지 징조나 전조 등을 사용하기, 귀신이나 신령을 부르기 등을 금한다. 셋째, 각종 처세술을 금한다. 예를 들어 시나 소설 등과 같은 글 쓰는 기술, 음식을 만드는 기술, 그림이나 음악이나 건축 등과 같은 기술, 갖가지 축복이나 소원 혹은 안전이나 건강 등을 비는 의식이나 행위 등의 기술, 그리고 갖가지 병을 치료하는 기술로써 약이나 처방을 주거나 침, 뜸, 지압과 같이 약사나 의사, 치료사가 하여야 하는 의료행위를 하거나 각종 종교적 정신적 의식이나 행위 등으로써 병을 치료하는 기술을 금한다. 이와 같이 긴 길이의 계는 삿된 생계수단을 금함으로써 범행자를 만족한 일상생활로 이끌어가는 동시에 만족한 일상생활로 나아간 범행자들을 삿된 생계수단으로부터 보호한다.

지계와 계금취 계목을 지키는 지계持戒와 계목을 지킴으로써 해탈에 장애가 되는 계금취戒禁取(제9장 참고)는 어떻게 이해하여야 서로 모순이 없는가? 여기서 계금취는 다음 장에서 논의하는 다섯 가지 낮은 묶임

중 하나이다. 만약 어떤 계를 수지하더라도 그 계를 수지하는 것이 잘못된 생활습관을 멀리 여의고 바른 생활습관을 지켜나가는 데에나 적절하지 못한 생활필수품을 멀리 여의고 적절한 생활필수품을 지켜나가는 데에나 삿된 생계수단을 멀리 여의고 청정한 생계수단을 지켜나가는 데 도움이 되지 않고 따라서 만족한 일상생활로 나아가지 못한다면 이러한 지계는 계금취에 묶인다. 계를 지킴으로써 범행자가 범행의 바른 차제에 따라 지계 다음의 단계로 나아갈 수 없다면, 이는 단지 계를 위한 지계로서 이러한 종류의 지계는 아무리 노력을 기울이더라도 하등의 이익이 없을 뿐만 아니라 범행자를 지계에 가두어두기 때문에 계금취에 묶이게 된다.

만약 불교의 계율을 지키는 것은 지계가 되고 외도의 계율을 지키는 것은 계금취가 된다고 주장한다면 모순이 발생한다. 그 까닭은, 예컨대 자이나교의 다섯 가지 계율 가운데 처음 네 가지 계율의 차례와 내용이 석가모니 부처님께서 시설하신 짧은 길이의 계 중 처음 네 가지와 모두 같기 때문이다. 따라서 비록 똑같은 계를 지키더라도 계를 어떻게 지키느냐에 따라서 지계가 되거나 계금취에 묶이게 되는 것이다.

계를 지키되 만족한 일상생활로 나아갈 수 있도록 지키는 것은 지계가 되지만, 계를 지키되 만족한 일상생활로 나아갈 수 없다면 계금취에 묶인다. 계금취에 묶이는 것은 계율을 지키되 단지 계율을 지킴으로써 범행을 성취한다는 그릇된 견해를 바탕으로 한다. 이러한 그릇된 견해를 가지고 계율을 지키는 범행자는 계의 구족을 이룬 다음의 단계로 나아가지 못하고 범행이 성취될 때까지 계율을 지키는 행위에만 몰두한다. 오직 계를 지킴으로써 범행을 성취하려는 것은 사견을 바탕으로 한 욕탐이며, 이러한 욕탐을 바탕으로 계행에 전념하므로 욕계를 벗어날 수 없다. 따라서 이와 같이 계율을 지키는 것은 계금취에 묶이는 것이다.

이를테면 불살생계를 지킬 수 있는 갖가지 방법을 궁리하여 불살생계를 지키기 위해 일상생활을 영위하는 것은 계금취에 묶이지만, 바른 생활습관을 지켜서 만족한 일상생활을 영위하기 위하여 불살생계를 지키는 것은 지계가 된다. 마찬가지로 불투도계를 지킬 수 있는 갖가지 방법을 궁리하여 불투도계를 지키기 위해 일상생활을 영위하는 것은 계금취에 묶이지만, 바른 생활습관을 지켜서 만족한 일상생활을 영위하기 위해 불투도계를 지키는 것은 지계가 된다. 또한 씨앗이나 초목의 손상을 금하는 계목을 지킬 수 있는 갖가지 방법을 궁리하여 씨앗이나 초목을 손상하지 않기 위해 일상생활을 영위하는 것은 계금취에 묶이지만, 바른 생계수단을 지키고 삿된 생계수단인 농림업을 여의기 위하여 씨앗이나 초목을 손상하지 않는 것은 지계가 된다. 이와 같이 삿된 견해로 계를 수지하면 계금취에 묶이지만 바른 견해로 계를 수지하면 지계가 된다.

지계와 팔정도 바른 견해로 계를 수지하는 것은 팔정도의 정견正見이다. 정견으로 지계를 갖춘 범행자는 지계의 다음 차제인 만족한 일상생활로 나아가지만, 그릇된 견해로 지계를 갖춘 범행자는 계금취에 묶인다. 따라서 바른 견해를 지님으로써 계금취에 묶이는 그릇된 견해를 여의어야 한다. 이것이 팔정도의 정견을 닦는 것이다. 지계뿐만 아니라 열반에 이르기까지 모든 범행의 각 단계를 바르게 이해하는 바른 견해를 보호하고 지속시키도록 사유하며, 모든 범행의 각 단계 사이에서 바른 견해를 유지하도록 사유하며, 범행의 모든 단계와 각 단계 사이에서 바른 견해에서 한 치도 어긋나지 않도록 사유하는 것이 바른 사유이다. 따라서 바른 견해에서 어긋나지 않는 바른 사유를 하여, 바른 견해에서 어긋나는 그릇된 사유를 여의어야 한다. 이것이 팔정도의 정사유正思惟를 닦는 것이다.

바른 사유에서 벗어나지 않는 바른 말을 하여, 바른 사유에서 벗어나는 그릇된 말인 망어妄語, 양설兩舌, 악구惡口, 기어綺語, 그리고 이러한 그릇된 말의 극치인 논쟁을 여의어야 한다. 이것이 팔정도의 정어正語를 닦는 것이다.

바른 말에서 벗어나지 않는 바른 행위를 하여, 바른 말에서 벗어나는 그릇된 행위인 살생, 투도, 음행, 정해진 시간에 먹는 하루 한 끼 외에 먹는 것, 갖가지 구경거리, 놀이, 도박, 흡연, 술, 환각제, 마약 등에 탐닉하는 것, 그리고 장식품, 사치스러운 가구, 보석과 귀금속 등의 그릇된 생활필수품들을 받거나 소지하는 것 등을 여의어야 한다. 이것이 팔정도의 정업正業을 닦는 것이다.

바른 행위에서 벗어나지 않는 바른 생계수단을 지켜서, 바른 행위에서 벗어나는 그릇된 생계수단인 농림업, 축산업, 어업, 상공업, 제조업, 무역업, 피고용인으로 살아가는 등 모든 종류의 직업, 또한 제사, 점치기, 예언하기, 글 쓰는 기술, 음식을 만드는 기술, 그림, 음악, 건축 등과 같은 기술, 축복이나 소원 혹은 안전이나 건강을 비는 의식, 갖가지 병을 치료하는 기술, 그리고 계략, 사기, 약탈, 노략질, 강도질, 전쟁 등을 여의어야 한다. 이것이 팔정도의 정명正命을 닦는 것이다.

이와 같이 바른 생계수단을 닦으면서 범행자는 만족한 일상생활을 갖추게 되고 나아가 감각의 대문을 단속한다. 감각의 대문을 단속하면서 범행자는 더욱 유익하고 건전한 상태로 향상하는 사정근四正勤의 바른 정진을 하여, 유익하지 않고 불건전한 상태로 퇴락하는 그릇된 정진을 여의어야 한다. 이것이 팔정도의 정정진正精進을 닦는 것이다.

바른 정진으로 더욱 매진하고 스스로 독려하여, 감각의 대문 단속을 잊어버리거나 놓아버리는 불건전한 상태는 점차 줄어들고 없어지며 감각의 대문 단속을 잊어버리지 않고 놓아버리지 않는 건전한 상태는 점차 늘어난다. 그리하여 범행자는 사념처의 사띠 수행으로 나아간다. 바른 정진으로 사띠를 잊어버리거나 놓아버리는 불건전한 상태는 점차 줄어들고 없어지며 사띠를 잊어버리지 않고 놓아버리지 않는 건전한 상태는 점차 늘어난다. 마침내 사띠의 끊어짐이 없으면 사띠의 확립은 성취된다. 이것이 팔정도의 정념正念을 닦는 것이다.

정념이 성취되면 범행자는 구차제정의 수행으로 본격적인 사마디 수행을 한다. 초선정에서부터 차례로 닦고 벗어나 마침내 제8선정의 비상비비상처정을 벗어나 멸진정에 이입하면 사마디 수행은 성취된다. 이것이 팔정도의 정정正定을 닦는 것이다.

이와 같이 정견, 정사유, 정어, 정업, 정명, 정정진, 정념, 정정을 차례로 닦아서 성취하는 것이 지계의 관점에서 보는 팔정도이다.SN45:8, DN22, MN141

제9장
버려야 할 것들

지켜야 할 것들을 지켜나가는 범행자는 버려야 할 것들 또한 버려나가야 한다. 청정범행을 성취하고 할 일을 모두 다 해 마치기 위해서는 바른 깨달음을 얻고 열반에 이르러야 한다. 열반에 이르기 위해서는 삼계를 벗어나야 한다. 삼계를 벗어나기 위해서는 중생을 삼계에 속박하는 열 가지 묶임을 차례대로 풀어버려야 한다. 열 가지 묶임을 풀어버리기 위해서는 범행에 장애가 되는 오개를 먼저 버려야 한다.

1 다섯 가지 덮개 _ 오개

적절한 범행처에서 만족한 일상생활을 갖춘 범행자는 감각의 대문을 단속하고, 나아가 사념처의 사띠 수행을 닦는다. 바르게 앉아 상체를 곧추세우고, 전면에 사띠를 일으켜 세워 확립한다. 이것을 선명히 알아차리면서 열심히 끊임없이 지속한다. 이와 같이 사띠를 확립하면서 사띠의 확립에 머문다. 이때 범행자는 확립된 사띠를 무너뜨리고 사띠를 선명히 알아차리는 마음을 덮어버리는 오개五蓋, pañca nīvaraṇa라고 하는 다섯 가지 덮개 혹은 장애가 생기거나 있으면 그것을 제거하고 버려야 한다.SN46:2, SN46:37-40 오개는 사띠의 확립을 지속하려는 마음을 에워싸고 덮어버려 그 마음을 어둡게 한다. 또한 안목을 없애고 만들지 못하게 하고 지혜를 없애고 만들지 못하게 하고 사띠의 확립을 무력하게 하고 확립하지 못하게 하여 바른 깨달음과 열반으로 나아가지 못하게 한다. 따라서 오개는 사띠를 확립하는 범행자를 곤혹스럽게 하고 당황하게 만든다. 이러할 때 범행자는 네 가지 성취수단을 가지고 네 가지 바른 노력을 기울여 사념처의 사띠 수행으로 오개를 버려야 한다.

감각적 오욕 오개의 첫째는 감각적 오욕五欲, kāma-rāga 혹은 감각적 욕망에 의한 장애이다. 오욕은 착각으로, 오욕을 자아로 취착하면 감각적 오욕에서 모든 세속적인 오욕칠정이 발생한다. 오욕칠정이 발생하면 열반에 이르는 범행은 고사하고 욕계도 벗어나지 못하게 된다. 오욕은 무상하고, 무상한 것은 무아이며 고이다. 따라서 사념처 수행으로써 감각적 오욕이 생기거나 있으면 감각적 오욕을 떨쳐버리고, 오욕이 없는 마음의 상태를 잘 유지한다.

악의 어떤 이유로든지 다른 사람을 시기하거나 질투하고, 미워하거나 증오하며, 악담하거나 경멸하고, 분노하거나 원한을 가지는 악의惡意, vyāpāda 혹은 적의敵意, paṭigha에 의한 장애이다. 악의는 다른 사람을 분별하는 호오好惡의 상으로, 이것을 자아로 취착하면 화를 내거나 성을 내고, 큰 소리를 지르거나 욕설과 삿대질을 하며, 폭력을 일으키거나 몸으로 싸우고, 몽둥이를 휘두르거나 칼을 휘두르기도 한다. 이렇게 한다면 범행은 고사하고 선행善行에도 미치지 못한다. 악의는 타인을 해치기 전에 자신을 먼저 해쳐서 자신을 파멸로 이끈다. 모름지기 범행자는 욕의 고해에서 온갖 괴로움을 겪는 모든 인간들과 생명들을 연민하여 악의를 버리는 마음을 일으켜야 한다. 따라서 악의가 생기거나 있으면 악의를 버리고, 악의가 없는 마음의 상태를 잘 유지한다.

해태와 혼침 범행자가 스스로 게을러지고 모든 일에 열의가 없으며 수시로 졸음에 빠져 권태로움, 나른함, 무기력함, 식곤증, 정신적 태만을 일으키는 해태懈怠, thīna와 혼침昏沈, middha에 의한 장애이다. 범행자가 해태와 혼침에 빠져 있다면 스스로 경책하여 '세속의 사람들도 의식주를 해결하기 위하여 부지런히 일하는데, 그들에게 의식주를 의탁하는 범행자가 해태와 혼침에 빠져 지낼 수는 없다. 계속 해태와 혼침에 빠져 지내고 싶다면 더는 그들에게 의식주를 의탁하지 않아야 하며, 따라서 지금부터 먹지도 입지도 말아야 한다'고 생각한다. 이와 같이 범행자는 스스로 경책하면서, 해태와 혼침으로 보존하는 몸이 무상하여 늙고 병들어 죽는 고통을 피할 수 없음과 삼계가 화택火宅임을 자각하여 해태와 혼침을 제거하려는 마음을 일으켜야 한다. 따라서 해태와 혼침이 생기거나 있으면 해태와 혼침을 버리고, 해태와 혼침이 없는 마음의 상태를 잘 유지한다.

의심 범행자가 해태와 혼침을 제거하지 못하고 해태와 혼침에 점점 깊이 빠져들면 무력감이 들면서 모든 일에 자신감이 없어지고 마땅히 해야 할 일과 하지 말아야 할 일에 대하여 적절한 결정을 내리지 못하게 된다. 이렇게 되면 범행자는 범행자로서 자신에 대하여, 범행자로서 마땅히 해야 할 범행에 대하여, 그리고 열반으로 인도하는 바른 가르침에 대하여 회의를 일으키게 된다. 이렇게 일으킨 회의는 마침내 의심疑心, vicikicchā이라는 장애로 진행한다.

해태와 혼침에서 의심의 장애가 생기지 않더라도, 범행자가 바른 안목을 가지기 전까지는 사견에 의하여 열반으로 인도하는 바른 가르침에 대하여 의심을 일으키고 그 의심에 빠져 꼼짝달싹하지 못한다. 이는 마치 좋은 과실을 많이 맺는 귀하고 큰 나무로 자랄 수 있는 씨앗이나 묘목을 좋은 밭에 심었으나 주변의 무성한 잡초나 잡목들에 의하여 싹을 틔우거나 자라지 못하고 메말라 죽어가고 있는 것과 같다. 범행자의 바른 마음이 의심이라는 잡목으로 에워싸이고 덮여 있어 메말라 죽어가고 있다면, 그것을 알아차리고 제거해야 한다. 잡목과 같은 의심이 생기거나 있으면 범행자는 마땅히 그것을 베어버리고 의심을 잘 건너간 마음의 상태를 유지하여야 한다.

들뜸과 후회 범행자가 의심을 버리지 못하고 의심에 점점 깊이 빠진다면 마음이 불안정해지고 이런저런 걱정과 근심을 일으키게 된다. 불안정한 마음은 일없이 이런저런 일에 대하여 들뜨고 흥분하며, 지나간 이런저런 일을 기억하고 잘잘못을 따지면서 흥분하고 후회하는 장애를 일으킨다.

의심에 의하여 들뜸과 후회uddhacca-kukkucca의 장애가 생기지 않더라도, 범행자가 안으로 고요한 마음을 이루기 전까지는 과도한 열의에 의하여 마음이 들뜨고 흥분하며, 그러한 상태에서 과거의 일을 후회하거나 그러한 상태 자체를 후회한다. 후회하면서 마음은 더욱 들뜨고, 들뜸과 후회가 점점 심화된다.

이렇게 들뜸과 후회를 자아로 취착하여 안절부절못하는 자신의 모습을 보았을 때 범행자는 제행은 무상하고 무상은 무아이며 고임을 알아야 한다. 범행자는 들뜸과 후회가 생기거나 있으면 마땅히 그것을 버리고 안으로 고요한 마음의 상태를 잘 유지하여야 한다.

이와 같이 오개는 유익하지 못하고 불건전한 상태의 마음이다. 특히 첫째의 감각적 오욕이 증장되고 확산되면 다양한 세속적 탐욕으로 표출되고 발전된다. 또한 둘째의 악의가 증장되고 확산되면 성냄으로 표출되고 발전되며, 넷째의 의심이 증장되고 확산되면 바른 안목이 사라지고 사견이 치성하게 되는 어리석음으로 표출되고 발전된다. 이 세 가지를 탐진치貪嗔癡라고 한다. 탐진치는 욕계에 자리를 잡고 자양분을 섭취하는 뿌리와 같아서, 욕계를 벗어나는 범행에 근본적인 장애가 된다. 따라서 탐진치는 범행자가 욕계에 갇혀 있는지 벗어나 있는지를 가늠하는 기준이 된다. 탐진치는 욕계의 뿌리이자 욕계의 자양분이다. 욕계의 자양분은 독毒이다. 이러한 연유로 탐진치를 삼독三毒이라고 한다.

자신에게서 유익하지 못하고 불건전한 상태의 마음인 오개가 버려지고 제거되었음을 알아차릴 때 범행자에게는 환희가 생긴다. 자신에게서 버려지고 제거된 오개가 다시 반복해 생기지 않는 것을 확신할 때 희열이 생기고, 마침내 희열로 가득해진다. 오개의 첫째 장애인 감각적 오욕을 완전히 떨쳐버림으로써 생긴 희열로 가득한 범행자는 일으킨 생각과 지속적인 고찰의 각관覺觀을 갖추어 바르게 앉아 상체를 곧추세우고 전면에 사띠를 일으켜 세워 사띠가 끊어지지 않도록 지속시킨다. 이와 같이 하여 범행자는 초선정에 이입한다.**DN2, DN9**

2 열 가지 묶임 _ 십결

삼계를 벗어나기 위해서는 중생들을 삼계에 묶는 열 가지 묶임[結, saṁyojana], 구속拘束, 속박束縛, 결박結縛, 또는 족쇄足鎖를 철저하게 알아서 제거하고 벗어나야 한다. 이러한 묶임을 벗어나지 않고 삼계를 벗어날 수 없다. 열 가지 묶임[十結]에는 욕유欲有에 대한 갈애로서 욕애欲愛에 의한 묶임, 색유色有에 대한 갈애로서 색애에 의한 묶임, 무색유無色有에 대한 갈애로서 무색애에 의한 묶임, 그리고 삼계에 두루 걸쳐 있는 묶임 등 크게 네 종류가 있다. 욕애에 의한 묶임은 다시 다섯 가지 낮은 묶임[五下分結]으로 나뉜다.MN64, SN45:179 ① 감각적 오욕 ② 악의 ③ 의심 ④ 유신견 ⑤ 계금취가 그것으로, 이 가운데 처음 두 가지 묶임의 원인은 유익하지 못하고 불건전한 상태의 마음이며, 나머지 세 가지 묶임의 원인은 사견이다. 열 가지 묶임에서 다섯 가지 낮은 묶임을 제외한 나머지를 다섯 가지 높은 묶임[五上分結]이라 하는데, ⑥ 색애에 의한 묶임 ⑦ 무색애에 의한 묶임, 그리고 삼계에 두루 걸쳐 있는 세 가지 묶임으로서 ⑧ 자만 ⑨ 들뜸 ⑩ 무명이 그것이다.SN45:180, AN10:13

2.1 다섯 가지 낮은 묶임

중생들을 욕계에 묶는 다섯 가지 낮은 묶임 중에서 감각적 오욕, 악의, 의심은 오개와 겹친다. 오개와 겹치는 세 가지 낮은 묶임은 탐진치 삼독으로, 다섯 가지 낮은 묶임과 오개의 공통분모가 된다. 오개의 들뜸과 후회는 다섯 가지 높은 묶임에 나타나지만 해태와 혼침은 열 가지 묶임에 나타나지 않는다. 유신견과 계금취가 다섯 가지 낮은 묶임의 나머지 두 가지이다.

유신견 유신견有身見, sakkaāya-diṭṭhi에 의한 묶임 혹은 유신견이라는 묶임은 일체법과 연기법을 알지 못한 상태에서 '나'와 일체 사물에 대한 그릇된 견해에 의하여 묶여 있음을 의미한다. 오온에 욕탐이 탐착된 오취온을 자기동일시하여 '나의 것' 혹은 '나'라는 자아를 형성하고 사식으로 그러한 자아를 유지하고 성장시키는 것이 곧 유신견이다. 즉, 자아의 연기를 알지 못하고 잘못된 견해에 의한 착각으로 삶을 영위하여 욕계에서의 윤회를 벗어나지 못하는 것이다. 이러한 착각은 자아뿐만 아니라 일체의 사물에도 미친다. 자아와 같은 정도로 일체의 사물도 객관적으로 존재한다고 생각하고 그것을 감각의 대상으로 삼아 갈구하고 탐착하고 애착한다. 이와 같이 인식주체로서의 자아와 인식대상으로서의 사물에 대한 잘못된 견해인 유신견에 함몰되면 바른 사유로 나아가지 못한다. 사견뿐만 아니라 감각적 오욕도 유신견에 영향을 미친다. 감각적 오욕으로 오취온을 더욱 탐착하고 사식을 더욱 애착함으로써 유신견이 증장되기 때문이다.

계금취 계금취sīla-bbata-parāmāsa에 의한 묶임은 연기법을 알지 못하여 열반으로 나아가는 바른 길을 알지 못하고 불사不死로 나아가는 바른 방법을 알지 못한 채 단지 특정한 계율, 의식, 서약 등을 지키는 계행이나 고행 혹은 수행으로써 범천에 태어나거나 신과 합일을 이룬다거나 불사를 이룬다거나 열반을 성취한다는 잘못된 견해에 묶여 있음을 의미한다. 잘못된 견해에 의하여 계율, 의식, 서약을 따르면 욕계를 벗어나지 못한다. 계금취는 특정한 계율이나 의식이나 서약만 지켜 행하면 된다는 생각으로 지극히 단순하게 몇 가지 행위만을 반복하면서 그 행위에만 전념한다. 계금취는 결국 범행자로 하여금 깊은 고찰과 사유를 할 수 없도록 막는다. 깊은 고찰이나 사유를 기피하고 단순하고 반복적인 행동을 선호하는 경향이 있거나 범행의 목표에 대한 과도한 의욕과 탐욕으로 말미암아 깊은 고찰이나 사유의 여유를 갖지 못하는 성향이 있는 범행자는 계금취에 묶여 있는지 깊이 고찰하고 사유해야 한다.

다섯 가지 낮은 묶임에서 의심, 유신견, 계금취는 모두 사견을 바탕으로 한다. 사견으로 정법에 대한 의문을 제기하여 정견을 갖추지 못하게 하는 의심은 그 묶임의 정도가 가장 깊어서, 이것을 풀어서 버리지 않고는 한 치도 앞으로 나아갈 수 없다. 범행자가 깊은 고찰이나 사유를 통하여 바른 가르침을 수용하거나 바른 가르침을 듣고 배워 깊이 고찰하고 사유하면 의심에 의한 묶임을 풀어버릴 수 있다. 범행자가 의심을 여의고 바른 가르침을 받아들여 일체법과 연기법을 배워 익히면 유신견에 의한 묶임을 알고 유신견의 여읨과 벗어남을 안다. '나'라는 자아와 탐착하는 일체의 사물들은 모두 착각이고 허상이며 무상이다. 무상은 무아이며 고이다. 이와 같이 알고 보면 유신견에 의한 묶임은 풀려서 버려진다. 유신견을 벗어나면 계금취는 어렵지 않게 벗어난다. 계금취는 정견을 갖추지 못하고 정견에서 벗어나 있는 것이기 때문이다.

어떤 사람이 어린아이를 예로 들어 다섯 가지 낮은 묶임에 대하여 다음과 같이 논박한다고 하자. '태어난 지 얼마 되지 않은 참으로 어리고 연약한 어린아이에게는 고락의 느낌이 축적되지 않았으므로 감각적 오욕이 생겨나지 않으며, 자타의 생각이 없으므로 타인에 대한 악의가 생겨나지 않으며, 배움이 없으므로 의심이 생겨나지 않으며, 자아라는 생각이 없으므로 유신견이 생겨나지 않으며, 습관이라는 생각이 없으므로 계금취가 생겨나지 않는다. 따라서 이러한 어린아이는 다섯 가지 낮은 묶임이 생겨나지 않으므로 욕계에 묶여 있지 않고 욕계를 벗어나 있다. 이는 욕계에 태어난 모든 인간이 태어나자마자 욕계를 벗어나 있다는 결론이 되므로 모순이다. 따라서 다섯 가지 낮은 묶임으로 인간이 욕계에 묶여 있다는 관점은 논파되었다.'

이와 같은 주장에 대하여 설명한다. 태어난 지 얼마 되지 않은 참으로 어리고 연약한 어린아이에게는 다섯 가지 낮은 묶임이 아직 생겨나지 않는다. 그러나 그 어린아이에게 다섯 가지 낮은 묶임이 마치 수면睡眠과 같은 상태로 잠재해 있으므로 일어날 수 있는 경향이나 성향은 있다. 이는 씨앗에서 싹이 텄으나 그 싹이 땅 위로 드러나 보이지 않았다고 해서 싹이 없다고 할 수 없는 이치와 같다. 이와 같이 다섯 가지 낮은 묶임이 일어날 수 있는 경향이나 성향이 있다면, 이것은 다섯 가지 낮은 묶임에 의하여 묶여 있는 것이다. 어린아이가 아니더라도 만약 어떤 성인이 어떠한 종교적 가르침에도 접촉하지 않았다면 그에게 계금취는 아직 생기지 않는다. 그러나 그에게 계금취가 일어날 수 있는 경향이나 성향이 없는 것은 아니다. 또한 다섯 가지 낮은 묶임이 일어날 수 있는 경향이나 성향으로 말미암아 다섯 가지 낮은 묶임이 일어날 때, 그의 마음은 다섯 가지 낮은 묶임에 사로잡히고 정복당하여 다섯 가지 낮은 묶임의 생겨남을 있는 그대로 알지 못하고 보지 못하며 다섯 가지 낮은 묶임의 여읨과 벗어남을 있는 그대로 알지 못하고 보지 못한다. 따라서 다섯 가지 낮은 묶임은 더욱 반복적으로 생겨나고 습관화되어 마음을 옭아매고 사로잡으며 노예화하면서 점차 굳어진다. 다섯 가지 낮은 묶임이 그 경향이나 성향까지 포함하여 사라지지 않는다면 다섯 가지 낮은 묶임에 의하여 묶여 있는 것이다.

다섯 가지 낮은 묶임에서 벗어나는 길은 무엇인가? 그것은 바른 가르침이다. 바른 가르침에 의하지 않고서는 다섯 가지 낮은 묶임을 알거나 보거나 버리는 것은 불가능하다. 이는 나무껍질을 자르지 않고 나무속을 자르는 일이 불가능하며 나무속을 자르지 않고 나무심을 자르는 일이 불가능한 이치와 같다. 바른 가르침의 첫째는 사법인四法印이다. 일체의 인식현상은 무상하고, 무상한 일체의 인식현상은 그 어떠한 것도 나라고 할 만한 것이 없으며, 나라고 할 만하여 취하는 그 모든 것이 곧 괴로움이고, 모든 괴로움을 완전히 벗어나 열반에 이르러서야 비로소 영원히 고요하다. 이러한 사법인뿐만 아니라 권전과 증전의 가르침도 바른 가르침에 든다. 이러한 바른 가르침을 배울 때, 마음이 만족하고 청정하고 안온하고 해탈하는 자는 강건한 자로서 바른 가르침의 방법과 길에 의하여 다섯 가지 낮은 묶임을 제거하여 풀어버릴 수 있다. 그러나 이러한 바른 가르침을 배울 때 마음이 만족하지 않고 청정하지 않고 안온하지 않고 해탈하지 않는 자는 연약한 자로서 바른 가르침의 방법과 길에 의하여 다섯 가지 낮은 묶임을 풀어버릴 수 없다. 바른 가르침을 열망하여 기쁨으로 수용하고 따른다면 다섯 가지 낮은 묶임에 사로잡히지 않고 정복당하지 않아서 다섯 가지 낮은 묶임이 생기더라도 그것의 생겨남, 여읨, 벗어남을 있는 그대로 알고 본다. 그러면 다섯 가지 낮은

묶임은 그 경향이나 성향과 더불어 그에게서 풀어지고 소멸한다.ₘₙ₆₄

2.2 다섯 가지 높은 묶임

색애 욕계에서의 모든 인식현상은 착각이다. 착각을 착각으로 지속하는 것이 욕欲이며, 착각을 바탕으로 취하는 견해가 사견이다. 이러한 욕과 사견이 욕계의 특징이며, 다섯 가지 낮은 묶임은 결국 욕과 사견으로 압축된다. 욕과 사견으로 욕계의 모든 존재들을 대상화하고 그것을 갈애하므로 욕계에 묶이게 된다. 색계에서의 모든 인식현상을 특징짓는 것이 수受와 상想인데, 이 가운데서도 수가 두드러진다. 수는 인식의 내면에서 발생하는 고락을 느끼는 감수感受 작용이다. 색계에서 모든 외부의 존재들을 있는 모습 그대로 보는 것이 색관색이다. 따라서 갈애하는 색계의 존재들은 인식 내면에서 발생하는 인식대상으로서 수의 대상이 되며, 그 대상에서 희락을 갈애함으로써 색계에 묶이는 것이 색애rūpa-rāga에 의한 묶임이다. 이러한 색애의 바탕은 수이며, 이러한 수에 의하여 미세한 욕이 남아 있게 된다.

무색애 무색계에서의 모든 인식현상은 상想으로 특징짓는다. 무색계의 모든 외부 존재들은 그 근본바탕이 인식현상이라는 자각으로 모든 외부 존재들에 대한 상을 버린다. 이것이 일체의 색상을 여의는 것이다. 따라서 무색계의 모든 존재들이란 곧 인식현상이며, 취착하는 무색계의 존재들은 인식현상 자체가 된다. 인식현상이 인식현상 자체를 취착하여 무색계에 묶이는 것이 무색애無色愛, arūpa-rāga에 의한 묶임이다. 이러한 무색애의 바탕은 상이며, 이러한 상에 의하여 미세한 사견이 남아 있게 된다.

자만 자만自慢, māna에 의한 묶임은 나와 남을 분별하고 그 분별을 바탕으로 나와 남을 비교하는 것으로 내가 남보다 우월하다, 내가 남보다 저열하다, 혹은 내가 남과 동등하다는 우열의 분별상이나 자타의 분별상에 의하여 삼계에 묶여 있음을 의미한다. 자타와 우열의 분별상에서 자아가 강조되면 감각적 오욕과 유신견에 연관되어 욕계에 묶이고, 고락의 수가 강조되면 색계에 묶이며, 상이 강조되면 무색계에 묶인다. 이와 같이 자만은 삼계에 두루 걸쳐 있는 묶임이다.

들뜸 들뜸 즉 도거掉擧, uddhacca는 오개의 '들뜸과 후회'와 약간의 차이가 있다. 오개의 들뜸은 후회를 불러일으키는 들뜸만을 의미하는 데 비하여, 열 가지 묶임의 들뜸은 후회를 불러일으키는 들뜸뿐만 아니라 후회를 불러일으키지 않는 들뜸도 포함한다. 오개의 들뜸과 마찬가지로 후회를 불러일으키는 들뜸은 범행에 장애가 된다. 후회를 불러일으키지 않는 들뜸은 범행의 과정 중에 과도한 열의나 성취한 범행의 과위果位에 대하여 자부심을 느끼면서 미세하게 흥분하여 발생하는 것으로, 범행의 진행을 방해하고 성취한 범행의 과위에 머물게 한다. 따라서 십결의 들뜸이 오개의 들뜸이 되면 욕계에 묶이지만, 들뜸이 후회를 불러일으키지 않는 들뜸이라면 그 원인이 희락일 때 색계에 묶이고, 원인이 상일 때 무색계에 묶인다. 자만과 마찬가지로 들뜸도 삼계에 두루 걸쳐 있는 묶임이다.

무명 무명無明, avijjā에 의한 묶임은 자만이나 들뜸과 마찬가지로 삼계에 두루 걸쳐 있는 묶임이다. 무명으로 욕과 사견이 생겨나면 욕계에 묶이고, 이때 무명은 의심으로 직결된다. 또한 무명으로 고락의 수와 미세한 욕이 생겨나면 색계에 묶이고, 상과 미세한 사견이 생겨나면 무색계에 묶인다. 무명에서 벗어나면 모든 욕과 미세한 욕이, 그리고 모든 사견과 미세한 사견이 사라지고 수와 상이 완전히 사라져 삼계에서 벗어난다.

1. 열 가지 묶임과 오개를 버리는 단계 이전에 버려야 할 것들이 무엇인지 상술해보라.

---

2. 열 가지 묶임 외에 중생을 삼계에 묶어두는 묶임이 더 있는가, 없는가? 있다면 그것이 무엇인지 설명해보라.

---

3. 열 가지 묶임을 풀어서 버릴 수 있는 구체적인 방법은 무엇인가?

---

4. 욕계를 벗어나 색계의 초선천에 이입하는 초선정은 분명히 다섯 가지 낮은 묶임을 모두 버리지 않고도 도달한다. 그렇다면 다섯 가지 낮은 묶임이 중생들을 욕계에 묶어둔다고 하는 이유를 설명해보라.

3 결론

지켜야 할 것들을 지키는 일은 버려야 할 것들을 버리는 일과 다르지 않다. 지켜야 할 것들을 지키는 일이 곧 지키지 않아야 할 것들을 버리는 일이기 때문이다. 이를테면 불살생계를 지키는 일은 곧 살생하는 행위를 버리는 일과 같다. 따라서 버려야 할 것들을 버리는 관점에서 보면 출가하여 열반에 이를 때까지 범행자가 해야 할 일은 오직 버려야 할 것들을 버리는 것이다. 버려야 할 것들로서는 열반으로 함께 가지고 갈 수 없는 것들, 열반으로 나아가는 데 짐이 되는 것들, 열반으로 나아가는 데 장애가 되는 것들, 그리고 열반으로 나아가지 못하도록 발목을 묶어두는 족쇄와 같은 것들이다.

범행자가 버려야 할 것들을 버리기 위해서는 각각의 자세한 폐해와 상태와 구조를 보고 알아야 한다. 버리고 난 뒤에는 그 폐해에서 벗어남을 알아차리고, 그 다음으로 버려야 할 것들을 차례대로 알아서 버린다. 머리와 수염을 깎고 물들인 옷을 입고 출가할 때 많든 적든 간에 모두 다 버려야 하는 돈과 재산, 그리고 많든 적든 간에 모두 떠나버려야 하는 사랑하는 가족과 일가친척에서부터 마지막으로 열반에 이르면서 버려야 하는 무명까지 모두 차례대로 버림으로써만 열반에 이른다. 이렇게 버려야 할 것들을 차례로 버리는 것이 곧 증전의 가르침인 청정범행의 성취이고, 각각을 어떻게 버려야 하는가 하는 방법론이 곧 권전의 가르침인 팔정도를 중심으로 한 37도품이며, 각각을 왜 버려야 하는가에 대한 바른 이해가 곧 시전의 가르침인 사법인이다.

제10장
드러나는 것들

지켜야 할 것들을 지키고 버려야 할 것들을 버리는 범행자에게는 드러나는 것들이 차례로 드러난다. 석가모니 부처님의 가르침을 바르게 배우고 이해하는 범행자에게는 그 가르침과 깨달음에 대하여 바른 신뢰와 믿음이 드러난다. 이렇게 바른 신뢰와 믿음을 갖추고 출가하여 적절한 범행처로 나아간다. 갓 출가한 신참 비구(니)는 계를 구족하면서 적절한 범행처에서 만족한 일상생활을 갖춘다. 만족한 일상생활 속에서 신참 비구(니)는 감각의 대문을 단속한다. 감각의 대문을 단속하면서 감각적 오욕을 알아차리고 통제한다. 감각의 대문을 단속한 비구(니)는 사념처의 사띠 수행으로 나아가며, 이때 사띠의 확립에 장애가 되는 오개를 버린다. 오개를 버리면서 범행을 지속하는 범행자는 삼계를 벗어나기 위하여 열 가지 묶임을 차례대로 풀어버린다. 감각적 오욕을 버리는 것을 시

작으로 오개와 열 가지 묶임을 차례로 버리면서 선정의 아홉 단계가 차
례로 드러나고 육신통六神通과 사향사과四向四果가 드러난다.

계를 구족함으로써 이미 불선법들을 떨쳐버린 비구(ㄴ)는 감각적 오욕
을 완전히 떨쳐버리면서 마음은 욕에서 초연하여 고요하고 조잘거림이
사라지며 일으킨 생각과 지속적인 고찰로써 사념처의 사띠 수행을 닦아
간다. 이때 감각적 오욕과 불선법을 떨쳐버림으로써 비세속적인 기쁨과
행복이 생기고 의식은 여기에 머문다. 이것이 이생희락지의 초선정이다.

이생희락이 있는 초선정에서 색관색으로 인식한 색에 대한 상을 의식
의 내면에서 완전히 떨쳐버리면서 마음은 더욱 고요해져 점차 이생희락
과 단일한 상태가 된다. 이때 마음의 고요로 인하여 다양한 비세속적인
기쁨과 행복이 생기고 의식은 여기에 머문다. 이것이 일으킨 생각과 지
속적인 고찰이 사라지고도 사띠가 끊어지지 않는 정생희락지의 제2선
정이다.

다양한 비세속적인 기쁨과 행복이 있는 제2선정에서 다양한 비세속적
인 기쁨과 행복을 완전히 떨쳐버리면서 마음은 매우 고요해지고 평정이
생겨난다. 이러한 평정으로 사띠가 뚜렷하고 선정상태에 더욱 편안하고
쉽게 이입하여 머문다. 이때 정생희락을 버리므로 비세속적인 미묘한
행복이 생겨나고 의식은 여기에 머문다. 이것이 이희묘락지의 제3선정
이다.

비세속적인 미묘한 행복이 있는 제3선정에서 비세속적인 미묘한 행
복마저 완전히 떨쳐버리면서 마음은 고요와 평정이 강화되고, 강화된
평정으로 사띠가 더욱 강화되며, 또한 마음은 어떠한 내면의 인식대상

도 없고 인식대상에 대한 상과 욕도 없으므로 어디에도 머물지도 의지
하지도 않는다. 따라서 마음은 어떠한 내면의 인식대상으로도 동요하거
나 움직이지 않아 매우 안정되고 고요하다. 이때 이희묘락을 버리므로
내면의 어디에도 머물지도 의지하지도 않는 상태의 의식이 생긴다. 이
것이 마음이 모든 욕과 미세한 욕에서 완전히 벗어나고 모든 희우와 고
락의 수를 완전히 벗어나는 심해탈을 이루어 청정한 상태가 되는 사념
청정지의 제4선정이다.

1 육신통

버려야 할 것을 차례로 버림으로써 초선정에서 제4선정까지 차례로 드
러난 비구(니)는 심해탈을 이루어 마음이 청정하고, 모든 욕과 미세한 욕
이 사라지고 모든 희우와 고락의 수가 사라져 마음이 깨끗하며, 사라지
되 완전히 사라져 마음에 흠과 결이 없고, 다시 발생하지 않도록 완전히
사라져 오염원까지 사라지고 없으며, 어떠한 내면의 인식대상에 머물
지도 의지하지도 않으므로 마음이 부드럽고, 범행을 진행하기에 마음이
적합하며, 어떠한 내면의 인식대상으로도 마음이 동요하거나 움직이지
않아 매우 안정되고 흔들림 없는 부동심을 이룬다. 이때 강한 사띠에 의
한 온전한 주시함의 선명한 앎인 견見과, 강한 사마디에 의한 온전한 고
요함의 선명한 앎인 지知로 마음을 향하게 하고 기울게 한다.

그는 '이 육신은 지수화풍 사대의 물질로 이루어져 있으며, 부모로부터 생겨나서 음식물에 의하여 축적되어왔다. 이러한 육신은 무상하여 반드시 늙고 병들고 죽게 되어 사대로 흩어지기 마련이다. 그런데 나의 마음은 이러한 육신에 묶여 있구나'라고 보고 안다. 그리하여 육신에 묶여 있는 마음으로부터 육신에서 완전히 벗어나 어디에 머물지도 의지하지도 않는 마음으로 나아간다.

이러한 마음이 '사대로 만든 몸'을 떠나 '마음으로 만든 몸'으로 향하고 기운다. 사대로 이루어진 육신과 달리 마음으로 만든 몸은 마음으로만 이루어지고, 형상을 가지고 있으며, 모든 수족을 다 갖추고 있으며, 6근의 감각기능을 결여하고 있지도 않다. 이러한 마음으로 만든 몸은 모든 욕과 수가 소멸되어 어디에도 머물거나 의지하지 않는다. 마음으로 만든 몸이 사대로 만든 육신을 벗어나는 것은 칼을 칼집에서 꺼내는 것과 같고, 뱀이 허물에서 벗어나는 것과 같다. 마음으로 만든 몸이 사대로 만든 육신을 벗어나 어디에도 머물거나 의지하지 않은 채 마음이 향하거나 기우는 대로 보고 알고 행한다. 이렇게 드러나는 것을 여섯 가지 신통지神通知 즉 육신통六神通, chaḷabhiññā이라고 한다.DN2, DN10

신족통 마음으로 만든 몸이 사대로 만든 육신을 벗어나 어디에도 머물거나 의지하지 않은 채 마음이 신족통神足通, iddhividha-ñāṇa 혹은 신통변화神通變化로 향하거나 기울면, 마음으로 만든 몸이 하나이면서 동시에 여럿이 되기도 하고 여럿이면서 동시에 하나가 되기도 한다. 여럿은 모두 같은 형상을 가질 수도 있고 서로 다른 형상을 가질 수도 있으며, 모두 같은 동작을 행할 수도 있고 서로 다른 동작을 행할 수도 있다. 또한 오는 흔적 없이 문득 허공에서 나타나기도 하고 가는 흔적 없이 문득 허공에서 사라지기도 한다. 그는 자기 자신이나 타인을 허공에서 문득 나타나게 하기도 하고 사라지게 하기도 할 뿐만 아니라 타인들이 볼 수 없는 것을 허공에서 문득 나타나게 하여 볼 수 있게 하기도 하고 타인들이 볼 수 있는 것을 허공에서 문득 사라지게 하여 볼 수 없게 하기도 한다. 벽이나 담이나 산을 마치 허공처럼 아무런 장애 없이 통과하며, 땅속에서 올라오거나 땅속으로 사라지기를 마치 물속처럼 한다. 물 위에서 빠지지 않고 걷기를 마치 땅 위처럼 하며, 앉은 채 허공을 날아다니기를 마치 날개 달린 새처럼 한다. 하늘에 있는 해와 달을 손으로 만져서 쓰다듬기도 하며, 심지어 저 멀리 범천까지도 자유자재로 왕래한다. 이와 같이 그가 자유자재하는 것은 마치 숙련된 도예가가 잘 준비된 진흙에서 갖가지 질그릇을 원하는 대로 빚어서 만드는 것과 같다.

천이통 마음으로 만든 몸이 사대로 만든 육신을 벗어나 어디에도 머물거나 의지하지 않은 채 마음이 천이통天耳通, dibbasota-ñāṇa으로 향하거나 기울면, 그는 육신의 귀를 넘어선 청정하고 신성한 천이天耳로써 인간의 소리든 천상의 소리든 멀고 가까움에 상관없이, 소리의 크고 작음에 상관없이, 단일한 소리든 여러 가지 소리가 섞여있든 상관없이 다 듣는다. 이렇게 천이로써 듣는 것은 마치 도심의 높은 육교 위에서 육교 아래의 갖가지 소리들을 분별하여 듣는 것과 같다.

타심통 마음으로 만든 몸이 사대로 만든 육신을 벗어나 어디에도 머물거나 의지하지 않은 채 마음이 타심통他心通, cetopariya-ñāṇa으로 향하거나 기울면, 그는 자신의 마음으로 다른 인간들과 다른 중생들의 마음을 안다. 탐욕이 있는 마음이나 탐욕을 여읜 마음, 성냄이 있는 마음이나 성냄을 여읜 마음, 어리석음이 있는 마음이나 어리석음을 여읜 마음을 안다. 수축되고 위축된 마음이나 산란하고 흩어진 마음을 안다. 또한 고귀한 마음이나 고귀하지 않은 마음, 위가 없는 마음이나 위가 있는 마음, 선정에 든 마음이나 선정에 들지 않은 마음, 해탈한 마음이나 해탈하지 않은 마음을 안다. 이와 같이 그가 자신의 마음으로 타인의 마음을 아는 것은 마치 거울을 보며 화장하는 젊은 여인이 자신의 얼굴에 점이 있거나 없는 것을 아는 것과 같다.

숙명통 마음으로 만든 몸이 사대로 만든 육신을 벗어나 어디에도 머물거나 의지하지도 않은 채 마음이 숙명통宿命通, pubbenivāsānussati-ñāṇa으로 향하거나 기울면, 그는 수많은 자신의 전생을 기억한다. 자신의 전생들 중에서 한 전생, 두 전생, 세 전생, 네 전생, 다섯 전생, 열 전생, 스무 전생, 서른 전생, 마흔 전생, 쉰 전생, 백 전생, 천 전생, 십만 전생, 혹은 우주가 팽창하여 형성되는 성겁 동안의 전생, 우주가 수축하여 소멸하는 괴겁 동안의 전생, 우주가 팽창하고 수축하는 대겁 동안의 전생들을 기억한다. 이와 같이 기억하는 모든 전생들의 삶 속에서 그는 어떤 곳에서 태어나 어떤 이름을 가졌고, 어떤 종족에 속하였으며, 어떤 용모를 가졌으며, 어떤 음식을 먹었으며, 어떠한 고통과 행복을 겪었으며, 몇

살까지 살았으며, 그곳에서 죽어서 어떤 다른 곳에 태어났는지를 그 특징과 더불어 상세하게 기억한다. 이와 같이 그가 자신의 전생들을 기억하는 것은 마치 자신의 마을에서 다른 마을로 여행을 갔다가 다시 자신의 마을로 돌아와 다른 마을에서 있었던 일들을 그 특징과 더불어 상세하게 기억하는 것과 같다.

천안통 마음으로 만든 몸이 사대로 만든 육신을 벗어나 어디에도 머물거나 의지하지 않은 채 마음이 천안통天眼通, cutūpapāta-ñāṇa으로 향하거나 기울면, 그는 육안肉眼을 넘어선 청정하고 신성한 천안天眼으로 육안의 시야에 나타나지 않는 것들을 마치 육안으로 보는 것처럼 볼 수 있을 뿐만 아니라 중생들의 죽음과 다시 태어남을 보고 안다. 육신의 피부로 가려져 있는 것들, 땅의 표면으로 가려져 있는 것들, 벽이나 담이나 산으로 가려져 있는 것들, 다른 차원의 세계에 속하여 육안으로 볼 수 없는 것 등을 볼 수 있다. 또한 중생들이 미래에 죽어서 다시 태어날 때 그들이 스스로 지은 업에 따라 선처善處에 태어나거나 악처惡處에 태어나는 것을 보고 알며, 태어날 때 잘생기게 태어나거나 못생기게 태어나는 것을 보고 알며, 천박하게 태어나거나 고귀하게 태어나는 것을 보고 안다. 중생들이 몸으로 악법이나 불선법들을 골고루 짓고 입으로 악법이나 불선법들을 골고루 짓고 마음으로 악법이나 불선법들을 골고루 짓거나, 성자들을 비방하거나, 사견으로 업을 짓는다면, 이러한 중생들은 미래에 죽어서 다시 태어날 때 비참한 곳, 악처, 파멸처인 지옥에 태어난다. 그러나 중생들이 몸으로 선법善法들을 골고루 짓고 입으로 선법들을 골고루 짓고 마음으로 선법을 골고루 짓거나, 성자들을 비방하지 않거나, 바른 견해로 업을 짓는다면, 이들은 미래에 죽어서 다시 태어날 때 선처인 천상세계에 태어난다. 연기법을 꿰뚫어보고 알면 이와 같이 천안으로 미래의 일을 보고 알 수 있으니, 이는 마치 높은 곳에서 사거리를 내려다보며 사람들이 오고가는 것을 보고 아는 것과 같다.

누진통 마음으로 만든 몸이 사대로 만든 육신을 벗어나 어디에도 머물거나 의지하도 않은 채 마음이 누진통漏盡通, āsavakkhaya-ñāṇa으로 향하거나 기울면, 그는 제4선정에서 나아가 멸진정에 이르러 모든 번뇌를 소멸한다. 그는 '이것이 바로 괴로움'이라고 있는 그대로 알며, '이것이 바로 괴로움이 일어나는 바탕'이라고 있는 그대로 알며, '이것이 바로 괴로움이 일어나는 바탕의 소멸'이라고 있는 그대로 알며, '이것이 바로 괴로움이 일어나는 바탕의 소멸로 인도하는 길'이라고 있는 그대로 안다. 또한 '이것이 바로 번뇌'라고 있는 그대로 알며, '이것이 바로 번뇌가 일어나는 바탕'이라고 있는 그대로 알며, '이것이 바로 번뇌가 일어나는 바탕의 소멸'이라고 있는 그대로 알며, '이것이 바로 번뇌가 일어나는 바탕의 소멸로 인도하는 길'이라고 있는 그대로 안다.

이와 같이 사성제를 있는 그대로 보고 아는 그는 모든 번뇌를 소멸한다. 욕루欲漏를 소멸하여 욕欲에서 마음이 해탈하며, 유루有漏를 소멸하여 수受에서 마음이 해탈하며, 무명루를 소멸하여 상想에서 마음이 해탈한다. 이와 같이 모든 번뇌를 소멸하여 모든 번뇌에서 마음이 해탈하여 심해탈과 혜해탈을 갖춘 구해탈을 성취하여 '태어남은 다했다. 청정범행은 성취되었다. 할 일을 다 해 마쳤다. 다시는 어떠한 존재로도 돌아오지 않을 것이다.'라고 보고 안다. 이와 같이 그가 보고 아는 것은 마치 깊은 산속의 맑고 잔잔한 호숫가에서 물속의 조개껍질, 조약돌, 모래, 수초, 물고기들이 움직이는 것을 보고 아는 것과 같다.

2 사향사과

욕계중생인 범부는 불선법과 감각적 오욕을 떨쳐버림으로써 욕계를 벗어나 성자聖者의 반열에 오른다. 사향사과四向四果 혹은 성자의 여덟 단계 과위果位인 사쌍팔배四雙八配가 차례로 드러나면서 마침내 열반에 이르러 머문다.**DN6, AN3:86, AN4:131**

예류 불선법과 감각적 오욕을 떨쳐버림으로써 예류향預流向이라는 성자의 반열에 오른 비구(ㄴ)는 안팎의 모든 인식대상에 대한 모든 욕을 버려 인식대상으로부터 초연해진다. 이 초연함에 의하여 마음이 고요해지며 몸이 가볍고 편안해진다. 일으킨 생각과 지속적인 고찰을 갖추면서 사띠 수행을 닦아 초선정을 성취한다. 인식 내부의 모든 색상을 떨쳐버림으로써 색상에 대한 호오의 상이 사라지면서 타인에 대한 악의 혹은 적의가 사라진다. 또한 인식 내부의 모든 색상을 떨쳐버림으로써 마음이 이생희락과 단일한 상태가 되고, 이러한 상태에서 다양한 희락이 발생한다. 다양한 희락을 경험하는 비구(니)는 범행에 대한 확신을 가지고 더욱 정진한다. 마음이 다양한 희락에 흠뻑 적셔지면서 발생하는 확신은 의심을 여의게 한다. 이렇게 감각적 오욕과 악의, 의심의 세 가지 묶임을 풀어버린 비구(니)는 일으킨 생각과 지속적인 고찰이 사라지고도 사띠가 끊어지지 않는 상태의 제2선정을 이루면서 예류과預流果를 성취한다. 예류과를 성취한 비구(니)는 일으킨 생각과 지속적인 고찰이 사라지고도 사띠가 끊어지지 않으므로 해태와 혼침에 의한 장애는 이미 건너가고, 마음은 더욱 고요해지며 몸은 더욱 가볍고 편안하므로 후회를 초래하는 들뜸 또한 건너간다. 이와 같이 오개를 완전히 떨쳐버림으로써 바른 깨달음과 열반으로 나아가는 청정범행에 잘 합류한 비구(니)를, 예류과를 성취한 자라는 의미에서 예류자預流者 혹은 수다원須陀洹, sotāpanna 이라고 한다. 그는 결코 인간보다 낮은 존재로 태어나지 않으며, 해탈의 성취가 확실하며 바른 깨달음으로 나아간다. 예류자로 머물러 현생을 마치더라도 신이나 인간으로 최대 일곱 번 태어나 괴로움을 종식시키고 완전한 열반에 이른다.

일래 예류자가 더욱 정진하여 다양한 희락을 버리면 일래향一來向이라는 성자의 반열에 오른다. 다양한 희락을 버림으로써 묘락이 발생하고, 희우喜憂의 수가 소멸하며 사띠는 더욱 뚜렷해진다. 이때 제3선정을 이루면서 일래과一來果를 성취한다. 일래과를 성취한 비구(니)는 희우의 수를 벗어나므로 촉이 엷어진다. 촉이 엷어지고 약해지므로 나라고 여기는 자아에 대한 취착이 엷어지고 약해진다. 따라서 유신견이 희박해지고, 유신견이 희박해지므로 자아의 행위에 대한 취착 또한 엷어져 계금취의 묶임이 희박해진다. 이러한 비구(니)를, 일래과를 성취한 자라는 의미에서 일래자—來者 혹은 사다함斯陀含, sakadāgāmin이라고 한다. 그는 일래자로 머물러 현생을 마치더라도 단 한 번 신이나 인간세상에 돌아와 괴로움을 끝내버리고 완전한 열반에 이른다.

불환 일래자가 더욱 정진하여 묘락을 버리면 불환향不還向이라는 성자의 반열에 오른다. 묘락을 버림으로써 고락의 수가 소멸하고, 고락의 수가 소멸하므로 모든 욕과 미세한 욕 그리고 모든 수가 남김없이 소멸하여 심해탈을 이루어 청정해진다. 이때 제4선정을 이루면서 불환과不還果를 성취한다. 불환과를 성취한 비구(니)는 모든 수를 벗어나므로 촉이 사라진다. 촉이 사라지므로 유신견과 계금취의 묶임이 제거되고 따라서 다섯 가지 낮은 묶임이 완전히 제거된다. 뿐만 아니라 색애에 의한 묶임도 제거되며, 자만과 들뜸과 무명이 희박해진다. 이러한 상태에 이른 비구(니)를 불환과를 성취한 자라는 의미에서 불환자不還者 혹은 아나함阿那含, anāgāmī이라고 한다. 그는 불환자로 머물러 현생을 마치더라도 청정한 거처인 정거천淨居天에 태어나 그곳에서 마땅히 해야 할 일을 다 해 마치고 완전한 열반에 이르러 다시는 이 세상에 돌아오지 않는다.

아라한 불환자가 더욱 정진하여 안팎의 모든 색상色想을 버리면 아라한향阿羅漢向이라는 성자의 반열에 오른다. 모든 색상을 여읨으로써 색계를 벗어나 무색계에 이입하여 무색계의 상想들을 차례로 벗어난다.

제8선정의 비상비비상처정에서 무색애에 의한 묶임을 완전히 제거하고 자만과 들뜸과 무명을 제9선정인 멸진정에서 완전히 제거하여 마침내 다섯 가지 높은 묶임을 모두 벗어나면서 아라한과^{阿羅漢果}를 성취한다. 이러한 비구(ㄴ)를 아라한과를 성취한 자라는 의미에서 아라한^{阿羅漢, arahant} 혹은 응공^{應供}이라고 한다. 모든 상과 미세한 사견까지 모두 벗어나므로 혜해탈을 이루며, 스스로 최상의 지혜를 실현하고 구족하여 바른 깨달음을 성취하고 해야 할 일을 다 해 마쳐 열반에 도달하여 머문다.

| 깊이 공부하기 |

1. 예류자가 완전히 풀어버린 세 가지 묶임을 유신견, 계금취, 의심으로 해석하는 경우에 발생하는 모순들을 지적해보라.

---

2. 경전에 전승된 것처럼 '세 가지 묶임을 완전히 없애고 탐욕과 성냄과 어리석음이 엷어진'DN6 자를 일래자라고 할 경우에 발생하는 모순들을 지적해보라.

---

3. 열 가지 묶임을 '낮은 묶임, 태어남을 얻게 하는 묶임, 존재[有, bhava]를 얻게 하는 묶임'AN4:131으로 분류해보라. 이러한 분류를 사용하여 욕계중생의 범부와 사향사과의 성자들을 다음의 네 부류로 분류해보라. 낮은 묶임, 태어남을 얻게 하는 묶임, 존재를 얻게 하는 묶임을 모두 제거하지 못한 가장 낮은 단계의 첫째 부류; 낮은 묶임만 제거하고 태어남을 얻게 하는 묶임과 존재를 얻게 하는 묶임을 제거하지 못한 둘째 부류; 낮은 묶임과 태어남을 얻게 하는 묶임을 제거하고 존재를 얻게 하는 묶임은 제거하지 못한 셋째 부류; 그리고 낮은 묶임, 태어남을 얻게 하는 묶임, 존재를 얻게 하는 묶임을 모두 제거한 가장 높은 단계의 넷째 부류.

---

4. 어떤 사람이 불환자로 머물러 현생을 마친다면 이 세상에는 다시 돌아오지 않는다. 불환자가 다시 태어나지 않는 세상은 어디를 말하며, 다시 태어나지 않는 이유는 무엇인가?

---

5. 여성으로 아라한과를 성취한 사례가 있는가? 있다면 그 사례를 제시해보라.

---

6. 만약 어떤 사람이 직접 성행위를 통하여 아들을 낳고 길러서 그로 하여금 자신이 전수받거나 성취한 어떤 법을 전수하도록 하였다면 이렇게 전수된 법은 어떻게 볼 수 있는가? 또 이렇게 전수된 법이 가장 오랜 전통으로 전수된 불법 혹은 불법 중의 하나라고 주장한다면 이러한 주장은 어떻게 볼 수 있는가?

7. 석가모니 부처님께서 열반을 성취하신 생 바로 이전의 생에서는 사향사과의 어느 단계까지 도달하였는지 설명해보라.

---

8. 어떤 사람이 현생에서 부처를 이루었다고 한다면 그가 바로 직전의 전생에서 사향사과의 어느 단계까지 도달하였는지 설명해보라.

---

9. 만약 어떤 사람이 전생에서 부처를 이룰 수 있음에도 중생제도를 위하여 현생에 태어났다고 주장한다면 이 사람은 부처를 이룰 수 있었던 그 전생과 현생에 각각 사향사과의 어느 단계까지 최대한 도달하였는가? 만약 이 사람이 부처를 이룰 수 있었던 그 전생에 부처를 이룰 수 있는 직전 단계까지 도달하였다고 주장한다면 이 주장은 옳은 것인가, 그른 것인가?

---

10. 만약 어떤 사람이 현생에서 시작하여 과거 여섯 생을 모두 기억하고 현생까지 포함하여 모두 연속되는 일곱 생 동안 큰 승가를 이끌어가는 큰 스승의 지위에 있었다고 한다면, 이 사람이 과거 여섯 생 가운데 처음으로 큰 승가를 이끌어가는 큰 스승의 지위에 있었을 때 사향사과의 어느 단계까지 도달하였는가? 만약 이 사람이 환생하여 내생에도 똑같은 지위를 계승한다면 이 사람은 현생에 사향사과의 어느 단계까지 최대한 도달하였는가?

3 열반

해탈 중생을 삼계에 묶는 열 가지 묶임을 철저하게 보고 알아서 각 묶임을 풀어 제거하고 이탈하여 완전히 벗어나야 탈삼계한다. 탈삼계는 열반을 드러내며, 탈삼계를 통하여 열반에 이른다. 열 가지 묶임을 벗어나는 것은 구차제정의 사마디 수행을 통해서만 가능하다. 또한 구차제정의 선정수행을 통하여 모두 아홉 번의 해탈을 성취하여 열반에 이른다. 열 가지 묶임을 벗어나는 것과 아홉 번의 해탈은 똑같이 열반을 드러내지만 직접 일대일로 대응하지는 않는다.

칠식주이처의 각 의식상태를 벗어나는 것을 해탈이라고 하며, 다음과 같이 정의한다. 제1식주를 버리고 제2식주로 이입하는 것을 제1해탈, 제2식주를 버리고 제3식주로 이입하는 것을 제2해탈, 제3식주를 버리고 제4식주로 이입하는 것을 제3해탈, 제4식주를 버리고 제1처로 이입하는 것을 제4해탈, 제1처를 버리고 제5식주로 이입하는 것을 제5해탈, 제5식주를 버리고 제6식주로 이입하는 것을 제6해탈, 제6식주를 버리고 제7식주로 이입하는 것을 제7해탈, 제7식주를 버리고 제2처로 이입하는 것을 제8해탈이라고 한다.

칠식주이처의 제2식주부터 제2처까지는 구차제정의 초선정부터 제8선정인 비상비비상처정까지와 일대일로 대응한다. 따라서 제1해탈부터 제8해탈까지는 욕계를 벗어나는 초선정부터 제8선정인 비상비비상처정까지 이입하는 모두 여덟 번의 해탈이 되며, 이것을 팔해탈八解脫, vimokkha이라고 한다. DN15, AN8:66

제8선정인 비상비비상처정을 벗어나 제9선정인 멸진정에 이입하는 마지막 해탈은 제9해탈이라 하지 않고 그냥 해탈이라고 부른다. 이것은 열반에 이르는 과정에서 발생하는 부분적인 팔해탈과 달리 열반에 완전히 이르는 마지막 해탈 혹은 열반을 완성하는 해탈의 의미로서의 해탈 vimutti이다. 제4해탈을 심해탈心解脫이라고 부르는 것과 짝을 이루어, 이 마지막 해탈을 혜해탈慧解脫이라고도 부른다. 모든 욕과 수를 벗어나 마음이 청정한 상태로서 마음으로 만든 몸이 사대로 만든 육신을 벗어나는 심해탈은 제1해탈부터 시작하여 제4해탈에 이르러서 가능하다. 심해탈로써 마음은 욕계와 색계를 벗어나서 무색계로 진입하여 육신이 없는 무색계중생의 차원이 된다. 무색계 선정에 진입하는 제5해탈부터 시작하여 제8해탈까지 모든 상과 미세한 사견이 소멸하고 제8선정을 벗어나 제9선정인 멸진정에 이입하는 마지막 해탈을 성취하면서 무명이 소멸하고 마음으로 만든 몸을 벗어난다. 이것이 마지막 해탈인 혜해탈이다. 심해탈과 혜해탈을 모두 구비한 해탈을 양면해탈兩面解脫 혹은 구해탈俱解脫이라고 한다. 이 두 가지 용어는 열반을 완성하는 해탈이라는 의미로도 사용한다.DN15

삼학 아홉 가지 해탈과 열 가지 묶임을 벗어나는 것은 서로 일대일로 대응하지 않지만, 아홉 가지 해탈을 크게 혜해탈과 심해탈의 두 가지로 분류하면 열 가지 묶임을 벗어나는 것과 대응할 수 있다. 혜해탈은 무색애에 의한 묶임, 자만, 들뜸, 무명에서 벗어남과 대응한다. 무색애에 의한 묶임, 자만, 들뜸, 무명에서 벗어나면 모든 상과 미세한 상 그리고 모든 사견과 미세한 사견을 벗어나는 혜해탈을 성취한다. 이때 최상의 지혜가 드러나고 중도가 완성되며, 무명無明을 여읜 명明의 의식은 마음으로 만든 몸을 완전히 벗어난다. 의식에 마음으로 만든 몸을 묶는 것이 바로 무색애에 의한 묶임, 자만, 들뜸, 무명이며, 이러한 묶임을 벗어나는 것이 바로 무색계의 네 단계 선정수행이다. 이와 같이 무색계 네 단계 선정을 닦아 혜해탈을 이루어 의식이 마음으로 만든 몸을 완전히 벗어나는 것을 혜학慧學, paññā-sikkhā이라고 한다.

심해탈은 감각적 오욕, 악의, 의심, 유신견, 계금취의 다섯 가지 낮은 묶임과 색애에 의한 묶임을 벗어나는 것에 대응한다. 다섯 가지 낮은 묶임과 색애에 의한 묶임을 벗어나 모든 욕과 미세한 욕 그리고 수를 버림으로써 의식은 마음으로 만든 몸으로 향하고 기울어 사대로 만든 몸을 완전히 벗어난다. 의식에 사대로 만든 몸을 묶는 것이 바로 다섯 가지 낮은 묶임과 색애에 의한 묶임이며, 이러한 묶임을 벗어나는 것이 바로 색계의 네 단계 선정수행이다. 이와 같이 색계의 네 단계 선정을 닦아 심해탈을 이루어 의식이 사대로 만든 몸을 완전히 벗어나는 것을 정학定學, samādhi-sikkhā이라고 한다.

간단히 말해 범행자가 무색계를 벗어나기 위하여 배우고 익혀야 하는 것을 혜학, 색계를 벗어나기 위하여 배우고 익혀야 하는 것을 정학, 욕계를 벗어나기 위하여 배우고 익혀야 하는 것을 계학戒學, sīla-sikkhā이라고 한다. 따라서 계학은 범행자가 출가하여 불선법과 감각적 오욕을 떨쳐버리고 초선정으로 이입할 때까지 지켜야 할 것들을 지키고 버려야 할 것들을 버려서 욕계를 완전히 벗어날 수 있도록 배우고 익혀야 하는 것이다. 먼저 범행자는 자신을 욕계에 가두어 두는 돈과 재산, 가족과 일가친척, 직장과 동료, 사회와 국가 등을 벗어나서 출가한다. 출가하여 짧은 길이의 계, 중간 길이의 계, 긴 길이의 계를 학습하여 수지하면서 신구의 삼행을 지킨다. 계를 수지하여 만족한 일상생활을 갖추면서 감각의 대문을 지킨다. 이와 같이 욕계의 환경조건들, 신구의 삼행, 그리고 육근을, 거친 것부터 시작하여 미세한 것까지, 그리고 외부에서 시작하여 내부에 이르기까지, 차례로 지켜야 할 것들을 지키고 버려야 할 것들을 버린다.

적절한 열의를 가지고 계학을 배우기 시작하고 점점 그 단계를 높여서 계학을 배우고 익혀 마침내 계학을 완성하면, 적절한 열의를 가지고 정학을 배우기 시작하고 점점 그 단계를 높여서 정학을 배우고 익혀 마침내 정학을 완성하면, 또한 적절한 열의를 가지고 혜학을 배우기 시작하고 점점 그 단계를 높여서 혜학을 배우고 익혀 마침내 혜학을 완성하면 열반에 이른다.

그러나 만약 어떤 비구(니)가 적절한 열의를 가지고 계학, 정학, 혜학을 배워 익히지 않으면서 '나는 비구(니)다, 나는 비구(니)다'라고 생각하면서 비구(니)승가의 뒤를 따라서 일상생활을 영위한다면 이것은 마치 당나귀가 '나는 소다, 나는 소다' 하며 소의 울음을 흉내 내면서 소의 무리를 뒤따르는 것과 같다. 당나귀가 죽음에 이를 때까지 소의 무리를 뒤따른다 해도 소의 단 한 가지 특징조차 닮아갈 수 없다. AN3:81

적절한 열의를 가지고 계학, 정학, 혜학을 배워 익히는 것은 마치 농사짓는 사람이 봄의 적절한 시기에 맞게 논밭을 잘 갈아엎고 씨나 모종을 잘 뿌리거나 심고, 시기에 맞게 물을 적절하게 잘 주거나 대고, 시기에 맞게 배수를 적절하게 잘 해야 하는 것과 같다. 이렇게 농사짓는 사람이 '오늘 바로 나의 농작물들이 잘 자라기를, 내일은 이삭이 열리기를, 모레는 곡식이 익기를' 원하고 갈망한다 하더라도 그렇게 할 수 있는 신통이나 위력은 어디에도 존재하지 않는다. 단지 계절의 변화에 따라 농작물이 자라고 이삭이 열리고 곡식이 익는 바른 시기가 있을 뿐이다. 이와 같이 적절한 열의를 가지고 계학, 정학, 혜학을 배워 익히는 비구(니)가 '오늘 바로 계학을, 내일은 정학을, 모레는 혜학을 완성하여 열반에 이르기를' 원하고 갈망한다 하더라도 그렇게 할 수 있는 신통이나 위력은 어디에도 존재하지 않는다. 단지 적절한 열의를 가지고 계학, 정학, 혜학을 배워 익혀가면, 계학을 완성하고 정학을 완성하고 혜학을 완성하여 열반에 이르게 되는 바른 시기가 있다._{AN3:91}

이와 같이 범행자가 열반에 이를 때까지 적절한 열의를 가지고 배우고 익혀야 하는 계학, 정학, 혜학을 삼학三學, tisso-sikkhā이라고 한다. 삼학은 증전의 관점에서 권전의 가르침을 요약한 것이다._{AN3:88}

오법온 삼학을 차례대로 충분히 배워 익히고 또한 충분히 익혀서 증득하고 구족하면 그 각각을 계온戒蘊, sīla-kkhandha, 정온定蘊, samaādhi-kkhandha, 혜온慧蘊, paññā-kkhandha이라고 부른다. 팔해탈을 차례로 증득할 뿐만 아니라 제9선정인 멸진정에 이입하는 해탈을 증득하면 열반에 이르는 마지막 해탈을 성취하였다는 의미의 최상의 지혜abhiññā가 생긴다. 이러한 지혜로 말미암아, 신을 포함하고 마라를 포함하고 범천을 포함하고 슈라만과 브라만을 포함하고 인간을 포함한 이 세상에서 스스로 위없는 바른 깨달음을 실현하였다고 천명한다. 이렇게 위없는 바른 깨달음을 실현하는 마지막 해탈까지 모든 해탈이 충분히 증득된 것을 해탈온解脫蘊, vimutti-kkhandha이라고 한다.

해탈온을 성취한 후에 '나의 해탈은 확고부동하다. 청정범행은 성취되었다. 할 일을 다 해 마쳤다. 이것이 나의 마지막 태어남이며, 다시는 태어남이 없다'는 지知와 견見이 일어나고, 이러한 지견이 충분히 증득되어 구경의 지혜[究竟智, aññā]를 구족하고, 이렇게 구족된 구경의 지혜로 사성제를 있는 그대로 꿰뚫어 알고 범행을 완성하니, 이것을 해탈지견온解脫知見蘊, vimutti-ñāṇa-dassana-kkhandha이라고 한다. 이와 같이 계온, 정온, 혜온, 해탈온, 해탈지견온을 오법온五法蘊, pañca-dhamma-kkhandha이라 하고, 혹은 '온'을 '신身'으로 번역하여 계신, 정신, 혜신, 해탈신, 해탈지견신의 오분법신五分法身이라고도 한다. 이러한 오법온 혹은 오분법신은 증전의 가르침을 요약한 것이다.SN6:2, AA2.37:05

열반을 성취한 아라한이 열반을 성취하는 과정에서 증득하고 구족한 오법온은 '법으로 만든 몸'이다. 즉, 중생이 아라한이 되는 과정에서 중생의 오온을 차례로 벗어나 아라한의 오법온을 성취한다. 이 과정을 간단히 살펴보면, 먼저 불선법과 감각적 오욕으로 욕계에 갇혀 있는 신구의 삼행을 벗어나게 하는 계행으로써 계온을 성취하여 욕계를 벗어난다. 이어서 고락의 수로 색계에 묶여 있는 수온을 벗어나는 색계의 네 단계 선정을 닦음으로써 정온을 성취하여 색계를 벗어난다. 그리고 무명으로 무색계에 묶여 있는 색온, 상온, 식온, 행온을 벗어나는 무색계의 네 단계 선정을 닦음으로써 혜온을 성취하여 무색계를 벗어난다. 이때 색온과 상온에 의하여 축적된 모든 상을 벗어남으로써 기존의 모든 개념과 관념을 벗어나고 따라서 시비是非, 호오好惡, 미추美醜, 이해利害의 분별이 소멸하고, 비교하고 분별하는 식온의 인식활동을 쉼으로써 지혜가 드러난다. 인식주체의 행위기준인 행온이 소멸하여 모든 행을 벗어나고 모든 행의 바탕이 무명임을 자각한다. 무명을 자각함으로써 명이 드러난다. 명이 드러나면서 무색계를 완전히 벗어나 제9선정인 멸진정에 이입한다. 이로써 마지막 해탈을 성취한다. 마지막 해탈을 성취하면서 청정범행을 성취하고 할 일을 다 해 마치는 최상의 지혜가 드러나면서 해탈온을 성취한다. 이때 모든 하여야 할 행과 청정범행 그리고 마지막 해탈까지 성취하여 더 이상 무명이 없으며, 따라서 무명에 의하여 형성되는 유위有爲, saṅkhata가 소멸하고 사라진다. 즉 무위의 상태가 된다. 이러한 무위의 상태에서 '이것이 나의 마지막 태어남이며, 다시는 태어남이 없다'는 지견과 더불어 중도를 완성하고 연기법과 사성제를 있는 그대로 꿰뚫어 보고 아는 지견의 해탈지견온을 성취하여 유위계를 완전히 벗어나 무위계에 이르러 머문다.

11. 경전에 전승되는 팔해탈을 본문의 팔해탈과 비교 분석해보라.

12. 양면해탈에서 심해탈 없이 혜해탈을 성취할 수 있는가, 없는가? 만약 성취할 수 있다면 사례를 들어보라.

13. 제8선정인 비상비비상처정에서 무명을 자각하여 제9선정인 멸진정으로 이입하는 것은 37도품 중에서 어떤 수행에 해당하는가?

14. 마음으로 만든 몸의 수명은 있는가, 없는가? 있다면 그 수명은 얼마나 되며, 어떻게 생사윤회를 하는가?

15. 사대로 만든 몸과 마음으로 만든 몸을 차례로 벗어나는 것을 십결이 하나씩 차례대로 풀려가는 과정으로 설명해보라.

16. 열반에 이르기 위하여 마음으로 만든 몸을 완전히 벗어나서 어떻게 되는지 상술해보라.

17. 열반은 어디에 있으며, 어떤 형태로 있는가?

18. 범부가 열반에 이를 수 있는 이론적 근거는 무엇이며, 실천적 근거는 무엇인가?

19. 어떤 중생이 목숨을 다하고 죽어서 다시 태어날 때 열반에 태어날 수 있는가? 또한 이러한 중생을 열반에 태어날 수 있게 하는 방편이 있을 수 있는가?

20. 열반에서 어떻게 불사不死가 성취되는가?

---

21. 열반의 관점에서 생사生死란 무엇인가?

---

22. 제9선정인 멸진정이 무위계에 속하는 이유는 무엇인가?

---

23. 부처님의 모든 가르침 중에서 오직 사성제에만 '성스러운' 또는 '거룩한'이라는 수식어가 붙는 이유는 무엇인가?

---

24. 이 책은 석가모니 부처님의 가르침을 삼전으로 편성하였다. 이것을 사성제로 재편성해보라. 또한 이 두 가지를 각각 십이행으로 재편성해보라.

4 결론

사성제의 법륜이 삼전십이행으로 굴려져 시전, 권전, 증전의 가르침들이 상세히 펼쳐진다. 상세히 펼쳐진 시전의 가르침은 거두어들여져 사법인으로 요약되고, 권전의 가르침은 삼학으로 요약되고, 증전의 가르침은 오법온으로 요약된다. 이렇게 요약된 삼전의 가르침들은 다시 상세히 펼쳐질 때 사성제의 삼전십이행으로 귀결되어 법륜의 시작과 끝이 이어진다. 따라서 사성제의 법륜은 가르침을 듣는 사람과 가르침을 펼치는 바른 시기에 따라서 삼전의 가르침들을 상세히 펼쳐 보이다가 거두어들여 요약하고, 거두어들여 요약하다가 상세히 펼쳐 보이기도 한다. 사성제의 법륜을 이렇게 자유자재로 굴림으로써 석가모니 부처님의 희유한 가르침이 다문비구 제자들에게 전해졌다. 다문비구 제자들 가운데 청정범행을 완성하고 아라한과를 성취한 5백 명의 장로 아라한 비구들은 석가모니 부처님의 반열반 직후에 석가모니 부처님의 가르침을 후세에 바르게 전하기 위하여 결집하였다. 이렇게 결집하여 구전된 가르침은 바르게 보존하기 위하여 후대에 문자로 기록되었다. 문자로 기록되어 지금까지 전승된 부처님의 가르침은 모든 바른 범행자가 의지하는 의지처가 되어왔고, 이러한 의지처로 말미암아 범부들이 성자의 반열에 올라 열반을 성취할 수 있게 되었다. 비구(니)들은 이와 같은 희유한 정법을 잘 수호하고 호지하여 과위를 성취하고, 연민하는 마음으로 남들에게 상세하고 자세히 설명하여, 정법이 끊어지지 않고 사라지지 않아 오랫동안 머물도록 해야 한다.

| 맺음말 |

1. 영원한 진리를 찾아서

'영원히 변치 않는 것은 무엇인가?'라는 의문을 품으면서 성장한 필자는 영원히 변치 않는 것을 찾아 자연과 우주에 관심을 갖고 대학에서 물리학을 공부하였다. 그러나 대학의 공부가 어릴 때부터 품어온 의문에 대한 답을 줄 만큼 충분하지 않음을 느끼고 미국의 대학원으로 유학하여 이론천체물리학(우주론)을 전공하였다. 대학원을 졸업할 무렵 자연과 우주의 진리에 내재한 원리적 한계를 이해하였고, 비물질적 진리에 대하여 관심을 갖게 되었다. 그리하여 필자는 영원한 진리를 찾아 물질과학의 우주론에서 정신과학의 불교로 탐구 방향을 전환하여 출가하였다.

승려로서 여러 교육기관과 수행처를 경험하면서 체계적인 불교 공부의 필요성을 느껴 동국대학교 대학원에 진학하였다. 그러나 물리학의 학문체계 및 교육체계와 너무나 상이한 국내 불교학의 학문체계 및 교육체계를 접하고 좌절하여 한때 외국의 불교학계와 승려들과 교류하는 데 관심을 가지기도 하였다. 그러나 비록 문화와 개인 자질에서 차이는 있었지만, 불교학 학문체계 자체를 체계적인 불교 공부와 수행의 관점에서 보면 외국의 경우도 한국과 크게 다르지 않다고 판단하였다. 우여곡절 끝에 졸업논문을 쓰면서 10년 넘는 대학원 생활을 마무리하였다.

당시 고故 고익진 교수의 동국대학교 석사학위논문 〈아함법상의 체계성 연구〉(1970)와 이중표 교수의 박사학위논문 〈아함의 중도체계 연구〉(1990)를 접하게 되었다. 사아함경에 대한 체계적인 이해를 시도한 이 두 논문이 필자에게 깊은 인상을 주었다. 이 논문들을 보고 부처님의 가르침을 체계적으로 이해하고자 시도한 학자들이 있었다는 사실을 알게 되었고, 나도 그와 같은 시도를 할 수 있지 않을까 생각하게 되었다. 동국대를 졸업하면서 그간의 모든 활동을 접고 재출가하는 마음으로 지리산 인근의 토굴로 들어가서 부처님께서 발견하시고 시설하신 진리 즉 불법佛法을 체계적으로 이해하기 위하여 경전들을 직접 읽고 정리하기 시작하였다. 이 책을 집필하게 된 배경과 계기는 이러하였다.

2. 부처님의 금구설을 찾아서

한국불교에 널리 전파되어 있는 경전들은 모두 석가모니 부처님의 금구설金口說인가? 만약 그렇다면 일부 경전들의 내용이 서로 상이하여 일관되지 않은 것을 어떻게 설명할 수 있는가? 이러한 의문들을 품은 채 때로는 비불설非佛說의 가르침에 함몰되고 때로는 조사 어록을 천착하고 때로는 대승경전들의 바다에 휩쓸리다가 마침내 부처님의 금구설인 사아함경四阿含經과 사부 니까야를 발견하였다.

장·중·잡·증일의 사아함경은 범어로 결집된 원본을 한역한 것인데, 범어 원본은 대부분 소실되고 극히 일부만 남아 있어 한역을 검증할 수 없다. 더군다나 대승불교권인 한국에서는 사아함경을 소승불교의 경전으로 취급하여 크게 주목하지 않았다. 대승불교 경전들과 《육조단경》과 같은 중국 조사들의 설법이 널리 보급되어 있으나, 일부 대승경전은 서지학書誌學의 관점에서 석가모니 부처님의 금구설이라고 할 수 없다. 사아함경은 2007년에 동국역경원에서 우리말로 번역되었다.

대소승과 승속을 막론하고 석가모니 부처님의 금구설로 인정받고 있는 사부 니까야는 디가·맛지마·상윳따·앙굿따라로 구성되어 있는데, 팔리어로 된 원본은 처음 결집 때부터 지금까지 역사의 부침을 거치면서 스리랑카에 잘 전승되어 왔다. 사부 니까야는 남방불교권에서는 팔리어로, 서양에서는 영어로, 그리고 일본에서는 일본어로 번역하여 사용하고 있다.

한국불교 역사상 최초로 인도를 여행하고 《왕오천축국전》을 남긴 신라의 혜초 스님도 소개하지 못했던 사부 니까야는, 1600년 한국불교 역사상 처음으로 한국빠알리성전협회의 전재성 박사와 초기불전연구원의 각묵 스님과 대림 스님에 의하여 우리말로 번역되어 그 존재와 내용이 널리 알려지기 시작하였다.

사부 니까야에 대응하는 사아함경은 문헌적으로 사부 니까야와 놀라울 만큼 동일하지만, 세부적으로 몇 가지 차이가 있다. 부처님의 반열반 직후 제1차 결집이 이루어진 왕사성은 당시 마가다국의 수도였으며, 따라서 팔리어는 곧 마가다어로 볼 수 있다. 반면 사아함경의 원본은 범어로 결집되었는데, 범어는 외도인 브라만들만 구사할 수 있는 언어였다. 따라서 사아함경의 범어 원본은 불교를 브라만교에 흡수 통합하고자 했던 브라만들의 과업 가운데 하나로 볼 수 있으며, 그들은 브라만교에서 힌두교로 변천하면서 이 과업을 약 천 년에 걸쳐 완수하였다. 따라서 사아함경의 범어 원본은 브라만화된 불교라 할 수 있고, 브라만화된 견해가 사아함경에 고스란히 담겨 있다. 이것이 사부 니까야와 사아함경의 근본적인 차이이고, 소리글자인 범어에서 뜻글자인 중국어로 번역되면서 발생한 변형이 이차적인 차이이다. 또한 범어 원본보다 팔리어 원본이 먼저 결집된 사실도 간과할 수 없는 차이이다. 실제로 사아함경과 그에 해당하는 사부 니까야 사이에는 세부적인 내용에서 차이가 있다. 사아함경도 부처님의 금구설이라고 하지만, 이러한 차이 때문에 필자는 사부 니까야를 부처님의 원음에 가장 가까운 기록으로 본다.

부처님의 원음인 사부 니까야가 전래되면서 근본불교 또는 초기불교라는 이름으로 불리었고, 각묵 스님과 대림 스님을 포함하여 남방불교권에서 유학을 마치고 돌아온 일부 승려들이 이와 관련된 저술들을 꾸준히 소개하여왔다. 이로써 대승불교, 통불교, 선불교라 불려오면서 정작 부처님의 원음이 빠져 있던 한국불교는 새로운 국면을 맞이하였다. 불설법佛說法의 불교, 즉 불설불교佛說佛敎, Nikāya Buddhism가 비로소 전래되어 널리 퍼지게 된 것이다.

3. 불법의 전말을 찾아서

5천여 개의 경으로 이루어진 사부 니까야가 초기불전연구원에 의해 모두 열아홉 권으로 완간되었다. 이렇게 일독하기도 쉽지 않은 방대한 양의 경전을 체계적으로 이해한다는 것은 매우 어려운 일이다. 동국역경원에서 모두 열다섯 권으로 완간한 사아함경의 경우도 마찬가지이다. 이러한 어려움 때문에 사부 니까야와 사아함경에 접근하는 방법으로 선집選集을 택하는 것이 보통이다. 선집에는 크게 경을 가려 뽑는 것과 단락을 가려 뽑는 것 두 가지가 있다. 그 밖에 주석서에 의지하는 방법도 있지만, 이 역시 근본적으로는 선집을 바탕으로 한다.

이러한 선집문헌들을 바탕으로 필자는 사부 니까야와 사아함경 사이의 차이를 염두에 두고 두 가지를 비교해가며 읽었다. 먼저 주제를 가려 뽑아 분류하였다. 그리고 큰 주제에서 시작하여 세밀한 주제에 이르기까지 각 주제별로 경과 단락을 선별, 편집하여 이해하였다. 이렇게 이해한 개별 주제들을 서로 연결하였고, 연결이 순조롭지 않을 경우 개별 주제에 대한 이해를 다시 점검하였다. 이렇게 재점검한 이해를 바탕으로 개별 주제들을 다시 연결하였다. 이와 같이 개별 주제를 하나씩 차례로 연결해나가되 누구든지 읽어서 쉽게 이해할 수 있도록 노력하였다. 그 과정에서 필요한 주제는 추가하였고, 불필요한 주제는 삭제하였다.

이와 같은 방법으로 모든 주제들을 하나로 묶고, 하나로 묶은 관점에서 개별 주제를 다시 이해하고, 개별 주제의 관점에서 하나로 묶은 전체 주제를 다시 살피고 점검하였다. 이 과정에서 발견된 자체 모순을 해결하였고, 군더더기는 삭제하고 부족한 부분은 채웠다. 이렇게 하나로 묶은 전체 주제를 부처님께서 법륜을 굴리신 방식으로 편성하였다. 이와 같이 부처님께서 시설하신 법을 부처님께서 법륜을 굴리신 방식으로 복원하였다. 이와 같은 작업에 기존의 많은 연구와 저술이 바탕이 된 것은 물론이지만, 사부 니까야와 사아함경, 나아가 팔만대장경에 이르기까지 어떤 주제든 빠르고 손쉽게 검색하고 편집할 수 있는 컴퓨터의 기능이 없었다면 가능하지 않았을 것이다.

이와 같은 과정을 거쳐 세상에 나온 《수트라》의 특징은 무엇인가?

첫째, 새로운 방식으로 결집된 경이다. 마가다의 왕사성에서 부처님께서 반열반하신 직후에 이루어진 제1차 결집을 시작으로 지금까지 진행된 모든 결집은 '바른 보존'이 그 목표였다. 비구 한 사람이 모든 금구설을 기억하고 구전할 수 없으므로 많은 비구들이 모여서 구전하였고, 그렇게 구전된 경들을 최초로 문자로 기록할 때도 많은 비구들이 힘을 모을 수밖에 없었다. 이렇게 결집된 모든 경전은 예외 없이 '여시아문如是我聞'으로 시작한다. 이렇게 하여 태어난 사부 니까야는 현대까지 두드러진 훼손이나 손실 없이 잘 보존되어 계승되고 있다. 특히 컴퓨터가 발전하고 보편화된 현대에 이르러 경전들이 한시적 매체인 종이에서 거의 영구적인 디지털 매체로 옮겨짐으로써 결집과 바른 보존은 성공적으로 완수되기에 이르렀다. 결집은 역사적으로 비구들의 몫이었다. 모든 결집은 비구들에 의하여 이루어졌다. 결집은 비구의 의무이자 권한이었다. 비구인 필자는 이 책을 통하여 역사적으로 전혀 새로운 방식으로 결집을 하였다. 이 결집의 목표는 '바른 보존'에서 한 발 더 나아간 '바른 이해'로, '여시아독如是我讀'으로 시작한다. 이것이 이 책에 '여시아독'이라는 관제冠題가 붙은 까닭이다.

둘째, 부처님의 가르침에 대한 이론적 완전성completeness을 갖추었다. 부처님의 지혜는 무궁무진하지만 불법은 한정되어 처음과 끝이 있다. 부처님께서 발견하고 시설하신 진리 즉 불법의 처음과 중간과 끝을 일목요연하게 정리하면서 현대인들이 이해할 수 있도록 체계적이고 논리적이고 과학적으로 전개하였다. 만약 부처님께서 대학의 강당에서 자신의 가르침을 처음부터 끝까지 차례대로 강의하신다면, 이 책은 그 강의의 교재에 해당한다. 필자는 부처님께서 발견하고 시설하신 진리를 서술하면서 필요한 법을 빠뜨리거나 하여 완전성에 흠결이 생기는 일이 없도록 하였으며, 불필요한 법을 추가하거나 하여 완전성에 군더더기가 생기는 일이 없도록 하였다. 이렇게 하여 불법의 완전성을 확보한 이 책은 이전의 모든 경들과 달리 한 권의 경으로 부처님께서 발견하고 시설하신 진리를 모두 담아내고 드러낸다. 그러므로 모든 경의 바탕이 됨과 동시에 모든 경을 아우르는 경이 된다. 이것이 이 책의 제목을 무슨무슨 '경'이라고 하지 않고 《수트라》로 정한 까닭이다.

셋째, 다양한 질문으로 정견·정사유·법안의 성취를 돕는다. 이 책에는 '깊이 공부하기'라는 제목 아래 모두 250여 개의 질문이 수록되어 있다. 이 질문들에 대한 답을 찾는 과정에서 독자는 본문을 읽고 이해한 내용을 스스로 점검할 수 있고, 본문의 내용을 더욱 깊이 이해할 수 있으며, 본문의 내용을 다양한 각도에서 바라볼 수 있는 안목과 사유력을 배양할 수 있다. 이렇게 배양된 바른 이해와 사유력은 정견과 정사유의 성취에 도움이 된다. 나아가 부처님께서 발견하고 시설하신 진리를 보는 안목 즉 법안法眼의 성취에도 도움이 된다. 독자는 이러한 법안으로써 불법의 전말을 이해하고 정법과 비법을 분별하여 배워야 할 것을 모두 배워 마치고 알아야 할 것을 모두 알아 마친다. 이와 같이 다양한 질문을 수록하여 독자로 하여금 스스로 답을 찾아보도록 하는 방식은 불교 발전을 위해 유용한 선례가 될 것이다.

이상의 세 가지 특징을 갖춘 책은 2500여 년 불교역사에 유례가 없다.

수많은 비구들이 불법을 한 권으로 온전히 담아내고 싶어했지만 구전전 승일 때에는 비구 한 사람이 구전할 수 있는 한계로 인해 물리적으로 가능하지 않았고, 문자전승일 때에는 문헌이 방대하여 가능하지 않았다. 방대한 불교문헌을 손쉽게 검색하는 컴퓨터의 기능을 활용할 수 있게 된 것은 불과 수십 년 전의 일이다. 부처님의 가르침을 바르게 이해하고 바르게 설명하는 데에는 진리를 구조적으로 파악하는 자연과학적 소양 또한 필수적이다. 이러한 점들이 시의적절하게 어우러져 세상에 나오게 된 이 책은 불교의 새로운 지평이자 불교역사의 변곡점이다.

4. 열반을 찾아서

불법을 한 권의 경에 체계적으로 담아낸다는 것은 무엇을 의미하는가? 이전까지의 모든 경들은 불법을 부분적으로 담아 구전되었고, 구전된 것을 문자로 기록하여 전승한 것이 현재의 모든 경들이다. 비록 현재의 경들에서 놀라울 만큼 통일되고 일관된 정형구들을 볼 수 있지만, 경들 사이의 상이한 점과 상충하는 점들, 그리고 자체 모순들을 피할 수는 없다. 이러한 결점들은 오랜 시간 동안 구전하는 비구들이 각각 다르기 때문에 발생한 것이다.

　이러한 결점들을 최소화하고자 한 것이 결집이다. 역사적으로 많은 이들이 수차례의 결집을 통하여 전승된 내용의 일관성을 확보하고자 노력하였고, 그 결과가 현재의 경들이다. 그러나 오랜 세월에 걸친 이러한 노력에도 불구하고 현재의 경들은 정밀한 시계부품들을 시계에서 분리하여 설명하는 것과 같다. 시계 속의 톱니바퀴를 시계로부터 분리해내는 순간 톱니바퀴에 대한 바른 설명은 근원적으로 가능하지 않게 된다. 톱니바퀴에 대한 바른 설명은 그 톱니바퀴가 제대로 작동하는 시계 속에서 제 역할을 할 때에만 가능하다. 제대로 작동하는 시계를 본 적이 없는 사람이 톱니바퀴를 바르게 설명하거나 그 설명을 바르게 전승하는 것은 근본적으로 가능하지 않다. 아무리 작은 것이라도 필요한 부품이 없으면 시계는 제대로 작동하지 못하며, 아무리 좋은 것이라도 불필요한 부품이 추가되면 역시 시계가 제대로 작동하지 못한다. 필요한 만큼의 바른 부품들로 만들었을 때 시계는 제대로 작동하고, 그래야 완전한 시계라고 말할 수 있다. 시계의 예와 같이 불법이 완전히 갖추어졌을 때 불법이 이론적으로 완전성을 갖추었다고 한다.

이 책과 기존의 경들 사이에는 이러한 근본적인 차이가 있고, 따라서 이 책의 내용은 기존의 불전佛典들과 사뭇 다르거나 새롭게 보일 수밖에 없다. 구전문학의 단점을 극복하고 행간을 채워 세부 가르침들을 유기적으로 연결함으로써 전체 가르침이 온전히 작동하도록 하기 위해서는 피할 수 없는 측면이다. 이것은 마치 수백 년 동안 해저에 수장되어 있던 고려청자를 발굴한 직후의 모습과 복원이 끝났을 때의 모습이 판이하게 다른 것과 같다. 단지 기존의 경전에 없다거나 기존 경전의 내용과 다르다는 이유만으로 이 책의 내용을 거부한다면 그것은 진리를 탐구하는 구법자의 바른 태도가 아닐 것이다. 바른 구법자라면 전체 가르침을 이해하고 그 이해를 바탕으로 바름과 그릇됨을 판단할 것이기 때문이다.

그렇다면 이 책이 기존의 경서들에 견주어 특히 다르거나 새로운 것은 무엇인가?

제1장에서 불법의 시작을 중도로 명시하였다(126~138쪽). 물론 불법의 끝은 열반으로 널리 알려져 있다. 만일 시작을 모르고 시작하였다면 시작부터 잘못된 것으로, 아예 바르게 시작한 적이 없다고 할 수 있다. 첫 단추를 잘못 꿰면 아니 꿴 것보다 못할 수도 있다. 중도는 사견을 여의는 것인데, 여의야 할 사견을 이해하지 못한다면 중도로 나아갈 수 없다. 대표적인 사견인 36견(70~71쪽)에 대해서는 현대적인 관점에서, 그리고 육사외도(56~67쪽)에 대해서는 브라만의 관점이 아니라 객관적인 관점에서 서술하였다.

제2장에서는 보고 느끼고 분별하여 아는 것을 흔히 환이고 마야이고 착각이라고 하는 이유를 과학적 근거와 이론적인 근거를 바탕으로 제1착각(146~150쪽), 제2착각(157쪽), 제3착각(189쪽)으로 나누어 설명하였다. 그리고 일체가 십이입처이라는 부처님의 자각법을 상술하면서(163~165쪽) 육근과 육경으로 십이입처를 해석하는 것은 잘못된 것임을 밝혔다(159쪽). 의식의 구조를 이해하는 데 중요한 대목이 수상사의 발생인데, 삼사촉으로 끝나는 기존의 설명에서 더 나아가 한층 구체적인 분석을 통해 제1접촉, 제2접촉, 제3접촉으로 구분하여 수상사의 발생을 상술하였다(171쪽).

인식의 구조에 대한 바른 이해를 바탕으로 제3장에서 인식의 현상을 설명하는 오온에 대해 이론적으로(192~200쪽), 그리고 사식에 대해 현대적으로(204~209쪽) 상술하였다. 오온과 사식에 대한 바른 이해를 바탕으로 십이연기를 상술하였고(215~226쪽), 이때 삼세양중인과로 십이연기를 해석하는 것은 잘못된 것임을 지적하였다(228쪽). 또한 연기법과 혼동하여 사용하는 인연법과 인과법을 분명하게 구분지어 사용하도록 예를 들어 설명하였다(248~252쪽).

불법의 끝인 열반에 대한 이론적 이해는 제4장 우주론에서 설명하였다. 우주를 인식의 차원으로 설명하고 이해하는 칠식주이처를 구차제정과 연결하여 설명하였으며(274~286쪽), 물질과 우주에서 물질과 우주의 본질을 찾는 것이 사견임을, 즉 물질과 우주를 대상으로 하여 발견한 진리는 영원불멸하지 않다는 것을 밝혔다(289~290쪽).

제4장까지 이어진 부처님의 이론적 가르침을 제7장에서 사법인으로 요약하였고, 제6장에서 모든 부처님의 가르침을 펼치고 거둘 수 있는 관점에서 사성제를 삼전三轉으로 상술하였으며, 제5장에서는 열반에 이르는 방법론인 37도품을 상술하였다. 이때 팔정도에 대해 중도로 접근하는 방식(299~301쪽)과 지계로 접근하는 방식(448~450쪽)으로 각각 서술하였고, 사념처를 나열식 관점에서 탈피하여 단계적 관점에서 이해하고 구차제정과 연계하여 이해하도록 하였다(306~327쪽). 나아가 구차제정을 십이연기와 십결十結과도 연계하여 이해하도록 하였다(331~341쪽). 부처님께서 시설하신 모든 수행법은 37도품과 구차제정이 전부이며, 이러한 수행법으로 누구나 부처님께서 시설하시는 열반에 이를 수 있다. 만약 어떤 사람이 세존께서 시설하신 적이 없는 가르침을 가지고 세존의 가르침이라고 하거나 혹은 세존의 가르침보다 수승하다고 주장한다면, 이것은 세존께서 스스로 '지상에도 천상에도 여래와 견줄 이 없고, 유사한 이도 없으며, 여래는 위없는 스승'이라고 하신 선언에 정면으로 위배되는 것이다. 이것은 세존과 세존의 가르침을 폄하하

고 비방하는 것임을 분명하게 지적하였다(291~292쪽).

불법의 끝인 열반을 성취하기 위하여 알아야 할 이론적 가르침과 닦아야 할 방법론적 가르침을 바르게 알고 닦은 뒤 실제로 걸음을 걸어 나아가야 하는 실천적 가르침은 제8장에서 시작한다. 실천하여야 할 바른 차제(386~390쪽)에 따라 바른 스승(390~400쪽)으로부터 가르침을 배우되 바른 학습방법(401~406쪽)으로 배워야 한다. 적절한 범행처(416~418쪽)에서 신참 비구는 좋은 비구(414~415쪽)들과 사귀면서 화합하고 번영하는 승단(418~419쪽)의 일원으로 계를 수지(425~434쪽)한다. 계를 수지하여 만족한 일상생활(438~439쪽)을 구족한 비구는 감각의 대문(438~442쪽)을 단속함으로써 사념처 수행을 준비한다. 사념처 수행으로 사띠를 확립하는 비구는 오개(451~456쪽)를 하나씩 차례대로 제거하고 십결(456~464쪽)을 하나씩 차례대로 벗어나야 한다. 오개와 십결을 제거하고 벗어나는 과정은 구차제정과 직결되어 있다. 이러한 과정에서 비구는 사향사과의 과위(474~476쪽)를 차례대로 성취하고 육신통(468~474쪽)을 차례대로 성취한다. 십결을 모두 벗어난 비구는 중생으로서의 오온을 완전히 벗어나 오법온(483~485쪽)을 갖춤으로써 열반(479~485쪽)에 이르러 머문다. 이로써 비구는 모든 할 일을 다 해 마치고 청정범행을 완성하고 불법의 끝인 열반을 성취하여 머문다.

5. 바른 구법자를 찾아서

불법을 처음부터 끝까지 현대인들이 이해할 수 있는 방식으로 한 권의 경으로 엮는 과정에서 드러난 것들은 무엇인가?

첫째, '비법非法'이다. 비법이란 열반에 이르도록 인도하지 못하는 법을 말한다. 열반에 이르지 못하면 윤회를 벗어날 수 없고, 윤회를 벗어나지 못하면 생로병사의 고苦를 벗어날 수 없다. 열반으로 인도하는 부처님의 가르침인 불법 외의 모든 가르침은 비법에 해당한다. 불법보다 오랜 역사를 지닌, 신神에 의존하는 가르침이 대표적인 비법이다. 신을 숭배하고 의지하는 가르침은 인류 역사와 함께하면서 다신多神에서 일신一神으로, 다시 일신에서 삼신三神으로 변화하면서 고대 인도에서는 불법마저 흡수 통합하였다. 이러한 가르침의 핵심이 부처님의 가르침 속에서 발견된다. "저 분은 범천이고 대범천이요, 지배하는 자이고 지배받지 않는 자요, 전지자이고 전능자요, 조물주이고 창조자요, 최고자이고 최승자요, 자재하는 자요, 모든 존재하는 것과 존재할 것들의 아버지이다. 저 분은 스스로 생겨난 자이고 저 분을 만든 자는 아무도 없으며, 저 분은 항상 존재하여 변하지 않았다. 그러나 우리는 저 분 범천으로 말미암아 태어났고 또한 수명이 짧아 이곳에 태어났으므로 우리는 무상하고 변하고 바뀌어 오래 머무르지 못한다."(75쪽) 이러한 생각이 어떻게 일어나고 유지되고 전래되었는지도 이 책을 통해 이해할 수 있다.

또 다른 비법의 대표적인 가르침은 현대과학에서 원자론原子論이라고 부르는 적취설이다. 생성되지도 파괴되지도 않는 근본입자들이 일체의 본질이라고 주장하는 이 가르침은 우주가 영원불멸하다는 가정 아래 주창된 것이다. 그러나 20세기 들어 우리 우주가 빅뱅에 의하여 팽창하고 있음이 관측되면서 우주는 영원불멸하지 않다는 사실이 밝혀졌다. 따라서 우주 안에 있는 모든 물질도 우주의 성주괴공과 더불어 변한다. 즉 생성되지도 파괴되지도 않는 근본입자 같은 것은 성주괴공하는 우주 안에서는 존재하지 않는다. 이 책은 팽창하는 우주가 관측되기 2500여 년 전 부처님께서 적취설을 타파하신 이유를 분명하게 밝히고 있다 (289~290쪽).

둘째, '정법正法'이다. 정법이란 열반에 이르도록 인도하는 법을 말한다. 열반으로 인도하는 부처님의 가르침인 불법은 정법에 해당한다. 위없는 경지 혹은 궁극의 경지인 열반에 이르는 가르침이라는 의미에서 이러한 가르침을 위없는 가르침 혹은 궁극의 가르침이라고 하며, 이러한 가르침이 진리라는 의미에서 무상법無上法이라고 한다. 따라서 불법은 부처님께서 열반에 이르러 발견하시고 비구들에게 시설하신 무상법이다. 불법을 바르게 이해하여 열반으로 나아가 이르면 불법은 정법이 되지만, 불법을 바르게 이해하지 못하여 열반으로 나아가지 못하면 불법은 비법으로 전락한다. 이것이 팔정도에서 정견이 가장 먼저 성취되어야 하는 까닭이다. 불법에서 열반이란 무상정등정각을 이루어 부처가 되신 세존께서 도달한 경지를 말하며, 세존의 가르침에 따라 아라한과를 성취한 장로 비구들이 도달한 경지를 말한다. 세존의 가르침을 배우지도 알지도 못하면서 주장하는 열반은 그들 나름대로의 열반이지 불법에서 말하는 열반이 아니다. 이것은 마치 부모와 자식이 모두 사랑을 말하지만 부모가 말하는 사랑과 자식이 말하는 사랑이 서로 다른 것과 같다. 정법과 비법이 그 상세하고 체계적인 내용과 함께 분별되어 드러나고, 법과 무상법이 분별되어 드러나는 것이 이 책의 가장 두드러진 결실이다. 이것은 마땅하고 당연한 결실로서, 바른 구법자가 반드시 구하고 찾아야 하는 것이다.

| 참고문헌 |

사부四部 니까야

Bhikkhu Bodhi, *The Connected Discourses of the Buddha*: a translation of the Saṁyutta Nikāya, Wisdom Publications, 2000, Boston.

Bhikkhu Nanamoli and Bhikkhu Bodhi, *The Middle Length Discourses of the Buddha*: a translation of the Majjhima Nikāya, Wisdom Publications, 2009, Boston.

F. L. Woodward and E. M. Hare, *The Book of the Gradual Sayings (Aṅguttara Nikāya)* Vol.I-V, Motilal Banarsidass Publishers, 2006, Delhi.

Maurice Walshe, *The Long Discourses of the Buddha*: a translation of the Dīgha Nikāya, Wisdom Publications, 1995, Boston.

각묵 스님, 디가 니까야 제1-3권, 초기불전연구원, 2005.

_____, 상윳따 니까야 제1-6권, 초기불전연구원, 2009.

대림 스님, 맛지마 니까야 제1-4권, 초기불전연구원, 2012.

_____, 앙굿따라 니까야 제1-6권, 초기불전연구원, 2006.

전재성, 디가 니까야, 한국빠알리성전협회, 2011.

_____, 맛지마 니까야, 한국빠알리성전협회, 2002.

_____, 쌍윳따 니까야, 한국빠알리성전협회, 2006.

_____, 앙굿따라 니까야, 한국빠알리성전협회, 2007.

사아함경四阿含經

《불설장아함경》, 高麗大藏經17卷; 大正藏1卷.

《중아함경》, 高麗大藏經17卷; 大正藏1卷.

《잡아함경》, 高麗大藏經18卷; 大正藏2卷.

《증일아함경》, 高麗大藏經18卷; 大正藏2卷.

김월운 스님, 《장아함경》 제1-2권, 동국역경원, 2006.

_____, 《중아함경》 제1-4권, 동국역경원, 2006.

_____, 《잡아함경》 제1-5권, 동국역경원, 2006.

_____, 《증일아함경》 제1-4권, 동국역경원, 2007.

기타

강호식, 〈불교와 현대물리학의 세계관 비교연구〉, 동국대학교 박사학위
논문, 2006.

고익진, 〈아함법상의 체계성연구〉, 동국대학교 석사학위논문, 1970.

_____, 《아함법상의 체계성연구》, 동국대학교출판부, 1990.

이중표, 〈아함의 중도체계 연구〉, 동국대학교 박사학위논문, 1990.

_____, 《아함의 중도체계》, 불광출판사, 1991.

에티엔 라모트, 호진 스님 역, 《인도불교사 1, 2》, 시공사, 2006(*History
of Indian Buddhism* by Etienne Lamotte, Peters Press, Belgium,
1988)

ㅅ

ㅈ